条文比較による
個人情報保護条例集 (上)-1

A 都道府県(上)-1,2・B 政令指定都市(中)・C 東京23区(下)
（全4冊）

(上)-1

A-1 都道府県・項目別条文集
1945-9

条文比較による
個人情報保護条例集 (上)-1

A 都道府県(上)-1,2・B 政令都市(中)・C 東京23区(下)
(全4冊)

秋 吉 健 次 編

A-1 都道府県　項目別条文集

信 山 社

はしがき

　1994年8月、我が国の高度情報通信社会の構築に向けた施策を総合的に推進するとともに、情報通信の高度化に関する国際的な取組みに積極的に協力するため、内閣に内閣総理大臣を本部長とする高度情報通信社会推進本部が設置された。住民基本台帳法改正を審議中の第145回国会で、個人情報保護法制の必要性の問題が突然に浮上したという経緯もあり、同推進本部は、99年7月、個人情報保護検討部会を設置し、「個人情報の保護・利用の在り方を総合的に検討する」こととした。同検討部会は、同年11月、官民を包括する基本法を制定して、個人情報保護の原則を定めるべきだとする中間報告書をまとめた。

　さらに、同部会の下に置かれた個人情報保護法制化専門委員会は、本年6月2日、個人情報保護基本法大綱案の中間整理をまとめ、公表した。6月中旬から7月中旬にかけて、関係する省庁や業界などからヒアリングし、9月中に最終報告をまとめる。政府はこれを受け、来年の通常国会に法案を提出することになる。

　同中間整理は、基本原則として、①利用目的による制限、②適正な内容の確保、③適正な方法による取得、④安全保護措置の実施、⑤透明性の確保、の5つを挙げている。

　また、「地方公共団体の措置」として、①保有する個人情報に関する制度、施策の整備充実（地方公共団体は、本法の趣旨に沿ってその保有する個人情報に関し、個人情報の処理等に関する必要な条例及び施策の整備、充実等のための措置を講ずるよう努めるものとすること）、②区域内の事業者、住民に対する支援等（地方公共団体は、その区域内に所在する事業者及び住民に対する支援、苦情等の処理などの施策のための実施に努めるものとすること）を挙げている。

　個人情報保護法制がいかなるものになるかは、現段階では、必ずしも明らかではないが、地方自治体においては、マニュアル処理を含めた個人情報保護条例の制定ないし改正が必至になるだろうし、情報公開法の内容が、最近の情報公開条例の改正に強い影響が及ぼしつつあることからみても、将来的に制定されるであろう個人情報保護法制が、個人情報保護条例の内容に、強い影響を及ぼすものと思われる。

自治省の調査によると、後掲のとおり、99年4月現在、1,529の地方公共団体（一部組合8を含む）において、個人情報に関する条例が制定されており、制定している都道府県及び市町村の割合は、全体(3,299団体)の46.1%となっている。対象データ処理の形態は、電子計算機処理を対象1,128団体(73.8%)、マニュアル処理まで併せて対象401団体（26.2%）である。

　47都道府県のうち、個人情報保護条例は、本年3月制定にされた奈良県を含め、24条例に過ぎず、その他は、情報公開条例により、本人情報の開示請求はできるものの、個人情報保護は制度上、十分とは言えない状況にある。政令都市、東京都23区は、電子計算機処理のみを対象としている個人情報保護条例（以下「電算個人情報保護条例」という）制定の3団体（横浜市、豊島区、練馬区）が、マニュアル処理を含む個人情報保護条例が制定されたので、3月末には、両方ともマニュアル処理も対象とした個人情報保護条例が制定済みとなった。

　編者は、マスコミ倫理懇談会全国協議会事務局長、顧問などとして、青少年条例問題に関わり、その制定・改正の動きをフォローするため、各都道府県に青少年条例の送付をお願いするとともに、随時、例規集・広報を閲覧してきた。その作業と並行して、情報公開条例、個人情報保護条例についても、例規集・広報などにより、収集することができたが、さらに都道府県以外にも、収集の範囲を広げてきた。

　このうち、情報公開条例については、昨年10月、都道府県、政令都市、東京都23区、東京都27市の全文集・項目別条文集（都道府県のみ、項目別条文集は、日本自由人権協会編『情報公開条例の運用と実務』下巻（新版）（信山社）に編者が担当して収録しているので除外）を収録した『情報公開条例集』（上・中・下）3巻を本書と同じ信山社から出版することができた。

　本書は、編者が収集、入力している個人情報保護条例のうち、都道府県の24条例、政令都市12条例、東京都23区23条例を収録した。特に、最近の制定、改正については、各地方自治体の関係者から多大なご協力をいただき、入手することができた。厚くお礼申し上げる次第である。

　本書の構成は、上巻-1,2「『都道府県項目別条文集』『同全文集』」、中巻「政令都市項目別条文集・同全文集」、下巻「東京都23区項目別条文集・同全文集」とした。ただし、編集時期の関係で、2月現在、電算個人情報保護条例の横浜市、東京都23区の練馬区、豊島区は、項目別条文集、全文集とも、そのまま収録することとしたが、当時、マニュアル処理を含む個人情報保護条例を議会に提案中であったので、提案中の同案（その後可決、成

立）を、全文集中のそれぞれの「電算個人情報保護条例」の後に続いて、併せて収録した。

　最近の条例改正状況を見ると、住民基本台帳法の改正、介護保険制度導入等に伴い、地方自治体の電子計算組織と、国、他の地方自治体、その他の組織の電子計算組織との結合を絶対的に禁止している条文を持つ条例は改正を余儀なくされている。本年に入り、①民法改正による成人後見制度導入に伴い、法定代理人関連条文の改正（「禁治産者」を「成人被後見人」に改める）動きが見られた。また、②情報公開条例を全面的に改正した自治体では、それとの整合性を図るための改正、③地方分権の推進を図るための関係法律の整備等に関する法律の制定による地方自治法の一部改正により、機関委任事務の制度が廃止されるとともに、法定受託事務等に係る国の都道府県に対する関与の制度が設けられることに伴い、開示しないことができる個人情報に係る条文についての改正などが見られた。

　本年2月から4月にかけての改正については、項目別条文集と全文集との整合性、編集・刊行上の時間的な制約もあり、同改正部分は、差し替えずに、全文集の後に、それぞれ「追補」として収録した。都道府県のうち、新たに制定された「奈良県」は、全文集の後の「追補2」に、また、情報公開条例の全部改正に伴い、個人情報保護条例の改正箇所が多く、かつ複雑な「神奈川県」「大阪府」は、改正後の全文を「追補2」に収録した（神奈川県と大阪府は、改正前と改正後とが重複収録となる）。

　本書が、個人情報保護制度に関心のある市民、学者、地方自治体関係者の方々に広く利用され、個人情報保護制度の発展の資料となるよう、編者として切に願うものである。

2000年6月

秋　吉　健　次

個人情報条例の制定状況

個人情報に関する条例の制定状況について

平成11年8月27日
自治大臣官房情報政策室

1 条例制定団体の推移

地方公共団体において個人情報に関する条例が制定され始めたのは昭和50年代前半のことであるが、電子計算機による個人情報の処理が進展するにつれ、個人情報の保護を条例によって制度化する団体が年々増加している。

平成11年4月1日現在、1,529（一部事務組合8を含む、対前年122団体増）の地方公共団体において個人情報に関する条例が制定されており、制定している都道府県及び市区町村の割合は全体（3,299団体）の46.1％となっている。

なお、従来市町村を中心に条例制定が行われてきたが、近年都道府県においても条例制定に向けて検討が進められており、平成11年4月1日現在北海道、青森県、宮城県、福島県、茨城県、埼玉県、千葉県、東京都、神奈川県、新潟県、山梨県、長野県、岐阜県、愛知県、滋賀県、京都府、大阪府、兵庫県、鳥取県、広島県、香川県、福岡県、沖縄県の23団体が条例を制定している。

また、条例ではなく、規則や規程等により個人情報保護対策を講じている団体が、都道府県及び市町村で865団体あり、条例を制定している1,521団体と併せて2,386団体（全団体数の72.3％）が何らかの形で個人情報保護対策を講じている。

2 条例の規定内容

個人情報保護条例の対象として、公的部門の保有する個人情報や電子計算機処理に係る個人情報を対象としている団体が多いが、近年民間部門の保有する個人情報やマニュアル処理にかかる個人情報も対象とする団体の割合も増加している。

また、条例で定められている規制については、個人情報の記録、利用・提供、維持管理等に関する規制が主で、さらに、自己情報の開示、訂正等、

個人情報条例の制定状況

外部委託及び、個人情報処理に係る職員等の責務について規定している条例も多い。

なお、個人情報の利用・提供規制の一部として国等とのオンライン禁止を定めている団体は、525団体（対前年40団体減）となっている。

自治大臣官房情報政策室

個人情報条例の制定状況

制定団体の状況

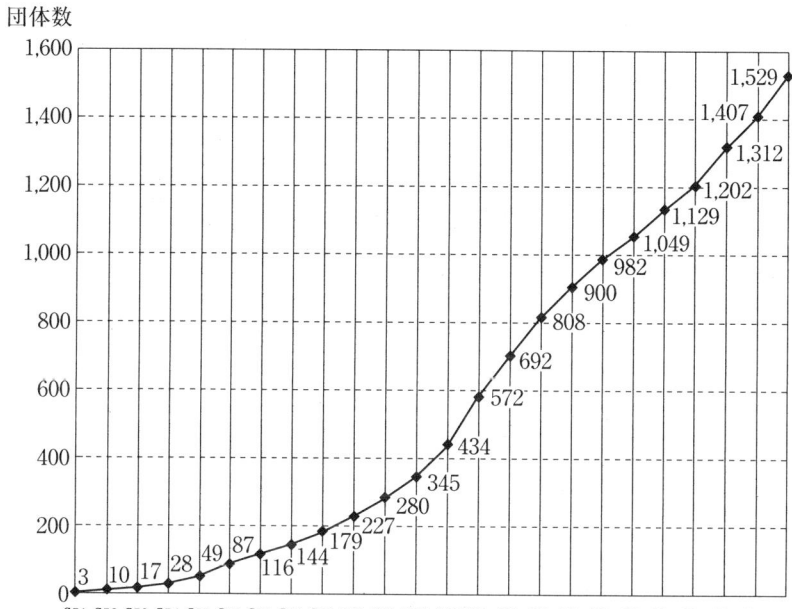

団体数の推移(S51: 3, S52: 10, S53: 17, S54: 28, S55: 49, S56: 87, S57: 116, S58: 144, S59: 179, S60: 227, S61: 280, S62: 345, S63: 434, H1: 572, H2: 692, H3: 808, H4: 900, H5: 982, H6: 1,049, H7: 1,129, H8: 1,202, H9: 1,312, H10: 1,407, H11: 1,529)

調査時点	S62.4.1	S63.4.1	H1.4.1	H2.4.1	H3.4.1	H4.4.1	H5.4.1	H6.4.1	H7.4.1	H8.4.1	H9.4.1	H10.4.1	H11.4.1
団体数	345	434	572	692	808	900	982	1,049	1,129	1,202	1,312	1,407	1,529
対前回増	65	89	138	120	116	92	82	67	80	73	110	95	122
増加率	23.2%	25.8%	31.8%	21.0%	16.8%	11.4%	9.1%	6.8%	7.6%	6.5%	9.2%	7.2%	8.7%

個人情報条例の制定状況

条例における主な規定内容一覧

主な規定項目		規定団体数（全制定団体に占める割合：%）			
		平成11年4月1日現在		平成10年4月1日現在	
対象データ処理の形態	電子計算機処理を対象	1,128(73.8%)		1,141(81.1%)	
	マニュアル処理まで併せて対象	401(26.2%)		262(18.6%)	
対象部門	公的部門を対象	1,218(79.7%)		1,214(86.3%)	
	民間部門まで併せて対象	622(40.7%)		191(13.6%)	
対象データの種類	個人データのみを対象	1,128(73.8%)		1,002(71.2%)	
	法人データまで併せて対象	401(26.2%)		410(29.1%)	
個人情報システムの設置（変更）に関する規制		707(46.2%)		580(41.2%)	
収集規制	目的による規制	563(36.8%)	810(53.0%)	441(31.3%)	672(47.8%)
	方法による規制	700(45.8%)		571(40.6%)	
	データの種類による規制	478(31.3%)		340(24.2%)	
記録規制	目的による規制	1,079(70.6%)	1,306(85.4%)	1,063(75.6%)	1,269(90.2%)
	データの種類による規制	1,261(82.5%)		1,227(87.2%)	
利用・提供規制	（内部）利用規制	912(59.6%)	1,497(97.9%)	770(54.7%)	1,374(97.7%)
	（外部）提供規制	1,426(93.3%)		1,306(92.8%)	
	国等とのオンライン禁止	525(34.3%)	1,159(75.8%)	565(40.2%)	1,054(74.9%)
	国等とのオンライン制限	634(41.5%)		489(34.8%)	
維持管理に関する規制	正確性・最新性の確保	1,359(88.9%)	1,504(98.4%)	1,246(88.6%)	1,382(98.2%)
	改ざん、滅失、漏えい等の防止	1,459(95.4%)		1,339(95.2%)	
	不要情報の廃棄措置	814(53.2%)		695(49.4%)	
自己情報の開示、訂正等	開示の申出等	1,459(95.4%)		1,337(95.0%)	
	訂正の申出等	1,444(94.4%)		1,321(93.9%)	
	削除の申出等	1,289(84.3%)		1,177(83.7%)	
	中止の請求	309(20.2%)		228(16.2%)	
処理状況等の公表	処理状況の公表	858(56.1%)	975(63.8%)	808(57.4%)	919(65.3%)
	記録項目の公表	636(41.6%)		632(44.9%)	
外部委託に際しての規制	受託業者等の責務	636(41.6%)	1,360(88.9%)	530(37.7%)	1,244(88.4%)
	データ保護の確保措置	1,268(82.9%)		1,172(83.3%)	

個人情報条例の制定状況

主な規定項目		規定団体数（全制定団体に占める割合：％）			
		平成11年4月1日現在		平成10年4月1日現在	
個人情報処理に係る職員等の責務	電算処理従事職員	1,257(82.2%)	1,308(85.5%)	1,156(82.2%)	1,192(84.7%)
	附属機関の委員等	454(29.7%)		387(27.5%)	
罰則	当該団体職員を対象	89(5.8%)	108(7.1%)	87(6.2%)	100(7.1%)
	受託業者・従業員を対象	99(6.5%)		91(6.5%)	
附属機関の設置		807(52.8%)		709(50.4%)	
救済措置	苦情処理	278(18.2%)	540(35.3%)	229(16.3%)	412(29.3%)
	不服申立手続	438(28.6%)		305(21.7%)	
条例制定団体数		1,529 団体		1,407 団体	

個人情報条例の制定状況

個人情報保護に関する条例の制定団体の状況
(平成11年4月1日現在　自治省調べ)

都道府県	都道府県	特別区	政令市	その他の市	町村	一部事務組合	条例制定団体の名称
北 海 道	1		1	24	57		北海道、札幌市、函館市、小樽市、旭川市、室蘭市、釧路市、帯広市、北見市、留萌市、苫小牧市、美唄市、芦別市、江別市、赤平市、三笠市、根室市、千歳市、砂川市、深川市、富良野市、登別市、恵庭市、伊達市、北広島市、石狩市、木古内町、長万部町、上ノ国町、ニセコ町、喜茂別町、京極町、共和町、岩内町、仁木町、余市町、北村、南幌町、奈井江町、長沼町、栗山町、沼田町、鷹栖町、東神楽町、比布町、愛別町、東川町、美瑛町、上富良野町、中富良野町、増毛町、小平町、猿払村、津別町、遠軽町、湧別町、豊浦町、壮瞥町、早来町、鵡川町、静内町、えりも町、音更町、士幌町、上士幌町、芽室町、中札内村、更別村、大樹町、広尾町、幕別町、本別町、足寄町、陸別町、浦幌町、釧路町、厚岸町、浜中町、標茶町、阿寒町、白糠町、別海町、中標津町
青 森 県	1			4	18		青森県、青森市、弘前市、黒石市、十和田市、平内町、板柳町、中里町、鶴田町、市浦村、小泊村、野辺地町、七戸町、東北町、下田町、川内町、大間町、東通村、風間浦村、佐井村、田子町、南部町、階上町
岩 手 県				13	33		盛岡市、宮古市、大船渡市、水沢市、花巻市、北上市、久慈市、遠野市、一関市、陸前高田市、釜石市、江刺市、二戸市、雫石町、葛巻町、岩手町、西根町、滝沢村、松尾村、紫波町、矢巾町、沢内村、金ケ崎町、前沢町、衣川村、平泉町、大東町、千厩町、東山町、室根村、大槌町、宮守村、田老町、山田町、岩泉町、田野畑村、普代村、新里村、軽米町、種市町、野田村、山形村、大野村、九戸村、安代町、一戸町
宮 城 県	1		1	8	37		宮城県、仙台市、石巻市、塩竈市、古川市、気仙沼市、白石市、名取市、岩沼市、多賀城市、蔵王町、七ヶ宿町、柴田町、川崎町、亘理町、山元町、松島町、利府町、大和町、富谷町、大衡村、小野田町、宮崎町、鹿島台町、岩出山町、浦谷町、田尻町、小牛田町、南郷町、栗駒町、瀬峰町、金成町、迫町、登米町、東和町、中田町、豊里町、米山町、南方町、矢本町、雄勝町、河南町、桃生町、牡鹿町、志津川町、津山町、本吉町
秋 田 県				9	42	1	秋田市、能代市、横手市、大館市、本荘市、男鹿市、湯沢市、大曲市、鹿角市、小坂町、鷹巣町、比内町、森吉町、合川町、田代町、二ツ井町、八森町、峰浜村、五城目町、山本町、藤里町、昭和町、八郎潟町、天王町、井川町、岩美町、河辺町、雄和町、仁賀保町、金浦町、象潟町、矢島町、岩城町、由利町、西目町、鳥海町、東由利町、大内町、田沢湖町、西木村、太田町、仙南村、中仙町、雄物川町、大雄村、十文字町、稲川町、雄勝町、羽後町、東成瀬村、皆瀬村、横手・平鹿広域市町村圏組合

個人情報条例の制定状況

都道府県	都道府県	特別区	政令市	その他の市	町村	一部事務組合	条例制定団体の名称
山形県				10	15		山形市、鶴岡市、酒田市、新庄市、寒河江市、上山市、村山市、長井市、天童市、東根市、河北町、西川町、大石田町、最上町、舟形町、真室川町、鮭川村、戸沢村、高畠町、川西町、小国町、白鷹町、飯豊町、温海町、遊佐町
福島県	1			9	39		福島県、福島市、会津若松市、郡山市、いわき市、白河市、原町市、須賀川町、相馬市、二本松市、伊達町、国見町、梁川町、保原町、川俣町、安達町、岩代町、東和町、長沼町、天栄村、田島町、伊南村、北会津村、猪苗代町、会津坂下町、湯川村、柳津町、河東町、会津高田町、表郷村、棚倉町、矢祭町、塙町、平田村、浅川町、三春町、小野町、滝根町、大越町、都路村、常葉町、船引町、広野町、楢葉町、富岡町、大熊町、双葉町、新地町、飯舘村
茨城県	1			8	9		茨城県、水戸市、日立市、石岡市、下館市、北茨城市、つくば市、ひたちなか市、鹿嶋市、茨城町、美和村、十王町、鉾田町、神栖町、潮来町、河内町、協和町、総和町
栃木県				3	1		鹿沼市、小山市、真岡市、高根沢町
群馬県				8	1		前橋市、高崎市、桐生市、伊勢崎市、太田市、渋川市、藤岡市、富岡市、水上町
埼玉県	1			31	12		埼玉県、川越市、熊谷市、浦和市、秩父市、所沢市、飯能市、加須市、岩槻市、春日部市、狭山市、羽生市、鴻巣市、上尾市、与野市、草加市、越谷市、蕨市、戸田市、入間市、朝霞市、志木市、新座市、桶川市、久喜市、北本市、八潮市、富士見市、上福岡市、三郷市、幸手市、鶴ヶ島市、吹上町、大井町、三芳町、毛呂山町、嵐山町、長瀞町、妻沼町、川里村、北川辺町、白岡町、杉戸町、松伏町
千葉県	1		1	21	4		千葉県、千葉市、市川市、船橋市、木更津市、松戸市、佐原市、茂原市、成田市、佐倉市、八日市場市、旭市、習志野市、柏市、市原市、八千代市、我孫子市、鴨川市、鎌ケ谷市、君津市、浦安市、四街道市、袖ケ浦市、沼南町、海上町、光町、野栄町
東京都	1	23		26	2		東京都、千代田区、中央区、港区、新宿区、文京区、台東区、墨田区、江東区、品川区、目黒区、大田区、世田谷区、渋谷区、中野区、杉並区、豊島区、北区、荒川区、板橋区、練馬区、足立区、葛飾区、江戸川区、八王子市、立川市、武蔵野市、三鷹市、青梅市、府中市、昭島市、調布市、町田市、小金井市、小平市、日野市、東村山市、国分寺市、国立市、田無市、保谷市、福生市、狛江市、東大和市、清瀬市、東久留米市、武蔵村山市、多摩市、稲城市、羽村市、奥多摩町、大島町
神奈川県	1		2	17	6		神奈川県、横浜市、川崎市、横須賀市、平塚市、鎌倉市、藤沢市、小田原市、茅ヶ崎市、逗子市、相模原市、三浦市、秦野市、厚木市、大和市、伊勢原市、海老名市、座間市、綾瀬市、南足柄市、一宮町、真鶴町、湯河原町、愛川町、城山町、津久井町

個人情報条例の制定状況

都道府県	都道府県	特別区	政令市	その他の市	町村	一部事務組合	条例制定団体の名称
新潟県	1			17	63	1	新潟県、新潟市、長岡市、三条市、柏崎市、新発田市、新津市、小千谷市、加茂市、十日町市、見附市、燕市、糸魚川市、新井市、五泉市、両津市、白根市、上越市、安田町、京ヶ瀬村、水原町、加治川村、紫雲寺町、中条町、黒川村、横越町、亀田町、岩室村、弥彦村、分水町、吉田町、巻町、西川町、黒崎町、味方村、潟東村、月潟町、中之口村、下田村、栄町、中之島町、越路町、三島町、出雲崎町、寺泊町、堀之内町、小出町、湯之谷村、広神村、守門村、入広瀬村、川西町、津南町、高柳町、小国町、刈羽村、西山町、安塚町、浦川原村、松代町、松之山町、大島村、牧村、柿崎町、大潟町、頸城村、吉川町、妙高高原町、中郷村、妙高村、板倉町、清里村、三和村、山北町、相川町、佐和田町、金井町、新穂村、畑野町、真野町、羽茂町、南魚沼郡広域事務組合
富山県				2	4		富山市、高岡市、八尾町、婦中町、小杉町、福光町
石川県				2	1		金沢市、小松市、穴水町
福井県				1	8	1	鯖江市、今立町、南条町、今庄町、河野村、朝日町、宮崎村、越前町、織田町、福井坂井地区広域市町村圏事務組合
山梨県	1			2	11	1	山梨県、甲府市、大月市、中道町、市川大門町、敷島町、玉穂町、田富町、道志村、西桂村、忍野村、河口湖町、上野原町、丹波山村、峡南広域行政組合
長野県	1			11	11		長野県、長野市、松本市、岡谷市、飯田市、諏訪市、小諸市、中野市、大町市、茅野市、塩尻市、更埴市、佐久市、軽井沢町、丸子町、下諏訪町、富士見町、原村、喬木村、豊丘村、上山田町、戸倉町、三水村
岐阜県	1			9	21		岐阜県、岐阜市、大垣市、高山市、多治見市、関市、瑞浪市、羽島市、美濃加茂市、各務原市、養老町、垂井町、池田町、北方町、本巣町、真正町、美山町、武芸川町、武儀町、八幡町、坂祝町、富加町、川辺町、七宗町、八百津町、東白川村、御嵩町、兼山町、山岡町、金山町、国府町
静岡県				10	25		静岡市、浜松市、清水市、熱海市、伊東市、富士市、磐田市、御殿場市、天竜市、裾野市、函南町、韮山町、清水町、長泉町、富士川町、蒲原町、御前崎町、相良町、金谷町、大須賀町、浜岡町、小笠町、菊川町、大東町、森町、浅羽町、竜洋町、豊田町、豊岡村、佐久間町、水窪町、雄踏町、細江町、引佐町、三ヶ日町
愛知県	1		1	17	12		愛知県、名古屋市、豊橋市、一宮市、瀬戸市、半田市、豊川市、豊田市、蒲郡市、犬山市、尾西市、稲沢市、新城市、東海市、知立市、高浜市、岩倉市、豊明市、日進市、西枇杷島町、西春町、清洲町、扶桑町、木曽川町、美和町、蟹江町、飛島村、東浦町、武豊町、足助町、小坂井町
三重県				4	3		津市、上野市、名張市、亀山市、芸濃町、白山町、三雲町

個人情報条例の制定状況

都道府県	都道府県	特別区	政令市	その他の市	町村	一部事務組合	条例制定団体の名称
滋賀県	1			4	30		滋賀県、大津市、近江八幡市、八日市市、守山市、志賀町、野洲町、信楽町、安土町、蒲生町、竜王町、永源寺町、五個荘町、能登川町、愛東町、湖東町、秦荘町、愛知川町、甲良町、多賀町、山東町、伊吹町、米原町、近江町、浅井町、湖北町、びわ町、高月町、大之本町、余呉町、西浅井町、マキノ町、今津町、朽木村、安曇川町
京都府	1		1	8	24		京都府、京都市、舞鶴市、宇治市、宮津市、亀岡市、城陽市、長岡京市、八幡市、京田辺市、大山崎町、久御山町、井手町、木津町、加茂町、和束町、南山城村、八木町、丹波町、日吉町、瑞穂町、和知町、三和町、夜久野町、大江町、加悦町、岩滝町、野田川町、峰山町、網野町、丹後町、弥栄町、久美浜町
大阪府	1		1	27	3		大阪府、大阪市、堺市、岸和田市、豊中市、池田市、吹田市、泉大津市、高槻市、貝塚市、守口市、枚方市、茨木市、八尾市、泉佐野市、富田林市、寝屋川市、河内長野市、大東市、和泉市、箕面市、羽曳野市、門真市、摂津市、高石市、藤井寺市、東大阪市、交野市、大阪狭山市、島本町、忠岡町、熊取町
兵庫県	1		1	14	38		兵庫県、神戸市、姫路市、尼崎市、西宮市、洲本市、芦屋市、伊丹市、相生市、豊岡市、加古川市、赤穂市、宝塚市、川西市、加西市、篠山市、猪名川町、吉川町、稲美町、新宮町、太子町、佐用町、上月町、南光町、三日月町、山崎町、安富町、一宮町（宍粟郡）、波賀町、千種町、城崎町、竹野町、香住町、日高町、出石町、但東町、村岡町、浜坂町、美方町、温泉町、八鹿町、養父町、大屋町、関宮町、和田山町、山東町、朝来町、柏原町、氷上町、青垣町、山南町、市島町、一宮町（津名郡）、五色町
奈良県				5	22		奈良市、大和高田市、天理市、御所市、生駒市、都祁村、三郷町、斑鳩町、川西町、三宅町、大宇陀町、菟田野町、榛原町、室生村、曽爾村、御杖村、高取町、新庄町、王寺町、広陵町、河合町、吉野町、大淀町、黒滝村、天川村、川上村、東吉野村
和歌山県					11		桃山町、貴志川町、湯浅町、広川町、中津村、白浜町、上富田町、日置川町、すさみ町、串本町、太地町
鳥取県	1			4	30		鳥取県、鳥取市、米子市、倉吉市、境港市、国府町、岩美町、福部村、群家町、船岡町、河原町、八東町、用瀬町、佐治村、智頭町、気高町、鹿野町、青谷町、羽合町、北条町、大栄町、東伯町、赤碕町、西伯町、会見町、岸本町、日吉津村、淀江町、大山町、名和町、中山町、日南町、日野町、江府町、溝口町

9

個人情報条例の制定状況

都道府県	都道府県	特別区	政令市	その他の市	町村	一部事務組合	条例制定団体の名称
島根県				8	45	1	松江市、浜田市、出雲市、益田市、大田市、安来市、江津市、平田市、鹿野町、島根町、美保関町、東出雲町、八雲村、玉湯町、宍道町、広瀬町、伯太町、仁多町、大東町、加茂町、木次町、三刀屋町、吉田村、掛合町、頓原町、赤来町、斐川町、佐田町、多伎町、湖陵町、大社町、温泉津町、仁摩町、川本町、邑智町、大和村、羽須美村、瑞穂町、石見町、桜江町、金城町、旭町、三隅町、美都町、匹見町、津和野町、日原町、柿木村、六日市町、西郷町、五箇村、西ノ島町、知夫村、邑智郡町村総合事務組合
岡山県				3	33		岡山市、倉敷市、津山市、御津町、瀬戸町、山陽町、赤坂町、吉井町、日生町、和気町、金光町、寄島町、里庄町、芳井町、賀陽町、成羽町、川上町、備中町、大佐町、神郷町、哲西町、勝山町、落合町、湯原町、富村、奥津町、鏡野町、勝田町、勝央町、勝北町、大原町、東粟倉村、西粟倉村、中央町、久米町、柵原町
広島県	1		1	10	39		広島県、広島市、呉市、竹原市、三原市、尾道市、因島市、福山市、府中市、三次市、庄原市、東広島市、戸河内町、千代田町、吉田町、美土里町、高宮町、甲田町、黒瀬町、福富町、大和町、河内町、本郷町、大崎町、東野町、木江町、瀬戸田町、御調町、久井町、向島町、甲山町、世羅町、世羅西町、沼隈町、新市町、油木町、神石町、豊松村、三和町（神石郡）、上下町、総領町、君田村、布野村、作木村、吉舎町、三良坂町、三和町(双三郷)、西城町、東城町、口和町、比和町
山口県				5	12		下関市、宇部市、山口市、防府市、新南陽市、錦町、鹿野町、徳地町、山陽町、菊川町、豊田町、美東町、秋芳町、油谷町、田万川町、阿東町、福栄村
徳島県				4	39		徳島市、鳴門市、小松島市、阿南市、勝浦町、上勝町、佐那河内村、石井町、那賀川町、羽ノ浦町、鷲敷町、相生町、上那賀町、由岐町、日和佐町、牟岐町、海南町、海部町、松茂町、北島町、藍住町、板野町、上板町、吉野町、土成町、市場町、阿波町、鴨島町、川島町、山川町、美郷村、脇町、美馬町、半田町、貞光町、一宇村、穴吹町、三野町、三好町、池田町、山城町、井川町、三加茂町
香川県	1			5	28		香川県、高松市、丸亀市、坂出市、善通寺市、観音寺市、引田町、大川町、寒川町、長尾町、土庄町、三木町、牟礼町、庵治町、塩江町、綾上町、綾南町、国分寺町、綾歌町、飯山町、宇多津町、満濃町、琴平町、多度津町、仲南町、高瀬町、山本町、三野町、大野原町、豊中町、詫間町、仁尾町、豊浜町、財田町

10

個人情報条例の制定状況

都道府県	都道府県	特別区	政令市	その他の市	町村	一部事務組合	条例制定団体の名称
愛媛県				2	29		松山市、今治市、小松町、大西町、川内町、中島町、久万町、面河村、美川村、砥部町、広田村、宇和町、三間町、双海町、内子町、五十崎町、肱川町、保内町、伊方町、瀬戸町、三瓶町、野村町、城川町、広見町、松野町、津島町、内海村、御荘町、城辺町、一本松町、西海町
高知県				5	6		高知市、安芸市、南国市、土佐市、須崎市、土佐山田町、野市町、池川町、檮原町、仁淀村、佐賀町
福岡県	1		2	15	23		福岡県、北九州市、福岡市、久留米市、直方市、田川市、柳川市、甘木市、筑後市、大川市、豊前市、中間市、小郡市、筑紫野市、春日市、大野城市、前原市、古賀市、那珂川町、宇美町、篠栗町、志免町、新宮町、粕屋町、福間町、玄海町、桂川町、稲築町、三輪町、小石原町、宝珠山村、二丈町、吉井町、浮羽町、北野町、城島町、大和町、糸田町、川崎町、苅田町、犀川町
佐賀県				6	32	2	佐賀市、唐津市、鳥栖市、多久市、武雄市、鹿島市、諸富町、川副町、東与賀町、千代田町、三田川町、東脊振村、脊振村、三瀬村、基山町、中原町、北茂安町、三根町、上峰町、牛津町、三日月町、浜玉町、七山村、厳木町、相知町、北波多村、肥前町、玄海町、鎮西町、呼子町、北方町、大町町、江北町、白石町、福富町、有明町、太良町、塩田町、唐津・東松浦広域市町村圏組合、杵藤地区広域市町村圏組合
長崎県				7	45	1	長崎市、佐世保市、島原市、大村市、福江市、平戸市、松浦市、香焼町、高島町、多良見町、長与町、時津町、琴海町、西海町、東彼杵町、川棚町、高来町、小長井町、有明町、国見町、瑞穂町、吾妻町、愛野町、千々石町、小浜町、南串山町、口之津町、南有馬町、北有馬町、西有家町、布津町、深江町、大島村、生月町、小値賀町、宇久町、田平町、福島町、鷹島町、江迎町、鹿町町、小佐々町、吉井町、世知原町、若松町、上五島町、有川町、奈良尾町、厳原町、美津島町、豊玉町、上県町、伊万里・北松地域広域市町村圏組合
熊本県				7	35		熊本市、八代市、人吉市、水俣市、本渡市、山鹿市、牛深市、城南町、小川町、菊水町、鹿北町、鹿本町、鹿央町、七城町、泗水町、蘇陽町、久木野村、長陽村、矢部町、坂本村、千丁町、鏡町、宮原町、田浦町、芦北町、津奈木町、上村、岡原村、五木村、山江村、球磨村、松島町、有明町、姫戸町、龍ケ岳町、御所浦町、倉岳町、栖本町、新和町、苓北町、天草町、河浦町
大分県				5	18		大分市、別府市、佐伯市、津久見市、杵築市、国見町、国東町、日出町、野津原町、挾間町、庄内町、湯布院町、蒲江町、野津町、三重町、緒方町、犬飼町、九重町、朝地町、大野町、玖珠町、上津江村、三光村

個人情報条例の制定状況

都道府県	都道府県	特別区	政令市	その他の市	町村	一部事務組合	条例制定団体の名称
宮崎県				9	23		宮崎市、都城市、延岡市、日南市、小林市、日向市、串間市、西都市、えびの市、清武町、田野町、佐土原町、北郷町、南郷町、三股町、山之口町、高城町、山田町、高崎町、高原町、野尻町、須木村、高岡町、国富町、新富町、木城町、川南町、都農町、西郷村、北方町、椎葉村、五ケ瀬村
鹿児島県				7	29		鹿児島市、枕崎市、阿久根市、名瀬市、加世田市、国分市、西之表市、桜島町、開聞町、坊津町、東市来町、日吉町、樋脇町、東郷町、鶴田町、薩摩町、祁答院町、高尾野町、加治木町、横川町、栗野町、吉松町、隼人町、串良町、東串良町、内之浦町、大根占町、根占町、佐多町、中種子町、南種子町、宇検町、喜界町、徳之島町、天城町、伊仙町
沖縄県	1			3	5		沖縄県、那覇市、浦添市、沖縄市、伊江村、読谷村、嘉手納町、具志川村、与那国町
計	23	23	12	429	1,034	8	
合計	1,529団体						

(注1) 下線は前回調査(平成10年4月1日現在)より後に、新たに条例を制定した団体を示す。

(注2) 伊万里北松地域広域市町村圏組合は、佐賀県及び長崎県の市町村によって構成されている。

A　都道府県・個人情報保護条例

　Ｉ　項目別条文集

　（Ⅱ　全文集(上) - 2）

Ⅰ　都道府県・個人情報保護条例・項目別条文集

　　　　　（平成12年5月31日現在）

A 都道府県・個人情報保護条例

都道府県・個人情報保護条例制定状況

2000年5月31日現在

名称	条例の名称	制定年月日	施行年月日	改正年月日	改正施行年月日
北海道	北海道個人情報保護条例	94・3・31	94・10・1	98・3・31 00・3・26	98・4・1 00・4・1
青森県	青森県個人情報保護条例	98・12・24	99・7・1	99・10・18 99・12・24 00・3・24	00・4・1 00・4・1 00・4・1
宮城県	(宮城県)個人情報保護条例	96・10・14	97・4・1	99・3・12 99・12・21 00・3・28	99・7・11 00・4・1 00・7・1
福島県	福島県個人情報保護条例	94・10・14	95・4・1	95・10・13 00・3・24	96・4・1 00・4・1
茨城県	茨城県個人情報の保護に関する条例	93・3・26	93・10・1	95・3・30 00・3・28	95・8・1 00・4・1
埼玉県	埼玉県個人情報保護条例	94・3・31	94・10・1	95・12・27 00・3・24	96・4・1 00・4・1
千葉県	千葉県個人情報保護条例	93・2・18	93・10・1	95・10・13 00・3・24	96・4・1 00・4・1
東京都	東京都個人情報の保護に関する条例	90・12・21	91・4・1	99・3・19 99・12・24 00・3・31	00・1・1 00・4・1 00・4・1
神奈川県	神奈川県個人情報保護条例	90・3・30	90・10・1	95・3・14 00・3・28	95・7・1 00・4・1
新潟県	新潟県個人情報保護条例	98・10・16	99・4・1	00・3・31	00・4・1
長野県	長野県個人情報保護条例	91・3・14	91・10・1	96・3・14	96・4・1
山梨県	山梨県個人情報保護条例	93・3・26	93・10・1	95・12・25 99・12・21 00・3・29	96・4・1 00・4・1 00・4・1
岐阜県	岐阜県個人情報保護条例	98・7・1	99・4・1	99・10・7 00・3・24	00・4・1 00・4・1
愛知県	愛知県個人情報保護条例	92・3・25	92・10・1	95・7・5 00・3・28	95・10・1 00・4・1
滋賀県	滋賀県個人情報保護条例	95・3・17	95・10・1	95・10・18 00・3・28	96・1・1 00・4・1
京都府	京都府個人情報保護条例	96・1・9	96・10・1	00・3・28	00・4・1
大阪府	大阪府個人情報保護条例	96・3・29	96・10・1	00・3・31	規則で定める
兵庫県	(兵庫県)個人情報の保護に関する条例	96・10・9	97・4・1	00・3・27	00・4・1
奈良県	奈良県個人情報保護条例	00・3・30	00・10・1		
鳥取県	鳥取県個人情報保護条例	99・3・12	99・10・1	00・3・28	00・4・1
広島県	広島県個人情報保護条例	95・3・15	95・10・1	00・3・27	00・4・1
香川県	香川県個人情報保護条例	99・3・19	99・10・1	00・3・27	00・10・1
福岡県	福岡県個人情報保護条例	92・3・30	92・10・1	96・1・4 00・3・29	96・4・1 00・4・1
沖縄県	沖縄県個人情報保護条例	94・10・20	95・4・1	95・10・16 00・3・31	96・2・1 00・4・1

I 都道府県・個人情報保護条例・項目別条文集

目　次

1　前文・目的 ………………………………………………… 21
　(1)　前　文（21）
　(2)　目　的（21）

2　定　義 ……………………………………………………… 26
　(1)　定義全部（26）
　(2)　個人情報（38）
　(3)　実施機関（43）
　(4)　事業者（47）
　(5)　本　人（50）
　(6)　公文書（52）
　(7)　磁気テープ等（56）
　(8)　電子計算機処理（60）

3　実施機関その他の責務 ………………………………………… 61
　(1)　実施機関の責務（61）
　(2)　実施機関の適正管理（63）
　(3)　実施機関の職員の責務（69）
　(4)　出資法人の責務（72）
　(5)　事業者の責務（74）
　(6)　都道府県民の責務（78）
　(7)　市町村の責務（79）

4　適用除外、他の制度との調整 ……………………………… 80
　(1)　統計調査の適用除外（80）
　(2)　他の制度との調整（88）
　(3)　図書館等情報の除外（93）

17

A 都道府県・個人情報保護条例

5 個人情報取扱事務登録等 ……………………………………… *97*

6 収集の制限 ………………………………………………………… *117*

7 利用及び提供の制限 ……………………………………………… *135*

 (1) 利用及び提供の制限一般（*135*）
 (2) 電算機結合による提供の制限（*147*）
 (3) 提供先に対する措置要求（*151*）
 (4) 委託に伴う措置（*154*）

8 自己情報の開示 …………………………………………………… *160*

 (1) 自己情報の開示請求（*160*）
 (2) 開示請求手続（*165*）
 (3) 開示請求の特例（*172*）
 (4) 部分開示（*177*）
 (5) 開示の決定と通知（*180*）
 (6) 開示の方法（*193*）
 (7) 第三者の意見聴取（*207*）
 (8) 開示の費用（*211*）

9 非開示個人情報 …………………………………………………… *215*

 (1) 非開示個人情報全条項（*215*）
 (2) 項目別非開示個人情報（*237*）
  (一) 法令秘情報（*237*）
  (二) 個人情報（*242*）
  (三) 事業活動情報（*247*）
  (四) 犯罪防止・捜査等情報（*252*）
  (五) 国等関係情報（*257*）
  (六) 個人の判断、評価等情報（*262*）
  (七) 機関内・機関間情報（*267*）
  (八) 行政運営情報（*273*）
  (九) 存否情報（*278*）
  (十) その他（*278*）

I 都道府県・個人情報保護条例・項目別条文集

10 自己情報の訂正 …………………………………………280

 (1) 自己情報の訂正（280）
 (2) 自己情報の訂正手続（284）
 (3) 自己情報の訂正決定（292）

11 自己情報の取扱是正 ……………………………………303

 (1) 取扱是正の申出（303）
 (2) 取扱是正申出の手続（305）
 (3) 是正申出に対する措置（310）
 (4) 是正の再申出（315）

12 自己情報の削除請求 ……………………………………317

 (1) 自己情報の削除申出（317）
 (2) 削除請求の手続（318）
 (3) 削除の決定等（319）

13 実施機関への苦情申出 …………………………………320

14 不服申立に関する手続き ………………………………323

15 事業者に対する指導等 …………………………………330

 (1) 事業者に対する指導及び助言等（330）
 (2) 指導指針の作成（332）
 (3) 説明又は資料提出要請（335）
 (4) 是正の勧告（337）
 (5) 事実の公表（340）

16 事業者に対する苦情の処理 ……………………………345

17 審査会（審議会） ………………………………………347

18 国、地方公共団体等との協力 …………………………361

A 都道府県・個人情報保護条例

19 制度運営状況の公表 ……………………………………………364

20 委 任 ……………………………………………………………367

21 罰 則 ……………………………………………………………370

1 前文・目的　　　Ⅰ　都道府県・個人情報保護条例・項目別条文集

1　前文・目的

1(1)　前　文

大阪・前文

　個人の尊厳と基本的人権の尊重は、私たちの社会の基礎をなすものであり、この見地から、個人のプライバシーを最大限に保護することが重要である。
　とりわけ、情報・通信技術の飛躍的発展がもたらす高度情報化社会においては、個人が自己に関する情報を自ら実効的にコントロールできるようにすることが必要である。
　このような理解のもとに、広く個人情報の保護を図り、個人の尊厳を基調とする高度情報化社会の実現を目指し、この条例を制定する。

沖縄・前文

　個人に関する情報は、基本的人権の保障及び個人の尊重の理念に基づき、最大限に保護されるべきものである。
　情報処理及び通信技術の進歩を背景とした情報化社会の進展は、医療、交通、環境、防災等における社会問題の解決に貢献し、また消費生活における各種サービスの提供を可能にするなど、県民生活に便利と豊かさをもたらしている。
　しかし一方では、個人に関する情報が、広範に収集、蓄積、利用されることに伴って、自己に関する情報がどのように取り扱われているかを充分に知りたいという県民の要請が高まっており、これに対する積極的な対策が必要となっている。
　このような認識の下に、個人情報の取扱いに関し必要な事項を定めるとともに、県の機関が保有する個人情報を個人が自らコントロールする権利を実効的に保障し、個人の権利利益の保護を図るため、この条例を制定する。

1(2)　目　的

北海道（目的）

第一条　この条例は、個人情報の適正な取扱いの確保に関し必要な事項を定め、道の機関が保有する個人情報の開示及び訂正を請求する権利を明

A　都道府県・個人情報保護条例　　　　　　　　**1　前文・目的**

らかにすることにより、個人の権利利益を保護するとともに、公正で民主的な道政の推進に資することを目的とする。

青森（目的）

第一条　この条例は、個人情報の保護に関する県、事業者及び県民の責務を明らかにし、個人情報の適正な取扱いの確保に関し必要な事項を定めるとともに、県の実施機関が保有する個人情報の開示及び訂正等を求める権利を明らかにすることにより、個人の権利利益を保護することを目的とする。

宮城（目的）

第一条　この条例は、実施機関が保有する個人情報の開示及び訂正を求める権利その他の個人情報の保護に関し必要な事項を定めることにより、個人情報の適正な取扱いの確保及び個人の権利利益の侵害の防止を図り、もって個人の人格と尊厳の尊重に寄与することを目的とする。

福島（目的）

第一条　この条例は、個人情報の適正な取扱いの確保に関し必要な事項を定めるとともに、県の機関が保有する個人情報の開示及び訂正を求める個人の権利を明らかにすることにより、個人の権利利益を保護することを目的とする。

茨城（目的）

第一条　この条例は、県における個人情報の取扱いに関する基本的事項を定めることにより、個人の権利利益の保護を図るとともに、県行政の適正な執行に資することを目的とする。

埼玉（目的）

第一条　この条例は、県の機関に対して個人情報の開示及び訂正を請求する権利を明らかにするとともに、個人情報の適正な取扱いの確保に関し必要な事項を定めることにより、個人の権利利益を保護することを目的とする。

千葉（目的）

第一条　この条例は、個人情報の適正な取扱いの確保に関し必要な事項を定め、県の機関が保有する個人情報の開示及び訂正を請求する権利等を明らかにすることにより、個人の権利利益の保護を図るとともに、県政に対する信頼の確保に資することを目的とする。

東京（目的）

第一条　この条例は、個人に関する情報の取扱いについての基本的事項を

1 前文・目的　　　Ⅰ　都道府県・個人情報保護条例・項目別条文集

定め、都の実施機関が保有する個人情報の開示及び訂正を請求する権利を明らかにし、もって個人の権利利益の保護を図るとともに、都政の適正な運営に資することを目的とする。

神奈川（目的）

第一条　この条例は、個人の尊厳を保つ上で個人情報の保護が重要であることにかんがみ、県の機関が保有する個人情報の開示及び訂正を求める個人の権利を明らかにするとともに、個人情報の適正な取扱いの確保に関し必要な事項を定めることにより、県内における個人情報の取扱いに伴う個人の権利利益の侵害の防止を図り、もって基本的人権の擁護及び公正で民主的な県政の推進に資することを目的とする。

新潟（目的）

第一条　この条例は、個人情報の適正な取扱いの確保に関し必要な事項を定めるとともに、実施機関が保有する個人情報の開示及び訂正を求める権利を明らかにすることにより、個人の権利利益を保護することを目的とする。

長野（目的）

第一条　この条例は、個人情報の集積及び利用の拡大にかんがみ、県の機関が保有する個人情報の開示及び訂正を求める権利等を明らかにするとともに、個人情報の適正な取扱いの確保に関し必要な事項を定めることにより、個人の権利利益を保護することを目的とする。

山梨（目的）

第一条　この条例は、県の機関が保有する個人情報の開示及び訂正を求める権利を明らかにするとともに、県内における個人情報の取扱いに関し必要な事項を定めることにより、個人の権利利益を保護することを目的とする。

岐阜（目的）

第一条　この条例は、個人情報の適正な取扱いの確保に関する基本的な事項を定めるとともに、県の実施機関が保有する個人情報の開示及び訂正を求める個人の権利を明らかにすることにより、個人の権利利益を保護することを目的とする。

愛知（目的）

第一条　この条例は、県の機関の保有する個人情報の開示、訂正及び削除を請求する個人の権利を明らかにし、個人情報の適正な取扱いの確保に関し必要な事項を定め、もって個人の権利利益を保護することを目的と

23

A 都道府県・個人情報保護条例　　　　　　　　**1 前文・目的**

する。

滋賀（目的）

第一条　この条例は、個人情報の適正な取扱いの確保に関し必要な事項を定めるとともに、県の実施機関が保有する個人情報の開示および訂正を求める権利等を明らかにすることにより、個人の権利利益を保護することを目的とする。

京都（目的）

第一条　この条例は、個人情報の取扱いに関する基本的な事項を定め、併せて府の実施機関が管理する個人情報の開示及び訂正を求める個人の権利を明らかにすることにより、個人の権利利益を保護することを目的とする。

大阪（目的）

第一条　この条例は、実施機関が保有する個人情報の開示、訂正及び削除を請求する権利を明らかにするとともに、個人情報の適正な取扱いの確保に関し必要な事項を定めることにより、個人の権利利益の保護を図り、もって基本的人権の擁護に資することを目的とする。

兵庫（目的）

第一条　この条例は、個人情報の適正な取扱いの確保に関する基本的事項を定めるとともに、県の実施機関が保有する個人情報の開示及び訂正を求める権利を明らかにすることにより、個人の権利利益を保護することを目的とする。

鳥取（目的）

第一条　この条例は、個人の尊厳と基本的人権の尊重が社会の基礎であるとの見地から個人情報の保護が重要であることにかんがみ、個人情報の適正な取扱いの確保に関し必要な事項を定めるとともに、県の管理する個人情報の開示及び訂正を求める権利を明らかにし、もって個人の権利利益の保護を図ることを目的とする。

広島（目的）

第一条　この条例は、個人情報の適正な取扱いの確保に関し必要な事項を定めるとともに、県の機関が保有する個人情報の開示及び訂正を求める個人の権利を明らかにすることにより、個人の権利利益を保護することを目的とする。

香川（目的）

第一条　この条例は、県の実施機関が保有する個人情報の開示及び訂正を

1　前文・目的　　　　Ⅰ　都道府県・個人情報保護条例・項目別条文集

求める権利を明らかにするとともに、個人情報の適正な取扱いの確保に関する基本的事項を定めることにより、個人の権利利益を保護することを目的とする。

福岡（目的）

第一条　この条例は、個人情報の適正な取扱いの確保に関し必要な事項を定めるとともに、県の機関が保有する個人情報の開示及び訂正を求める権利を明らかにすることにより、個人の権利利益を保護することを目的とする。

沖縄（目的）

第一条　この条例は、個人情報の適正な取扱いの確保に関し必要な事項を定めるとともに、県の機関が保有する個人情報の開示、訂正及び削除を請求する権利を明らかにすることにより、個人の権利利益を保護することを目的とする。

2 定　義

2(1) 定義全部

北海道（定義）
第二条　この条例において、次の各号に掲げる用語の意義は、当該各号に定めるところによる。
　一　個人情報　個人に関する情報であって、特定の個人が識別され、又は識別され得るものをいう。ただし、法人その他の団体に関して記録された情報に含まれる当該法人その他の団体の役員に関する情報を除く。
　二　実施機関　知事、教育委員会、選挙管理委員会、監査委員、人事委員会、地方労働委員会、収用委員会、連合海区漁業調整委員会、海区漁業調整委員会、内水面漁場管理委員会及び公営企業管理者をいう。
　三　事業者　事業を営む法人その他の団体(国及び地方公共団体を除く。以下「法人等」という。)又は事業を営む個人をいう。
　四　文書等　実施機関が作成し、又は取得した文書、図画及び写真(これらを撮影したマイクロフィルムを含む。)であって、実施機関が管理しているものをいう。
　五　磁気テープ等　実施機関が作成し、又は取得した情報を記録した電子計算機による処理に使用される磁気テープ、磁気ディスクその他一定の事項を記録しておくことのできるこれらに類する物であって、実施機関が管理しているものをいう。

青森（定義）
第二条　この条例において、次の各号に掲げる用語の意義は、当該各号に定めるところによる。
　一　個人情報　個人に関する情報であって、特定の個人が識別され、又は識別され得るものをいう。
　二　実施機関　知事、教育委員会、選挙管理委員会、人事委員会、監査委員、地方労働委員会、収用委員会、海区漁業調整委員会及び内水面漁場管理委員会をいう。
　三　事業者　法人その他の団体（国及び地方公共団体を除く。）又は事業を営む個人をいう。

四 本人　個人情報により識別され、又は識別され得る個人をいう。
五 公文書　実施機関の職員が職務上作成し、又は取得した文書、図画及び写真（これらを撮影したマイクロフィルムを含む。）であって、決裁、供覧等の手続が終了し、実施機関において管理しているものをいう。
六 磁気テープ等　電子計算機を使用して行われる処理に使用される磁気テープ、磁気ディスク等であって、実施機関の職員が職務上作成し、又は取得した情報を記録され、実施機関において管理しているものをいう。

宮城（定義）
第二条　この条例において、次の各号に掲げる用語の意義は、当該各号に定めるところによる。
一 個人情報　個人に関する情報（事業を営む個人の当該事業に関する情報及び法人その他の団体（国及び地方公共団体を除く。以下「法人等」という。）に関する情報に含まれる当該法人等の役員に関する情報を除く。）であって、特定の個人が識別され、又は識別され得るものをいう。
二 実施機関　知事、公営企業管理者、病院事業管理者、教育委員会、選挙管理委員会、人事委員会、監査委員、地方労働委員会、収用委員会、海区漁業調整委員会及び内水面漁場管理委員会をいう。
三 事業者　法人等及び事業を営む個人をいう。
四 行政文書　実施機関の職員が職務上作成し、又は取得した文書、図画、写真及びスライドフィルム（これらを撮影したマイクロフィルムを含む。）並びに電磁的記録（電子的方式、磁気的方式その他人の知覚によっては認識することができない方式で作られた記録をいう。以下同じ。）であって、当該実施機関の職員が組織的に用いるものとして、当該実施機関が保有しているものをいう。
五 本人　個人情報から識別され、又は識別され得る個人をいう。

福島（定義）
第二条　この条例において、次の各号に掲げる用語の意義は、それぞれ当該各号に定めるところによる。
一 個人情報　個人に関する情報であって、特定の個人が識別され、又は識別され得るものをいう。ただし、法人その他の団体に関する情報に含まれる当該法人その他の団体の役員に関する情報を除く。
二 実施機関　知事、教育委員会、選挙管理委員会、監査委員、人事委員会、地方労働委員会、収用委員会、海区漁業調整委員会及び内水面

A 都道府県・個人情報保護条例　　　2 定義

漁場管理委員会をいう。
三 公文書　実施機関の職員が職務上作成し、又は取得した文書、図画及び写真（これらを撮影したマイクロフィルムを含む。）で、決裁又は回覧の手続が終了し、実施機関が管理しているものをいう。
四 磁気テープ等　実施機関の職員が職務上作成し、又は取得した情報を記録された電子計算機による処理に使用される磁気テープ、磁気ディスクその他これらに準ずる方法により一定の事項を確実に記録しておくことができる物であって、実施機関が管理しているものをいう。
五 事業者　法人その他の団体(国及び地方公共団体を除く。以下「法人等」という。)及び事業を営む個人をいう。

茨城（定義）
第二条　この条例において、次の各号に掲げる用語の意義は、当該各号に定めるところによる。
一 実施機関　知事、教育委員会、選挙管理委員会、人事委員会、監査委員、地方労働委員会、収用委員会、海区漁業調整委員会、内水面漁場管理委員会及び公営企業管理者をいう。
二 個人情報　個人に関する情報であって、特定の個人が識別され、又は識別され得るものをいう。ただし、法人その他の団体に関する情報に含まれる当該法人その他の団体の役員に関する情報を除く。
三 公文書　実施機関の職員が職務上作成し、又は取得した文書、図画及び写真（これらを撮影したマイクロフィルムを含む。）であって、決裁等の手続が終了し、実施機関において管理しているものをいう。
四 磁気テープ等　実施機関の職員が職務上作成し、又は取得した情報が記録されている電子計算機処理に使用される磁気テープ、磁気ディスクその他これらに準ずる方法により一定の事項を確実に記録することができる物であって、実施機関において管理しているものをいう。

埼玉（定義）
第二条　この条例において、次の各号に掲げる用語の意義は、それぞれ当該各号に定めるところによる。
一 個人情報　個人に関する情報であって、特定の個人が識別され、又は識別され得るものをいう。ただし、次に掲げるものを除く。
　イ 法人その他の団体に関して記録された情報に含まれる当該法人その他の団体の役員に関する情報
　ロ 事業を営む個人に関する情報で明らかに当該事業に専属すると認

められるもの（第十三条第一項第二号において「個人に関する事業情報」という。）
二　実施機関　知事、教育委員会、選挙管理委員会、人事委員会、監査委員、地方労働委員会、収用委員会、内水面漁場管理委員会及び公営企業管理者をいう。
三　公文書　県の機関が保管している文書（磁気テープ、磁気ディスク、フィルム等を含む。第二十六条第三項第二号において同じ。）のうち、県の機関が作成したもので決裁が終了したもの及び県の機関が入手したもので受理等の手続が終了したものをいう。
四　事業者　法人その他の団体（国及び地方公共団体を除く。以下「法人等」という。）及び事業を営む個人をいう。

千葉（定義）
第二条　この条例において、次の各号に掲げる用語の意義は、それぞれ当該各号に定めるところによる。
一　個人情報　個人に関する情報であって、特定個人が識別され、又は識別され得るものをいう。ただし、法人その他の団体に関して記録された情報に含まれる当該法人その他の団体の役員に関する情報を除く。
二　実施機関　知事、教育委員会、選挙管理委員会、監査委員、人事委員会、地方労働委員会、海区漁業調整委員会、内水面漁場管理委員会及び公営企業管理者をいう。
三　公文書　実施機関の職員が職務上作成し、又は収受した文書、図画及び写真（これらを撮影したマイクロフィルムを含む。）であって、決裁、供覧等の手続が終了し、実施機関が管理しているものをいう。
四　磁気テープ等　実施機関の職員が職務上作成し、又は取得した情報が記録された電子計算機による処理に使用される磁気テープ、磁気ディスクその他これらに準ずる方法により一定の事項を確実に記録しておくことができる物であって、実施機関が管理しているものをいう。
五　事業者　法人その他の団体（国及び地方公共団体を除く。以下「法人等」という。）及び事業を営む個人をいう。

東京（定義）
第二条　この条例において「実施機関」とは、知事、教育委員会、選挙管理委員会、人事委員会、監査委員、地方労働委員会、収用委員会、海区漁業調整委員会、内水面漁場管理委員会、固定資産評価審査委員会、公営企業管理者及び消防総監並びに東京都規則で定める行政機関の長をい

A　都道府県・個人情報保護条例　　　　　　　　**2　定　義**

う。
2　この条例において「個人情報」とは、個人に関する情報（特定の個人を識別できるものをいう。）で、実施機関が管理する文書、図画、写真、フィルム、磁気テープ、磁気ディスク等（以下「文書等」という。）に記録されたものをいう。
3　この条例において「事業者」とは、法人（国及び地方公共団体を除く。）その他の団体及び事業を営む個人をいう。
4　この条例において「公文書」とは、実施機関の職員が職務上作成し、又は取得した文書等であって、当該実施機関の職員が組織的に用いるものとして、当該実施機関が保有しているものをいう。ただし、官報、公報、白書、新聞、雑誌、書籍その他不特定多数の者に販売することを目的として発行されるものを除く。

神奈川（定義）
第二条　この条例において、次の各号に掲げる用語の意義は、当該各号に定めるところによる。
　一　個人情報　個人に関する情報（個人が営む事業に関して記録された情報に含まれる当該個人に関する情報及び法人その他の団体に関して記録された情報に含まれる当該法人その他の団体の役員に関する情報を除く。）であって、特定の個人が識別され、又は識別され得るものをいう。
　二　実施機関　知事、議会、公営企業管理者、教育委員会、選挙管理委員会、人事委員会、監査委員、地方労働委員会、収用委員会、海区漁業調整委員会及び内水面漁場管理委員会をいう。
　三　事業者　事業を営む法人その他の団体（国及び地方公共団体を除く。以下「法人等」という。）又は事業を営む個人をいう。
　四　公文書　実施機関の職員がその分掌する事務に関して職務上作成し、又は取得した文書及び図面（これらを撮影したマイクロフィルムを含む。）であって、当該実施機関において管理しているものをいう。
　五　電子計算機処理　電子計算機を使用して行われる情報の入力、蓄積、編集、加工、修正、更新、検索、消去、出力又はこれらに類する処理をいう。ただし、次に掲げる処理を除く。
　　ア　専ら文章を作成するための処理
　　イ　専ら文書又は図画の内容を記録するための処理
　　ウ　製版その他の専ら印刷物を製作するための処理
　　エ　専ら文書又は図画の内容の伝達を電気通信の方法により行うため

の処理
六 磁気テープ等 実施機関の職員がその分掌する事務に関して職務上作成し、又は取得した情報を記録した電子計算機処理に使用される磁気テープ、磁気ディスクその他一定の事項を確実に記録しておくことができるこれらに類する物であって、当該実施機関において管理しているものをいう。
七 本人 個人情報から識別され、識別され得る個人をいう。

新潟（定義）
第二条 この条例において、次の各号に掲げる用語の意義は、当該各号に定めるところによる。
一 個人情報 個人に関する情報（事業を営む個人の当該事業に関する情報及び法人その他の団体に関する情報に含まれる当該法人その他の団体の役員に関する情報を除く。）であって、特定の個人が識別され、又は識別され得るものをいう。
二 実施機関 知事、公営企業管理者、教育委員会、選挙管理委員会、人事委員会、監査委員、地方労働委員会、収用委員会、海区漁業調整委員会、連合海区漁業調整委員会及び内水面漁場管理委員会をいう。
三 公文書 実施機関の職員が職務上作成し、又は取得した文書、図画及び写真（これらを撮影したマイクロフィルムを含む。）であって、決裁、供覧等の事務手続が終了し、実施機関が管理しているものをいう。
四 磁気テープ等 電子計算機による処理に使用される磁気テープ、磁気ディスクその他これらに準ずる方法により一定の事項を確実に記録しておくことができる物であって、実施機関の職員が職務上作成し、又は取得した情報を記録され、実施機関が管理しているものをいう。
五 本人 個人情報から識別され、又は識別され得る個人をいう。
六 事業者 法人その他の団体(国及び地方公共団体を除く。以下「法人等」という。)及び事業を営む個人をいう。

長野（定義）
第二条 この条例において、次の各号に掲げる用語の意義は、当該各号に定めるところによる。
一 実施機関 知事、教育委員会、選挙管理委員会、人事委員会、監査委員、地方労働委員会、収用委員会、内水面漁場管理委員会及び公営企業管理者をいう。
二 事業者 事業を営む法人その他の団体(国及び地方公共団体を除く。)

及び事業を営む個人をいう。
三　個人情報　個人に関する情報であって、特定の個人が識別され、又は識別され得るものをいう。ただし、法人その他の団体に関して記録された情報に含まれる当該法人その他の団体の役員に関する情報を除く。
四　記録情報　公文書（実施機関が作成し、又は取得した文書及び図画（マイクロフィルムを含む。）で、決裁又は回覧等の手続が終了し、実施機関において管理しているものをいう。以下同じ。）又は実施機関が管理している磁気テープ、磁気ディスク等で電子計算機に使用されるものに記録された個人情報をいう。
五　個人情報ファイル　記録情報であって、一定の事務を行うために特定の基準に従って整理された個人情報の集合物をいう。
六　記録情報の本人　記録情報から識別され、又は識別され得る個人をいう。

山梨（定義）
第二条　この条例において、次の各号に掲げる用語の意義は、当該各号に定めるところによる。
一　個人情報　個人に関する情報であって、特定の個人が識別され、又は識別され得るものをいう。ただし、次に掲げるものを除く。
　イ　法人その他の団体に関する情報に含まれる当該法人その他の団体の役員に関する情報
　ロ　事業を営む個人に関する情報に含まれる当該事業に関する情報
二　実施機関　知事、議会、公営企業管理者、教育委員会、選挙管理委員会、人事委員会、監査委員、地方労働委員会、収用委員会及び内水面漁場管理委員会をいう。
三　事業者　事業を営む法人その他の団体（国及び地方公共団体を除く。以下「法人等」という。）及び事業を営む個人をいう。
四　本人　個人情報から識別され、又は識別され得る個人をいう。
五　行政文書　山梨県情報公開条例（平成11年山梨県条例第五十四号）第二条第二項に規定する行政文書をいう。

岐阜（定義）
第二条　この条例において、次の各号に掲げる用語の意義は、当該各号に定めるところによる。
一　個人情報　個人に関する情報であって、特定の個人が識別され得る

ものをいう。ただし、次に掲げるものを除く。
　イ　事業を営む個人の当該事業に関する情報
　ロ　法人その他の団体に関する情報に含まれる当該法人その他の団体の役員に関する情報（当該法人その他の団体の機関としての情報に限る。）
二　実施機関　知事、議会、教育委員会、選挙管理委員会、人事委員会、監査委員、地方労働委員会、収用委員会及び内水面漁場管理委員会をいう。
三　事業者　法人（国及び地方公共団体を除く。）その他の団体（以下「法人等」という。）及び事業を営む個人をいう。
四　本人　個人情報から識別され得る個人をいう。
五　公文書　実施機関の職員が職務上作成し、又は取得した文書、図画及び写真であって、実施機関が管理しているものをいう。
六　磁気テープ等　実施機関の職員が職務上作成し、又は取得した情報を記録した磁気テープ、磁気ディスク、光ディスク等であって、実施機関が管理しているものをいう。

愛知（定義）
第二条　この条例において、次の各号に掲げる用語の意義は、当該各号に定めるところによる。
一　個人情報　個人に関する情報であって、特定の個人が識別され得るものをいう。ただし、法人その他の団体（以下「法人等」という。）に関する情報に含まれる当該法人等の役員に関する情報を除く。
二　実施機関　知事、教育委員会、選挙管理委員会、人事委員会、監査委員、地方労働委員会、収用委員会、海区漁業調整委員会、内水面漁場管理委員会及び公営企業管理者をいう。
三　事業者　法人等（国及び地方公共団体を除く。）及び事業を営む個人をいう。

滋賀（定義）
第二条　この条例において、次の各号に掲げる用語の意義は、それぞれ当該各号に定めるところによる。
一　個人情報　個人に関する情報であって、特定の個人が識別され得るものをいう。ただし、法人その他の団体に関して記録された情報に含まれる当該法人その他の団体の役員に関する情報を除く。
一　実施機関　知事、教育委員会、選挙管理委員会、人事委員会、監査

A　都道府県・個人情報保護条例　　　　　　　　　　　　　　2　定　義

　　委員、地方労働委員会、収用委員会、海区漁業調整委員会、内水面漁場管理委員会および公営企業管理者をいう。
　三　公文書　滋賀県公文書の公開等に関する条例（昭和62年滋賀県条例第三十七号）第二条第二項に規定する公文書をいう。
　四　磁気テープ等　電子計算機による処理に使用される磁気テープ、磁気ディスク等であって、実施機関が作成し、または取得した情報が記録され、実施機関において管理しているものをいう。
　五　事業者　法人（国および地方公共団体を除く。）その他の団体（以下「法人等」という。）および事業を営む個人をいう。

京都（定義）

第二条　この条例において、次の各号に掲げる用語の意義は、当該各号に定めるところによる。
　一　個人情報　個人に関する情報であって、個人が特定され得るものをいう。ただし、法人その他の団体に関する情報に含まれる当該法人その他の団体の役員に関する情報を除く。
　二　実施機関　知事、教育委員会、選挙管理委員会、人事委員会、監査委員、地方労働委員会、収用委員会、海区漁業調整委員会及び内水面漁場管理委員会をいう。
　三　本人　個人情報から特定される得る個人をいう。
　四　公文書　実施機関の職員が職務上作成し、又は取得した文書及び図画（これらを撮影したマイクロフィルムを含む。）であって、決裁又は閲覧の手続が終了し、実施機関が管理しているものをいう。
　五　磁気記録媒体等　実施機関の職員が職務上作成し、又は取得した情報で決裁又は閲覧の手続が終了したものを記録した録音テープ、録画テープ、磁気テープ、磁気ディスク等で、実施機関が管理しているものをいう。
　六　事業者　法人（国及び地方公共団体を除く。）その他の団体又は事業を営む個人をいう。

大阪（定義）

第二条　この条例において、次の各号に掲げる用語の意義は、当該各号に定めるところによる。
　一　個人情報　個人に関する情報であって、特定の個人が識別され、又は識別され得るものをいう。ただし、次に掲げるものを除く。
　　イ　法人その他の団体に関する情報に含まれる当該法人その他の団体

の役員に関する情報
　　ロ　事業を営む個人の当該事業に関する情報
　二　実施機関　知事、教育委員会、選挙管理委員会、人事委員会、監査委員、地方労働委員会、収用委員会、海区漁業調整委員会、内水面漁場管理委員会及び水道企業管理者をいう。
　三　本人　個人情報から識別され、又は識別され得る個人をいう。
　四　公文書　大阪府公文書公開条例(昭和59年大阪府条例第二号)第二条第一項に規定する公文書をいう。
　五　磁気テープ等　電子計算機による処理に使用される磁気テープ、磁気ディスクその他これらに準ずる方法により一定の事項を確実に記録しておくことができる物であって、実施機関の職員が職務上作成し、又は取得した情報が記録され、実施機関が管理しているものをいう。
　六　事業者　法人(国及び地方公共団体を除く。)その他の団体及び事業を営む個人をいう。

兵庫（定義）
第二条　この条例において、次の各号に掲げる用語の意義は、当該各号に定めるところによる。
　一　個人情報　個人に関する情報であって、特定の個人が識別され得るものをいう。ただし、法人その他の団体に関する情報に含まれる当該法人その他の団体の役員に関する情報(当該法人その他の団体の機関としての情報に限る。)を除く。
　二　実施機関　知事、教育委員会、選挙管理委員会、人事委員会、監査委員、地方労働委員会、収用委員会、海区漁業調整委員会、内水面漁場管理委員会及び公営企業管理者をいう。
　三　事業者　法人その他の団体(国及び地方公共団体を除く。以下「法人等」という。)及び事業を営む個人をいう。
　四　本人　個人情報から識別され得る個人をいう。
　五　公文書　公文書の公開等に関する条例(昭和61年兵庫県条例第三号)第二条第二項に規定する公文書をいう。
　六　磁気テープ等　実施機関の職員が職務上作成し、又は取得した情報を記録した磁気テープ、磁気ディスク、光ディスク等であって、当該情報について決裁その他これに準ずる手続が終了し、実施機関が管理しているもの(専ら文章を作成し、又は文書若しくは図画の内容を記録するための電子計算機処理その他実施機関が定める電子計算機処理のために管

A　都道府県・個人情報保護条例　　　　　　　　2　定　義

理しているものを除く。）をいう。
鳥取（定義）
第二条　この条例において、次の各号に掲げる用語の意義は、当該各号に定めるところによる。
　一　個人情報　個人に関する情報であって、特定の個人が識別され、又は識別され得るものをいう。ただし、法人その他の団体に関する情報に含まれる当該法人その他の団体の機関としての情報を除く。
　二　実施機関　知事、教育委員会、選挙管理委員会、人事委員会、監査委員、地方労働委員会、収用委員会、海区漁業調整委員会、内水面漁場管理委員会及び病院事業の管理者をいう。
　三　事業者　法人その他の団体（国及び地方公共団体を除く。以下同じ。）及び事業を営む個人をいう。
　四　公文書等　次に掲げるものをいう。ただし、電子計算機を使用して行われる専ら文書を作成し、又は文書、図画若しくは写真の内容を記録するための処理その他規則で定める処理に係るものを除く。
　　イ　実施機関の職員が職務上作成し、又は取得した文書、図画、写真及びスライド（これらを撮影したマイクロフィルムを含む。）であって、決裁、供覧等の手続が終了し、実施機関が管理しているもの
　　ロ　実施機関の職員が職務上作成し、又は取得した情報で決裁、供覧等の手続が終了したものを記録する磁気テープ、磁気ディスクその他これらに準ずる方法により一定の事項を確実に記録しておくことができる物であって、実施機関が管理しているもの
　五　個人情報取扱事務　実施機関が個人情報を収集し、実施機関において利用し、又は実施機関以外のものに提供し、及び管理する事務（実施機関以外の者に委託して行うものを含む。）であって、当該個人情報を公文書等に記録するものをいう。
　六　本人　個人情報から識別され、又は識別され得る個人をいう。
広島（定義）
第二条　この条例において、次の各号に掲げる用語の意義は、当該各号に定めるところによる。
　一　個人情報　個人に関する情報であって、特定の個人が識別され、又は識別され得るものをいう。ただし、法人その他の団体に関する情報に含まれる当該法人その他の団体の役員に関する情報を除く。
　二　実施機関　知事、教育委員会、選挙管理委員会、人事委員会、監査

委員、地方労働委員会、収用委員会、海区漁業調整委員会、内水面漁場管理委員会及び公営企業の管理者をいう。
  三　公文書　実施機関の職員が職務上作成し、又は収受した文書、図画及び写真（これらを撮影したマイクロフィルムを含む。）であって、決裁、供覧等の手続が終了し、実施機関が管理しているものをいう。
  四　磁気テープ等　電子計算機による処理に使用される磁気テープ、磁気ディスク等であって、実施機関の職員が職務上作成し、又は取得した情報が記録され、実施機関において管理しているものをいう。
  五　本人　個人情報から識別され、又は識別され得る個人をいう。
  六　事業者　法人（国及び地方公共団体を除く。）その他の団体（以下「法人等」という。）及び事業を営む個人をいう。

香川（定義）
第二条　この条例において、次の各号に掲げる用語の意義は、当該各号に定めるところによる。
  一　個人情報　個人に関する情報であって、特定の個人が識別され得るものをいう。ただし、法人その他の団体に関する情報に含まれる当該法人その他の団体の役員に関する情報を除く。
  二　実施機関　知事、教育委員会、選挙管理委員会、人事委員会、監査委員、地方労働委員会、収用委員会、海区漁業調整委員会及び内水面漁場管理委員会をいう。
  三　事業者　法人その他の団体（国及び地方公共団体を除く。以下「法人等」という。）及び事業を営む個人をいう。
  四　公文書　香川県公文書公開条例（昭和61年香川県条例第二十号）第二条第一項に規定する公文書をいう。
  五　磁気テープ等　実施機関の職員が職務上作成し、又は取得した情報を記録した磁気テープ、磁気ディスク等であって、当該実施機関が管理しているものをいう。

福岡（定義）
第二条　この条例において、次の各号に掲げる用語の意義は、当該各号に定めるところによる。
  一　個人情報　個人に関する情報であって、特定の個人が識別され、又は識別され得るものをいう。ただし、法人その他の団体に関して記録された情報に含まれる当該法人その他の団体の役員に関する情報を除く。

A 都道府県・個人情報保護条例　　　　　　　　　2 定　義

　二　実施機関　知事、公営企業の管理者、教育委員会、選挙管理委員会、人事委員会、監査委員、地方労働委員会、収用委員会、海区漁業調整委員会及び内水面漁場管理委員会をいう。
　三　公文書　福岡県情報公開条例(昭和61年福岡県条例第一号)第二条第一項に規定する公文書をいう。
　四　磁気テープ等　電子計算機による処理に使用される磁気テープ、磁気ディスク等であって、実施機関の職員が職務上作成し、又は取得した情報が記録され、実施機関において管理しているものをいう。
　五　本人　個人情報から識別され、又は識別され得る個人をいう。
　六　事業者　法人その他の団体(国及び地方公共団体を除く。以下「法人等」という。)及び事業を営む個人をいう。

沖縄（定義）

第二条　この条例において「個人情報」とは、個人に関する情報であって、特定の個人が識別され、又は識別され得るものをいう。ただし、法人その他の団体に関して記録された情報に含まれる当該法人その他の団体の役員に関する情報を除く。

2　この条例において「実施機関」とは、知事、教育委員会、選挙管理委員会、人事委員会、監査委員、地方労働委員会、収用委員会、海区漁業調整委員会、内水面漁場管理委員会及び公営企業管理者をいう。

3　この条例において「事業者」とは、法人その他の団体（国及び地方公共団体を除く。以下「法人等」という。）及び事業を営む個人をいう。

2 (2)　個人情報

北海道（定義）

第二条　この条例において、次の各号に掲げる用語の意義は、当該各号に定めるところによる。
　一　個人情報　個人に関する情報であって、特定の個人が識別され、又は識別され得るものをいう。ただし、法人その他の団体に関して記録された情報に含まれる当該法人その他の団体の役員に関する情報を除く。

青森（定義）

第二条　この条例において、次の各号に掲げる用語の意義は、当該各号に定めるところによる。
　一　個人情報　個人に関する情報であって、特定の個人が識別され、又

は識別され得るものをいう。

宮城（定義）
第二条　この条例において、次の各号に掲げる用語の意義は、当該各号に定めるところによる。
一　個人情報　個人に関する情報（事業を営む個人の当該事業に関する情報及び法人その他の団体（国及び地方公共団体を除く。以下「法人等」という。）に関する情報に含まれる当該法人等の役員に関する情報を除く。）であって、特定の個人が識別され、又は識別され得るものをいう。

福島（定義）
第二条　この条例において、次の各号に掲げる用語の意義は、それぞれ当該各号に定めるところによる。
一　個人情報　個人に関する情報であって、特定の個人が識別され、又は識別され得るものをいう。ただし、法人その他の団体に関する情報に含まれる当該法人その他の団体の役員に関する情報を除く。

茨城（定義）
第二条　この条例において、次の各号に掲げる用語の意義は、当該各号に定めるところによる。
二　個人情報　個人に関する情報であって、特定の個人が識別され、又は識別され得るものをいう。ただし、法人その他の団体に関する情報に含まれる当該法人その他の団体の役員に関する情報を除く。

埼玉（定義）
第二条　この条例において、次の各号に掲げる用語の意義は、それぞれ当該各号に定めるところによる。
一　個人情報　個人に関する情報であって、特定の個人が識別され、又は識別され得るものをいう。ただし、次に掲げるものを除く。
　イ　法人その他の団体に関して記録された情報に含まれる当該法人その他の団体の役員に関する情報
　ロ　事業を営む個人に関する情報で明らかに当該事業に専属すると認められるもの（第十三条第一項第二号において「個人に関する事業情報」という。）

千葉（定義）
第二条　この条例において、次の各号に掲げる用語の意義は、それぞれ当該各号に定めるところによる。
一　個人情報　個人に関する情報であって、特定個人が識別され、又は

A　都道府県・個人情報保護条例　　　　　　　　　　　**2　定　義**

識別され得るものをいう。ただし、法人その他の団体に関して記録された情報に含まれる当該法人その他の団体の役員に関する情報を除く。

東京（定義）

第二条　2　この条例において「個人情報」とは、個人に関する情報（特定の個人を識別できるものをいう。）で、実施機関が管理する文書、図画、写真、フィルム、磁気テープ、磁気ディスク等（以下「文書等」という。）に記録されたものをいう。

神奈川（定義）

第二条　この条例において、次の各号に掲げる用語の意義は、当該各号に定めるところによる。

一　個人情報　個人に関する情報（個人が営む事業に関して記録された情報に含まれる当該個人に関する情報及び法人その他の団体に関して記録された情報に含まれる当該法人その他の団体の役員に関する情報を除く。）であって、特定の個人が識別され、又は識別され得るものをいう。

新潟（定義）

第二条　この条例において、次の各号に掲げる用語の意義は、当該各号に定めるところによる。

一　個人情報　個人に関する情報（事業を営む個人の当該事業に関する情報及び法人その他の団体に関する情報に含まれる当該法人その他の団体の役員に関する情報を除く。）であって、特定の個人が識別され、又は識別され得るものをいう。

長野（定義）

第二条　この条例において、次の各号に掲げる用語の意義は、当該各号に定めるところによる。

三　個人情報　個人に関する情報であって、特定の個人が識別され、又は識別され得るものをいう。ただし、法人その他の団体に関して記録された情報に含まれる当該法人その他の団体の役員に関する情報を除く。

山梨（定義）

第二条　この条例において、次の各号に掲げる用語の意義は、当該各号に定めるところによる。

一　個人情報　個人に関する情報であって、特定個人が識別され、又は識別され得るものをいう。ただし、次に掲げるものを除く。

イ　法人その他の団体に関する情報に含まれる当該法人その他の団体

の役員に関する情報
　　ロ　事業を営む個人に関する情報に含まれる当該事業に関する情報
岐阜（定義）
第二条　この条例において、次の各号に掲げる用語の意義は、当該各号に定めるところによる。
　一　個人情報　個人に関する情報であって、特定の個人が識別され得るものをいう。ただし、次に掲げるものを除く。
　　イ　事業を営む個人の当該事業に関する情報
　　ロ　法人その他の団体に関する情報に含まれる当該法人その他の団体の役員に関する情報（当該法人その他の団体の機関としての情報に限る。）

愛知（定義）
第二条　この条例において、次の各号に掲げる用語の意義は、当該各号に定めるところによる。
　一　個人情報　個人に関する情報であって、特定の個人が識別され得るものをいう。ただし、法人その他の団体（以下「法人等」という。）に関する情報に含まれる当該法人等の役員に関する情報を除く。

滋賀（定義）
第二条　この条例において、次の各号に掲げる用語の意義は、それぞれ当該各号に定めるところによる。
　一　個人情報　個人に関する情報であって、特定の個人が識別され得るものをいう。ただし、法人その他の団体に関して記録された情報に含まれる当該法人その他の団体の役員に関する情報を除く。

京都（定義）
第二条　この条例において、次の各号に掲げる用語の意義は、当該各号に定めるところによる。
　一　個人情報　個人に関する情報であって、個人が特定され得るものをいう。ただし、法人その他の団体に関する情報に含まれる当該法人その他の団体の役員に関する情報を除く。

大阪（定義）
第二条　この条例において、次の各号に掲げる用語の意義は、当該各号に定めるところによる。
　一　個人情報　個人に関する情報であって、特定の個人が識別され、又は識別され得るものをいう。ただし、次に掲げるものを除く。

A　都道府県・個人情報保護条例　　　　　　　　２　定　義

　　イ　法人その他の団体に関する情報に含まれる当該法人その他の団体の役員に関する情報
　　ロ　事業を営む個人の当該事業に関する情報

兵庫（定義）
第二条　この条例において、次の各号に掲げる用語の意義は、当該各号に定めるところによる。
　一　個人情報　個人に関する情報であって、特定の個人が識別され得るものをいう。ただし、法人その他の団体に関する情報に含まれる当該法人その他の団体の役員に関する情報（当該法人その他の団体の機関としての情報に限る。）を除く。

鳥取（定義）
第二条　この条例において、次の各号に掲げる用語の意義は、当該各号に定めるところによる。
　一　個人情報　個人に関する情報であって、特定の個人が識別され、又は識別され得るものをいう。ただし、法人その他の団体に関する情報に含まれる当該法人その他の団体の機関としての情報を除く。
　五　個人情報取扱事務　実施機関が個人情報を収集し、実施機関において利用し、又は実施機関以外のものに提供し、及び管理する事務（実施機関以外の者に委託して行うものを含む。）であって、当該個人情報を公文書等に記録するものをいう。

広島（定義）
第二条　この条例において、次の各号に掲げる用語の意義は、当該各号に定めるところによる。
　一　個人情報　個人に関する情報であって、特定の個人が識別され、又は識別され得るものをいう。ただし、法人その他の団体に関する情報に含まれる当該法人その他の団体の役員に関する情報を除く。

香川（定義）
第二条　この条例において、次の各号に掲げる用語の意義は、当該各号に定めるところによる。
　一　個人情報　個人に関する情報であって、特定の個人が識別され得るものをいう。ただし、法人その他の団体に関する情報に含まれる当該法人その他の団体の役員に関する情報を除く。

福岡（定義）
第二条　この条例において、次の各号に掲げる用語の意義は、当該各号に

定めるところによる。
一　個人情報　個人に関する情報であって、特定個の人が識別され、又は識別され得るものをいう。ただし、法人その他の団体に関して記録された情報に含まれる当該法人その他の団体の役員に関する情報を除く。

沖縄（定義）
第二条　この条例において「個人情報」とは、個人に関する情報であって、特定の個人が識別され、又は識別され得るものをいう。ただし、法人その他の団体に関して記録された情報に含まれる当該法人その他の団体の役員に関する情報を除く。

2（3）　実施機関

北海道（定義）
第二条　この条例において、次の各号に掲げる用語の意義は、当該各号に定めるところによる。
二　実施機関　知事、教育委員会、選挙管理委員会、監査委員、人事委員会、地方労働委員会、収用委員会、連合海区漁業調整委員会、海区漁業調整委員会、内水面漁場管理委員会及び公営企業管理者をいう。

青森（定義）
第二条　この条例において、次の各号に掲げる用語の意義は、当該各号に定めるところによる。
二　実施機関　知事、教育委員会、選挙管理委員会、人事委員会、監査委員、地方労働委員会、収用委員会、海区漁業調整委員会及び内水面漁場管理委員会をいう。

宮城（定義）
第二条　この条例において、次の各号に掲げる用語の意義は、当該各号に定めるところによる。
二　実施機関　知事、公営企業管理者、病院事業管理者、教育委員会、選挙管理委員会、人事委員会、監査委員、地方労働委員会、収用委員会、海区漁業調整委員会及び内水面漁場管理委員会をいう。

福島（定義）
第二条　この条例において、次の各号に掲げる用語の意義は、それぞれ当該各号に定めるところによる。
二　実施機関　知事、教育委員会、選挙管理委員会、監査委員、人事委

A 都道府県・個人情報保護条例　　　　　　　　　2　定　義

員会、地方労働委員会、収用委員会、海区漁業調整委員会及び内水面漁場管理委員会をいう。

茨城（定義）

第二条　この条例において、次の各号に掲げる用語の意義は、当該各号に定めるところによる。

一　実施機関　知事、教育委員会、選挙管理委員会、人事委員会、監査委員、地方労働委員会、収用委員会、海区漁業調整委員会、内水面漁場管理委員会及び公営企業管理者をいう。

埼玉（定義）

第二条　この条例において、次の各号に掲げる用語の意義は、それぞれ当該各号に定めるところによる。

二　実施機関　知事、教育委員会、選挙管理委員会、人事委員会、監査委員、地方労働委員会、収用委員会、内水面漁場管理委員会及び公営企業管理者をいう。

千葉（定義）

第二条　この条例において、次の各号に掲げる用語の意義は、それぞれ当該各号に定めるところによる。

二　実施機関　知事、教育委員会、選挙管理委員会、監査委員、人事委員会、地方労働委員会、海区漁業調整委員会、内水面漁場管理委員会及び公営企業管理者をいう。

東京（定義）

第二条　この条例において「実施機関」とは、知事、教育委員会、選挙管理委員会、人事委員会、監査委員、地方労働委員会、収用委員会、海区漁業調整委員会、内水面漁場管理委員会、固定資産評価審査委員会、公営企業管理者及び消防総監並びに東京都規則で定める行政機関の長をいう。

東京・規則（実施機関となる行政機関）

第一条の二　条例第二条第一項の東京都規則で定める行政機関は、次に掲げるものとする。

一　東京都立大学
二　東京都立科学技術大学
三　東京都立短期大学
四　東京都立商科短期大学
五　東京都立保健科学大学

2　前項の行政機関の長が条例の規定に基づき定めた条例の施行に関し必要な事項を告示する権限を、同項の行政機関の長に委任する。

神奈川（定義）

第二条　この条例において、次の各号に掲げる用語の意義は、当該各号に定めるところによる。

　二　実施機関　知事、議会、公営企業管理者、教育委員会、選挙管理委員会、人事委員会、監査委員、地方労働委員会、収用委員会、海区漁業調整委員会及び内水面漁場管理委員会をいう。

新潟（定義）

第二条　この条例において、次の各号に掲げる用語の意義は、当該各号に定めるところによる。

　二　実施機関　知事、公営企業管理者、教育委員会、選挙管理委員会、人事委員会、監査委員、地方労働委員会、収用委員会、海区漁業調整委員会、連合海区漁業調整委員会及び内水面漁場管理委員会をいう。

長野（定義）

第二条　この条例において、次の各号に掲げる用語の意義は、当該各号に定めるところによる。

　一　実施機関　知事、教育委員会、選挙管理委員会、人事委員会、監査委員、地方労働委員会、収用委員会、内水面漁場管理委員会及び公営企業管理者をいう。

山梨（定義）

第二条　この条例において、次の各号に掲げる用語の意義は、当該各号に定めるところによる。

　二　実施機関　知事、議会、公営企業管理者、教育委員会、選挙管理委員会、人事委員会、監査委員、地方労働委員会、収用委員会及び内水面漁場管理委員会をいう。

岐阜（定義）

第二条　この条例において、次の各号に掲げる用語の意義は、当該各号に定めるところによる。

　二　実施機関　知事、議会、教育委員会、選挙管理委員会、人事委員会、監査委員、地方労働委員会、収用委員会及び内水面漁場管理委員会をいう。

愛知（定義）

第二条　この条例において、次の各号に掲げる用語の意義は、当該各号に

A　都道府県・個人情報保護条例　　　　　　　　2　定　義

定めるところによる。
　二　実施機関　知事、教育委員会、選挙管理委員会、人事委員会、監査委員、地方労働委員会、収用委員会、海区漁業調整委員会、内水面漁場管理委員会及び公営企業管理者をいう。

滋賀（定義）
第二条　この条例において、次の各号に掲げる用語の意義は、それぞれ当該各号に定めるところによる。
　二　実施機関　知事、教育委員会、選挙管理委員会、人事委員会、監査委員、地方労働委員会、収用委員会、海区漁業調整委員会、内水面漁場管理委員会および公営企業管理者をいう。

京都（定義）
第二条　この条例において、次の各号に掲げる用語の意義は、当該各号に定めるところによる。
　二　実施機関　知事、教育委員会、選挙管理委員会、人事委員会、監査委員、地方労働委員会、収用委員会、海区漁業調整委員会及び内水面漁場管理委員会をいう。

大阪（定義）
第二条　この条例において、次の各号に掲げる用語の意義は、当該各号に定めるところによる。
　二　実施機関　知事、教育委員会、選挙管理委員会、人事委員会、監査委員、地方労働委員会、収用委員会、海区漁業調整委員会、内水面漁場管理委員会及び水道企業管理者をいう。

兵庫（定義）
第二条　この条例において、次の各号に掲げる用語の意義は、当該各号に定めるところによる。
　二　実施機関　知事、教育委員会、選挙管理委員会、人事委員会、監査委員、地方労働委員会、収用委員会、海区漁業調整委員会、内水面漁場管理委員会及び公営企業管理者をいう。

鳥取（定義）
第二条　この条例において、次の各号に掲げる用語の意義は、当該各号に定めるところによる。
　二　実施機関　知事、教育委員会、選挙管理委員会、人事委員会、監査委員、地方労働委員会、収用委員会、海区漁業調整委員会、内水面漁場管理委員会及び病院事業の管理者をいう。

2　定　義　　　Ⅰ　都道府県・個人情報保護条例・項目別条文集

広島（定義）
第二条　この条例において、次の各号に掲げる用語の意義は、当該各号に定めるところによる。
　二　実施機関　知事、教育委員会、選挙管理委員会、人事委員会、監査委員、地方労働委員会、収用委員会、海区漁業調整委員会、内水面漁場管理委員会及び公営企業の管理者をいう。

香川（定義）
第二条　この条例において、次の各号に掲げる用語の意義は、当該各号に定めるところによる。
　二　実施機関　知事、教育委員会、選挙管理委員会、人事委員会、監査委員、地方労働委員会、収用委員会、海区漁業調整委員会及び内水面漁場管埋委員会をいう。

福岡（定義）
第二条　この条例において、次の各号に掲げる用語の意義は、当該各号に定めるところによる。
　二　実施機関　知事、公営企業の管理者、教育委員会、選挙管理委員会、人事委員会、監査委員、地方労働委員会、収用委員会、海区漁業調整委員会及び内水面漁場管理委員会をいう。

沖縄（定義）
第二条　2　この条例において「実施機関」とは、知事、教育委員会、選挙管理委員会、人事委員会、監査委員、地方労働委員会、収用委員会、海区漁業調整委員会、内水面漁場管理委員会及び公営企業管理者をいう。

2 (4)　事業者

北海道（定義）
第二条　この条例において、次の各号に掲げる用語の意義は、当該各号に定めるところによる。
　三　事業者　事業を営む法人その他の団体(国及び地方公共団体を除く。以下「法人等」という。）又は事業を営む個人をいう。

青森（定義）
第二条　この条例において、次の各号に掲げる用語の意義は、当該各号に定めるところによる。
　三　事業者　法人その他の団体（国及び地方公共団体を除く。）又は事業を営む個人をいう。

47

A 都道府県・個人情報保護条例　　　　　　　　**2 定　義**

宮城（定義）

第二条　この条例において、次の各号に掲げる用語の意義は、当該各号に定めるところによる。

　三　事業者　法人等及び事業を営む個人をいう。

福島（定義）

第二条　この条例において、次の各号に掲げる用語の意義は、それぞれ当該各号に定めるところによる。

　五　事業者　法人その他の団体(国及び地方公共団体を除く。以下「法人等」という。)及び事業を営む個人をいう。

埼玉（定義）

第二条　この条例において、次の各号に掲げる用語の意義は、それぞれ当該各号に定めるところによる。

　四　事業者　法人その他の団体(国及び地方公共団体を除く。以下「法人等」という。)及び事業を営む個人をいう。

千葉（定義）

第二条　この条例において、次の各号に掲げる用語の意義は、それぞれ当該各号に定めるところによる。

　五　事業者　法人その他の団体(国及び地方公共団体を除く。以下「法人等」という。)及び事業を営む個人をいう。

東京（定義）

第二条

3　この条例において「事業者」とは、法人（国及び地方公共団体を除く。）その他の団体及び事業を営む個人をいう。

神奈川（定義）

第二条　この条例において、次の各号に掲げる用語の意義は、当該各号に定めるところによる。

　三　事業者　事業を営む法人その他の団体(国及び地方公共団体を除く。以下「法人等」という。)又は事業を営む個人をいう。

新潟（定義）

第二条　この条例において、次の各号に掲げる用語の意義は、当該各号に定めるところによる。

　六　事業者　法人その他の団体(国及び地方公共団体を除く。以下「法人等」という。)及び事業を営む個人をいう。

2 定　義　　　Ⅰ　都道府県・個人情報保護条例・項目別条文集

長野（定義）
第二条　この条例において、次の各号に掲げる用語の意義は、当該各号に定めるところによる。
　二　事業者　事業を営む法人その他の団体（国及び地方公共団体を除く。）及び事業を営む個人をいう。

山梨（定義）
第二条　この条例において、次の各号に掲げる用語の意義は、当該各号に定めるところによる。
　三　事業者　事業を営む法人その他の団体（国及び地方公共団体を除く。以下「法人等」という。）及び事業を営む個人をいう。

岐阜（定義）
第二条　この条例において、次の各号に掲げる用語の意義は、当該各号に定めるところによる。
　三　事業者　法人（国及び地方公共団体を除く。）その他の団体（以下「法人等」という。）及び事業を営む個人をいう。

愛知（定義）
第二条　この条例において、次の各号に掲げる用語の意義は、当該各号に定めるところによる。
　三　事業者　法人（国及び地方公共団体を除く。）等及び事業を営む個人をいう。

滋賀（定義）
第二条　この条例において、次の各号に掲げる用語の意義は、それぞれ当該各号に定めるところによる。
　五　事業者　法人（国および地方公共団体を除く。）その他の団体（以下「法人等」という。）および事業を営む個人をいう。

京都（定義）
第二条　この条例において、次の各号に掲げる用語の意義は、当該各号に定めるところによる。
　六　事業者　法人（国及び地方公共団体を除く。）その他の団体又は事業を営む個人をいう。

大阪（定義）
第二条　この条例において、次の各号に掲げる用語の意義は、当該各号に定めるところによる。
　六　事業者　法人（国及び地方公共団体を除く。）その他の団体及び事業を

49

A　都道府県・個人情報保護条例　　　　　　　　　　2　定　義

営む個人をいう。

兵庫（定義）

第二条　この条例において、次の各号に掲げる用語の意義は、当該各号に定めるところによる。

　三　事業者　法人その他の団体(国及び地方公共団体を除く。以下「法人等」という。)及び事業を営む個人をいう。

鳥取（定義）

第二条　この条例において、次の各号に掲げる用語の意義は、当該各号に定めるところによる。

　三　事業者　法人その他の団体（国及び地方公共団体を除く。以下同じ。）及び事業を営む個人をいう。

広島（定義）

第二条　この条例において、次の各号に掲げる用語の意義は、当該各号に定めるところによる。

　六　事業者　法人（国及び地方公共団体を除く。）その他の団体（以下「法人等」という。）及び事業を営む個人をいう。

香川（定義）

第二条　この条例において、次の各号に掲げる用語の意義は、当該各号に定めるところによる。

　三　事業者　法人その他の団体(国及び地方公共団体を除く。以下「法人等」という。)及び事業を営む個人をいう。

福岡（定義）

第二条　この条例において、次の各号に掲げる用語の意義は、当該各号に定めるところによる。

　六　事業者　法人その他の団体(国及び地方公共団体を除く。以下「法人等」という。)及び事業を営む個人をいう。

沖縄（定義）

第二条

3　この条例において「事業者」とは、法人その他の団体（国及び地方公共団体を除く。以下「法人等」という。）及び事業を営む個人をいう。

2 (5)　本　人

青森（定義）

第二条　この条例において、次の各号に掲げる用語の意義は、当該各号に

定めるところによる。

四 本人 個人情報により識別され、又は識別され得る個人をいう。

宮城（定義）

第二条 この条例において、次の各号に掲げる用語の意義は、当該各号に定めるところによる。

五 本人 個人情報から識別され、又は識別され得る個人をいう。

神奈川（定義）

第二条 この条例において、次の各号に掲げる用語の意義は、当該各号に定めるところによる。

七 本人 個人情報から識別され、識別され得る個人をいう。

新潟（定義）

第二条 この条例において、次の各号に掲げる用語の意義は、当該各号に定めるところによる。

五 本人 個人情報から識別され、又は識別され得る個人をいう。

長野（定義）

第二条 この条例において、次の各号に掲げる用語の意義は、当該各号に定めるところによる。

六 記録情報の本人 記録情報から識別され、又は識別され得る個人をいう。

山梨（定義）

第二条 この条例において、次の各号に掲げる用語の意義は、当該各号に定めるところによる。

四 本人 個人情報から識別され、又は識別され得る個人をいう。

岐阜（定義）

第二条 この条例において、次の各号に掲げる用語の意義は、当該各号に定めるところによる。

四 本人 個人情報から識別され得る個人をいう。

京都（定義）

第二条 この条例において、次の各号に掲げる用語の意義は、当該各号に定めるところによる。

三 本人 個人情報から特定される得る個人をいう。

大阪（定義）

第二条 この条例において、次の各号に掲げる用語の意義は、当該各号に定めるところによる。

A　都道府県・個人情報保護条例　　　　　　　　　2　定　義

　三　本人　個人情報から識別され、又は識別され得る個人をいう。
兵庫（定義）
第二条　この条例において、次の各号に掲げる用語の意義は、当該各号に定めるところによる。
　四　本人　個人情報から識別され得る個人をいう。
鳥取（定義）
第二条　この条例において、次の各号に掲げる用語の意義は、当該各号に定めるところによる。
　六　本人　個人情報から識別され、又は識別され得る個人をいう。
広島（定義）
第二条　この条例において、次の各号に掲げる用語の意義は、当該各号に定めるところによる。
　五　本人　個人情報から識別され、又は識別され得る個人をいう。
福岡（定義）
第二条　この条例において、次の各号に掲げる用語の意義は、当該各号に定めるところによる。
　五　本人　個人情報から識別され、又は識別され得る個人をいう。

2 (6)　公　文　書

北海道（定義）
第二条　この条例において、次の各号に掲げる用語の意義は、当該各号に定めるところによる。
　四　公文書　北海道公文書の開示等に関する条例（昭和61年北海道条例第一号）第二条項第二項に規定する公文書をいう。
青森（定義）
第二条　この条例において、次の各号に掲げる用語の意義は、当該各号に定めるところによる。
　五　公文書　実施機関の職員が職務上作成し、又は取得した文書、図画及び写真（これらを撮影したマイクロフィルムを含む。）であって、決裁、供覧等の手続が終了し、実施機関において管理しているものをいう。
宮城（定義）
第二条　この条例において、次の各号に掲げる用語の意義は、当該各号に定めるところによる。
　四　行政文書　実施機関の職員が職務上作成し、又は取得した文書、図

画、写真及びスライドフィルム（これらを撮影したマイクロフィルムを含む。）並びに電磁的記録（電子的方式、磁気的方式その他人の知覚によっては認識することができない方式で作られた記録をいう。以下同じ。）であって、当該実施機関の職員が組織的に用いるものとして、当該実施機関が保有しているものをいう。

福島（定義）

第二条　この条例において、次の各号に掲げる用語の意義は、それぞれ当該各号に定めるところによる。
　三　公文書　実施機関の職員が職務上作成し、又は取得した文書、図画及び写真（これらを撮影したマイクロフィルムを含む。）で、決裁又は回覧の手続が終了し、実施機関が管理しているものをいう。

茨城（定義）

第二条　この条例において、次の各号に掲げる用語の意義は、当該各号に定めるところによる。
　三　公文書　実施機関の職員が職務上作成し、又は取得した文書、図画及び写真（これらを撮影したマイクロフィルムを含む。）であって、決裁等の手続が終了し、実施機関において管理しているものをいう。

埼玉（定義）

第二条　この条例において、次の各号に掲げる用語の意義は、それぞれ当該各号に定めるところによる。
　三　公文書　県の機関が保管している文書（磁気テープ、磁気ディスク、フィルム等を含む。第二十六条第三項第二号において同じ。）のうち、県の機関が作成したもので決裁が終了したもの及び県の機関が入手したもので受理等の手続が終了したものをいう。

千葉（定義）

第二条　この条例において、次の各号に掲げる用語の意義は、それぞれ当該各号に定めるところによる。
　三　公文書　実施機関の職員が職務上作成し、又は収受した文書、図画及び写真（これらを撮影したマイクロフィルムを含む。）であって、決裁、供覧等の手続が終了し、実施機関が管理しているものをいう。

東京（定義）

第二条
4　この条例において「公文書」とは、実施機関の職員が職務上作成し、又は取得した文書等であって、当該実施機関の職員が組織的に用いるも

のとして、当該実施機関が保有しているものをいう。ただし、官報、公報、白書、新聞、雑誌、書籍その他不特定多数の者に販売することを目的として発行されるものを除く。

神奈川（定義）

第二条 この条例において、次の各号に掲げる用語の意義は、当該各号に定めるところによる。

　四　公文書　実施機関の職員がその分掌する事務に関して職務上作成し、又は取得した文書及び図面（これらを撮影したマイクロフィルムを含む。）であって、当該実施機関において管理しているものをいう。

新潟（定義）

第二条 この条例において、次の各号に掲げる用語の意義は、当該各号に定めるところによる。

　三　公文書　実施機関の職員が職務上作成し、又は取得した文書、図画及び写真（これらを撮影したマイクロフィルムを含む。）であって、決裁、供覧等の事務手続が終了し、実施機関が管理しているものをいう。

長野（定義）

第二条 この条例において、次の各号に掲げる用語の意義は、当該各号に定めるところによる。

　四　記録情報　公文書（実施機関が作成し、又は取得した文書及び図画（マイクロフィルムを含む。）で、決裁又は回覧等の手続が終了し、実施機関において管理しているものをいう。以下同じ。）又は実施機関が管理している磁気テープ、磁気ディスク等で電子計算機に使用されるものに記録された個人情報をいう。

　五　個人情報ファイル　記録情報であって、一定の事務を行うために特定の基準に従って整理された個人情報の集合物をいう。

山梨（定義）

第二条 この条例において、次の各号に掲げる用語の意義は、当該各号に定めるところによる。

　五　行政文書　山梨県情報公開条例（平成11年山梨県条例第五十四号）第二条第二項に規定する行政文書をいう。

岐阜（定義）

第二条 この条例において、次の各号に掲げる用語の意義は、当該各号に定めるところによる。

　五　公文書　実施機関の職員が職務上作成し、又は取得した文書、図画

及び写真であって、実施機関が管理しているものをいう。

滋賀（定義）

第二条　この条例において、次の各号に掲げる用語の意義は、それぞれ当該各号に定めるところによる。

　三　公文書　滋賀県公文書の公開等に関する条例（昭和62年滋賀県条例第三十七号）第二条第二項に規定する公文書をいう。

京都（定義）

第二条　この条例において、次の各号に掲げる用語の意義は、当該各号に定めるところによる。

　四　公文書　実施機関の職員が職務上作成し、又は取得した文書及び図画（これらを撮影したマイクロフィルムを含む。）であって、決裁又は閲覧の手続が終了し、実施機関が管理しているものをいう。

大阪（定義）

第二条　この条例において、次の各号に掲げる用語の意義は、当該各号に定めるところによる。

　四　公文書　大阪府公文書公開条例（昭和59年大阪府条例第二号）第二条第一項に規定する公文書をいう。

兵庫（定義）

第二条　この条例において、次の各号に掲げる用語の意義は、当該各号に定めるところによる。

　五　公文書　公文書の公開等に関する条例（昭和61年兵庫県条例第三号）第二条第二項に規定する公文書をいう。

鳥取（定義）

第二条　この条例において、次の各号に掲げる用語の意義は、当該各号に定めるところによる。

　四　公文書等　次に掲げるものをいう。ただし、電子計算機を使用して行われる専ら文書を作成し、又は文書、図画若しくは写真の内容を記録するための処理その他規則で定める処理に係るものを除く。

　　イ　実施機関の職員が職務上作成し、又は取得した文書、図画、写真及びスライド（これらを撮影したマイクロフィルムを含む。）であって、決裁、供覧等の手続が終了し、実施機関が管理しているもの

　　ロ　実施機関の職員が職務上作成し、又は取得した情報で決裁、供覧等の手続が終了したものを記録する磁気テープ、磁気ディスクその他これらに準ずる方法により一定の事項を確実に記録しておくこと

A　都道府県・個人情報保護条例　　　　　　　　　　　　2　定　義

ができる物であって、実施機関が管理しているもの
広島（定義）
第二条　この条例において、次の各号に掲げる用語の意義は、当該各号に定めるところによる。
　三　公文書　実施機関の職員が職務上作成し、又は収受した文書、図画及び写真（これらを撮影したマイクロフィルムを含む。）であって、決裁、供覧等の手続が終了し、実施機関が管理しているものをいう。
香川（定義）
第二条　この条例において、次の各号に掲げる用語の意義は、当該各号に定めるところによる。
　四　公文書　香川県公文書公開条例(昭和61年香川県条例第三十号)第二条第一項に規定する公文書をいう。
福岡（定義）
第二条　この条例において、次の各号に掲げる用語の意義は、当該各号に定めるところによる。
　三　公文書　福岡県情報公開条例(昭和61年福岡県条例第一号)第二条第一項に規定する公文書をいう。

2 (7)　磁気テープ等

北海道（定義）
第二条　この条例において、次の各号に掲げる用語の意義は、当該各号に定めるところによる。
　五　磁気テープ等　実施機関が作成し、又は取得した情報を記録した電子計算機による処理に使用される磁気テープ、磁気ディスクその他一定の事項を記録しておくことのできるこれらに類する物であって、実施機関が管理しているものをいう。
青森（定義）
第二条　この条例において、次の各号に掲げる用語の意義は、当該各号に定めるところによる。
　六　磁気テープ等　電子計算機を使用して行われる処理に使用される磁気テープ、磁気ディスク等であって、実施機関の職員が職務上作成し、又は取得した情報を記録され、実施機関において管理しているものをいう。

宮城（定義）

第二条 この条例において、次の各号に掲げる用語の意義は、当該各号に定めるところによる。

　五　磁気テープ等　電子計算機を使用して行われる情報の入力、蓄積その他の処理（専ら文章を作成し、又は文書、図画等の内容を記録するための処理を除く。）に用いられる磁気テープ、磁気ディスクその他一定の事項を確実に記録しておくことができる物であって、実施機関の職員が職務上収集した個人情報が記録され、かつ、当該実施機関が管理しているものをいう。

福島（定義）

第二条 この条例において、次の各号に掲げる用語の意義は、それぞれ当該各号に定めるところによる。

　四　磁気テープ等　実施機関の職員が職務上作成し、又は取得した情報を記録された電子計算機による処理に使用される磁気テープ、磁気ディスクその他これらに準ずる方法により一定の事項を確実に記録しておくことができる物であって、実施機関が管理しているものをいう。

茨城（定義）

第二条 この条例において、次の各号に掲げる用語の意義は、当該各号に定めるところによる。

　四　磁気テープ等　実施機関の職員が職務上作成し、又は取得した情報が記録されている電子計算機処理に使用される磁気テープ、磁気ディスクその他これらに準ずる方法により一定の事項を確実に記録することができる物であって、実施機関において管理しているものをいう。

千葉（定義）

第二条 この条例において、次の各号に掲げる用語の意義は、それぞれ当該各号に定めるところによる。

　四　磁気テープ等　実施機関の職員が職務上作成し、又は取得した情報が記録された電子計算機による処理に使用される磁気テープ、磁気ディスクその他これらに準ずる方法により一定の事項を確実に記録しておくことができる物であって、実施機関が管理しているものをいう。

新潟（定義）

第二条 この条例において、次の各号に掲げる用語の意義は、当該各号に定めるところによる。

　四　磁気テープ等　電子計算機による処理に使用される磁気テープ、磁

A　都道府県・個人情報保護条例　　　　　　　　　　　2　定　義

気ディスクその他これらに準ずる方法により一定の事項を確実に記録しておくことができる物であって、実施機関の職員が職務上作成し、又は取得した情報を記録され、実施機関が管理しているものをいう。

長野（定義）

第二条　この条例において、次の各号に掲げる用語の意義は、当該各号に定めるところによる。

　四　記録情報　公文書（実施機関が作成し、又は取得した文書及び図画（マイクロフィルムを含む。）で、決裁又は回覧等の手続が終了し、実施機関において管理しているものをいう。以下同じ。）又は実施機関が管理している磁気テープ、磁気ディスク等で電子計算機に使用されるものに記録された個人情報をいう。

岐阜（定義）

第二条　この条例において、次の各号に掲げる用語の意義は、当該各号に定めるところによる。

　六　磁気テープ等　実施機関の職員が職務上作成し、又は取得した情報を記録した磁気テープ、磁気ディスク、光ディスク等であって、実施機関が管理しているものをいう。

滋賀（定義）

第二条　この条例において、次の各号に掲げる用語の意義は、それぞれ当該各号に定めるところによる。

　四　磁気テープ等　電子計算機による処理に使用される磁気テープ、磁気ディスク等であって、実施機関が作成し、または取得した情報が記録され、実施機関において管理しているものをいう。

京都（定義）

第二条　この条例において、次の各号に掲げる用語の意義は、当該各号に定めるところによる。

　五　磁気記録媒体等　実施機関の職員が職務上作成し、又は取得した情報で決裁又は閲覧の手続が終了したものを記録した録音テープ、録画テープ、磁気テープ、磁気ディスク等で、実施機関が管理しているものをいう。

大阪（定義）

第二条　この条例において、次の各号に掲げる用語の意義は、当該各号に定めるところによる。

　五　磁気テープ等　電子計算機による処理に使用される磁気テープ、磁

2 定　義　　　　　Ⅰ　都道府県・個人情報保護条例・項目別条文集

気ディスクその他これらに準ずる方法により一定の事項を確実に記録しておくことができる物であって、実施機関の職員が職務上作成し、又は取得した情報が記録され、実施機関が管理しているものをいう。

兵庫（定義）

第二条　この条例において、次の各号に掲げる用語の意義は、当該各号に定めるところによる。

　六　磁気テープ等　実施機関の職員が職務上作成し、又は取得した情報を記録した磁気テープ、磁気ディスク、光ディスク等であって、当該情報について決裁その他これに準ずる手続が終了し、実施機関が管理しているもの（専ら文章を作成し、又は文書若しくは図画の内容を記録するための電子計算機処理その他実施機関が定める電子計算機処理のために管理しているものを除く。）をいう。

鳥取（定義）

第二条　この条例において、次の各号に掲げる用語の意義は、当該各号に定めるところによる。

　四　公文書等　次に掲げるものをいう。ただし、電子計算機を使用して行われる専ら文書を作成し、又は文書、図画若しくは写真の内容を記録するための処理その他規則で定める処理に係るものを除く。

　　ロ　実施機関の職員が職務上作成し、又は取得した情報で決裁、供覧等の手続が終了したものを記録する磁気テープ、磁気ディスクその他これらに準ずる方法により一定の事項を確実に記録しておくことができる物であって、実施機関が管理しているもの

広島（定義）

第二条　この条例において、次の各号に掲げる用語の意義は、当該各号に定めるところによる。

　四　磁気テープ等　電子計算機による処理に使用される磁気テープ、磁気ディスク等であって、実施機関の職員が職務上作成し、又は取得した情報が記録され、実施機関において管理しているものをいう。

香川（定義）

第二条　この条例において、次の各号に掲げる用語の意義は、当該各号に定めるところによる。

　五　磁気テープ等　実施機関の職員が職務上作成し、又は取得した情報を記録した磁気テープ、磁気ディスク等であって、当該実施機関が管理しているものをいう。

A　都道府県・個人情報保護条例　　　　　　　　　2　定　義

福岡（定義）
第二条　この条例において、次の各号に掲げる用語の意義は、当該各号に定めるところによる。
　　四　磁気テープ等　電子計算機による処理に使用される磁気テープ、磁気ディスク等であって、実施機関の職員が職務上作成し、又は取得した情報が記録され、実施機関において管理しているものをいう。

2 (8)　電子計算機処理

神奈川（定義）
第二条　この条例において、次の各号に掲げる用語の意義は、当該各号に定めるところによる。
　　五　電子計算機処理　電子計算機を使用して行われる情報の入力、蓄積、編集、加工、修正、更新、検索、消去、出力又はこれらに類する処理をいう。ただし、次に掲げる処理を除く。
　　　ア　専ら文章を作成するための処理
　　　イ　専ら文書又は図画の内容を記録するための処理
　　　ウ　製版その他の専ら印刷物を製作するための処理
　　　エ　専ら文書又は図画の内容の伝達を電気通信の方法により行うための処理

3　実施機関その他の責務

3（1）　実施機関の責務

北海道（実施機関の責務）
第三条　実施機関は、この条例の目的を達成するため、個人情報の保護に関し必要な施策を講ずるとともに、道民及び事業者への意識啓発に努めなければならない。

青森（県の責務）
第三条　県は、個人情報の適正な取扱いの確保その他の個人情報の保護に関し必要な施策を実施するものとする。

宮城（実施機関の責務）
第三条　実施機関は、この条例の目的を達成するため、個人情報の保護に関し必要な施策を講じなければならない。

福島（実施機関の責務）
第三条　実施機関は、この条例の目的を達成するため、個人情報の保護に関し必要な施策を講ずるものとする。

茨城（実施機関の責務）
第三条　実施機関は、個人情報の取扱いに当たっては、個人の権利利益の保護に充分に留意して行うように努めなければならない。

埼玉（県の責務）
第二条　県は、個人の権利利益の保護を図るため、個人情報の保護に関し必要な措置を講ずるよう努めるものとする。

千葉（実施機関の責務）
第三条　実施機関は、個人の権利利益を十分尊重して、この条例を解釈し、運用するとともに、個人情報の保護に関し必要な措置を講じなければならない。

東京（実施機関等の責務）
第三条　実施機関は、この条例の目的を達成するため、個人情報の保護に関し必要な措置を講じなければならない。
2　実施機関の職員は、職務上知り得た個人情報をみだりに他人に知らせ、又は不当な目的に使用してはならない。その職を退いた後も同様とする。

A 都道府県・個人情報保護条例　　　**3**　実施機関その他の責務

神奈川（実施機関の責務）
第三条　実施機関は、この条例の目的を達成するため、あらゆる施策を通じて個人情報の保護に努めるとともに、個人情報の保護の重要性について県民及び事業者の意識啓発に努めなければならない。

新潟（実施機関の責務）
第三条　実施機関は、個人の権利利益を保護するため、個人情報の保護に関し必要な措置を講じなければならない。

山梨（実施機関の責務）
第三条　実施機関は、この条例の目的を達成するため、個人情報の保護に関し必要な施策を策定し、及びこれを実施しなければならない。

岐阜（実施機関の責務）
第三条　実施機関は、この条例の目的を達成するため、個人情報の保護に関して必要な措置を講じなければならない。

愛知（実施機関の責務）
第三条　実施機関は、個人の権利利益を保護するため、個人情報の保護に関し必要な施策を講じなければならない。

滋賀（実施機関の責務）
第三条　実施機関は、この条例の目的を達成するため、個人情報の保護に関し必要な施策を講ずるものとする。

京都（実施機関の責務）
第三条　実施機関は、この条例の目的を達成するため、個人情報の保護に関し必要な措置を講じなければならない。

大阪（実施機関の責務）
第三条　実施機関は、個人の権利利益の保護を図るため、個人情報の保護に関し必要な施策を策定し、及びこれを実施する責務を有する。

兵庫（実施機関の責務）
第三条　実施機関は、この条例の目的を達成するため、個人情報の保護に関して必要な措置を講じなければならない。

鳥取（実施機関の責務）
第三条　実施機関は、それぞれの施策を通じて個人情報の保護を図るとともに、個人情報の保護の重要性に対する県民及び事業者の意識の啓発に努めなければならない。

広島（実施機関等の責務）
第三条　実施機関は、この条例の目的を達成するため、個人情報の保護に

関し必要な措置を講じなければならない。
2　実施機関の職員又は職員であった者は、職務上知り得た個人情報をみだりに他人に知らせ、又は不当な目的に使用してはならない。

香川（実施機関の責務）
第三条　実施機関は、この条例の目的を達成するため、個人情報の保護に関して必要な措置を講じなければならない。

沖縄（実施機関の責務）
第三条　実施機関は、この条例の目的を達成するため、必要な施策を講じて個人情報の保護に努めなければならない。

3 (2)　実施機関の適正管理

北海道（適正管理）
第十一条　実施機関は、個人情報取扱事務の目的を達成するために必要な範囲内で、個人情報を正確かつ最新なものに保つよう努めなければならない。
2　実施機関は、個人情報の漏えい、滅失及びき損の防止その他の個人情報の適正な管理のために必要な措置を講ずるよう努めなければならない。
3　実施機関は、保有する必要がなくなった個人情報については、確実かつ速やかに廃棄し、又は消去しなければならない。ただし、歴史的資料として、北海道立文書館に引き継がれ、保有されることとなるものについては、この限りでない。

青森（安全性及び正確性の確保等）
第十条　実施機関は、個人情報の漏えい、滅失及びき損の防止その他の個人情報の適切な管理のために必要な措置を講ずるよう努めなければならない。
2　実施機関は、その保有する個人情報について、当該個人情報に係る個人情報取扱事務の目的を達成するために必要な範囲内で正確、完全かつ最新なものとしておくよう努めなければならない。
3　実施機関は、その保有する個人情報について、当該個人情報に係る個人情報取扱事務の目的を達成したこと等により保有する必要がなくなったときは、これを確実に、かつ、速やかに廃棄し、又は消去しなければならない。ただし、重要な記録又は歴史的な資料として保存する必要があると認められる場合は、この限りでない。

A　都道府県・個人情報保護条例　　　3　実施機関その他の責務

宮城（適正管理）
第十一条　実施機関は、個人情報の漏えい、滅失及びき損の防止その他の個人情報の適切な管理のために必要な措置を講ずるよう努めなければならない。
2　実施機関は、個人情報を取り扱う事務の目的を達成するために必要な範囲内で、個人情報を正確なものに保つために必要な措置を講ずるよう努めなければならない。
3　実施機関は、保有の必要がなくなった個人情報については、確実に、かつ、速やかに廃棄又は消去の措置を講じなければならない。ただし、歴史的又は文化的資料として保存される行政文書に係るものは、この限りでない。

福島（適正管理）
第八条　実施機関は、個人情報の漏えい、滅失及びき損の防止その他の個人情報の適切な管理のために必要な措置を講ずるよう努めなければならない。
2　実施機関は、個人情報を取り扱う事務の目的の達成に必要な範囲内で、個人情報を正確かつ最新なものに保つよう努めなければならない。
3　実施機関は、保有する必要がなくなった個人情報を、確実に、かつ、速やかに廃棄し、又は消去しなければならない。ただし、歴史的資料として保存されるものについては、この限りでない。

茨城（安全性及び正確性の確保）
第八条　実施機関は、保有する個人情報について、漏えい、き損及び滅失の防止その他個人情報の適切な管理のために必要な措置（以下「安全確保の措置」という。）を講ずるよう努めなければならない。
2　実施機関は、保有する個人情報について、保有事務の目的の達成に必要な範囲内で、正確なものに保つよう努めなければならない。

茨城（不要情報の廃棄）
第九条　実施機関は、保有する必要がなくなった個人情報については、速やかに、これを廃棄しなければならない。ただし、歴史的資料として保存すべき文書等に記録されているものについては、この限りでない。

埼玉（正確性及び安全性の確保）
第七条　実施機関は、個人情報取扱事務の目的を達成するために必要な範囲内で、個人情報を常に正確かつ最新に保つよう努めなければならない。
2　実施機関は、個人情報の漏えい、滅失、損傷及び改ざんの防止その他

の個人情報の適切な管理のために必要な措置を講ずるよう努めなければならない。
3　実施機関は、保有する必要のなくなった個人情報（歴史資料として、埼玉県立文書館に移管され、又は引き継がれるものを除く。）を、確実かつ速やかに廃棄し、又は消去しなければならない。

千葉（正確性及び安全性の確保）
第九条　実施機関は、個人情報を取り扱う事務の目的に必要な範囲内で個人情報を正確なものに保つよう努めなければならない。
2　実施機関は、個人情報の漏えい、滅失及びき損の防止その他の個人情報の適切な管理のために必要な措置（以下「安全確保の措置」という。）を講ずるよう努めなければならない。
3　実施機関は、保有する必要のなくなった個人情報を確実に、かつ、速やかに廃棄し、又は消去しなければならない。ただし、歴史的な資料として保存されるものについては、この限りでない。

東京（適正管理）
第七条　実施機関は、個人情報を取り扱う事務の目的を達成するため、個人情報を正確かつ最新の状態を保つよう努めなければならない。
2　実施機関は、個人情報の漏えい、滅失及びき損の防止その他の個人情報の適正な管理のために必要な措置を講ずるよう努めなければならない。
3　実施機関は、保有の必要がなくなった個人情報については、速やかに消去し、又はこれを記録した公文書を廃棄しなければならない。ただし、歴史的資料として保有されるものについては、この限りでない。

神奈川（安全性、正確性等の確保措置）
第十一条　実施機関は、個人情報の漏えい、き損及び滅失の防止その他の個人情報の適切な管理のために必要な措置を講ずるよう努めなければならない。
2　実施機関は、取扱目的に必要な範囲内で、その保有する個人情報を正確、安全かつ最新なものに保つよう努めなければならない。

神奈川（廃棄）
第十四条　実施機関は、取扱目的に関し保存する必要がなくなった個人情報を、確実に、かつ、速やかに廃棄しなければならない。ただし、歴史的文化的資料の保存を目的とする施設において当該目的のために保存されることとなる個人情報については、この限りでない。

A　都道府県・個人情報保護条例　　　　　3　実施機関その他の責務

新潟（適正管理）

第八条　実施機関は、個人情報の漏えい、滅失及びき損の防止その他の個人情報の適切な管理のために必要な措置（以下「安全確保の措置」という。）を講ずるよう努めなければならない。

2　実施機関は、個人情報取扱事務の目的を達成するために必要な範囲内でその保有する個人情報を正確なものに保つよう努めなければならない。

3　実施機関は、保有する必要のなくなった個人情報を確実に、かつ、速やかに廃棄し、又は消去しなければならない。ただし、歴史資料として保存されるものについては、この限りでない。

長野（安全性及び正確性の確保）

第七条　実施機関は、記録情報の管理に当たっては、記録情報の漏えい、滅失、損傷の防止その他の記録情報の適切な管理のために必要な措置を講ずるよう努めなければならない。

2　実施機関は、記録情報の保有目的に必要な範囲内で記録情報を正確なものに保つよう努めなければならない。

3　実施機関は、保有する必要がなくなった記録情報を、確実かつ速やかに廃棄しなければならない。ただし、歴史的な資料として保存されるものについては、この限りでない。

山梨（安全性及び正確性の確保）

第九条　実施機関は、個人情報の漏えい、滅失及びき損の防止その他の個人情報の適切な管理のために必要な措置（以下「安全確保の措置」という。）を講ずるよう努めなければならない。

2　実施機関は、個人情報を取り扱う事務の目的に必要な範囲内で、個人情報を正確かつ最新の状態に保つよう努めなければならない。

3　実施機関は、保有する必要がなくなった個人情報を、確実に、かつ、速やかに廃棄し、又は消去しなければならない。ただし、歴史的資料として保存されるものについては、この限りでない。

岐阜（適正管理）

第九条　実施機関は、個人情報取扱事務の目的を達成するために必要な範囲内で、個人情報を正確かつ最新の状態に保つよう努めなければならない。

2　実施機関は、個人情報の漏えい、滅失及びき損の防止その他の個人情報の適正な管理のために必要な措置を講ずるよう努めなければならない。

3　実施機関は、保有する必要のなくなった個人情報を確実かつ速やかに

廃棄し、又は消去しなければならない。ただし、歴史的又は文化的資料として保有されるものについては、この限りでない。

愛知（個人情報の適正な管理）

第十一条　実施機関は、個人情報を取り扱う事務の目的を達成するために必要な範囲内で、個人情報を正確かつ最新の状態を保つよう努めなければならない。

2　実施機関は、個人情報の漏えい、滅失及び損傷の防止その他の個人情報の適切な管理のために必要な措置（以下「安全確保の措置」という。）を講ずるよう努めなければならない。

3　実施機関は、保有する必要がなくなった個人情報を、確実に、かつ、速やかに廃棄し、又は消去しなければならない。ただし、歴史的な資料として保存されるものについては、この限りでない。

滋賀（正確性及び安全性の確保）

第五条　実施機関は、個人情報を取り扱う事務の目的の達成に必要な範囲内で、個人情報を正確かつ最新なものに保つよう努めなければならない。

2　実施機関は、個人情報の漏えい、滅失およびき損の防止その他の個人情報の適切な管理のために必要な措置（以下「安全確保の措置」という。）を講ずるよう努めなければならない。

3　実施機関は、保有する必要のなくなった個人情報を確実に、かつ、速やかに廃棄し、または消去しなければならない。ただし、歴史的資料として保存されるものについては、この限りでない。

京都（適正管理）

第八条　実施機関は、その管理する個人情報を事務の目的の達成に必要な範囲内において正確なものに保つよう努めなければならない。

2　実施機関は、個人情報の漏えい、き損及び滅失の防止その他の個人情報の適切な管理のために必要な措置を講じるよう努めなければならない。

3　実施機関は、管理する必要がなくなった個人情報を確実かつ速やかに廃棄し、又は消去しなければならない。

大阪（適正管理）

第九条　実施機関は、個人情報取扱事務の目的を達成するために必要な範囲内で、その保有する個人情報を正確かつ最新の状態を保つよう努めなければならない。

2　実施機関は、個人情報の漏えい、滅失及び損傷の防止その他の個人情報の適切な管理のために必要な措置を講ずるよう努めなければならない。

A　都道府県・個人情報保護条例　　　3　実施機関その他の責務

3　実施機関は、保有する必要がなくなった個人情報を、確実に、かつ、速やかに廃棄し、又は消去しなければならない。ただし、歴史的文化的価値を有する資料として保存されるものについては、この限りでない。

兵庫（適正管理）

第十条　実施機関は、個人情報取扱事務の目的を達成するために必要な範囲内で、個人情報を正確かつ最新の状態に保つよう努めなければならない。

2　実施機関は、個人情報の漏えい、滅失及びき損の防止その他の個人情報の適正な管理のために必要な措置（以下「安全確保の措置」をいう。）を講ずるよう努めなければならない。

3　実施機関は、保有する必要のなくなった個人情報を確実かつ速やかに廃棄し、又は消去しなければならない。ただし、歴史的文化的資料として保有されるものについては、この限りでない。

鳥取（適正管理）

第九条　実施機関は、個人情報の漏えい、滅失及びき損の防止その他個人情報の適正な管理のために必要な措置を講ずるよう努めなければならない。

2　実施機関は、個人情報取扱事務の執行に必要な範囲内で、個人情報を正確かつ最新の状態に保つよう努めなければならない。

3　実施機関は、管理する必要がなくなった個人情報を確実かつ速やかに廃棄し、又は消去しなければならない。

広島（適正管理）

第七条　実施機関は、個人情報の漏えい、滅失及びき損の防止その他の個人情報の適切な管理のために必要な措置を講ずるよう努めなければならない。

2　実施機関は、個人情報を取り扱う事務の目的を達成するために必要な範囲内で個人情報を正確かつ最新の状態に保つよう努めなければならない。

3　実施機関は、保有する必要がなくなった個人情報を確実に、かつ、速やかに廃棄し、又は消去しなければならない。ただし、歴史的資料の保存を目的とする施設において当該目的のために保存されることとなる個人情報については、この限りでない。

香川（適正管理）

第九条　実施機関は、個人情報取扱事務の目的を達成するために必要な範

囲内で、個人情報を正確かつ最新な状態に保つとともに、安全確保の措置を講ずるよう努めなければならない。
2　実施機関は、保有する必要のなくなった個人情報を確実かつ速やかに廃棄し、又は消去しなければならない。ただし、歴史資料として保存されるものについては、この限りでない。

福岡（正確性及び安全性の確保）
第四条　実施機関は、個人情報を取り扱う事務の目的に必要な範囲内で、個人情報を正確なものに保つよう努めなければならない。
2　実施機関は、個人情報の漏えい、滅失及びき損の防止その他の個人情報の適切な管理のために必要な措置（以下「安全確保の措置」という。）を講ずるよう努めなければならない。
3　実施機関は、保有する必要のなくなった個人情報を確実に、かつ、速やかに廃棄し、又は消去しなければならない。ただし、歴史的又は文化的価値が生ずると認められるものについては、この限りでない。

沖縄（正確性及び安全性の確保）
第十一条　実施機関は、個人情報取扱事務の目的を達成するために必要な範囲内で、その保有する個人情報を正確、完全かつ最新の状態に保つよう努めなければならない。
2　実施機関は、個人情報の漏えい、き損及び滅失の防止その他個人情報の適切な管理のために必要な措置（以下「安全確保の措置」という。）を講ずるよう努めなければならない。

沖縄（廃棄）
第十二条　実施機関は、保有する必要のなくなった個人情報を確実に、かつ、速やかに廃棄又は消去しなければならない。ただし、歴史的資料として保存されるものについては、この限りでない。

3 (3)　実施機関の職員の責務

北海道（職員の義務）
第十三条　実施機関の職員は、職務上知り得た個人情報をみだりに他人に知らせ、又は不当な目的に使用してはならない。その職を退いた後も、同様とする。

青森（職員の責務）
第十一条　実施機関の職員は、職務上知り得た個人情報をみだりに他人に知らせ、又は不当な目的に使用してはならない。その職を退いた後も、

A 都道府県・個人情報保護条例　　　3 実施機関その他の責務

同様とする。
宮城（職員等の義務）
第十二条　実施機関の職員又は職員であった者は、職務上知り得た個人情報をみだりに他人に知らせ、又は不当な目的に使用してはならない。
福島（職員の義務）
第十条　実施機関の職員又は職員であった者は、職務上知り得た個人情報をみだりに他人に知らせ、又は不当な目的に使用してはならない。
茨城（職員の義務）
第十三条　実施機関の職員又は職員であった者は、その職務に関して知り得た個人情報の内容をみだりに他人に知らせ、又は不当な目的に使用してはならない。
埼玉（職員の義務）
第三十五条　実施機関の職員は、職務上知り得た個人情報をみだりに他人に知らせ、又は不当な目的に使用してはならない。その職を退いた後も、同様とする。
千葉（職員等の義務）
第十三条　個人情報を取り扱う実施機関の職員又は職員であった者は、その職務上知り得た個人情報をみだりに他人に知らせ、又は不当な目的に使用してはならない。
東京（実施機関等の責務）
第三条　実施機関は、この条例の目的を達成するため、個人情報の保護に関し必要な措置を講じなければならない。
2　実施機関の職員は、職務上知り得た個人情報をみだりに他人に知らせ、又は不当な目的に使用してはならない。その職を退いた後も同様とする。
神奈川（職員の義務）
第十二条　実施機関の職員は、職務に関して知り得た個人情報の内容をみだりに他人に知らせ、又は不当な目的に使用してはならない。その職を退いた後も、同様とする。
新潟（職員等の義務）
第十三条　実施機関の職員又は職員であった者は、職務上知り得た個人情報をみだりに他人に知らせ、又は不当な目的に使用してはならない。
長野（職員の義務）
第十条　個人情報を取り扱う実施機関の職員又は職員であった者は、その職務上知り得た個人情報の内容をみだりに他人に知らせ、又は不当な目

的に使用してはならない。

山梨（職員の義務）

第十一条　実施機関の職員又は職員であった者は、職務上知り得た個人情報をみだりに他人に知らせ、又は不当な目的に使用してはならない。

岐阜（職員等の義務）

第十条　実施機関の職員は、職務上知ることのできた個人情報をみだりに他人に知らせ、又は不当な目的に使用してはならない。その職を退いた後も同様とする。

愛知（職員の義務）

第二十八条　実施機関の職員又は職員であった者は、職務上知ることのできた個人情報をみだりに他人に知らせ、又は不当な目的に使用してはならない。

滋賀（職員の義務）

第九条　実施機関の職員は、職務上知り得た個人情報をみだりに他人に知らせ、または不当な目的に使用してはならない。その職を退いた後も同様とする。

京都（職員の責務）

第九条　実施機関の職員又は職員であった者は、その職務に関して知り得た個人情報をみだりに他人に知らせ、又は不当な目的に使用してはならない。

大阪（職員等の責務）

第十一条　実施機関の職員又は職員であった者は、職務上知り得た個人情報をみだりに他人に知らせ、又は不当な目的に使用してはならない。

兵庫（職員等の義務）

第十一条　実施機関の職員は、職務上知ることのできた個人情報をみだりに他人に知らせ、又は不当な目的に使用してはならない。その職を退いた後も、同様とする。

鳥取（職員等の義務）

第十条　実施機関の職員又は職員であった者は、職務上知り得た個人情報をみだりに他人に知らせ、又は不当な目的に使用してはならない。

広島（実施機関等の責務）

第三条

2　実施機関の職員又は職員であった者は、職務上知り得た個人情報をみだりに他人に知らせ、又は不当な目的に使用してはならない。

A　都道府県・個人情報保護条例　　　3　実施機関その他の責務

香川（職員の義務）
第十条　実施機関の職員は、職務上知ることができた個人情報をみだりに他人に知らせ、又は不当な目的に使用してはならない。その職を退いた後も、同様とする。

福岡（職員の義務）
第八条　実施機関の職員は、職務上知り得た個人情報をみだりに他人に知らせ、又は不当な目的に使用してはならない。その職を退いた後も同様とする。

沖縄（職員の義務）
第十三条　実施機関の職員は、職務上知り得た個人情報をみだりに他人に知らせ、又は不当な目的に使用してはならない。その職を退いた後も、同様とする。

3 (4)　出資法人の責務

北海道（出資法人の責務）
第四十一条　道が出資する法人のうち実施機関が定めるものは、この条例の規定に基づく実施機関が保有する個人情報の保護に関する施策に留意しつつ、個人情報の保護のために必要な措置を講ずるよう努めなければならない。

青森（県が出資する法人の講ずる措置）
第二十八条　県が出資する法人のうち実施機関が定める法人は、この章の規定に基づく実施機関の措置に留意しつつ、個人情報の適切な取扱いを確保するために必要な措置を講ずるよう努めなければならない。

青森（施行事項）
第三十条　この章の規定の施行に関し必要な事項は、実施機関が定める。

宮城（事業者の責務）
第五条
2　県が出資する法人のうち実施機関が定めるものは、前項に規定するほか、当該実施機関がこの条例の規定に基づき実施する個人情報の保護に係る施策に留意しつつ、個人情報の保護に関し必要な措置を講ずるよう努めなければならない。

埼玉（県が出資する法人の責務）
第三十三条　事業者のうち県が出資する法人であって実施機関が定めるものは、実施機関が第二章の規定に基づいて行う施策に留意し、個人情報

の保護のために必要な措置を講ずるよう努めなければならない。

千葉（事業者の責務）

第四条
2　前項に規定するもののほか、県が出資する法人のうち実施機関が定める法人は、この条例に基づき当該実施機関が行う個人情報の取扱いに留意しつつ、個人情報の適正な取扱いを確保するために必要な措置を講ずる責務を有する。

東京（東京都が出資等を行う法人の責務）

第二十八条　東京都が出資するその他財政支出等を行う法人であって、実施機関が定めるものは、この条例の規定に基づく東京都の施策に留意しつつ、個人に関する情報の適切な取扱いを確保するため必要な措置を講ずるよう努めなければならない。

山梨（県の出資法人）

第三十四条　県が出資する法人のうち実施機関の定める法人は、この条例の規定に基づく実施機関が保有する個人情報の保護に関する施策に留意しつつ、個人情報の保護のために必要な措置を講ずるよう努めなければならない。

愛知（県の出資法人の責務）

第三十二条　県が出資する法人のうち実施機関が定めるものは、この条例の規定に基づく実施機関の保有する個人情報の保護に関する施策に留意しつつ、個人情報の保護のために必要な措置を講ずるよう努めなければならない。

京都（出資法人の責務）

第二十六条　府が資本金その他これに準じるものを出資している法人で、実施機関が別に定めるものは、個人情報を取り扱うときは、この条例の規定に基づき実施機関が講じる措置に準じた措置を講じるよう努めなければならない。

大阪（府の出資法人の責務）

第三十四条　府が出資する法人で実施機関が定めるものは、前条に規定するもののほか、この条例の規定に基づき実施機関が行う個人情報の保護に関する施策に留意しつつ、個人情報の保護のために必要な措置を講ずる責務を有する。

兵庫（県の出資法人の講ずべき措置）

第二十六条　県が資本金その他これに準ずるものを出資している法人のう

A　都道府県・個人情報保護条例　　　　3　実施機関その他の責務

ち実施機関が定めるものは、第三十一条に規定するもののほか、この条例の規定に基づく県の施策に留意しつつ、個人情報の保護のために必要な措置を講ずるよう努めなければならない。

香川（事業者の責務）
第四条
2　県が資本金その他これに準ずるものを出資している法人のうち実施機関が定める法人は、前項の措置を講ずるに当たっては、この条例の規定に基づく県の施策に留意しなければならない。

沖縄（事業者の責務）
第四条
2　県が出資する法人のうち実施機関が定める法人は、前項に規定するもののほか、この条例に基づき実施機関が行う個人情報の取扱いに留意しつつ、必要な措置を講じて、個人情報の保護に努めなければならない。

3 (5)　事業者の責務

北海道（事業者の責務）
第四条　事業者は、個人情報の保護の重要性を認識し、個人情報の取扱いに当たっては、個人の権利利益を侵害することのないよう必要な措置を講ずるとともに、個人情報の保護に関する道の施策に協力しなければならない。

青森（事業者の責務）
第四条　事業者は、個人情報の保護の重要性を認識し、その事業活動を行うに当たり、個人情報を取り扱うときは、個人の権利利益を侵害することのないよう個人情報の適正な取扱いに努めるとともに、県が実施する個人情報の保護に関する施策に協力するよう努めなければならない。

宮城（事業者の責務）
第五条　事業者は、個人情報を取り扱うときは、個人情報の保護の重要性を認識し、個人の権利利益を侵害することのないよう、その適正な取扱いに努めなければならない。

福島（事業者の責務）
第二十六条　事業者は、個人情報の保護の重要性を認識し、個人の権利利益を侵害することのないよう個人情報の適正な取扱いに努めなければならない。

3 実施機関その他の責務

埼玉（事業者の責務）
第二十七条 事業者は、個人情報の保護の重要性を認識し、事業の実施に当たっては、個人の権利利益を侵害することのないよう個人情報の適正な取扱いに努めなければならない。

千葉（事業者の責務）
第四条 事業者は、個人情報の保護の重要性を認識し、事業の実施に当たっては、個人の権利利益を侵害することのないよう、個人情報の取扱いを適正に行うとともに、個人情報の保護に関する県の施策に協力する責務を有する。

2　前項に規定するもののほか、県が出資する法人のうち実施機関が定める法人は、この条例に基づき当該実施機関が行う個人情報の取扱いに留意しつつ、個人情報の適正な取扱いを確保するために必要な措置を講ずる責務を有する。

東京（事業者の責務）
第二十七条 事業者は、個人に関する情報の保護の重要性にかんがみ、事業の実施に当たっては、その取扱いに適正を期し、個人の権利利益を侵害することのないよう努めなければならない。

神奈川（事業者の責務）
第四条 事業者は、個人情報の保護の重要性を認識し、個人情報の取扱いに伴う個人の権利利益の侵害の防止に関し必要な措置を講ずるとともに、個人情報の保護のための県の施策に協力する責務を有する。

2　事業者は、その事業活動に伴って保有する個人情報について、本人にその存在及び内容を知るための機会を提供するよう努めなければならない。

新潟（事業者の責務）
第四条 事業者は、個人情報の保護の重要性を認識し、事業の実施に伴い個人情報を取り扱うときは、個人の権利利益を保護するために必要な措置を講ずるよう努めなければならない。

2　県が出資する法人のうち実施機関が定めるものは、前項に規定するもののほか、この条例に基づき実施機関が行う個人情報の取扱いに留意しつつ、必要な措置を講じて、個人情報の保護に努めなければならない。

長野（事業者の責務）
第二十七条 事業者は、個人情報の取扱いに当たっては、個人の権利利益を保護するため必要な措置を講ずるよう努め、適正な取扱いをしなけれ

A 都道府県・個人情報保護条例　　　3 実施機関その他の責務

ばならない。

山梨（事業者の責務）

第四条 事業者は、個人情報の保護の重要性を認識し、個人情報の取扱いに当たっては、個人の権利利益を保護するために必要な措置を講ずるとともに、県が実施する個人情報の保護に関する施策に協力するよう努めなければならない。

岐阜（事業者の責務）

第四条 事業者は、個人情報の保護の重要性を認識し、個人情報の取扱いに当たっては、個人の権利利益を侵害することのないよう努めなければならない。

愛知（事業者の責務）

第四条 事業者は、個人情報の保護の重要性を認識し、個人情報の取扱いに当たっては、個人の権利利益を侵害することのないよう努めるとともに、個人情報の保護に関する県の施策に協力しなければならない。

滋賀（事業者の責務）

第二十四条 事業者は、個人情報の保護の重要性を認識し、事業の実施に伴い個人情報を取り扱うときは、個人の権利利益を侵害することのないよう、適正な収集、利用、管理等に努めなければならない。

京都（事業者の責務）

第二十五条 事業者は、個人情報の取扱いに当たっては、個人の権利利益を保護するために必要な措置を講じるよう努め、適正な取扱いに努めなければならない。

2　事業者は、次に掲げる個人情報については、個人の権利利益を侵害することがないよう特に慎重に取り扱わなければなければならない。

　一　思想、信条及び信教に関する個人情報並びに個人の特質を規定する身体に関する個人情報

　二　社会的差別の原因となるおそれのある個人情報

3　事業者は、個人情報の保護に関する府の施策に協力しなければならない。

大阪（事業者の責務）

第三十三条 事業者は、個人情報の保護の重要性を認識し、個人情報の取扱いに当たっては、個人の権利利益を侵害することのないよう必要な措置を講ずるとともに、個人情報の保護に関する府の施策に協力する責務を有する。

2　事業者は、次に掲げる個人情報については、個人の権利利益を侵害することのないよう特に慎重に取り扱う責務を有する。
　一　思想、信仰、信条その他の心身に関する基本的な個人情報
　二　社会的差別の原因となるおそれのある個人情報
　兵庫（事業者の遵守事項）
第三十一条　事業者は、個人情報取扱指針に即して個人情報を適正に取り扱わなければならない。
2　事業者は、第六条第四項各号に掲げる個人情報については、個人の権利利益を侵害することのないよう特に慎重に取り扱わなければならない。
　鳥取（事業者の責務）
第四条　事業者は、個人情報の保護の重要性を認識し、個人情報の適正な取扱いに努めるとともに、個人情報の保護に関する県の施策に協力しなければならない。
　鳥取（事業者による措置）
第三十一条　事業者は、個人情報を取り扱うときは、法令に即して個人の権利利益を保護するために必要な措置を講じなければならない。
　広島（事業者の責務）
第二十三条　事業者は、個人情報の保護の重要性を認識し、事業の実施に伴い個人情報を取り扱うときは、適正に行うよう努めるとともに、個人情報の保護に関する県の施策に協力しなければならない。
　香川（事業者の責務）
第四条　事業者は、個人情報の保護の重要性を認識し、事業の実施に伴い個人情報を取り扱うときは、個人の権利利益を侵害することのないよう必要な措置を講ずるとともに、個人情報の保護に関する県の施策に協力協力しなければならない。
　福岡（事業者の責務）
第二十四条　事業者は、個人情報の保護の重要性にかんがみ、事業の実施に伴い個人情報を取り扱うときは、適正な取扱いをするよう努めなければならない。
　沖縄（事業者の責務）
第四条　事業者は、個人情報の保護の重要性を認識し、個人情報を取り扱うときは、個人の権利利益を保護するために必要な措置を講じて、適正な取扱いをするよう努めなければならない。

3 (6) 都道府県民の責務

北海道（道民の責務）
第五条 道民は、個人情報の保護の重要性を認識し、個人情報の取扱いに関し、他人の権利利益を侵害することのないよう努めなければならない

青森（県民の責務）
第五条 県民は、個人情報の保護の重要性を認識し、自己に関する個人情報の保護に努めるとともに、自己以外の者に関する個人情報の取扱いに当たっては、その権利利益を侵害することのないよう努めなければならない。

宮城（県民の責務）
第六条 県民は、個人情報の保護の重要性を認識し、自ら自己の個人情報の保護に努めるとともに、他人の個人情報の取扱いに当たっては、その権利利益を侵害することのないよう努めなければならない。

埼玉（県民の責務）
第四条 県民は、個人情報の保護の重要性を認識し、自己の個人情報の適正な管理に努めるとともに、他人の個人情報の取扱いに当たっては、他人の権利利益を侵害することのないよう努めるものとする。

千葉（県民の責務）
第五条 県民は、個人情報の保護の重要性を認識し、自己の個人情報の保護に自ら努めるとともに、他人の個人情報の取扱いに当たっては、その権利利益を侵害することのないよう努めなければならない。

神奈川（県民の役割）
第五条 県民は、個人情報の保護の重要性を認識し、他人の個人情報をみだりに取り扱わないようにするとともに、自ら個人情報の保護を心掛けることによって、個人情報の保護に積極的な役割を果たすものとする。

新潟（県民の責務）
第五条 県民は、個人情報の保護の重要性を認識し、自己の個人情報の保護に自ら努めるとともに、他人の個人情報の取扱いに当たっては、その権利利益を侵害することのないよう努めなければならない。

岐阜（県民の責務）
第五条 県民は、個人情報の保護の重要性を認識し、自己の個人情報の適正な管理に努めるとともに、他人の個人情報の取扱いに当たっては、個人の権利利益を侵害することのないよう努めなければならない。

3　実施機関その他の責務　Ⅰ　都道府県・個人情報保護条例・項目別条文集

愛知（県民の責務）

第五条　県民は、個人情報の保護の重要性を認識し、自己に関する個人情報の保護に自ら努めるとともに、他人の個人情報の取扱いに当たっては、他人の権利利益を侵害することのないよう努めなければならない。

大阪（府民の責務）

第四条　府民は、個人情報の保護の重要性を認識し、自己の個人情報の適切な管理に努めるとともに、他人の個人情報の取扱いに当たっては、他人の権利利益を侵害することのないよう努めなければならない。

兵庫（県民の責務）

第五条　県民は、個人情報の保護の重要性を認識し、自己の個人情報の適正な管理に努めるとともに、他人の個人情報の取扱いに当たっては、個人の権利利益を侵害することのないよう努めなければならない。

鳥取（県民の責務）

第五条　県民は、個人情報の保護の重要性を認識し、他人の個人情報の取扱いに当たっては、個人の権利利益を侵害しないようにするとともに、自己の個人情報の保護に努めなければならない。

香川（県民の責務）

第五条　県民は、個人情報の保護の重要性を認識し、自らの個人情報の保護に努めるとともに、他人の個人情報の取扱いに当たっては、他人の権利利益を侵害することのないよう努めなければならない。

沖縄（県民の役割）

第五条　県民は、個人情報の保護の重要性を認識し、他人の個人情報の取扱いに当たっては、その権利利益を侵害することのないようにするとともに、自ら自己の個人情報の保護を心掛けることによって、個人情報の保護に積極的な役割を果たすものとする。

3(7)　市町村の責務

宮城（市町村の責務）

第四条　市町村は、県がこの条例の規定に基づき実施する施策に留意しつつ、個人情報の適切な取扱いを確保するために必要な施策を策定し、及びこれを実施するよう努めなければならない。

A 都道府県・個人情報保護条例 　　4 適用除外、他の制度との調整

4 適用除外、他の制度との調整

4 (1) 統計調査の適用除外

北海道（他の制度との調整）
第三十四条　この章の規定は、次に掲げる個人情報については、適用しない。
- 一　統計法（昭和22年法律第十八号）第二条に規定する指定統計を作成するために集められた個人情報
- 二　統計法第八条第一項の規定により総務庁長官に届け出られた統計調査によって集められた個人情報
- 三　統計報告調整法（昭和27年法律第百四十八号）の規定により総務庁長官の承認を受けた統計報告（同法第四条第二項に規定する申請書に記載された専ら統計を作成するために用いられる事項に係る部分に限る。）の徴集によって得られた個人情報
- 四　北海道統計調査条例（昭和26年北海道条例第二十五号）第一条に規定する統計調査によって集められた個人情報

青森（適用除外）
第二十九条　次に掲げる個人情報については、この章の規定は、適用しない。
- 一　統計法（昭和22年法律第十八号）第二条に規定する指定統計を作成するために集められた個人情報
- 二　統計法第八条第一項の規定により届け出られた統計調査によって集められた個人情報
- 三　統計報告調整法（昭和27年法律第百四十八号）の規定により承認を受けた統計報告（同法第四条第二項に規定する申請書に記載された専ら統計を作成するために用いられる事項に係る部分に限る。）の徴集によって得られた個人情報
- 四　青森県統計調査条例（昭和25年3月青森県条例第十号）第二条第一項に規定する統計調査によって集められた個人情報

青森（施行事項）
第三十条　この章の規定の施行に関し必要な事項は、実施機関が定める。

4 適用除外、他の制度との調整　Ⅰ　都道府県・個人情報保護条例・項目別条文集

宮城（他の法令との調整等）
第二十六条　次に掲げる個人情報については、この章の規定は、適用しない。
　一　統計法（昭和22年法律第十八号）第二条に規定する指定統計を作成するために集められた個人情報
　二　統計法第八条第一項の規定により総務庁長官に届け出られた統計調査によって集められた個人情報
　三　統計報告調整法（昭和27年法律第百四十八号）の規定により総務庁長官の承認を受けた統計報告（同法第四条第二項に規定する申請書に記載された専ら統計を作成するために用いられる事項に係る部分に限る。）の徴集によって得られた個人情報
　四　統計調査条例（平成4年宮城県条例第十五号）第二条第二項に規定する県指定統計調査によって集められた個人情報

福島（適用除外）
第四条　この条例の規定は、次に掲げる個人情報については、適用しない。
　一　統計法（昭和22年法律第十八号）第二条に規定する指定統計を作成するために集められた個人情報及び同法第八条第一項の規定により総務庁長官に届け出られた統計調査によって集められた個人情報
　二　統計報告調整法（昭和27年法律第百四十八号）の規定により総務庁長官の承認を受けた統計報告（同法第四条第二項に規定する申請書に記載された専ら統計を作成するために用いられる事項に係る部分に限る。）の徴集によって得られた個人情報
　三　福島県統計調査条例（昭和26年福島県条例第九十三号）第二条に規定する調査によって集められた個人情報

茨城（統計調査に対する適用除外）
第三十一条　統計法（昭和22年法律第十八号）第二条に規定する指定統計に係る個人情報及び同法第八条第一項の規定により総務庁長官に届け出られた統計調査に係る個人情報並びに統計報告調整法（昭和27年法律第百四十八号）の規定により総務庁長官の承認を受けた統計報告（同法第四条第二項に規定する申請書に記載された専ら統計を作成するために用いられる事項に係る部分に限る。）に係る個人情報並びに茨城県統計調査条例（昭和36年茨城県条例第十六号）第二条に規定する統計調査に係る個人情報については、この条例の規定は適用しない。

A　都道府県・個人情報保護条例　　4　適用除外、他の制度との調整

埼玉（適用除外）

第五条　この条例の規定は、次に掲げる個人情報については、適用しない。
一　統計法（昭和22年法律第十八号）第二条に規定する指定統計を作成するために集められた個人情報及び同法第八条第一項の規定により総務庁長官に届け出られた統計調査によって集められた個人情報
二　統計報告調整法（昭和27年法律第百四十八号）の規定により総務庁長官の承認を受けた統計報告（同法第四条第二項に規定する申請書に記載された専ら統計を作成するために用いられる事項に係る部分に限る。）の徴集によって得られた個人情報
三　埼玉県統計調査条例（昭和44年埼玉県条例第十四号）第二条第一項に規定する県統計調査によって集められた個人情報

千葉（適用除外）

第六条　この条例の規定は、次の各号に掲げる個人情報については、適用しない。
一　統計法（昭和22年法律第十八号）第三条第一項に規定する指定統計調査に係る個人情報
二　統計法第八条第一項の規定により総務庁長官に届け出られた統計調査に係る個人情報
三　統計報告調整法（昭和27年法律第百四十八号）の規定により総務庁長官の承認を受けた統計報告（同法第四条第二項に規定する申請書に記載された専ら統計を作成するために用いられる事項に係る部分に限る。）の徴集に係る個人情報
四　千葉県統計調査条例（昭和25年千葉県条例第一号）第二条第一号に規定する県統計調査に係る個人情報

東京（他の制度との調整等）

第三十条
2　この条例は、統計法（昭和22年法律第十八号）第二条に規定する指定統計に係る個人情報及び同法第八条第一項の規定により総務庁長官に届け出られた統計調査に係る個人情報並びに統計報告調整法（昭和27年法律第百四十八号）の規定により総務庁長官の承認を受けた統計報告（専ら統計を作成するために用いられる事項に係る部分に限る。）に係る個人情報並びに東京都統計調査条例（昭和32年東京都条例第十五号）第二条第二項に規定する統計調査に係る個人情報については、適用しない。

4 適用除外、他の制度との調整　　Ⅰ　都道府県・個人情報保護条例・項目別条文集

神奈川（適用除外）

第二十七条　統計法（昭和22年法律第十八号）第二条に規定する指定統計を作成するために集められた個人情報及び同法第八条第一項の規定により総務庁長官に届け出られた統計調査によって集められた個人情報並びに統計報告調整法（昭和27年法律第百四十八号）の規定により総務庁長官の承認を受けた統計報告（専ら統計を作成するために用いられる事項に係る部分に限る。）の徴集によって得られた個人情報並びに神奈川県統計調査条例（昭和26年神奈川県条例第四十三号）第二条第一項に規定する統計調査によって集められた個人情報については、この章の規定は、適用しない。

新潟（適用除外）

第三十一条　この章の規定は、次に掲げる個人情報については、適用しない。

一　統計法（昭和22年法律第十八号）第二条に規定する指定統計を作成するために集められた個人情報

二　統計法第八条第一項の規定により総務庁長官に届け出られた統計調査（第四号に規定する統計調査を除く。）によって集められた個人情報

三　統計報告調整法（昭和27年法律第百四十八号）の規定により総務庁長官の承認を受けた統計報告（同法第四条第二項に規定する申請書に記載された専ら統計を作成するために用いられる事項に係る部分に限る。）の徴集によって得られた個人情報

四　新潟県統計調査条例（昭和28年新潟県条例第三十八号）第二条に規定する県指定統計調査又は同条例第八条に規定する県届出統計調査によって集められた個人情報

長野（適用除外）

第三条　統計法（昭和22年法律第十八号）第二条に規定する指定統計を作成するために集められた個人情報及び同法第八条第一項の規定により総務庁長官に届け出られた統計調査（国が実施する調査に限る。）によって集められた個人情報並びに統計報告調整法（昭和27年法律第百四十八号）の規定に基づき総務庁長官の承認を受けた統計報告（同法第四条第二項に規定する申請書に記載された専ら統計を作成するために用いられる事項に係る部分に限る。）の徴集によって得られた個人情報については、この条例の規定は適用しない。

山梨（適用除外）

第五条　この条例は、統計法（昭和22年法律第十八号）第二条に規定する指

83

A　都道府県・個人情報保護条例　　　4　適用除外、他の制度との調整

定統計を作成するために集められた個人情報及び同法第八条第一項の規定により総務庁長官に届け出られた統計調査によって集められた個人情報並びに統計報告調整法(昭和27年法律第百四十八号)の規定により総務庁長官の承認を受けた統計報告(同法第四条第二項に規定する申請書に記載された専ら統計を作成するために用いられる事項に係る部分に限る。)の徴集によって得られた個人情報並びに山梨県統計調査条例(昭和27年山梨県条例第十一号)第三条に規定する県統計調査によって集められた個人情報については、適用しない。

岐阜（他の法令との調整等）

第二十七条　この章の規定は、次に掲げる個人情報については、適用しない。
一　統計法（昭和22年法律第十八号）第二条に規定する指定統計を作成するために集められた個人情報
二　統計法第八条第一項の規定により総務庁長官に届け出られた統計調査（県が行うものを除く。）によって集められた個人情報
三　統計報告調整法(昭和27年法律第百四十八号)の規定により総務庁長官の承認を受けた統計報告(同法第四条第二項に規定する申請書に記載された専ら統計を作成するために用いられる事項に係る部分に限る。)の徴集によって得られた個人情報
四　岐阜県統計調査条例(昭和28年岐阜県条例第四十八号)第二条に規定する統計調査によって集められた個人情報

愛知（適用除外）

第六条　統計法（昭和22年法律第十八号）第二条に規定する指定統計を作成するために集められた個人情報及び同法第八条第一項の規定により総務庁長官に届け出られた統計調査によって集められた個人情報並びに統計報告調整法(昭和27年法律第百四十八号)の規定により総務庁長官の承認を受けた統計報告（同法第四条第二項に規定する申請書に記載された専ら統計を作成するために用いられる事項に係る部分に限る。)の徴集によって得られた個人情報並びに愛知県統計調査条例(昭和26年愛知県条例第十号)第二条に規定する統計調査によって集められた個人情報については、この条例の規定は適用しない。

滋賀（他の制度等との調整）

第二十三条　この条例の規定は、統計法（昭和22年法律第十八号）第二条に規定する指定統計を作成するために集められた個人情報および同法第八

条第一項の規定により総務庁長官に届け出られた統計調査によって集められた個人情報ならびに統計報告調整法（昭和27年法律第百四十八号）の規定により総務庁長官の承認を受けた統計報告（同法第四条第二項に規定する申請書に記載された専ら統計を作成するために用いられる事項に係る部分に限る。）の徴集によって得られた個人情報ならびに滋賀県統計調査条例（昭和26年滋賀県条例第七号）第二条に規定する統計調査によって集められた個人情報については、適用しない。

京都（適用除外）

第二十四条　この章の規定は、次に掲げる個人情報については、適用しない。
一　統計法（昭和22年法律第十八号）第二条に規定する指定統計を作成するために集められた個人情報
二　統計法第八条第一項の規定により総務庁長官に届け出られた統計調査（府が行うものを除く。）により集められた個人情報
三　統計報告調整法（昭和27年法律第百四十八号）の規定により総務庁長官の承認を受けた統計報告（同法第四条第二項に規定する申請書に記載された専ら統計を作成するために用いられる事項に係る部分に限る。）の徴集によって得られた個人情報
四　京都府統計調査条例（昭和25年京都府条例第六十九号）第二条第一項に規定する府統計調査によって集められた個人情報
五　（略）

大阪（適用除外）

第五条　次に掲げる個人情報については、この条例の規定は、適用しない。
一　統計法（昭和22年法律第十八号）第二条に規定する指定統計を作成するために集められた個人情報
二　統計法第八条第一項の規定により総務庁長官に届け出られた統計調査によって集められた個人情報
三　統計報告調整法（昭和27年法律第百四十八号）の規定により総務庁長官の承認を受けた統計報告（同法第四条第二項に規定する申請書に記載された専ら統計を作成するために用いられる事項に係る部分に限る。）の徴集によって得られた個人情報
四　大阪府統計調査条例（昭和26年大阪府条例第二十七号）第二条第一号に規定する統計調査によって集められた個人情報

A　都道府県・個人情報保護条例　　4　適用除外、他の制度との調整

兵庫（他の制度との調整等）

第二十九条　この章の規定は、次に掲げる個人情報については、適用しない。
一　統計法（昭和22年法律第十八号）第三条第一項に規定する指定統計調査によって集められた個人情報
二　統計法第八条第一項の規定により総務庁長官に届け出られた統計調査（県が行うものを除く。）によって集められた個人情報
三　統計報告調整法（昭和27年法律第百四十八号）の規定により総務庁長官の承認を受けた統計報告（同法第四条第二項に規定する申請書に記載された専ら統計を作成するために用いられる事項に係る部分に限る。）の徴集によって得られた個人情報
四　統計調査条例（昭和39年兵庫県条例第四十二号）第二条第一項に規定する統計調査によって集められた個人情報

鳥取（適用除外）

第三十八条　この条例の規定は、次に掲げる個人情報については、適用しない。
一　統計法（昭和22年法律第十八号）第二条に規定する指定統計を作成するために集められた個人情報
二　統計法第八条第一項の規定により総務庁長官に届け出られた統計調査によって集められた個人情報
三　統計報告調整法（昭和27年法律第百四十八号）の規定により総務庁長官の承認を受けた統計報告（同法第四条第二項に規定する申請書に記載された専ら統計を作成するために用いられる事項に係る部分に限る。）の徴集によって得られた個人情報
四　鳥取県統計調査条例（昭和25年３月鳥取県条例第七号）に基づく統計調査によって集められた個人情報

広島（適用除外）

第四条　この条例の規定は、次に掲げる個人情報については、適用しない。
一　統計法（昭和22年法律第十八号）第二条に規定する指定統計を作成するために集められた個人情報
二　統計法第八条第一項の規定により総務庁長官に届け出られた統計調査によって集められた個人情報
三　統計報告調整法（昭和27年法律第百四十八号）の規定により総務庁長官の承認を受けた統計報告（同法第四条第二項に規定する申請書に記載され

4 適用除外、他の制度との調整　Ⅰ　都道府県・個人情報保護条例・項目別条文集

た専ら統計を作成するために用いられる事項に係る部分に限る。）の徴集によって得られた個人情報
　四　広島県統計調査条例（昭和25年広島県条例第十五号）第二条に規定する統計調査によって集められた個人情報

香川（他の制度との調整）

第三十条　この条例の規定は、次に掲げる個人情報については、適用しない。
　一　統計法（昭和22年法律第十八号）第二条に規定する指定統計を作成するために集められた個人情報
　二　統計法第八条第一項の規定により総務庁長官に届け出られた統計調査によって集められた個人情報
　三　統計報告調整法（昭和27年法律第百四十八号）の規定により総務庁長官の承認を受けた統計報告（同法第四条第二項に規定する申請書に記載された専ら統計を作成するために用いられる事項に係る部分に限る。）の徴集によって得られた個人情報
　四　香川県統計調査条例（昭和24年香川県条例第四十五号）第二条に規定する統計調査によって集められた個人情報

福岡（他の法令との調整等）

第二十三条　この章の規定は、次に掲げる個人情報については、適用しない。
　一　統計法（昭和22年法律第十八号）第二条に規定する指定統計に係る個人情報
　二　統計法第八条第一項の規定により総務庁長官に届け出られた統計調査に係る個人情報
　三　統計報告調整法（昭和27年法律第百四十八号）の規定により総務庁長官の承認を受けた統計報告（専ら統計を作成するために用いられる事項に係る部分に限る。）に係る個人情報

沖縄（適用除外）

第六条　この条例の規定は、次に各号に掲げる個人情報については、適用しない。
　一　統計法（昭和22年法律第十八号）第二条に規定する指定統計を作成するために集められた個人情報及び同法第八条第一項の規定により総務庁長官に届け出られた統計調査によって集められた個人情報
　二　統計報告調整法（昭和27年法律第百四十八号）の規定により総務庁長官

A 都道府県・個人情報保護条例　　4 適用除外、他の制度との調整

の承認を受けた統計報告（同法第四条第二項に規定する申請書に記載された専ら統計を作成するために用いられる事項に係る部分に限る。）の徴集によって得られた個人情報
三　沖縄県統計調査条例（昭和48年沖縄県条例第五十七号）第二条に規定する統計調査によって集められた個人情報

4 (2)　他の制度との調整

北海道（他の制度との調整）

第三十四条

3　法令等（北海道情報公開条例（平成10年北海道条例第二十八号）を除く。）の規定により自己に関する個人情報の開示又は訂正を求めることができる場合には、その定めるところによる。

青森（適用除外）

第二十五条　法令又は他の条例（青森県情報公開条例（平成7年10月青森県条例第四十四号）を除く。）の規定により自己を本人とする個人情報の開示を受けることができる場合における当該個人情報の開示については、第十三条から第二十条まで及び前条の規定と適用しない。

2　法令又は他の条例の規定により自己を本人とする個人情報の訂正等を求めることができる場合における当該個人情報の訂正等については、第二十一条から前条までの規定を適用しない。

3　実施機関以外の県の機関の職員が職務上作成し、若しくは取得した文書、図画及び写真（これらを撮影したマイクロフィルムを含む。）であって、決裁、供覧等の手続が終了し、実施機関において管理しているもの又は電子計算機を使用して行われる処理に使用される磁気テープ、磁気ディスク等であって、実施機関以外の県の機関の職員が職務上作成し、若しくは取得した情報が記録され、実施機関において管理しているものに記録されている個人情報については、この節の規定は適用しない。

宮城（他の法令との調整等）

第二十六条

3　他の法令（情報公開条例（平成2年宮城県条例第十八号）を除く。）の定めるところにより、自己に関する個人情報を閲覧し、又は個人情報が記録された物の写しの交付を受けることができる場合は、第二節（第二十条から第二十二条までを除く。）の規定は、適用しない。

4　他の法令の定めるところにより自己に関する個人情報を訂正すること

ができる場合は、第二十条から第二十二条までの規定は、適用しない。
5　他の法令の定めるところにより、自己に関する個人情報を閲覧し、又は個人情報が記録された物の写しの交付を受けた場合は、第二十条第一項の規定の適用については、開示を受けたものとみなす。

福島　（他の制度との調整）

第二十五条　法令又は他の条例（福島県情報公開条例（平成２年福島県条例第四十一号を除く。）に自己に関する個人情報の開示又は訂正の手続の定めがあるときは、当該法令又は他の条例の定めるところによる。
2　法令又は他の条例の規定により実施機関から開示を受けた個人情報について、当該法令又は他の条例に訂正の手続の定めがないときは、当該個人情報は、第十九条第一項の規定の適用については、第十六条第一項の規定により開示を受けた個人情報とみなす。

茨城　（法令等との関係）

第二十六条　個人情報の内容について、その閲覧、縦覧又は謄本、抄本等の交付に関して、法令又は条例、規則（以下「法令等」という。）に定めがあるときは、当該個人情報については、第十四条の規定は適用しない。
2　個人情報の内容の訂正に関して、法令等に定めがあるときは、当該個人情報については、第二十二条の規定は適用しない。

埼玉　（他の制度との調整等）

第二十六条　他の法令等の規定により、実施機関に対し、自己の個人情報の閲覧若しくは写しの交付を求め、又は訂正等を請求することができるときは、当該他の法令等の定めるところによる。
2　他の法令等の規定により閲覧し、又は写しの交付を受けた個人情報について、当該他の法令等に訂正等の請求の規定がない場合には、当該個人情報は、第十七条第一項の規定により開示を受けた個人情報とみなして、第二十条から第二十五条までの規定を適用する。

千葉　（他の制度との調整）

第二十九条　第十四条から第二十五条までの規定は、他の法令等（千葉県公文書公開条例（昭和63年千葉県条例第三号）を除く。）の規定により、個人情報の開示又は訂正の手続が定められている場合においては、適用しない。

東京　（他の制度との調整等）

第三十条　法令等に個人情報の閲覧、縦覧又は訂正に関し規定されている場合（東京都事務手数料条例（昭和24年東京都条例第二十号）第二条第十一号及び第十二号に規定されている場合を含む。）には、その定めるところによ

A　都道府県・個人情報保護条例　　4　適用除外、他の制度との調整

る。ただし、個人情報に係る本人からの開示請求については、この条例によるものとし、開示条例は、適用しない。

神奈川（開示の請求及び訂正の請求の適用除外）

第二十五条　第十五条から第二十条まで及び前条の規定は、他の法令の規定により、公文書の閲覧又は縦覧の手続が定められているとき、公文書の謄本、抄本等の交付の手続が定められているときその他第十八条第一項及び第二項に規定する方法による個人情報の開示の手続が定められているときにおける個人情報の開示については、適用しない。

2　第二十一条から前条までの規定は、他の法令の規定により、個人情報の訂正の手続が定められているときにおける個人情報の訂正については、適用しない。

新潟（適用除外）

第三十一条

2　第二節の規定は、他の法令等（新潟県情報公開条例（平成7年新潟県条例第一号）を除く。）の規定により、個人情報の開示又は訂正を求めることができる場合における当該個人情報については、適用しない。

長野（他法令との関係）

第二十五条　他の法令（長野県公文書公開条例（昭和59年長野県条例第四号）を除く。）の規定に基づき、記録情報の本人が記録情報について開示を求めることができるときは、当該法令の定めるところによる。

2　他の法令の規定に基づき、記録情報の本人が記録情報について訂正を求めることができるときは、当該法令の定めるところによる。

山梨（他の制度との調整）

第二十五条　第十三条から第十九条までの規定は、他の法令（山梨県公文書公開条例を除く。）の規定により自己の個人情報の開示を求めることができるときには、適用しない。この場合において、当該法令の規定により開示を受けた個人情報は、第二十条第一項の規定の適用については、第十七条第一項の規定により開示を受けた個人情報とみなす。

2　第二十条から第二十二条までの規定は、他の法令の規定により自己の個人情報の訂正を求めることができるときには、適用しない。

岐阜（他の法令との調整等）

第二十七条

3　第十三条から第十九条まで及び第二十四条の規定は、法令又は他の条例の規定に基づき、自己の個人情報が記録されている公文書が閲覧若し

4　適用除外、他の制度との調整　　Ⅰ　都道府県・個人情報保護条例・項目別条文集

くは縦覧に供されている場合又は当該公文書の謄本、抄本その他写しの交付を受けることができる場合における当該個人情報の開示については、適用しない。
4　前項の場合において、法令又は他の条例の規定に基づき、閲覧し、若しくは縦覧し、又は謄本、抄本その他写しの交付を受けた公文書に記録されている個人情報について、当該法令又は他の条例に訂正の手続の定めがないときは、当該個人情報は、第二十条第一項の規定の適用については、第十八条第一項の規定により開示を受けた個人情報とみなす。
5　第二十条から第二十四条までの規定は、法令又は他の条例の規定により、個人情報の訂正の手続が定められている場合における当該個人情報の訂正については、適用しない。

愛知（他の制度との調整）

第二十九条　第十三条から第十七条までの規定は、法令又は他の条例（愛知県公文書公開条例（昭和61年愛知県条例第二号）を除く。）の規定に基づき、実施機関の保有する個人情報を閲覧し、若しくは縦覧し、又は実施機関の保有する個人情報が記録されたものの謄本、抄本その他の写しの交付を受けることができる場合における当該個人情報の閲覧又は写しの交付については、適用しない。この場合において、法令又は他の条例の規定に基づき、閲覧し、若しくは縦覧し、又は謄本、抄本その他の写しの交付を受けた個人情報は、第十八条第一項の規定の適用については開示を受けた個人情報と、第二十一条第一項の規定の適用については第十五条第一項の決定を受けた個人情報とみなす。
2　第十八条から第二十条までの規定は、法令又は他の条例の規定に基づき、実施機関の保有する個人情報の訂正を求めることができる場合における当該個人情報の訂正については、適用しない。

滋賀（他の制度等との調整）

第二十三条
2　第十一条から第二十条までの規定は、他の法令等（滋賀県公文書の公開等に関する条例を除く。）の規定により、実施機関の保有する個人情報の開示または訂正の手続が定められている場合においては、適用しない。

京都（適用除外）

第二十四条
2第十二条から第十七条まで及び第二十二条の規定は、法令又は他の条例（京都府情報公開条例（昭和63年京都府条例第］し号）を除く。）の規定に、

A 都道府県・個人情報保護条例　　4 適用除外、他の制度との調整

閲覧、縦覧、視聴又は謄本、抄本等の交付の手続が定められている個人情報について、適用しない。

3　第十九条から第二十二条までの規定は、法令又は他の条例の規定に、訂正の手続が定められている個人情報については、適用しない。

大阪（他の制度との調整等）

第三十二条

2　第二節の規定は、法令又は他の条例（大阪府公文書公開条例を除く。）の規定により、自己に関する個人情報の開示を受け、訂正し、又は削除することができる場合においては、適用しない。

兵庫（他の制度との調整等）

第二十九条

3　法令又は他の条例（公文書の公開等に関する条例を除く。）の規定により個人情報の開示を受け、又は訂正を求めることができるときは、当該法令又は他の条例の定めるところによる。

4　法令若しくは他の条例の規定により開示を受けた個人情報について当該法令若しくは他の条例に訂正の請求の規定がない場合又は法令、他の条例若しくは実施機関の定める規程により個人情報の内容が免許証、許可証、通知書その他の書類に記載され、これらが既に個人情報の本人に交付されている場合には、これらの個人情報を第十九条第一項又は第二十条第三項の規定により開示を受けた個人情報とみなして、第二十一条第一項の規定を適用する。

鳥取（他の制度との調整）

第二十六条　他の法令（鳥取県公文書公開条例（昭和63年3月鳥取県条例第二号）を除く。）に個人情報の開示又は訂正の請求の規定があるときは、当該他の法令の定めるところによる。

2　法令の規定により開示を受けた個人情報について当該法令に訂正の請求の規定のない場合又は法令の規定により個人情報の内容が免許証、許可証、通知書その他の書類に記載され、これらが既に本人に交付されている場合には、これらの個人情報を第十五条第一項又は第十九条第二項の規定により開示を受けた個人情報とみなして、第二十一条第一項の規定を適用する。

広島（他の制度との調整等）

第二十二条　第二節の規定は、他の法令等（広島県公文書公開条例（平成2年広島県条例第一号）を除く。）の規定により、個人情報の開示又は訂正の手

4 適用除外、他の制度との調整

続が定められている場合においては、適用しない。

香川（他の制度との調整）

第三十条　この条例の規定は、次に掲げる個人情報については、適用しない。

3　法令等（香川県公文書公開条例を除く。）に、自己に関する個人情報の開示又は訂正の請求に係る定めがあるときは、当該法令等の定めるところによる。

4　法令等の定めるところにより、自己に関する個人情報の開示を受けた場合であって、当該法令等に当該個人情報の訂正の請求に係る定めがないときにおける第二十一条第一項の規定の適用については、当該個人情報は、第十八条第一項又は第二十条第二項の規定により開示を受けたものとみなす。

福岡（他の法令との調整等）

第二十三条

3　第三節の規定は、他の法令（福岡県情報公開条例を除く。）の規定により自己の個人情報の開示を受け、又は訂正をすることができる場合においては適用しない。

沖縄（他の制度等との調整）

第三十二条

2　第二節の規定は、法令又は他の条例（沖縄県情報公開条例（平成3年沖縄県条例第三十一号）を除く。）の規定により、自己情報の開示を受け、訂正し、又は削除することができる場合においては、適用しない。

4（3）　図書館等情報の除外

北海道（他の制度との調整）

第三十四条

2　この章の規定は、北海道立文書館、北海道立開拓記念館その他の道の施設が一般の利用に供することを目的として収集し、整理し、及び保存している個人情報については、適用しない。

宮城（他の法令との調整等）

第二十六条

2　この章の規定は、図書館その他の県の施設において、一般の利用に供することを目的として収集し、保有している図書、資料、刊行物等に記録されている個人情報については、適用しない。

A 都道府県・個人情報保護条例　　4　適用除外、他の制度との調整

福島（他の制度との調整）

第二十五条

3　福島県立図書館、福島県立博物館その他これらに類する県の施設において、県民の利用に供することを目的として管理する図書等に記録されている個人情報については、この章の規定は適用しない。

茨城（図書館等に対する適用除外）

第三十二条　実施機関の管理に属する図書館等において、一般の利用に供するために保存する図書等に記録されている個人情報については、第二章からこの章までの規定は適用しない。

埼玉（他の制度との調整等）

第二十六条

3　この章の規定は、次に掲げる個人情報については、適用しない。
　一　図書館その他これに類する施設において閲覧に供され、又は貸し出される図書、刊行物等（当該図書、刊行物等を複写したものを含む。）に記録されている個人情報
　二　埼玉県立文書館が、歴史資料として保有する文書に記録されている個人情報

千葉（他の制度との調整）

第二十九条

2　この章の規定は、県の文書館、図書館、博物館その他これらに類する施設において、一般の利用に供することを目的として保有されている個人情報については、適用しない。

東京（他の制度との調整等）

第三十条

3　この条例は、図書館等において閲覧に供され、又は貸し出される図書、資料、刊行物等（以下「図書等」という。）に記録されている個人に関する情報と同一の個人情報（同一図書等に記録されている状態又はこれと同様の状態にあるものに限る。）については、適用しない。

神奈川（適用除外）

第二十七条

2　図書館、博物館、美術館その他これらに類する施設において、一般の利用に供することを目的として、収集し、整理し、及び保存している個人情報については、この章の規定は、適用しない。

4 適用除外、他の制度との調整

新潟（適用除外）

第三十一条　この章の規定は、次に掲げる個人情報については、適用しない。

　五　新潟県立図書館その他の県の施設において、県民の利用に供することを目的として管理している図書、資料、刊行物等に記録されている個人情報

山梨（他の制度との調整）

第二十五条

3　この章の規定は、山梨県立図書館等において、県民の利用に供することを目的として保有されている個人情報については、適用しない。

岐阜（他の法令との調整等）

第二十七条

2　この章の規定は、県の図書館その他これに類する施設において、一般の利用に供することを目的として管理している図書、資料、刊行物等に記録されている個人情報については、適用しない。

愛知（他の制度との調整）

第二十九条

3　この章の規定は、県の図書館その他これに類する施設において、県民の利用に供することを目的として保有されている個人情報については、適用しない。

滋賀（他の制度等との調整）

第二十三条

3　この章の規定は、滋賀県立図書館、滋賀県立近代美術館その他これらに類する県の施設において一般の利用に供することを目的として保有されている個人情報については、適用しない。

京都（適用除外）

第二十四条　この章の規定は、次に掲げる個人情報については、適用しない。

　五　京都府立総合資料館、京都府立図書館その他これらに類する施設において、府民の利用に供することを目的として管理されている個人情報

大阪（他の制度との調整等）

第三十二条　この章の規定は、大阪府立中之島図書館その他の府の機関が府民の利用に供することを目的として管理している図書、刊行物等に記

A　都道府県・個人情報保護条例　　　4　適用除外、他の制度との調整

録されている個人情報については、適用しない。
　兵庫（他の制度との調整等）
第二十九条
2　この章の規定は、兵庫県立図書館その他の施設において、一般の利用その他これに準ずる利用に供することを目的として保有されている個人情報については、適用しない。
　鳥取（適用除外）
第三十八条　この条例の規定は、次に掲げる個人情報については、適用しない。
　五　図書館、博物館その他の施設において一般の利用に供することを目的として管理されている公文書等に記録されている個人情報
　広島（他の制度との調整等）
第二十二条
2　この章の規定は、県の文書館、図書館、美術館その他これらに類する施設において、県民の利用に供することを目的として保有されている個人情報については、適用しない。
　香川（他の制度との調整）
第三十条
2　この章の規定は、実施機関が、一般の利用その他これに準ずる利用に供することを目的として保有している個人情報については、適用しない。
　福岡（他の法令との調整等）
第二十三条
2　この章の規定は、図書館、美術館その他これらに類する施設において、一般の利用に供することを目的として収集し、整理し、及び保存される図書、資料、刊行物等に記録されている個人情報については、適用しない。
　沖縄（他の制度等との調整）
第三十二条　この章の規定は、図書館、博物館その他の県の施設又は機関において一般の利用に供することを目的として保有されている図書、資料、刊行物等に記録されている個人情報については、適用しない。

5　個人情報取扱事務登録等

北海道（個人情報取扱事務登録簿）
第六条　実施機関は、個人情報を取り扱う事務（以下「個人情報取扱事務」という。）について、次に掲げる事項を記載した個人情報　取扱事務登録簿（以下「登録簿」という。）を備えなければならない。
　一　個人情報取扱事務の名称
　二　個人情報取扱事務の目的
　三　個人情報取扱事務を所管する組織の名称
　四　個人情報取扱事務を開始する年月日
　五　個人情報の対象者の範囲
　六　個人情報の記録項目
　七　個人情報の収集先
　八　前各号に定めるもののほか、実施機関が定める事項
2　実施機関は、個人情報取扱事務を開始しようとするときは、あらかじめ、当該個人情報取扱事務について登録簿に登録しなければならない。登録した事項を変更しようとするときも同様とする。
3　前二項の規定は、実施機関の職員又は職員であった者に係る人事、給与、福利厚生等に関する事務については、適用しない。
4　実施機関は、第二項の規定により登録した個人情報取扱事務を廃止したときは、遅滞なく、当該個人情報取扱事務に係る登録を抹消しなければならない。
5　実施機関は、登録簿を一般の閲覧に供しなければならない。

青森（個人情報取扱事務の登録等）
第六条　実施機関は、個人情報を取り扱う事務（以下「個人情報取扱事務」という。）について、次に掲げる事項を記載した個人情報取扱事務登録簿を備え、一般の閲覧に供しなければならない。
　一　個人情報取扱事務の名称及び目的
　二　個人情報取扱事務を所管する組織の名称
　三　個人情報の対象者の範囲
　四　個人情報の項目
　五　個人情報の収集先及び提供先
　六　その他実施機関が定める事項

A　都道府県・個人情報保護条例　　　5　個人情報取扱事務登録等

2　実施機関は、個人情報取扱事務を開始しようとするときは、あらかじめ、当該個人情報取扱事務について個人情報取扱事務登録簿に登録しなければならない。登録した事項を変更しようとするときも、同様とする。

3　実施機関は、個人情報取扱事務を廃止したときは、速やかに当該個人情報取扱事務の登録を抹消しなければならない。

4　前三項の規定は、県の職員又は職員であった者に係る個人情報取扱事務であって、専らその人事、給与若しくは福利厚生に関する事項又はこれらに準ずる事項を取り扱うものについては、適用しない。

宮城（個人情報取扱事務の登録及び閲覧）

第七条　実施機関は、個人情報を取り扱う事務であって、個人の氏名、生年月日その他の記述又は個人別に付された番号、記号その他の符号により当該個人を検索し得る状態で個人情報が記録された行政文書を使用するもの（以下「個人情報取扱事務」という。）について、次に掲げる事項を記載した個人情報取扱事務登録簿（以下「登録簿」という。）を作成し、一般の閲覧に供しなければならない。

一　個人情報取扱事務の名称及び概要
二　個人情報取扱事務を所管する組織の名称
三　個人情報取扱事務の目的
四　個人情報取扱事務の対象者
五　個人情報の記録項目
六　個人情報の処理形態
七　個人情報取扱事務の委託の有無
八　個人情報の収集先
九　個人情報の利用及び提供の状況
十　個人情報取扱事務の開始年月日及び登録年月日
十一　その他実施機関が定める事項

2　実施機関は、個人情報取扱事務を新たに開始しようとするときは、あらかじめ、当該個人情報取扱事務について登録簿に登録しなければならない。登録した事項を変更しようとするときも、同様とする。

3　実施機関は、前項の規定により登録した個人情報取扱事務を廃止したときは、速やかに、当該個人情報取扱事務の登録を抹消しなければならない。

4　前三項の規定は、県の職員又は職員であった者に係る人事、給与、福利厚生等に関する個人情報取扱事務その他宮城県個人情報保護審査会

5 個人情報取扱事務登録等　Ⅰ　都道府県・個人情報保護条例・項目別条文集

（以下この章及び次章において「審査会」という。）の意見を聴いた上で実施機関が定める個人情報取扱事務については、適用しない。

福島（個人情報取扱事務の登録）
第五条　実施機関は、個人情報を取り扱う事務であって、個人の氏名、生年月日その他の記述又は個人別に付された番号、記号その他の符号により当該個人を検索し得る状態で個人情報が記録された公文書又は磁気テープ等を使用するもの（以下「個人情報取扱事務」という。）について、次に掲げる事項を登録した個人情報取扱事務登録簿（以下「登録簿」という。）を備え、一般の閲覧に供しなければならない。
一　個人情報取扱事務の名称
二　個人情報取扱事務の目的
三　個人情報取扱事務を所管する組織の名称
四　個人情報取扱事務を登録した年月日
五　個人情報の対象者の類型
六　前号の類型ごとの次に掲げる事項
　　ア　個人情報の記録項目及び次条第三項本文に規定する個人情報を収集するときはその理由
　　イ　個人情報の処理形態及び第七条第三項に規定する提供の有無
　　ウ　個人情報の主な収集先
　　エ　個人情報の経常的な提供先
七　前各号に掲げるもののほか、実施機関が定める事項
2　実施機関は、個人情報取扱事務を開始しようとするときは、あらかじめ、当該個人情報取扱事務について登録簿に登録しなければならない。登録した事項を変更しようとするときも、同様とする。
3　前二項の規定は、次に掲げる事務については、適用しない。
一　県の機関の職員又は職員であった者に関する事務
二　物品若しくは金銭の送付又は業務上必要な連絡の用に供するため、相手方の氏名、住所等の事項のみを取り扱う事務
三　一般に入手し得る刊行物等を取り扱う事務
4　実施機関は、第二項の規定により登録した個人情報取扱事務を廃止したときは、遅滞なく、当該個人情報取扱事務に係る登録を抹消しなければならない。

茨城（個人情報保有事務登録簿の作成及び閲覧）
第四条　実施機関は、所掌事務を遂行するために個人情報を保有する事務

A　都道府県・個人情報保護条例　　　　5　個人情報取扱事務登録等

（以下「個人情報保有事務」という。）について、その保有の状況を明らかにするため、次の各号に掲げる事項を記載した個人情報保有事務登録簿（以下「登録簿」という。）を作成し、これを一般の閲覧に供しなければならない。

一　個人情報保有事務の名称
二　個人情報保有事務の目的（以下「保有事務の目的」という。）
三　個人情報保有事務を所管する組織の名称
四　個人情報の対象者の範囲
五　個人情報の記録項目
六　個人情報の収集方法
七　その他実施機関の定める事項

茨城（登録簿への登録等）

第五条　実施機関は、新たに個人情報保有事務を行おうとするときは、当該個人情報保有事務について、あらかじめ、前条各号に掲げる事項を登録簿に登録しなければならない。登録した事項を変更しようとするときも、同様とする。

2　実施機関は、前項の規定により登録した個人情報保有事務について、これを行うことをやめたときは、速やかに、当該個人情報保有事務に係る登録を抹消するものとする。

茨城（登録の適用除外）

第六条　次の各号に掲げる個人情報については、この章の規定は適用しない。

一　県の職員又は職員であった者に係る個人情報
二　国又は他の地方公共団体（以下「国等」という。）の職員又は職員であった者に係る個人情報であって、職務の遂行に関するもの
三　一般に入手し得る刊行物等に記録されている個人情報

埼玉（個人情報取扱事務の登録等）

第十一条　実施機関は、個人情報取扱事務について、個人情報取扱事務登録簿を備え、一般の閲覧に供しなければならない。

2　実施機関は、個人情報取扱事務を開始しようとするときは、あらかじめ、当該個人情報取扱事務について、次に掲げる事項を前項の個人情報取扱事務登録簿に登録するとともに、その内容を公示しなければならない。登録した事項を変更しようとするときも、同様とする。

一　個人情報取扱事務の名称及び目的

二　個人情報を取り扱う権限を有する組織の名称
三　個人情報の記録の項目
四　個人情報の主な収集先
五　その他実施機関が定める事項
3　前二項の規定は、県の機関の職員又は職員であった者に関する事務であって、専らその人事、給与若しくは福利厚生に関する事項又はこれらに準ずる事項を取り扱うものについては、適用しない。
4　実施機関は、第一項の個人情報取扱事務登録簿に登録されている個人情報取扱事務を廃止した場合において、当該個人情報取扱事務に係るすべての公文書を保有しなくなったときは、遅滞なく、当該登録を抹消するとともに、その旨を公示するものとする。

千葉（個人情報取扱事務に関する登録及び閲覧等）

第七条　実施機関は、個人情報を取り扱う事務であって、個人の氏名、生年月日その他の記述又は個人別に付された番号、記号その他の符号により当該個人を検索し得る状態で個人情報が整理して記録される公文書又は磁気テープ等を使用するもの（以下この条において「個人情報取扱事務」という。）について、次の各号に掲げる事項を登録した登録簿を備え置いて、一般の閲覧に供しなければならない。
一　個人情報取扱事務の名称
二　個人情報取扱事務を所管する組織の名称
三　個人情報取扱事務の目的
四　個人情報取扱事務に係る個人の類型
五　前号の個人の類型ごとの次の事項
　イ　個人情報の項目
　ロ　個人情報を収集する理由
　ハ　個人情報の主な収集先
　ニ　個人情報の主な提供先
六　その他実施機関が定める事項
2　実施機関は、個人情報取扱事務を開始しようとするときは、あらかじめ、当該個人情報取扱事務について前項の登録簿に登録しなければならない。登録した事項を変更しようとするときも、同様とする。
3　実施機関は、登録に係る個人情報取扱事務を廃止したときは、遅滞なく、当該個人情報取扱事務に係る登録を抹消しなければならない。
4　実施機関は、第一項の登録簿に登録した事項を公表するものとする。

A　都道府県・個人情報保護条例　　　5　個人情報取扱事務登録等

5　前各項の規定は、県の職員又は職員であった者に係る個人情報取扱事務であって、専らその人事、給与及び福利厚生に関する事項並びにこれらに準ずる事項を取り扱うものについては、適用しない。

東京（個人情報取扱事務の届出）

第五条　実施機関は、個人情報を取り扱う事務を開始しようとするときは、東京都規則で定めるところにより、次に掲げる事項を知事に届け出なければならない。届け出た事項を変更しようとするときは、変更する事項についても同様とする。

一　個人情報を取り扱う事務の名称
二　個人情報を取り扱う組織の名称
三　個人情報を取り扱う事務の目的
四　個人情報の記録項目
五　個人情報の対象者の範囲
六　前各号に掲げるもののほか、東京都規則で定める事項

2　前項の規定による届出は、実施機関の職員又は職員であった者に係る事務については、適用しない。

3　実施機関は、第一項の規定による届出に係る個人情報を取り扱う事務を廃止したときは、東京都規則で定めるところにより、遅滞なくその旨を知事に届け出なければならない。

東京（公示及び閲覧）

第六条　実施機関は、前条第一項又は第三項の規定による届出に係る事項（以下「届出事項」という。）について、公示するものとする。

2　知事は、届出事項に係る目録を作成し、一般の閲覧に供しなければならない。

神奈川（個人情報取扱事務の登録）

第七条　実施機関は、個人情報を取り扱う事務（個人の氏名、生年月日その他の記述又は個人別に付された番号、記号その他の符号により個人を検索し得る形で個人情報が記録された公文書又は磁気テープ等（県又は国若しくは他の地方公共団体の職員に関する個人情報で専らその職務の遂行に関するものが記録された公文書又は磁気テープ等で実施機関が定めるもの及び一般に入手し得る刊行物等を除く。第四号において「個人情報記録」という。）を使用する事務に限る。以下この条において「個人情報取扱事務」という。）について、次に掲げる事項を記載した個人情報事務登録簿を備えなければならない。

一　個人情報取扱事務の名称及び概要

二　個人情報取扱事務を所管する組織の名称
　三　個人情報取扱事務を開始する年月日
　四　個人情報記録から検索し得る個人の類型
　五　前号の個人の類型ごとの次の事項
　　ア　個人情報を取り扱う目的
　　イ　個人情報の項目名及び前条各号に掲げる事項に関する個人情報を取り扱うときはその理由
　　ウ　個人情報の収集先及び収集の方法
　　エ　個人情報の電子計算機処理を行うときは、その旨
　　オ　個人情報を利用し、又は提供する範囲、個人情報を提供するときは提供する個人情報の項目名及び第十条第一項に規定するオンライン結合により個人情報を提供するときはその旨
2　実施機関は、個人情報取扱事務を新たに開始しようとするときは、あらかじめ、当該個人情報取扱事務について個人情報事務登録簿に登録しなければならない。登録した事項を変更しようとするときも、同様とする。
3　実施機関は、前項の規定により登録したときは、遅滞なく、登録した事項を審議会に報告しなければならない。この場合において、審議会は、当該事項について意見を述べることができる。
4　実施機関は、第二項の規定により登録した個人情報取扱事務を廃止したときは、遅滞なく、当該個人情報取扱事務に係る登録を抹消し、その旨を審議会に報告しなければならない。
5　実施機関は、個人情報事務登録簿を一般の縦覧に供さなければならない。

神奈川（個人情報の取扱いに係る業務の登録）
第三十条　事業者は、県内で行う個人情報を取扱いに係る業務に関し、次に掲げる事項「以下「登録事項」という。）について、知事の登録を受けることができる。
　一　事業者の氏名又は名称及び住所又は主たる事務所の所在地並びに法人等にあっては代表者の氏名
　二　登録に係る業務の名称及び目的
　三　登録に係る業務における個人情報の取扱いの概要
　四　登録に係る業務についての問い合わせ先
　五　その他規則で定める事項

A　都道府県・個人情報保護条例　　　5　個人情報取扱事務登録等

2　前項の登録（以下「業務の登録」という。）を受けようとする事業者は、規則で定めるところにより、知事に申請しなければならない。

3　知事は、前項の規定による申請があったときは、登録事項を規則で定める登録簿に登録するものとする。ただし、審議会の意見を聴いた上で、当該申請に係る個人情報の取扱いが著しく不適正であると認めるときは、業務の登録を拒むことができる。

4　知事は、前項の登録簿を一般の縦覧に供さなければならない。

神奈川（業務の登録を受けた事業者に対する調査の要請）

第三十一条　知事は、必要があると認めるときは、業務の登録を受けた事業者（以下「登録事業者」という。）に対して、当該業務の登録を受けた業務に関して説明又は資料の提出を要請することができる。

神奈川（業務の登録の表示）

第三十二条　登録事業者は、業務の登録を受けた業務に係る個人情報の取扱いについて、その旨を表示することができる。

神奈川（変更の申請）

第三十三条　登録事業者は、第三十条第一項第二号及び第三号に掲げる登録事項を変更しようとするときは、規則で定めるところにより、登録事項の変更を知事に申請しなければならない。

2　第三十条第三項の規定は、前項の規定による申請について準用する。この場合において、同条第三項中「前項」とあるのは「第三十三条第一項」と、「登録事項を規則で定める登録簿に登録するものとする」とあるのは「当該申請に係る登録事項の変更を行うものとする」と、「業務の登録」とあるのは「当該変更」と読み替えるものとする。

神奈川（変更又は廃止の届出）

第三十四条　登録事業者は、登録事項（第三十条第一項第二号及び第三号に掲げる登録事項を除く。）に変更があったとき、又は業務の登録に係る業務を廃止したときは、遅滞なく、当該変更に係る事項又は業務を廃止した旨を知事に届け出なければならない。

神奈川（業務の登録の抹消）

第三十五条　知事は、次の各号のいずれかに該当するときは、業務の登録を抹消することができる。

一　業務の登録に係る業務を廃止したことが明らかになった場合で、前条の規定による届出がないとき。

二　登録事業者が第三十一条の規定による要請を拒んだ場合で、審議会

の意見を聴いた上で、その拒んだことにつき正当な理由がないと認めるとき。

三　業務の登録の内容と異なる取扱いを行っていることが明らかになった場合で、審議会の意見を聴いた上で、業務の登録を抹消する必要があると認めるとき。

新潟（個人情報取扱事務の登録等）

第六条　実施機関は、個人情報を取り扱う事務（以下「個人情報取扱事務」という。）であって、個人の氏名、生年月日その他の記述又は個人別に付された番号、記号その他の符号により当該個人を検索し得る状態で個人情報が記録されている公文書又は磁気テープ等を使用するもの（以下「登録対象事務」という。）について、次に掲げる事項を登録した個人情報取扱事務登録簿（以下「登録簿」という。）を備え、一般の閲覧に供しなければならない。

一　登録対象事務の名称
二　登録対象事務の目的
三　登録対象事務を所管する組織の名称
四　個人情報の対象者の区分
五　前号の区分ごとの次に掲げる事項
　ア　個人情報の記録項目
　イ　個人情報の収集先
六　その他実施機関が定める事項

2　実施機関は、登録対象事務を開始しようとするときは、あらかじめ、当該登録対象事務について登録簿に登録しなければならない。登録した事項を変更しようとするときも、同様とする。

3　前二項の規定は、県の職員又は職員であった者に関する事務その他新潟県個人情報保護審査会（以下この章及び次章において「審査会」という。）の意見を聴いた上で実施機関が定める事務については、適用しない。

4　実施機関は、登録した登録対象事務を廃止したときは、遅滞なく、当該登録対象事務に係る登録を抹消しなければならない。

長野（個人情報ファイル簿の作成及び閲覧）

第四条　実施機関は、個人情報ファイルについて、次の各号に掲げる事項を記載した個人情報ファイル簿（以下「ファイル簿」という。）を作成し、一般の閲覧に供しなければならない。

一　個人情報ファイルの名称

A　都道府県・個人情報保護条例　　　5　個人情報取扱事務登録等

　　二　個人情報ファイル保有目的
　　三　個人情報ファイルに記録される対象個人の範囲
　　四　個人情報ファイルの記録項目
　　五　個人情報の収集方法
　　六　個人情報ファイルの保有課所の名称
　　七　その他実施機関の定める事項
2　実施機関は、個人情報ファイルを保有しようとするときは、あらかじめ、当該個人情報ファイルについて前項各号に掲げる事項をファイル簿に記載しなければならない。ファイル簿に記載した事項を変更しようとするときも、同様とする。
3　前項の規定にかかわらず、実施機関は、やむを得ない理由により、あらかじめ、ファイル簿に記載することができないときは、その理由がやんだ後に記載することができる。
4　第二項の規定にかかわらず、実施機関は、次の各号に掲げる個人情報ファイルについては、ファイル簿に記載しないことができる。
　　一　県の機関の職員又は職員であった者に係る人事、給与、福利厚生等に関する事項を記録する個人情報ファイル
　　二　物品若しくは金銭の送付又は業務上必要な連絡の用に供するため、相手方の氏名、住所等の事項のみを記録する個人情報ファイル
5　実施機関は、個人情報ファイルの保有をやめたときは、遅滞なく、当該個人情報ファイルについての記載をファイル簿から抹消しなければならない。

長野（個人情報ファイルの告示）
第五条　知事は、ファイル簿に記載された個人情報ファイルの名称、保有目的、保有課所の名称その他知事が定める事項を告示するものとする。

山梨（個人情報取扱事務の登録）
第十二条　実施機関は、個人情報を取り扱う事務であって、個人の氏名、生年月日その他の記述又は個人別に付された番号、記号その他の符号により当該個人を検索し得る形で個人情報が記録された行政文書を使用するもの（以下「個人情報取扱事務」という。）について、次に掲げる事項を記載した個人情報取扱事務登録簿を備えなければならない。
　　一　個人情報取扱事務の名称及び目的
　　二　個人情報取扱事務を所管する組織の名称
　　三　個人情報の対象者の範囲

四　個人情報の記録項目
　　五　個人情報の収集先
　　六　前各号に掲げるもののほか、規則で定める事項
2　実施機関は、個人情報取扱事務を開始しようとするときは、当該個人情報取扱事務について個人情報取扱事務登録簿に登録しなければならない。登録した事項を変更しようとするときも、同様とする。
3　前二項の規定は、県の職員又は職員であった者に関する個人情報取扱事務であって、人事又は給与に関するものその他審議会の意見を聴いた上で実施機関が定める個人情報取扱事務については、適用しない。
4　実施機関は、第二項の規定により登録した個人情報取扱事務を廃止したときは、遅滞なく、当該個人情報取扱事務に係る登録を抹消しなければならない。
5　実施機関は、個人情報取扱事務登録簿を一般の閲覧に供しなければならない。
6　実施機関は、第二項の規定による登録の状況について、毎年一回、審議会に報告をしなければならない。この場合において、審議会は、当該報告について意見を述べることができる。

山梨（業務の登録）

第二十七条　事業者は、県内で行う個人情報の取扱いに係る業務に関し、知事の登録を受けることができる。
2　前項の登録（以下「業務登録」という。）を受けようとする事業者は、次に掲げる事項を記載した申請書を知事に提出しなければならない。
　　一　氏名又は名称及び住所並びに法人等にあっては、その代表者の氏名
　　二　登録に係る業務の名称及び目的
　　三　登録に係る業務における個人情報の取扱いの概要
　　四　前三号に掲げるもののほか、規則で定める事項
3　知事は、前項の規定による申請書の提出があったときは、同項各号に掲げる事項並びに登録の年月日及び登録番号を規則で定める登録簿に登録するものとする。ただし、審議会の意見を聴いた上で、登録に係る業務における個人情報の取扱いが著しく不適正であると認めるときは、登録を拒むことができる。
4　知事は、前項の登録簿を一般の閲覧に供さなければならない。

山梨（業務登録の表示）

第二十八条　業務登録を受けた事業者（以下「登録事業者」という。）は、業

A 都道府県・個人情報保護条例　　　　5 個人情報取扱事務登録等

務登録に係る業務について、業務登録を受けた旨を表示することができる。

山梨（変更の登録）

第二十九条　登録事業者は、第二十七条第二項第二号又は第三号に掲げる事項に変更があったときは、遅滞なく、当該変更に係る事項を記載した申請書を知事に提出しなければならない。

2　知事は、前項の規定による申請書の提出があったときは、当該変更に係る事項及び変更の年月日を第二十七条第三項の登録簿に登録するものとする。

3　第二十七条第三項ただし書の規定は、前項の規定による登録について準用する。

山梨（変更又は廃止の届出）

第三十条　登録事業者は、第二十七条第二項第一号若しくは第四号に掲げる事項に変更があったとき、又は登録業務に係る業務を廃止したときは、遅滞なく、当該変更に係る事項又は業務を廃止した旨を知事に届け出なければならない。

山梨（登録の抹消）

第三十一条　知事は、次の各号のいずれかに該当するときは、業務登録を抹消することができる。

　一　業務登録に係る業務を廃止したことが明らかになった場合で、前条の規定による届出がないとき。

　二　業務登録の内容と異なる取扱いを行っていることが明らかになった場合で、審議会の意見を聴いた上で、業務登録を抹消する必要があると認めたとき。

岐阜（個人情報取扱事務の登録及び閲覧）

第十二条　実施機関は、個人情報取扱事務について、個人情報取扱事務登録簿（以下「登録簿」という。）を備え、一般の閲覧に供しなければならない。

2　実施機関は、個人情報取扱事務を開始しようとするときは、あらかじめ、当該個人情報取扱事務について、次に掲げる事項を登録簿に登録しなければならない。登録した事項を変更しようとするときも、同様とする。

　一　個人情報取扱事務の名称

　二　個人情報取扱事務を所管する組織の名称

三　個人情報取扱事務の目的
四　個人情報取扱事務の根拠
五　個人情報の対象者の範囲
六　個人情報の記録項目
七　個人情報の記録媒体
八　個人情報の収集先
九　個人情報の目的外の利用及び提供の有無及び内容
十　個人情報取扱事務の実施機関以外のものへの委託の有無及び内容
十一　前各号に掲げるもののほか、実施機関が定める事項
3　前二項の規定は、次に掲げる個人情報取扱事務については、適用しない。
一　県の職員又は職員であった者に係る人事、給与、福利厚生等に関する事務
二　岐阜県個人情報保護審査会の意見に基づいて、実施機関が定める事務
4　実施機関は、第二項の規定により登録した個人情報取扱事務を廃止したときは、遅滞なく、登録簿から当該個人情報取扱事務に係る登録を抹消しなければならない。

愛知（個人情報取扱事務の登録）
第十二条　実施機関は、個人情報を取り扱う事務（県の職員又は職員であった者に係る人事、給与等に関する事務その他審議会の意見を聴いた上で実施機関が定める事務を除く。以下「個人情報取扱事務」という。）について、個人情報取扱事務登録簿（以下「登録簿」という。）を備えなければならない。
2　実施機関は、個人情報取扱事務を開始しようとするときは、あらかじめ、当該個人情報取扱事務について次に掲げる事項を登録簿に登録しなければならない。
一　個人情報取扱事務の名称及び目的
二　個人情報取扱事務をつかさどる組織の名称
三　個人情報の対象者の範囲
四　個人情報の項目
五　個人情報の収集先
六　その他実施機関の定める事項
3　実施機関は、前項の規定により登録した個人情報取扱事務について、同項各号に掲げる事項を変更しようとするときは、あらかじめ、登録簿

A　都道府県・個人情報保護条例　　　　5　個人情報取扱事務登録等

に必要な修正を加えなければならない。
4　実施機関は、第二項の規定により登録した個人情報取扱事務を廃止したときは、遅滞なく、登録簿から当該個人情報取扱事務に係る登録を抹消しなければならない。
5　実施機関は、第二項又は第三項の規定により、登録し、又は登録した事項を修正したときは、遅滞なく、審議会に報告しなければならない。この場合において、審議会は、当該登録し、又は修正した事項について意見を述べることができる。
6　実施機関は、登録簿を一般の閲覧に供しなければならない。

滋賀（個人情報取扱事務の登録および閲覧）

第十条　実施機関は、個人情報（個人の氏名、生年月日その他の記述または個人別に付された番号、記号その他の符号により当該個人を検索し得る状態で公文書または磁気テープ等に記録されたものに限る。第二十条までにおいて同じ。）を取り扱う事務（以下「個人情報取扱事務」という。）について、個人情報取扱事務登録簿（以下「登録簿」という。）を作成し、一般の閲覧に供しなければならない。
2　実施機関は、個人情報取扱事務を開始しようとするときは、あらかじめ、次に掲げる事項を登録簿に登録しなければならない。登録した事項を変更しようとするときは、変更する事項についても、同様とする。
　一　個人情報取扱事務の名称
　二　個人情報取扱事務を所管する組織の名称
　三　個人情報取扱事務の目的
　四　個人情報の対象者の範囲
　五　個人情報の記録項目
　六　前各号に掲げるもののほか、実施機関の定める事項
3　前二項の規定は、実施機関の職員または職員であった者の人事、給与、福利厚生等に関する事項を専ら取り扱う個人情報取扱事務および実施機関が行う職員の採用に関する事項を取り扱う個人情報取扱事務については、適用しない。
4　実施機関は、第二項の規定による登録に係る個人情報取扱事務を廃止したときは、遅滞なく、当該個人情報取扱事務に係る登録を抹消しなければならない。

京都（個人情報取扱事務の登録）

第十一条　実施機関は、個人情報を取り扱う事務（以下「個人情報取扱事務」

という。）行うときは、あらかじめ、個人情報取扱事務登録簿（以下「登録簿」という。）に次に掲げる事項で通常取り扱う内容を登録し、これを閲覧に供しなければならない。
一　個人情報取扱事務の名称
二　個人情報取扱事務を所管する組織の名称
三　個人情報取扱事務の対象となる個人の区分
四　個人情報を取り扱う目的
五　個人情報の種類
六　個人情報の収集先の区分
七　個人情報の利用先又は提供先の区分及び利用し、又は提供する個人情報の種類
八　前各号に掲げるもののほか、実施機関が定める事項
2　実施機関は、前項の規定により登録した事項を変更するときは、あらかじめ、登録簿に当該事項についての変更の登録をしなければならない。
3　実施機関は、個人情報取扱事務を廃止したときは、遅滞なく、登録を抹消しなければならない。
4　第一項又は第二項の規定にかかわらず、実施機関は、やむを得ない事由により、あらかじめ登録することができないときは、その事由がやんだ後、速やかに、これを行わなければならない。
5　前各項の規定は、実施機関の職員又は職員であった者に係る人事、給与又は福利厚生に関する個人情報取扱事務その他これに準じるものについて適用しない。

大阪（個人情報取扱事務の登録及び縦覧）
第六条　実施機関は、個人情報を取り扱う事務（以下「個人情報取扱事務」という。）について、次に掲げる事項を記載した個人情報取扱事務登録簿（以下「登録簿」という。）を作成し、一般の縦覧に供しなければならない。
一　個人情報取扱事務の名称
二　個人情報取扱事務を所掌する組織の名称
三　個人情報取扱事務の目的
四　個人情報の対象者の範囲
五　個人情報の記録項目
六　個人情報の収集先
七　前各号に掲げるもののほか、実施機関の定める事項

2　実施機関は、個人情報取扱事務を開始しようとするときは、あらかじめ、当該個人情報取扱事務について、前項各号に掲げる事項を登録簿に登録しなければならない。登録した事項を変更しようとするときも同様とする。
3　前二項の規定は、次に掲げる事務については、適用しない。
　一　府の職員又は職員であった者に関する事務
　二　国又は他の地方公共団体の職員又は職員であった者に係る個人情報であって、職務の遂行に関するものを取り扱う事務
　三　臨時に収集された個人情報を取り扱う事務
　四　一般に入手し得る刊行物等を取り扱う事務
　五　物品若しくは金銭の送付若しくは受領又は業務上必要な連絡の用に供するため、相手方の氏名、住所等の事項のみを取り扱う事務
4　実施機関は、第二項の規定により登録した個人情報取扱事務を廃止したときは、遅滞なく、当該個人情報取扱事務に係る登録を登録簿から抹消しなければならない。

兵庫（個人情報取扱事務の登録及び閲覧）
第十三条　実施機関は、個人情報取扱事務について、個人情報取扱事務登録簿（以下「登録簿」という。）を備え、一般の閲覧に供しなければならない。
2　実施機関は、個人情報取扱事務を開始しようとするときは、あらかじめ、当該個人情報取扱事務について、次に掲げる事項を登録簿に登録しなければならない。登録した事項を変更しようとするときも、同様とする。
　一　個人情報取扱事務を所管する組織の名称
　二　個人情報取扱事務の名称
　三　個人情報を収集する目的
　四　個人情報を収集する根拠
　五　個人情報の対象者の範囲
　六　個人情報の記録項目
　七　個人情報の主な収集先
　八　前各号に掲げるもののほか、実施機関が定める事項
2　前二項の規定は、県の職員又は職員であった者に係る人事、給与、福利厚生等に関する個人情報取扱事務については、適用しない。
3　実施機関は、第二項の規定により登録した個人情報取扱事務を廃止し

たときは、遅滞なく、登録簿から当該個人情報取扱事務に係る登録を抹消しなければならない。

鳥取（個人情報取扱事務の登録）

第六条　実施機関は、個人情報取扱事務を開始しようとするときは、あらかじめ、個人情報取扱事務登録簿（以下「登録簿」という。）に、次に掲げる事項を登録しなければならない。登録した事項を変更しようとするときも、同様とする。
　一　個人情報取扱事務の名称
　二　個人情報取扱事務を所管する組織の名称
　三　個人情報取扱事務の目的
　四　個人情報取扱事務の対象者の範囲
　五　取り扱う個人情報の項目
　六　個人情報の収集先
　七　個人情報を実施機関以外のものに経常的に提供する場合には、その提供先
　八　その他規則で定める事項
2　前項の規定にかかわらず、実施機関は、やむを得ない理由によりあらかじめ個人情報取扱事務を登録することができないときは、当該理由がなくなった後、速やかに、当該個人情報取扱事務を登録しなければならない。
3　前二項の規定は、次に掲げる個人情報取扱事務については、適用しない。
　一　公務員（国家公務員法（昭和22年法律第百二十号）第二条第一項に規定する国家公務員及び地方公務員法（昭和25年法律第二百六十一号）第二条に規定する地方公務員をいう。以下同じ。）又は公務員であった者の個人情報であって、当該公務員又は公務員であった者の職務の遂行に関するものを取り扱う事務
　二　一般に入手し得る刊行物等に係る個人情報を取り扱う事務
　三　前二号に掲げる事務のほか、あらかじめ鳥取県個人情報保護審議会の意見を聴いて規則で定める事務
4　実施機関は、第一項又は第二項の規定により登録した個人情報取扱事務を廃止したときは、速やかに、当該個人情報取扱事務に係る登録を抹消しなければならない。
5　実施機関は、規則で定めるところにより、登録簿を一般の閲覧に供しなければならない。

A　都道府県・個人情報保護条例　　　5　個人情報取扱事務登録等

広島（個人情報取扱事務の登録）
第五条　実施機関は、個人情報を取り扱う事務であって、個人の氏名、生年月日その他の記述又は個人別に付された番号、記号その他の符号により当該個人を検索し得る状態で個人情報が記録された公文書又は磁気テープ等を使用するもの（以下「個人情報取扱事務」という。）について、個人情報取扱事務登録簿（以下「登録簿」という。）を作成し、一般の閲覧に供しなければならない。
2　実施機関は、個人情報取扱事務を開始しようとするときは、あらかじめ、次に掲げる事項を前項の登録簿に登録しなければならない。登録した事項を変更しようとするときも同様とする。
一　個人情報取扱事務の名称
二　個人情報取扱事務の目的
三　個人情報取扱事務を所管する組織の名称
四　個人情報の記録項目
五　個人情報の収集方法
六　その他実施機関が定める事項
3　前項の規定にかかわらず、あらかじめ、登録簿に登録することができないやむを得ない理由がある場合、実施機関は、当該理由がなくなった後に登録することができる。
4　実施機関は、第二項の規定により登録した個人情報取扱事務を廃止したときは、遅滞なく、当該個人情報取扱事務に係る登録を登録簿から抹消しなければならない。
5　前各項の規定は、次に掲げる個人情報取扱事務については、適用しない。
一　実施機関の職員又は職員であった者に係る人事、給与、福利厚生等に関する事項を記録する個人情報取扱事務
二　広島県個人情報保護審議会の意見を聴いた上で実施機関が別に定める個人情報取扱事務

香川（個人情報取扱事務登録簿の作成及び閲覧）
第十二条　実施機関は、個人情報取扱事務であって、個人の氏名、生年月日その他の記述又は個人別に付された番号、記号その他の符号により当該個人を検索し得る状態で個人情報が記録された公文書又は磁気テープ等を使用するものについて、個人情報取扱事務登録簿（以下「登録簿」という。）を作成し、一般の閲覧に供しなければならない。

2 実施機関は、前項に規定する個人情報取扱事務を開始しようとするときは、あらかじめ、当該個人情報取扱事務について、次に掲げる事項を登録簿に登録しなければならない。登録した事項を変更しようとするときも、同様とする。
　一　個人情報取扱事務の名称
　二　個人情報取扱事務を所管する組織の名称
　三　個人情報取扱事務の目的及び根拠
　四　個人情報の記録項目
　五　個人情報の対象者の範囲
　六　登録年月日
　七　前各号に掲げるもののほか、実施機関が定める事項
3 前二項の規定は、実施機関の職員又は職員であった者に係る人事、給与、福利厚生等に関する個人情報取扱事務については、適用しない。
4 実施機関は、第二項の規定による登録に係る個人情報取扱事務を廃止したときは、遅滞なく、登録簿から当該個人情報取扱事務に係る登録を抹消しなければならない。

福岡（個人情報取扱事務による関する登録及び閲覧）
第九条　実施機関は、個人情報を取り扱う事務であって、個人の氏名、生年月日その他の記述又は個人別に付された番号、記号その他の符号により当該個人を検索し得る状態で個人情報が記録された公文書又は磁気テープ等を使用するもの（以下「個人情報取扱事務」という。）について、登録簿を作成し、一般の閲覧に供しなければならない。
2 実施機関は、個人情報取扱事務を開始しようとするときは、あらかじめ、次に掲げる事項を前項の登録簿に登録しなければならない。登録した事項を変更しようとするときは、変更する事項についても同様とする。
　一　個人情報取扱事務の名称
　二　個人情報取扱事務の目的
　三　個人情報取扱事務を所管する組織の名称
　四　個人情報取扱事務を開始する年月日
　五　個人情報の対象者の類型
　六　前号の類型ごとの次に掲げる事項
　　イ　個人情報の項目名及び第三条第二項各号に掲げる事項に関する個人情報を収集するときはその理由
　　ロ　個人情報の処理形態及び第六条の提供の有無

A　都道府県・個人情報保護条例　　　5　個人情報取扱事務登録等

　　ハ　個人情報の主な収集先
　　ニ　第五条の利用又は提供の有無
3　前二項の規定は、実施機関の職員又は職員であった者に関する個人情報取扱事務であって、専らその人事、給与及び福利厚生に関する事項並びにこれらに準ずる事項を取り扱うものについては、適用しない。
4　実施機関は、第二項の登録に係る個人情報取扱事務を廃止したときは、遅滞なく、当該個人情報取扱事務に係る登録を抹消しなければならない。

沖縄（登録簿の作成及び閲覧）
第七条　実施機関は、個人情報を取り扱う事務（以下「個人情報取扱事務」という。）について、次に掲げる事項を記載した個人情報取扱事務登録簿（以下「登録簿」という。）を作成し、一般の閲覧に供しなければならない。
　一　個人情報取扱事務の名称及び概要
　二　個人情報取扱事務の目的
　三　個人情報取扱事務を所管する組織の名称
　四　個人情報の対象者の範囲
　五　個人情報の記録項目
　六　個人情報の主な収集先
　七　個人情報の主な提供先
　八　通信回線による電子計算組織の結合の有無
　九　その他実施機関が定める事項
2　実施機関は、個人情報取扱事務を開始しようとするときは、あらかじめ、当該個人情報取扱事務について登録簿に登録しなければならない。登録した事項を変更しようとするときも、同様とする。
3　前二項の規定は、実施機関の職員又は職員であった者に関する人事、給与及び福利厚生に関する個人情報取扱事務その他沖縄県個人情報保護審査会の意見を聴いた上で、実施機関が定める個人情報取扱事務については、適用しない。
4　実施機関は、第二項の規定により登録した個人情報取扱事務を廃止したときは、遅滞なく、当該個人情報取扱事務に係る登録を抹消しなければならない。

6　収集の制限

北海道（収集の制限）
第七条　実施機関は、個人情報を収集するときは、あらかじめ個人情報取扱事務の目的を明確にし、当該個人情報取扱事務の目的を達成するために必要な範囲内で収集しなければならない。
2　実施機関は、個人情報を収集するときは、適法かつ公正な手段により収集しなければならない。
3　実施機関は、個人情報を収集するときは、本人から収集しなければならない。ただし、次の各号のいずれかに該当するときは、この限りでない。
　一　法令又は他の条例（以下「法令等」という。）の規定に基づくとき。
　二　本人の同意があるとき。
　三　出版、報道等により公にされているとき。
　四　個人の生命、身体又は財産の安全を守るため緊急かつやむを得ないと認められるとき。
　五　所在不明、心神喪失等の事由により本人から収集することができない場合であって、本人の権利利益を不当に侵害するおそれがないと認められるとき。
　六　前各号に掲げる場合のほか、北海道個人情報保護審査会の意見を聴いた上で、個人情報取扱事務の目的を達成するために、本人以外のものから収集する必要があると実施機関が認めるとき。
4　実施機関は、思想、信条及び信教に関する個人情報並びに社会的差別の原因となるおそれのある個人情報については、収集してはならない。ただし、法令等に定めがあるとき及び北海道個人情報保護審査会の意見を聴いた上で、個人情報事務取扱の目的を達成するために収集する必要があると実施機関が認めるときは、この限りでない。

青森（収集の制限）
第七条　実施機関は、個人情報を収集するときは、あらかじめ当該個人情報に係る個人情報取扱事務の目的を明確にし、その目的を達成するために必要な範囲内で、適法かつ公正な手段により収集しなければならない。
2　実施機関は、思想、信条及び宗教に関する個人情報並びに社会的差別の原因となるおそれのある個人情報を収集してはならない。ただし、法

A　都道府県・個人情報保護条例　　　　　　6　収集の制限

令又は条例（以下「法令等」という。）の規定に基づき収集する場合又は個人情報取扱事務の目的を達成するために当該個人情報が必要であり、かつ、欠くことができない場合は、この限りでない。
3　実施機関は、個人情報を収集するときは、本人から収集しなければならない。ただし、次に掲げる場合は、この限りでない。
一　法令等の規定に基づき収集するとき。
二　本人の同意を得て収集するとき。
三　出版、報道その他の方法により公にされたものから収集するとき。
四　他の実施機関から提供を受けて収集するとき。
五　人の生命、身体又は財産の安全を守るため緊急かつやむを得ないと認められるとき。
六　国若しくは他の地方公共団体又は実施機関以外の県の機関から収集することが事務の執行上やむを得ないと認められるとき。
七　前各号に掲げる場合のほか、本人から収集したのでは当該個人情報に係る個人情報取扱事務の目的の達成に支障が生ずるおそれがあると認められるときその他本人以外のものから収集することに相当の理由があると認められるとき。

宮城（収集の制限）
第八条　実施機関は、個人情報を収集するときは、あらかじめ当該個人情報を取り扱う目的を明らかにし、当該目的を達成するために必要な範囲内で収集しなければならない。
2　実施機関は、個人情報を収集するときは、適法かつ公正な手段により収集しなければならない。
3　実施機関は、個人情報を収集するときは、本人から収集しなければならない。ただし、次の各号のいずれかに該当するときは、この限りでない。
一　本人の同意があるとき。
二　法令（条例を含む。以下同じ。）に定めのあるとき。
三　個人の生命、身体又は財産の安全を確保するため、緊急かつやむを得ないと認められるとき。
四　出版、報道等により公にされたものから収集するとき。
五　国、他の地方公共団体又は実施機関以外の県の機関から収集する場合で、事務の執行上やむを得ないと認められるとき。
六　他の実施機関から次条各号のいずれかに該当する提供を受けて収集

するとき。
七　前各号に掲げる場合のほか、審査会の意見を聴いた上で、個人情報を取り扱う事務の目的を達成するため相当な理由があると実施機関が認めるとき。
4　実施機関は、思想、信条又は信教に関する個人情報及び社会的差別の原因となるおそれのある個人情報を収集してはならない。ただし、法令に定めのあるとき、又は審査会の意見を聴いた上で実施機関が当該個人情報を取り扱う事務の目的を達成するために必要と認めるときは、この限りでない。

福島（収集の制限）

第六条　実施機関は、個人情報を収集するときは、個人情報を取り扱う事務の目的を明確にし、当該目的を達成するために必要な範囲内で、適法かつ公正な手段により収集しなければならない。
2　実施機関は、個人情報を収集するときは、本人から収集しなければならない。ただし、次の各号のいずれかに該当するときは、この限りでない。
一　法令又は他の条例（以下「法令等」という。）の規定に基づくとき。
二　本人の同意があるとき。
三　個人の生命、身体又は財産の安全を守るため、緊急かつやむを得ないと認められるとき。
四　出版、報道等により公にされているとき。
五　他の実施機関からの提供を受けるとき。
六　国、他の地方公共団体又は実施機関以外の県の機関から収集することに相当な理由がある場合において、本人の権利利益を不当に侵害するおそれがないと認められるとき。
七　本人から収集することにより個人情報を取り扱う事務の目的の達成に支障が生じ、又は円滑な実施を困難にするおそれがある場合において、本人の権利利益を不当に侵害するおそれがないと認められるとき。
3　実施機関は、思想、信条及び宗教に関する個人情報並びに社会的差別の原因となるおそれのある個人情報を収集してはならない。ただし、法令等の規定に基づくとき又は個人情報を取り扱う事務の目的を達成するために当該個人情報が欠くことができないときは、この限りでない。

茨城（収集の制限）

第七条　実施機関は、個人情報を収集するに当たっては、保有事務の目的

A　都道府県・個人情報保護条例　　　　　　**6　収集の制限**

をできる限り明確にし、かつ、保有事務の目的を達成するために必要な範囲内で収集しなければならない。

2　実施機関は、個人情報を収集するときは、本人から収集しなければならない。ただし、次の各号のいずれかに該当するときは、この限りでない。

一　本人の同意に基づき収集するとき。
二　法令又は条例の規定に基づき収集するとき。
三　個人の生命、身体又は財産の安全を守るため、緊急かつやむを得ない必要があると認めて収集するとき。
四　出版、報道等により公にされているものから収集するとき。
五　他の実施機関から提供を受ける場合であって、提供を受けて収集することについて相当な理由のあるとき。
六　国等から提供を受ける場合であって、提供を受けて収集することについて相当な理由のあるとき。
七　事務の性質上、本人から収集したのではその目的の達成に支障が生じ、又は当該事務の適正な遂行に支障が生ずると認められるときその他本人以外から収集することについて相当な理由のあるとき。

3　実施機関は、個人情報を収集するときは、適法かつ公正な手段により収集しなければならない。

埼玉（収集の制限）

第六条　実施機関は、個人情報を収集するときは、個人情報を取り扱う事務（以下「個人情報取扱事務」という。）の目的を明確にし、当該目的を達成するために必要な範囲内で、適法かつ公正な手段により行わなければならない。

2　実施機関は、思想、信教及び信条に関する個人情報並びに社会的差別の原因となるおそれのある個人情報を収集してはならない。ただし、法令若しくは条例（以下「法令等」という。）に定めがあるとき、又は個人情報取扱事務の目的を達成するために当該個人情報が欠くことができないときは、この限りでない。

3　実施機関は、個人情報を収集するときは、本人から収集しなければならない。ただし、次の各号のいずれかに該当するときは、この限りでない。

一　本人の同意があるとき。
二　法令等に定めがあるとき。

三　出版、報道その他これらに類する行為により公にされているものを収集するとき。
四　個人の生命、身体又は財産の安全を守るため緊急かつやむを得ないと認められるとき。
五　他の実施機関から情報の提供を受けて収集するとき。
六　争訟、選考、指導、相談等の事務事業で本人から収集したのではその目的を達成することができないと認められるとき、又は事務事業の性質上本人から収集したのでは事務事業の適正な執行に支障が生ずると認められるとき。
七　国、他の地方公共団体、実施機関以外の県の機関等から収集することが事務の執行上やむを得ないと認められるとき。

千葉（収集の制限）

第八条　実施機関は、個人情報を収集するときは、個人情報を取り扱う事務の目的を明確にし、当該目的を達成するために必要な範囲内で、適法かつ公正な手段により行わなければならない。

2　実施機関は、思想、信条及び宗教に係る個人情報並びに千葉県個人情報保護審議会（以下「審議会」という。）の意見を聴いた上で社会的差別の原因となるおそれのある個人情報として実施機関が定めるものを収集してはならない。ただし、次の各号のいずれかに該当するときは、この限りでない。
一　法令又は条例（以下「法令等」という。）に基づいて収集するとき。
二　審議会の意見を聴いた上で、個人情報を取り扱う事務の目的を達成するために必要があると認めて収集するとき。

3　実施機関は、個人情報を収集するときは、本人から収集しなければならない。ただし、次の各号のいずれかに該当するときは、この限りでない。
一　法令等に基づいて収集するとき。
二　本人の同意に基づいて収集するとき。
三　出版、報道等により公にされているものを収集するとき。
四　個人の生命、身体又は財産の安全を守るため、緊急かつやむを得ないと認められる場合において収集するとき。
五　他の実施機関から第十条各号のいずれかに該当する提供を受けて収集するとき。
六　審議会の意見を聴いた上で、本人から収集したのでは個人情報を取

り扱う事務の性質上その目的の達成に支障が生じ、又は円滑な執行を困難にするおそれがあると認めて収集するとき、その他本人以外のものから収集することに相当の理由があると認めて収集するとき。

東京（収集の制限）

第四条 実施機関は、個人情報を収集するときは、個人情報を取り扱う事務の目的を明確にし、当該事務の目的を達成するために必要な範囲内で、適法かつ公正な手段により収集しなければならない。

2 実施機関は、思想、信教及び信条に関する個人情報並びに社会的差別の原因となる個人情報については収集してはならない。ただし、法令又は条例（以下「法令等」という。）に定めがある場合及び個人情報を取り扱う事務の目的を達成するために当該個人情報が必要かつ欠くことができない場合はこの限りでない。

3 実施機関は、個人情報を収集するときは、本人からこれを収集しなければならない。ただし、次の各号のいずれかに該当する場合は、この限りでない。

一 本人の同意があるとき。
二 法令等に定めがあるとき。
三 出版、報道等により公にされているとき。
四 個人の生命、身体又は財産の安全を守るため、緊急かつやむを得ないと認められるとき。
五 所在不明、心神喪失等の事由により、本人から収集することができないとき。
六 争訟、選考、指導、相談等の事務で本人から収集したのではその目的を達成し得ないと認められるとき、又は事務の性質上本人から収集したのでは事務の適正な執行に支障が生ずると認められるとき。
七 国若しくは地方公共団体から収集することが事務の執行上やむを得ないと認められる場合又は第十条第二項各号のいずれかに該当する利用若しくは提供により収集する場合で、本人の権利利益を不当に侵害するおそれがないと認められるとき。

神奈川（取扱いの制限）

第六条 実施機関は、次に掲げる事項に関する個人情報を取り扱ってはならない。ただし、法令の規定に基づいて取り扱うとき、又はあらかじめ神奈川県個人情報保護審議会（以下「審議会」という。）の意見を聴いた上で正当な事務若しくは事業の実施のために必要があると認めて取り扱う

ときは、この限りでない。
一　思想、信条及び宗教
二　人種及び民族
三　犯罪歴
四　社会的差別の原因となる社会的身分

神奈川（収集の制限）

第八条　実施機関は、個人情報を収集するときは、あらかじめ個人情報を取り扱う目的（以下「取扱目的」という。）を明確にし、収集する個人情報の範囲を当該取扱目的の達成のために必要な限度を超えないものとしなければならない。

2　実施機関は、個人情報を収集するときは、適法かつ公正な手段により収集しなければならない。

3　実施機関は、個人情報を収集するときは、本人から収集しなければならない。ただし、次の各号のいずれかに該当するときは、この限りでない。
　一　法令の規定に基づき収集するとき。
　二　本人の同意に基づき収集するとき。
　三　個人の生命、身体又は財産の安全を守るため緊急かつやむを得ない必要があると認めて収集するとき。
　四　出版、報道その他これらに類する行為により公にされたものから収集するとき。
　五　他の実施機関から次条第一項各号のいずれかに該当する提供を受けて収集するとき。
　六　審議会の意見を聴いた上で、本人から収集することにより県の機関又は国若しくは他の地方公共団体の機関が行う当該事務又は事業の性質上その目的の達成に支障が生じ、又は円滑な実施を困難にするおそれがあることその他本人以外の者から収集することに相当な理由があることを実施機関が認めて収集するとき。

4　実施機関は、前項第三号又は第六号の規定に該当して本人以外の者から個人情報を収集したときは、その旨及び当該個人情報に係る取扱目的を本人に通知しなければならない。ただし、審議会の意見を聴いた上で適当と認めたときは、この限りでない。

5　法令の規定に基づく申請、届出その他これらに類する行為に伴い、当該申請、届出その他これらに類する行為を行おうとする者以外の個人に

A 都道府県・個人情報保護条例　　　　　**6** 収集の制限

関する個人情報が収集されたときは、当該個人情報は、第三項第二号の規定に該当して収集されたものとみなす。

新潟（収集の制限）

第七条　実施機関は、個人情報を収集するときは、個人情報取扱事務の目的を明確にし、当該目的を達成するために必要な範囲内で、適法かつ公正な手段により行わなければならない。

2　実施機関は、思想、信条又は信教に関する個人情報及び社会的差別の原因となるおそれのある個人情報を収集してはならない。ただし、当該個人情報の収集が次の各号のいずれかに該当するときは、この限りでない。

　一　法令若しくは条例（以下「法令等」という。）の規定に基づくとき、又は法律若しくはこれに基づく政令の規定により知事その他の執行機関の権限に属する国の事務に関する主務大臣等からの指示（以下「主務大臣等の指示」という。）に基づくとき。

　二　審査会の意見を聴いた上で、個人情報取扱事務の目的を達成するために必要があると実施機関が認めるとき。

3　実施機関は、個人情報を収集するときは、本人から収集しなければならない。ただし、個人情報の収集が次の各号のいずれかに該当するときは、この限りでない。

　一　法令等の規定又は主務大臣等の指示に基づくとき。

　二　本人の同意があるとき。

　三　個人の生命、身体又は財産の安全を守るため、緊急かつやむを得ない必要があると認められるとき。

　四　当該個人情報が出版、報道等により公にされているとき。

　五　他の実施機関から提供を受けるとき。

　六　所在不明、心神喪失等の事由により、本人から収集できない場合において、本人の権利利益を不当に侵害するおそれがないと認められるとき。

　七　実施機関以外の県の機関、国又は他の地方公共団体から収集する場合において、事務の執行上やむを得ないと認められるとき。

　八　前各号に掲げる場合のほか、審査会の意見を聴いた上で、本人から収集したのでは個人情報取扱事務の性質上その目的の達成に支障が生じ、又は円滑な実施を困難にするおそれがあると実施機関が認めるときその他本人以外のものから収集することに相当の理由があると実施

機関が認めるとき。

長野（収集の制限）

第六条　実施機関は、個人情報を収集するときは、所掌事務の範囲内で、個人情報の保有目的を明確にし、当該保有目的の達成に必要な限度において、適法かつ公正な手段により収集しなければならない。

2　実施機関は、個人情報を収集するときは、本人から収集しなければならない。ただし、法令の定めるところにより収集するとき、本人の同意のあるときその他本人以外のものから収集することに相当な理由があるときは、この限りでない。

3　実施機関は、思想、信条及び宗教に関する個人情報並びに社会的差別の原因となるおそれのある個人情報を収集してはならない。ただし、法令の定めるところにより収集するとき又は所掌事務の遂行に欠くことのできないときは、この限りでない。

山梨（個人情報の収集の制限）

第六条　実施機関は、個人情報を収集するときは、個人情報を取り扱う事務の目的を明確にし、その目的を達成するために必要な範囲内で収集しなければならない。

2　実施機関は、個人情報を収集するときは、適法かつ公正な手段により収集しなければならない。

3　実施機関は、次に掲げる事項に関する個人情報を収集してはならない。ただし、法令の規定に基づくとき、又は山梨県個人情報保護審議会（以下この章及び次章において「審議会」という。）の意見を聴いた上で、個人情報を取り扱う事務の目的を達成するため必要があると実施機関が認めたときは、この限りでない。

一　思想、信条及び宗教
二　人種及び民族
三　犯罪に関する経歴
四　社会的差別の原因となる社会的身分

4　実施機関は、個人情報を収集するときは、本人から収集しなければならない。ただし、次の各号のいずれかに該当するときは、この限りでない。

一　法令の規定に基づくとき。
二　本人の同意があるとき。
三　個人の生命、身体又は財産の安全を守るため、緊急かつやむを得な

A　都道府県・個人情報保護条例　　　　　　　　**6　収集の制限**

　いと認められるとき。
　四　出版、報道等により公にされているとき。
　五　他の実施機関から個人情報の提供を受けるとき。
　六　審議会の意見を聴いた上で、本人から収集することにより個人情報を取り扱う事務の目的の達成に支障が生じ、又は円滑な実施を困難にするおそれがあると実施機関が認めたとき。

岐阜（収集の制限）
第六条　実施機関は、個人情報を収集するときは、個人情報を取り扱う事務（以下「個人情報取扱事務」という。）の目的を明確にし、当該目的を達成するために必要な範囲内で収集しなければならない。
2　実施機関は、個人情報を収集するときは、適法かつ公正な手段により収集しなければならない。
3　実施機関は、個人情報を収集する場合は、本人から収集しなければならない。ただし、次の各号のいずれかに該当するときは、この限りでない。
　一　本人の同意があるとき。
　二　法令及び条例（以下「法令等」という。）に定めがあるとき。
　三　個人の生命、身体又は財産の保護のため緊急かつやむを得ないと認められるとき。
　四　出版、報道等により公にされているとき。
　五　岐阜県個人情報保護審査会の意見に基づいて、本人から収集することにより個人情報取扱事務の目的の達成に支障が生じ、又は本人以外から収集することに公益上の必要その他相当な理由があるとして実施機関が定めるとき。
4　実施機関は、次に掲げる事項に関する個人情報を収集してはならない。ただし、法令等に定めがあるとき、又は岐阜県個人情報保護審査会に基づいて、個人情報取扱事務の目的を達成するために必要かつ欠くことができないとして実施機関が定めるときは、この限りでない。
　一　思想、信教及び信条
　二　人種及び民族
　三　犯罪歴
　四　社会的差別の原因となる社会的身分

愛知（個人情報の収集の制限）
第七条　実施機関は、個人情報を収集するときは、あらかじめ個人情報を

取り扱う事務の目的を明確にし、その目的を達成するために必要な範囲内で収集しなければならない。
2　実施機関は、個人情報を収集するときは、適法かつ公正な手段により収集しなければならない。
3　実施機関は、個人情報を収集するときは、本人から収集しなければならない。ただし、次の各号のいずれかに該当するときは、この限りでない。
　一　法令又は条例の規定に基づくとき。
　二　本人の同意があるとき。
　三　出版等により公にされているとき。
　四　他の実施機関から個人情報の提供を受けるとき。
　五　個人の生命、身体又は財産を保護するため、緊急かつやむを得ないと認められるとき。
　六　愛知県個人情報保護審議会（以下この章及び次章において「審議会」という。）の意見を聴いた上で、相当な理由があると実施機関が認めたとき。
4　実施機関は、思想、信条及び信教に関する個人情報並びに審議会の意見を聴いた上で社会的差別の原因となるおそれのある個人情報として実施機関が定めるものを収集してはならない。ただし、次の各号のいずれかに該当するときは、この限りでない。
　一　法令又は条例の規定に基づくとき。
　二　審議会の意見を聴いた上で、事務の目的を達成するため必要があると実施機関が認めたとき。

滋賀　（収集の制限）
第四条　実施機関は、個人情報を収集するときは、個人情報を取り扱う事務の目的を明確にし、かつ、その目的を達成するために必要な範囲内で、適法かつ公正な手段により収集しなければならない。
2　実施機関は、思想、信条および宗教に関する個人情報ならびに社会的差別の原因となるおそれのある個人情報を収集してはならない。ただし、法令または条例（以下「法令等」という。）に定めがある場合および個人情報を取り扱う事務の目的を達成するために必要かつ欠くことができない場合は、この限りでない。
3　実施機関は、個人情報を収集するときは、本人から収集しなければならない。ただし、次の各号のいずれかに該当するときは、この限りでな

A 都道府県・個人情報保護条例　　　　　　6 収集の制限

い。
一　本人の同意があるとき。
二　法令等に基づいて収集するとき。
三　個人の生命、身体または財産の安全を守るため緊急かつやむを得ないと認められるとき。
四　出版、報道等により公にされたものから収集するとき。
五　他の実施機関から第六条第一項各号のいずれかに該当する提供を受けて収集するとき。
六　前各号に掲げる場合のほか、本人以外のものから収集することに相当な理由があると認められるとき。

京都（収集の制限）
第四条　実施機関は、個人情報を収集するときは、あらかじめ、収集する目的（以下「収集目的」という。）及び収集する根拠を明確にするとともに、当該収集目的を達成するために必要な限度を超えて収集してはならない。
2　実施機関は、個人情報を収集するときは、適法かつ公正な手段により収集しなければならない。
3　実施機関は、次に掲げる個人情報を収集してはならない。ただし、法令、条例若しくは法律若しくはこれに基づく政令の規定に基づき知事その他の執行機関の権限に属する国、他の地方公共団体その他公共団体の事務に関する主務大臣等からの明示の指示（以下「法令等」という。）に基づくとき又は京都府個人情報保護審議会（以下この章及び次章において「審議会」という。）の意見を聴いた上で、実施機関がその権限に属する事務を執行するため必要があると認めたときは、この限りでない。
一　思想、信条及び信教に関する個人情報並びに個人の特質を規定する身体に関する個人情報
二　社会的差別の原因となるおそれのある個人情報
4　実施機関は、個人情報を収集するときは、本人から収集しなければならない。ただし、次の各号のいずれかに該当するときは、この限りでない。
一　法令等に基づくとき。
二　本人の同意があるとき。
三　個人の生命、身体又は財産の保護のため緊急かつやむを得ないと認められるとき。

四　出版、報道等により公にされているとき。
五　他の実施機関、実施機関以外の府の機関、国又は他の地方公共団体から収集する場合で、本人以外のものから収集することが事務の執行上やむを得ず、かつ、当該収集することによって本人の権利利益を不当に侵害するおそれがないと認められるとき。
六　前各号に掲げる場合のほか、本人以外のものから当該収集することについて相当の理由があり、かつ、当該収集をすることによって本人の権利利益を不当に侵害するおそれがないと認められるとき。
5　実施機関は、前項第六号に規定する場合において、本人以外のものから個人情報を収集するときは、あらかじめ、審議会の意見を聴かなければならない。

大阪（収集の制限）
第七条　実施機関は、個人情報を収集するときは、あらかじめ個人情報を取り扱う目的を具体的に明らかにし、当該目的の達成のために必要な範囲内で収集しなければならない。
2　実施機関は、個人情報を収集するときは、適法かつ公正な手段により収集しなければならない。
3　実施機関は、個人情報を収集するときは、本人から収集しなければならない。ただし、次の各号のいずれかに該当するときは、この限りでない。
一　本人の同意があるとき。
二　法令又は条例の規定に基づくとき。
三　他の実施機関から提供を受けるとき。
四　出版、報道等により公にされているものから収集することが正当であると認められるとき。
五　個人の生命、身体又は財産の保護のため、緊急かつやむを得ないと認められるとき。
六　前各号に掲げる場合のほか、大阪府個人情報保護審議会（以下「審議会」という。）の意見を聴いた上で、本人から収集することにより、個人情報取扱事務の目的の達成に支障が生じ、又はその円滑な実施を困難にするおそれがあることその他本人以外のものから収集することに相当の理由があると実施機関が認めるとき。
4　実施機関は、次に掲げる個人情報を収集してはならない。ただし、法令若しくは条例の規定に基づくとき又は審議会の意見を聴いた上で、個

A　都道府県・個人情報保護条例　　　　　　6　収集の制限

人情報取扱事務の目的を達成するために当該個人情報が必要であり、かつ、欠くことができないと実施機関が認めるときは、この限りでない。
一　思想、信仰、信条その他の心身に関する基本的な個人情報
二　社会的差別の原因となるおそれのある個人情報

兵庫（収集の制限）

第六条　実施機関は、個人情報を収集するときは、その目的を明確にし、当該目的を達成するために必要な範囲内で収集しなければならない。

2　実施機関は、個人情報を収集するときは、適法かつ公正な手段により収集しなければならない。

3　実施機関は、個人情報を収集するときは、本人から収集しなければならない。ただし、次の各号のいずれかに該当するときは、この限りでない。
一　本人の同意があるとき。
二　法令又は条例（以下「法令等」という。）に定めがあるとき。
三　出版、報道等により公にされているとき。
四　個人の生命、身体又は財産の保護のため緊急かつやむを得ないと認められるとき。
五　次条ただし書の規定により、他の実施機関から個人情報の提供を受けるとき。
六　附属機関設置条例（昭和36年兵庫県条例第二十号）第一条第一項の規定による個人情報保護審議会（以下「審議会」という。）の意見を聴いて、本人から収集することにより実施機関の個人情報を取り扱う事務（以下「個人情報取扱事務」という。）の目的の達成に支障が生じ、又は個人情報取扱事務の円滑な実施を困難にするおそれがあると実施機関が認めるとき。

4　実施機関は、次に掲げる個人情報を収集してはならない。ただし、法令等に定めがあるとき、又は審議会の意見を聴いて、個人情報取扱事務の目的を達成するために必要があると実施機関が認めるときは、この限りでない。
一　思想、信教及び信条に関する個人情報
二　病歴その他個人の特質を規定する身体に関する個人情報
三　犯罪歴その他社会的差別の原因となるおそれのある個人情報

鳥取（収集の制限）

第七条　実施機関は、登録簿に登録された目的（前条第三項各号に掲げる事

務については、実施機関があらかじめ定める目的)を達成するために必要な範囲内で、適法かつ公正な手段により個人情報を収集しなければならない。
2 実施機関は、次に掲げる個人情報を収集してはならない。
 一 思想、信条及び信教に関する情報
 二 社会的差別の原因となるおそれのある個人情報として、あらかじめ鳥取県個人情報保護審議会の意見を聴いて規則で定める情報
3 前項の規定にかかわらず、実施機関は、次の各号のいずれかに該当するときは、同項各号に掲げる個人情報を収集することができる。
 一 法令(法律、法律に基づく命令、条例又はこれらに基づく実施機関の規則(規程を含む。)をいう。以下同じ。)の規定に基づいて収集するとき。
 二 前号に掲げる場合のほか、当該個人情報が必要不可欠であると実施機関が認めるとき。
4 実施機関は、個人情報を本人から収集しなければならない。ただし、次の各号のいずれかに該当するときは、この限りでない。
 一 本人の同意に基づいて収集するとき。
 二 法令の規定に基づいて収集するとき。
 三 出版、報道等により公にされているものから収集するとき。
 四 個人の生命、身体又は財産の安全を守るため、緊急かつやむを得ないと認められるとき。
 五 他の実施機関から収集する場合であって、当該他の実施機関から収集することがやむを得ないと認められるとき。
 六 前各号に掲げる場合のほか、本人以外のものから収集することに相当な理由があると実施機関が認めるとき。
5 実施機関は、第三項第二号又は前項第六号の規定により個人情報を収集しようとするときは、あらかじめ鳥取県個人情報保護審議会の意見を聴かなければならない。

広島 (収集の制限)

第六条 実施機関は、個人情報を収集するときは、個人情報を取り扱う事務の目的を明確にし、当該目的を達成するために必要な範囲内で、適法かつ公正な手段により収集しなければならない。
2 実施機関は、思想、信条及び信教に関する個人情報並びに社会的差別の原因となるおそれのある個人情報を収集してはならない。ただし、法令若しくは条例(以下「法令等」という。)に定めがあるとき、又は広島県

個人情報保護審議会の意見を聴いた上で事務の執行上必要であり、かつ、欠くことができないと実施機関が認めるときは、この限りでない。
3 　実施機関は、個人情報を収集するときは、本人から収集しなければならない。ただし、次の各号のいずれかに該当するときは、この限りでない。
　一　法令等の規定に基づいて収集するとき。
　二　本人の同意に基づいて収集するとき。
　三　出版、報道等により公にされているものから収集するとき。
　四　個人の生命、身体又は財産の安全を守るため緊急かつやむを得ない必要があると認めて収集するとき。
　五　所在不明、心神喪失等の理由により、本人から収集することができないとき。
　六　前各号に掲げる場合のほか、広島県個人情報保護審議会の意見を聴いた上で、本人から収集したのでは個人情報を取り扱う事務の性質上その目的の達成に支障が生じ、又は円滑な実施を困難にするおそれがあることその他本人以外のものから収集することに相当な理由があることを実施機関が認めて収集するとき。

香川　（収集の制限）
第六条　実施機関は、個人情報を収集するときは、個人情報を取り扱う事務（以下「個人情報取扱事務」という。）の目的を明確にし、当該目的を達成するために必要な範囲内で、適法かつ公正な手段により収集しなければならない。
2 　実施機関は、個人情報を収集するときは、本人（個人情報から識別され得る個人をいう。以下同じ。）から収集しなければならない。ただし、次の各号のいずれかに該当するときは、この限りでない。
　一　本人の同意があるとき。
　二　法令又は他の条例（以下「法令等」という。）に定めがあるとき。
　三　個人情報が出版、報道等により公にされているとき。
　四　個人の生命、身体又は財産の安全を守るため緊急かつやむを得ないと認められるとき。
　五　他の実施機関から個人情報の提供を受けるとき。
　六　前各号に掲げる場合のほか、個人情報を本人以外のものから収集することにつき相当の理由がある場合であって、本人の権利利益を不当に侵害するおそれがないと認められるとき。

3　実施機関は、思想、信条又は信教に関する個人情報及び社会的差別の原因となるおそれのある個人情報を収集してはならない。ただし、法令等に定めがあるとき、又は個人情報取扱事務の目的を達成するために当該個人情報が必要であって、かつ、欠くことができないと認めるときは、この限りでない。

福岡　（収集の制限）

第三条　実施機関は、個人情報を収集するときは、個人情報を取り扱う事務の目的を明確にし、かつ、当該目的を達成するために必要な範囲内で、適法かつ公正な手段により収集しなければならない。

2　実施機関は、次に掲げる事項に関する個人情報の収集をしてはならない。ただし、法令（条例を含む。以下同じ。）に基づいて収集するとき、及び福岡県個人情報保護審議会の意見を聴いた上で、個人情報を取り扱う事務の目的を達成するために収集する必要があると実施機関が認めるときは、この限りでない。

一　思想、信条及び宗教
二　人種及び民族
三　犯罪歴
四　社会的差別の原因となる社会的身分

3　実施機関は、個人情報を収集するときは、本人から収集しなければならない。ただし、次の各号のいずれかに該当するときは、この限りでない。

一　法令に基づいて収集するとき。
二　本人の同意があるとき。
三　出版、報道等により公にされたものから収集するとき。
四　他の実施機関から第五条第四号に該当する提供を受けて収集するとき。
五　個人の生命、身体又は財産の安全を守るため緊急かつやむを得ないと認められるとき。
六　国、他の地方公共団体又は県の実施機関以外の機関から収集することが事務の執行上やむを得ないと認められるとき。
七　前各号に掲げる場合のほか、福岡県個人情報保護審議会の意見を聴いた上で、本人から収集することにより個人情報を取り扱う事務の目的の達成に支障が生じ、又は円滑な実施を困難にするおそれがあると実施機関が認めるとき。

A　都道府県・個人情報保護条例　　　　　　**6　収集の制限**

沖縄　（収集の制限）
第八条　実施機関は、個人情報を収集するときは、あらかじめ、個人情報取扱事務の目的を明確にし、その目的を達成するために必要な範囲内で、適法かつ公正な手段により収集しなければならない。
2　実施機関は、思想、信条及び宗教に関する個人情報並びに社会的差別の原因となるおそれのある個人情報を収集してはならない。ただし、法令若しくは条例（以下「法令等」という。）に基づいて収集するとき、又は沖縄県個人情報保護審査会の意見を聴いた上で、個人情報取扱事務の目的を達成するために収集する必要があると実施機関が認めるときは、この限りでない。
3　実施機関は、個人情報を収集するときは、本人から収集しなければならない。ただし、次の各号のいずれかに該当するときは、この限りでない。
　一　法令等に基づくとき。
　二　本人の同意があるとき。
　三　出版、報道等により公にされているとき。
　四　他の実施機関から次条第一項各号のいずれかに該当する提供を受けるとき。
　五　人の生命、身体又は財産の安全を守るため、緊急かつやむを得ないと認められるとき。
　六　国若しくは他の地方公共団体又は実施機関以外の県の機関から収集することが事務の執行上やむを得ないと認められるとき。
　七　前各号に掲げる場合のほか、沖縄県個人情報保護審査会の意見を聴いた上で、本人から収集することにより、個人情報取扱事務の目的の達成に支障が生じ、又は円滑な実施を困難にするおそれがあると実施機関が認めるとき。
4　実施機関は、前項第五号から第七号までの規定に該当して本人以外の者から個人情報を収集したときは、その旨及び当該個人情報の収集目的を本人に通知しなければならない。ただし、沖縄県個人情報保護審査会の意見を聴いた上で、適当と認めたときは、この限りでない。

7　利用及び提供の制限

7（1）　利用及び提供の制限一般

北海道（利用及び提供の制限）
第八条　実施機関は、個人情報事務取扱の目的以外に個人情報を当該実施機関内において利用し、又は当該実施機関以外のものへ提供してはならない。ただし、次の各号のいずれかに該当するときは、この限りでない。
一　法令等の規定に基づくとき。
二　本人の同意があるとき。
三　個人の生命、身体又は財産の安全を守るため緊急かつやむを得ないと認められるとき。
四　前三号に掲げる場合のほか、北海道個人情報保護審査会の意見を聴いた上で、公益上の必要その他相当の理由があると実施機関が認めるとき。
2　実施機関は、前項ただし書の規定により個人情報を当該実施機関内において利用し、又は当該実施機関以外のものへ提供するときは、本人及び第三者の権利利益を不当に侵害することのないようにしなければならない。

青森（利用及び提供の制限）
第八条　実施機関は、個人情報取扱事務の目的以外の目的のために、当該個人情報取扱事務に係る個人情報を当該実施機関内において利用し、又は当該実施機関以外のものへ提供してはならない。ただし、次に掲げる場合は、この限りでない。
一　法令等の規定に基づき、利用し、又は提供するとき。
二　本人の同意を得て、利用し、又は提供するとき。
三　人の生命、身体又は財産の安全を守るため緊急かつやむを得ないと認められるとき。
四　前三号に掲げる場合のほか、公益上の必要その他相当の理由があると認められるとき。
2　実施機関は、実施機関以外のものに個人情報を提供する場合において、個人の権利利益の保護のため必要があると認めるときは、当該個人情報の提供を受けるものに対し、当該個人情報について使用目的若しくは使

A 都道府県・個人情報保護条例　　7　利用及び提供の制限

用方法の制限その他必要な制限を付し、又は当該個人情報の漏えい、滅失及びき損の防止その他の当該個人情報の適切な取扱いのために必要な措置を講ずることを求めなければならない。

宮城（利用及び提供の制限）

第九条　実施機関は、個人情報を取り扱う目的以外の目的で個人情報を利用し、又は提供してはならない。ただし、次の各号のいずれかに該当するときは、この限りでない。

一　本人の同意があるとき、又は本人に提供するとき。
二　法令に定めのあるとき。
三　個人の生命、身体又は財産の安全を確保するため、緊急かつやむを得ないと認められるとき。
四　出版、報道等により公にされているとき。
五　専ら学術研究等の目的のために利用し、又は提供する場合で、本人の権利利益を不当に侵害するおそれがないと認められるとき。
六　同一実施機関内で利用する場合又は他の実施機関、実施機関以外の県の機関、国若しくは他の地方公共団体に提供する場合で、事務に必要な限度で使用し、かつ、使用することに相当な理由があると認められるとき。
七　前各号に掲げる場合のほか、審査会の意見を聴いた上で、個人情報を使用することに相当な理由があると実施機関が認めるとき。

福島（利用及び提供の制限）

第七条　実施機関は、個人情報を取り扱う事務の目的以外の目的のために個人情報を当該実施機関の内部において利用し、又は当該実施機関以外のものに提供してはならない。ただし、次の各号のいずれかに該当するときは、この限りでない。

一　法令等の規定に基づくとき。
二　本人の同意があるとき。
三　個人の生命、身体又は財産の安全を守るため、緊急かつやむを得ないと認められるとき。
四　出版、報道等により公にされている場合において、本人の権利利益を不当に侵害するおそれがないと認められるとき。
五　同一実施機関内で利用し、又は国、他の地方公共団体若しくは県の他の機関に提供することに相当な理由がある場合において、本人の権利利益を不当に侵害するおそれがないと認められるとき。

六 個人情報を提供することに公益上の必要その他特別の理由がある場合において、本人の権利利益を不当に侵害するおそれがないと認められるとき。

茨城（利用及び提供の制限）
第十条 実施機関は、保有する個人情報を、保有事務の目的以外の目的のために当該実施機関の内部において利用し、又は当該実施機関以外の者に提供してはならない。
2 前項の規定にかかわらず、実施機関は、次の各号のいずれかに該当すると認めるときは、保有事務の目的以外の目的のために個人情報を利用し、又は提供することができる。ただし、個人情報を保有事務の目的以外の目的のために利用し、又は提供することによって、当該個人情報の本人又は第三者の権利利益を不当に侵害するおそれがあると認められるときは、この限りでない。
一 本人の同意に基づき利用し、若しくは提供するとき又は本人に提供するとき。
二 法令又は条例の規定に基づき利用し、又は提供するとき。
三 実施機関が所掌事務の遂行に必要な限度で個人情報を内部で利用する場合であって、当該個人情報を利用することについて相当な理由のあるとき。
四 他の実施機関に提供する場合において、提供を受ける機関が所掌事務の遂行に必要な限度で当該個人情報を使用し、かつ、当該個人情報を使用することについて相当な理由のあるとき。
五 国等に提供する場合において、提供を受ける者が所掌事務の遂行に必要な限度で当該個人情報を使用し、かつ、当該個人情報を使用することについて相当な理由のあるとき。
六 前各号に掲げる場合のほか、専ら統計の作成又は学術研究の目的のために個人情報を提供するとき、個人情報を本人以外の者に提供することが明らかに本人の利益になるときその他個人情報を提供することについて特別の理由があるとき。

埼玉（利用及び提供の制限）
第八条 実施機関は、個人情報事務取扱の目的以外の目的のために個人情報を当該実施機関の内部において利用し、又は当該実施機関以外のものに提供してはならない。ただし、次の各号のいずれかに該当するときは、この限りでない。

A　都道府県・個人情報保護条例　　　　7　利用及び提供の制限

一　本人の同意があるとき。
二　法令等に定めがあるとき。
三　個人の生命、身体又は財産の安全を守るため緊急かつやむを得ないと認められるとき。
四　専ら学術研究又は統計の作成のために利用し、又は提供する場合で、本人の権利利益を不当に侵害するおそれがないと認められるとき。
五　実施機関の内部において利用する場合又は国、他の地方公共団体若しくは当該実施機関以外の県の機関（第十三条第一項第七号において「国等」という。）に提供する場合で、当該実施機関又は提供を受けるものの所掌事務の遂行に必要であって、本人の権利利益を不当に侵害するおそれがないと認められるとき。
六　その他個人情報を利用し、又は提供することに特別な理由がある場合で、本人の権利利益を不当に侵害するおそれがないと認められるとき。

千葉（利用及び提供の制限）

第十条　実施機関は、個人情報を取り扱う事務の目的以外の目的のために個人情報を当該実施機関の内部において利用し、又は当該実施機関以外のものに提供してはならない。ただし、次の各号のいずれかに該当するときは、この限りでない。

一　法令等に基づいて利用し、又は提供するとき。
二　本人の同意に基づいて利用し、若しくは提供するとき、又は本人に提供するとき。
三　出版、報道等により公にされているものを利用し、又は提供するとき。
四　個人の生命、身体又は財産の安全を守るため、緊急かつやむを得ないと認められる場合において、利用し、又は提供するとき。
五　審議会の意見を聴いた上で、公益上の必要その他相当の理由があると認めて利用し、又は提供するとき。

東京（個人情報の利用及び提供の制限）

第十条　実施機関は、個人情報を取り扱う事務の目的を超えた個人情報の当該実施機関内における利用及び当該実施機関以外のものへの提供（以下「目的外利用・提供」という。）をしてはならない。
2　前項の規定にかかわらず、実施機関は、次の各号のいずれかに該当する場合は、目的外利用・提供をすることができる。

7 利用及び提供の制限　　Ⅰ　都道府県・個人情報保護条例・項目別条文集

一　本人の同意があるとき。
二　法令等に定めがあるとき。
三　出版、報道等により公にされているとき。
四　個人の生命、身体又は財産の安全を守るため、緊急かつやむを得ないと認められるとき。
五　専ら学術研究又は統計の作成のために利用し、又は提供する場合で、本人の権利利益を不当に侵害するおそれがないと認められるとき。
六　同一実施機関内で利用する場合又は国、地方公共団体若しくは他の実施機関等に利用する場合で、事務に必要な限度で使用し、かつ、使用することに相当な理由があると認められるとき。

3　実施機関は、目的外利用・提供をするときは、本人及び第三者の権利利益を不当に侵害することがないようにしなければならない。

神奈川（利用及び提供の制限）

第九条　実施機関は、個人情報を収集したときの取扱目的以外の目的に当該個人情報を利用し、又は提供してはならない。ただし、次の各号のいずれかに該当するときは、この限りでない。

一　法令の規定に基づき利用し、又は提供するとき。
二　本人の同意に基づき利用し、若しくは提供するとき、又は本人に提供するとき。
三　個人の生命、身体又は財産の安全を守るため緊急かつやむを得ない必要があると認めて利用し、又は提供するとき。
四　前三号に掲げる場合のほか、審議会の意見を聴いた上で必要があると認めて利用し、又は提供するとき。

2　実施機関は、前項第三号又は第四号の規定に該当して個人情報を利用し、又は提供したときは、その旨及び目的を本人に通知しなければならない。ただし、審議会の意見を聴いた上で適当と認めたときは、この限りでない。

新潟（利用及び提供の制限）

第九条　実施機関は、個人情報取扱事務の目的以外の目的のために個人情報を当該実施機関内において利用し、又は当該実施機関以外のものに提供してはならない。ただし、当該個人情報の利用又は提供が次の各号のいずれかに該当するときは、この限りでない。

一　法令等の規定又は主務大臣等の指示に基づくとき。
二　本人の同意があるとき、又は本人に提供するとき。

A　都道府県・個人情報保護条例　　　　7　利用及び提供の制限

　　三　個人の生命、身体又は財産の安全を守るため、緊急かつやむを得ない必要があると認められるとき。
　　四　同一実施機関内で当該個人情報を利用する場合又は他の実施機関、実施機関以外の県の機関、国若しくは他の地方公共団体に当該個人情報を提供する場合において、当該同一実施機関内で当該個人情報を利用する実施機関又は当該個人情報の提供を受けるものが、当該個人情報を事務に必要な限度で使用し、かつ、使用することについて相当の理由があると認められるとき。
　　五　前各号に掲げる場合のほか、審査会の意見を聴いた上で、公益上の必要その他相当の理由があると実施機関が認めるとき。
　2　実施機関は、前項ただし書の規定により個人情報を利用し、又は提供するときは、個人の権利利益を不当に侵害することのないようにしなければならない。

長野（利用及び提供の制限）
第八条　実施機関は、記録情報の保有目的以外の目的のために記録情報を実施機関の内部において利用し、又は実施機関以外のものに提供してはならない。
2　前項の規定にかかわらず、実施機関は、次の各号のいずれかに該当するときは、記録情報の保有目的以外の目的のために記録情報を利用し、又は提供することができる。ただし、第二号から第四号までのいずれかに該当する場合において、記録情報が記録情報の本人又は第三者の権利利益を不当に侵害するおそれがあるときは、この限りでない。
　　一　法令の定めるところにより、記録情報を提供しなければならないとき。
　　二　記録情報の本人に記録情報を提供するとき又は記録情報の本人の同意を得たとき。
　　三　実施機関、実施機関以外の県の機関、国又は他の地方公共団体が記録情報を使用する場合において、記録情報を使用するものが所掌事務の遂行に必要な範囲内で使用し、かつ、当該記録情報を使用することについて相当な理由があるとき。
　　四　前三号に掲げる場合のほか、専ら統計の作成又は学術研究の目的のために記録情報を提供するとき、個人の生命、身体、財産の安全を守るために緊急かつやむを得ないときその他記録情報を提供することについて特別な理由があるとき。

3　実施機関は、記録情報を提供する場合において、必要があると認めるときは、提供を受けるものに対し、当該記録情報の使用目的、使用方法その他必要な制限を付し、又は適切な管理のために必要な措置を講ずるよう求めるものとする。

4　実施機関は、公益上必要があり、かつ、記録情報について必要な保護措置が講じられていなければ、通信回線による電子計算組織の結合により記録情報を提供してはならない。

山梨（個人情報の利用及び提供の制限）

第七条　実施機関は、個人情報を取り扱う事務の目的以外の目的のために個人情報を当該実施機関の内部において利用し、又は当該実施機関以外のものへ提供してはならない。ただし、次の各号のいずれかに該当するときは、この限りでない。

一　法令の規定に基づくとき。

二　本人の同意があるとき。

三　個人の生命、身体又は財産の安全を守るため、緊急かつやむを得ないと認められるとき。

四　審議会の意見を聴いた上で、公益上の必要その他相当な理由があると実施機関が認めたとき。

岐阜（利用及び提供の制限）

第七条　実施機関は、個人情報取扱事務の目的以外の目的のために、個人情報を当該実施機関の内部において利用し、又は当該実施機関以外のものに提供してはならない。ただし、次の各号のいずれかに該当するときは、この限りでない。

一　本人の同意があるとき、又は本人に提供するとき。

二　法令等に定めのあるとき。

三　個人の生命、身体又は財産の保護のため緊急かつやむを得ないと認められるとき。

四　出版、報道等により公にされているとき。

五　岐阜県個人情報保護審査会の意見に基づいて、公益上の必要その他相当な理由があるとして実施機関が定めるとき。

2　実施機関は、前項ただし書の規定により個人情報を利用し、又は提供するときは、個人の権利利益を不当に侵害してはならない。

愛知（個人情報の利用及び提供の制限）

第八条　実施機関は、個人情報を取り扱う事務の目的以外の目的のために

A　都道府県・個人情報保護条例　　　　　　7　利用及び提供の制限

個人情報を利用し、又は提供してはならない。ただし、次の各号のいずれかに該当するときは、この限りでない。
一　法令又は条例の規定に基づくとき。
二　本人の同意があるとき、又は本人に提供するとき。
三　出版等により公にされているとき。
四　個人の生命、身体又は財産を保護するため、緊急かつやむを得ないと認められるとき。
五　審議会の意見を聴いた上で、公益上の必要その他相当な理由があると実施機関が認めたとき。

2　実施機関は、前項ただし書の規定により個人情報を利用し、又は提供するときは、個人の権利利益を不当に侵害することのないようにしなければならない。

滋賀（利用及び提供の制限）
第六条　実施機関は、個人情報を取り扱う事務の目的以外の目的のために個人情報を当該実施機関内において利用し、または当該実施機関以外のものへ提供してはならない。ただし、次の各号のいずれかに該当するときは、この限りでない。
一　本人の同意があるとき。
二　法令等に基づいて利用し、または提供するとき。
三　個人の生命、身体または財産の安全を守るため緊急かつやむを得ないと認められるとき。
四　専ら統計の作成または学術研究の目的のために利用し、または提供する場合で、個人の権利利益を不当に侵害するおそれがないと認められるとき。
五　同一実施機関内で利用する場合または国の機関、他の地方公共団体の機関もしくは当該実施機関以外の県の機関に提供する場合で、事務に必要な限度で使用し、かつ、使用することに相当な理由があると認められるとき。
六　前各号に掲げる場合のほか、提供先の事務の遂行に必要な特別の理由があり、個人の権利利益を不当に侵害するおそれがないと認められるとき。

京都（利用及び提供の制限）
第五条　実施機関は、収集目的以外の目的のために個人情報を利用し、又は提供してはならない。ただし、次の各号のいずれかに該当するときは、

この限りでない。
一　法令等に基づくとき。
二　本人の同意があるとき又は本人に提供するとき。
三　個人の生命、身体又は財産の保護のため緊急かつやむを得ないと認められるとき。
四　実施機関内部で利用し、又は他の実施機関に提供する場合で、個人情報を利用し、又は提供することが事務の執行上やむを得ず、かつ、当該利用又は提供によって本人又は第三者の権利利益を不当に侵害するおそれがないと認められるとき。
五　前各号に掲げる場合のほか、個人情報を利用し、又は提供することに相当の理由があり、かつ、当該利用又は提供によって本人又は第三者の権利利益を不当に侵害するおそれがないと認められるとき。

2　実施機関は、前項第五号に規定する場合において、個人情報を利用し、又は提供するときは、あらかじめ、審議会の意見を聴かなければならない。

大阪（利用及び提供の制限）

第八条　実施機関は、個人情報取扱事務の目的以外に個人情報を、当該実施機関内において利用し、又は当該実施機関以外のものに提供してはならない。ただし、次の各号のいずれかに該当するときは、この限りでない。
一　本人の同意があるとき又は本人に提供するとき。
二　法令又は条例の規定に基づくとき。
三　出版、報道等により公にされているものを利用し、又は提供することが正当であると認められるとき。
四　個人の生命、身体又は財産の保護のため、緊急かつやむを得ないと認められるとき。
五　同一実施機関内で利用し、又は他の実施機関に提供する場合で、個人情報を利用し、又は提供することが当該実施機関の所掌事務の遂行に必要かつ不可欠のものであり、かつ、当該利用又は提供によって本人又は第三者の権利利益を不当に侵害するおそれがないと認められるとき。
六　専ら統計の作成又は学術研究の目的のために利用し、又は提供する場合で、本人又は第三者の権利利益を不当に侵害するおそれがないと認められるとき。

A 都道府県・個人情報保護条例　　　7 利用及び提供の制限

　　七 前各号に掲げる場合のほか、審議会の意見を聴いた上で、公益上の必要その他相当な理由があると実施機関が認めるとき。
2 実施機関は、実施機関以外のものに個人情報を提供する場合において、必要があると認めるときは、提供を受けるものに対して、当該個人情報の使用目的若しくは使用方法の制限その他の必要な制限を付し、又はその適切な取扱いについて必要な措置を講ずることを求めなければならない。
3 実施機関は、審議会の意見を聴いた上で、公益上の必要があり、かつ、個人の権利利益を侵害するおそれがないと当該実施機関が認める場合を除き、実施機関以外のものに対して、通信回線により結合された電子計算機(実施機関の保有する個人情報を実施機関以外のものが随時入手し得る状態にするものに限る。)を用いて個人情報の提供をしてはならない。

兵庫（利用及び提供の制限）
第七条 実施機関は、個人情報の収集の目的以外の目的のために、個人情報を当該実施機関の内部において利用し、又は当該実施機関以外のものに提供してはならない。ただし、次の各号のいずれかに該当するときは、この限りでない。
　　一 本人の同意があるとき、又は本人に提供するとき。
　　二 法令等に定めがあるとき。
　　三 個人の生命、身体又は財産の保護のため緊急かつやむを得ないと認められるとき。
　　四 審議会の意見を聴いて、公益上の必要その他相当の理由があると実施機関が認めるとき。

鳥取（利用及び提供の制限）
第八条 実施機関は、登録簿に登録された目的（第六条第三項各号に掲げる事務については、実施機関があらかじめ定める目的）以外の目的のために個人情報を実施機関において利用し、又は実施機関以外のものに提供してはならない。ただし、次の各号のいずれかに該当するときは、この限りでない。
　　一 本人の同意に基づいて利用し、若しくは提供するとき、又は本人に提供するとき。
　　二 法令の規定に基づいて利用し、又は提供するとき。
　　三 個人の生命、身体又は財産の安全を守るため、緊急かつやむを得ないと認められるとき。

四　実施機関において利用する場合又は他の実施機関に提供する場合であって、利用し、又は提供を受ける個人情報が当該実施機関の事務の執行に必要不可欠であると認められるとき。
　五　前各号に掲げる場合のほか、提供することに公益上の必要その他相当な理由があると実施機関が認めるとき。
2　実施機関は、前項第五号の規定により個人情報を提供しようとするときは、あらかじめ鳥取県個人情報保護審議会の意見を聴かなければならない。
3　実施機関は、個人情報を実施機関以外のものに提供するときは、提供を受けるものに対し、当該個人情報の使用目的、使用方法等について必要な制限を付し、又は個人情報保護のために必要な措置を講ずるよう求めることができる。

広島　（利用及び提供の制限）
第八条　実施機関は、個人情報を取り扱う事務の目的以外の目的のために個人情報を当該実施機関内において利用し、又は当該実施機関以外のものに提供してはならない。ただし、次の各号のいずれかに該当するときは、この限りでない。
　一　法令等の規定に基づいて利用し、又は提供するとき。
　二　本人の同意に基づいて利用し、若しくは提供するとき、又は本人に提供するとき。
　三　出版、報道等により公にされているものを利用し、又は提供するとき。
　四　個人の生命、身体又は財産の安全を守るため緊急かつやむを得ないと認められる場合において、利用し、又は提供するとき。
　五　専ら学術研究、統計の作成等の目的のために利用し、又は提供するとき。
　六　同一実施機関が利用する場合又は他の実施機関、国若しくは他の地方公共団体に提供する場合で、相当な理由があると認めてそれぞれの事務の目的に必要な範囲内において、利用し、又は提供するとき。
　七　前各号に掲げる場合のほか、広島県個人情報保護審議会の意見を聴いた上で、相当な理由があることを実施機関が認めて利用し、又は提供するとき。
2　実施機関は、前項ただし書きの規定により個人情報を利用し、又は提供するときは、本人及び第三者の権利利益を不当に侵害してはならない。

A　都道府県・個人情報保護条例　　　　　　7　利用及び提供の制限

香川　（利用又は提供の制限）

第七条　実施機関は、個人情報取扱事務の目的以外の目的のために、個人情報を当該実施機関の内部において利用し、又は当該実施機関以外のものに提供してはならない。ただし、次の各号のいずれかに該当するときは、この限りでない。

一　本人の同意があるとき。

二　法令等に定めがあるとき。

三　個人情報が出版、報道等により公にされているとき。

四　個人の生命、身体又は財産の安全を守るため緊急かつやむを得ないと認められるとき。

五　前各号に掲げる場合のほか、個人情報取扱事務の目的以外の目的のために、個人情報を当該実施機関の内部において利用し、又は当該実施機関以外のものに提供することにつき相当の理由がある場合であって、本人の権利利益を不当に侵害するおそれがないと認められるとき。

福岡　（利用及び提供の制限）

第五条　実施機関は、個人情報を取り扱う事務の目的を超えて個人情報を当該実施機関内において利用し、又は当該実施機関以外のものへ提供してはならない。ただし、次の各号のいずれかに該当するときは、この限りでない。

一　法令に基づいて利用し、又は提供するとき。

二　本人の同意があるとき。

三　個人の生命、身体又は財産の安全を守るため緊急かつやむを得ないと認められるとき。

四　前三号に掲げる場合のほか、福岡県個人情報保護審議会の意見を聴いた上で、公益上必要があると実施機関が認めるとき。

沖縄　（利用及び提供の制限）

第九条　実施機関は、個人情報事務取扱の目的以外の目的のために個人情報を当該実施機関内において利用し、又は当該実施機関以外のものへ提供してはならない。ただし、次の各号のいずれかに該当するときは、この限りでない。

一　法令等に基づくとき。

二　本人の同意があるとき。

三　人の生命、身体又は財産の安全を守るため、緊急かつ止むを得ないと認められるとき。

7 利用及び提供の制限　Ⅰ 都道府県・個人情報保護条例・項目別条文集

　　四　前各号に掲げる場合のほか、沖縄県個人情報保護審査会の意見を聴いた上で、公益上の必要その他相当な理由があると実施機関が認めるとき。
2　実施機関は、前項ただし書の規定により個人情報を利用し、又は提供するときは、個人の権利利益を不当に侵害することのないようにしなければならない。

7⑵　電算機結合による提供の制限

北海道（電子計算組織を結合する方法による提供の制限）
第十条　実施機関は、公益上の必要があり、かつ、個人の権利利益を侵害するおそれがないと認められるときでなければ、通信回線により電子計算組織を結合する方法により、個人情報を実施機関以外のものへ提供してはならない。
2　実施機関は、前項の方法により新たに個人情報を実施機関以外のものへ提供するときは、あらかじめ北海道個人情報保護審査会の意見を聴かなければならない。その内容を変更しようとするときも、同様とする。

青森（情報機器の結合による提供の制限）
第九条　実施機関は、公益上の必要その他相当の理由があり、かつ、個人情報の漏えい、滅失及びき損の防止その他の個人情報の適切な取扱いのために必要な措置が講じられていると認められる場合を除き、通信回線を用いて電子計算機その他の情報機器を結合する方法により、実施機関以外のものに個人情報を提供してはならない。

宮城（オンライン結合による提供の制限）
第十条　実施機関は、個人情報取扱事務を電子計算機を使用して処理する場合にあっては、公益上の必要があり、かつ、個人の権利利益の侵害を防止するための措置が講じられている場合を除き、通信回線を用いた電子計算機その他の情報機器の結合（以下「オンライン結合」という。）により個人情報を実施機関以外のものに提供してはならない。
2　実施機関は、オンライン結合による個人情報の実施機関以外のものへの提供を開始しようとするときは、あらかじめ審査会の意見を聴かなければならない。その内容を変更しようとするときも、同様とする。

福島（利用及び提供の制限）
第七条
3　実施機関は、公益上の必要があり、かつ、個人情報の保護について必

A　都道府県・個人情報保護条例　　　　　7　利用及び提供の制限

要な措置が講じられていると認められるときを除き、通信回線を用いた電子計算機その他の情報機器の結合（実施機関が保有する個人情報を実施機関以外のものが随時入手し得る状態にするものに限る。）により個人情報を実施機関以外のものに提供してはならない。

埼玉（提供先に対する措置要求等）

第九条

2　実施機関は、公益上の必要があり、かつ、提供を受けるものが十分な個人情報の保護措置を講じていると認められるときでなければ、通信回線を用いた電子計算機又は電子計算機の端末機の結合（実施機関が保有する個人情報を実施機関以外のものが随時入手し得る状態にするものに限る。）により、個人情報を実施機関以外のものに提供してはならない。

千葉（実施機関以外のものに対する提供の制限）

第十一条

2　実施機関は、公益上の必要その他相当の理由があり、かつ、個人情報の保護のために必要な措置が講じられていると認められる場合でなければ、通信回線による電子計算機その他の情報機器の結合（実施機関の保有する個人情報を実施機関以外のものが随時入手し得る状態にするものに限る。以下「オンライン結合」という。）により、個人情報を実施機関以外のものに提供してはならない。

3　実施機関は、オンライン結合により個人情報を実施機関以外のものに提供しようとするときは、あらかじめ、審議会の意見を聴かなければならない。その内容を変更しようとするときも、同様とする。

東京（個人情報の外部提供の制限）

第十一条

2　実施機関は、事務の執行上必要かつ適切と認められ、及び個人情報について必要な保護措置が講じられている場合を除き、通信回線による電子計算組織の結合による外部提供をしてはならない。

神奈川（オンライン結合による提供）

第十条　実施機関は、公益上の必要があり、かつ、個人の権利利益を侵害するおそれがないと認められるときでなければ、オンライン結合（当該実施機関が管理する電子計算機と実施機関以外の者が管理する電子計算機その他の機器とを通信回線を用いて結合し、当該実施機関が保有する個人情報を当該実施機関以外の者が随時入手し得る状態にする方法をいう。次項において同じ。）による個人情報の提供を行ってはならない。

7 利用及び提供の制限　Ⅰ　都道府県・個人情報保護条例・項目別条文集

2　実施機関は、オンライン結合による個人情報の提供を新たに開始しようとするときは、あらかじめ、審議会の意見を聴かなければならない。その内容を変更しようとするときも、同様とする。

新潟（オンライン結合による提供の制限）

第十条　実施機関は、通信回線を用いた電子計算機その他の情報機器の結合（実施機関の保有する個人情報を実施機関以外のものが随時入手し得る状態にするものに限る。次項において「オンライン結合」という。）により、個人情報を実施機関以外のものへ提供してはならない。

2　前項の規定にかかわらず、実施機関は、審査会の意見を聴いた上で、公益上の必要があり、かつ、個人の権利利益を侵害するおそれがないと認めるときは、オンライン結合により、個人情報を提供することができる。その内容を変更しようとするときも、同様とする。

山梨（オンライン結合による個人情報の提供の制限）

第八条　実施機関は、公益上の必要があり、かつ、個人の権利利益を侵害するおそれがないと認められるときを除き、実施機関以外のものに対してオンライン結合（通信回線を用いて電子計算機その他の機器を結合し、実施機関の保有する個人情報を他の実施機関以外のものが随時入手し得る状態にする方法をいう。次項において同じ。）による個人情報の提供をしてはならない。

2　実施機関は、オンライン結合による個人情報の提供を開始しようとするときは、審議会の意見を聴かなければならない。その内容を変更しようとするときも、同様とする。

愛知（オンライン結合による個人情報の提供の制限）

第十条　実施機関は、公益上の必要があり、かつ、個人の権利利益を侵害するおそれがないと認められるときを除き、他の実施機関以外のものに対して、通信回線を用いた電子計算機その他の情報機器の結合（実施機関の保有する個人情報を他の実施機関以外のものが随時入手し得る状態にするものに限る。以下「オンライン結合」という。）による個人情報の提供をしてはならない。

2　実施機関は、オンライン結合による個人情報の提供を開始しようとするときは、あらかじめ、審議会の意見を聴かなければならない。その内容を変更しようとするときも、同様とする。

滋賀（電子計算機等の結合による提供の制限）

第七条　実施機関は、公益上の必要があり、かつ、個人の権利利益を侵害

するおそれがないと認められるときを除き、通信回線による電子計算機その他の情報機器の結合（実施機関の保有する個人情報を実施機関以外のものが随時入手し得る状態にするものに限る。）により、個人情報を実施機関以外のものに提供してはならない。

京都（オンライン結合による提供）

第六条　実施機関は、オンライン結合（通信回線を用いて実施機関が管理する電子計算機と実施機関以外のものが管理する電子計算機を結合し、実施機関の管理する個人情報を実施機関以外のものが随時入手し得る状態にする方法をいう。以下同じ。）により個人情報を提供するときは、個人の権利利益を不当に侵害することがないよう努め、法令等の規定に基づく場合を除き、あらかじめ、審議会の意見を聴かなければならない。

2　実施機関は、前項の規定により審議会の意見を聴いたオンライン結合による個人情報の提供の内容を変更するときは、あらかじめ、審議会の意見を聴かなければならない。

兵庫（オンライン結合による提供の制限）

第八条　実施機関は、オンライン結合（通信回線を用いた電子計算機その他の情報機器の結合により、実施機関の保有する個人情報を実施機関以外のものが随時入手し得る状態にする方法をいう。以下同じ。）により、実施機関以外のものに対し、個人情報を提供してはならない。

2　前項の規定にかかわらず、実施機関は、法令等に定めがあるとき、又は審議会の意見を聴いて、公益上の必要があり、かつ、個人の権利利益を侵害するおそれがないと認めるときは、オンライン結合により個人情報を提供することができる。その内容を変更しようとするときも、同様とする。

鳥取（利用及び提供の制限）

第八条

4　実施機関は、通信回線を用いた電子計算機その他の情報機器の結合の方法により、個人情報を実施機関以外のものに提供するときは、個人情報保護のために必要な措置を講じなければならない。

広島（利用及び提供の制限）

第八条

4　実施機関は、事務の執行上必要かつ適切であると認められる場合において、通信回線による電子計算組織の結合により個人情報を実施機関以外のものに提供しようとするときは、個人の権利利益を侵害することの

香川（実施機関以外のものへの提供に係る必要な措置）

第八条

2　実施機関は、その管理する電子計算機と実施機関以外のものが管理する電子計算機その他の機器とを通信回線で接続することにより個人情報を当該実施機関以外のものに提供しようとするときは、知事が別に定める技術的措置に関する基準を遵守しなければならない。

福岡（電子計算組織の結合による提供の制限）

第六条　実施機関は、福岡県個人情報保護審議会の意見を聴いた上で、公益上の必要があり、かつ、個人情報について必要な保護措置が講じられていると認める場合を除き、通信回線による電子計算組織の結合により個人情報を実施機関以外のものへ提供してはならない。

沖縄（電子計算組織の結合による提供の制限）

第十条　実施機関は、沖縄県個人情報保護審査会の意見を聴いた上で、公益上の必要があり、かつ、個人情報について必要な保護措置が講じられていると認められる場合を除き、通信回線による電子計算組織の結合により個人情報を実施機関以外のものへ提供してはならない。

7 (3)　提供先に対する措置要求

北海道（提供先に対する措置要求）

第九条　実施機関は、実施機関以外のものに対して個人情報を提供する場合において、必要があると認めるときは、提供を受けるものに対し、提供に係る個人情報の使用目的若しくは使用方法の制限その他必要な制限を付し、又はその適切な取扱いについて必要な措置を講ずることを求めなければならない。

青森県（委託に伴う措置等）

第十二条　実施機関は、個人情報取扱事務を実施機関以外のものに委託する場合において、個人の権利利益の保護のため必要があると認めるときは、当該個人情報取扱事務に係る個人情報について収集方法、使用目的若しくは使用方法の制限その他必要な制限を付し、又は当該個人情報の漏えい、滅失及びき損の防止その他の当該個人情報の適切な取扱いのために必要な措置を講じなければならない。

福島（利用及び提供の制限）

第七条

A　都道府県・個人情報保護条例　　　　　7　利用及び提供の制限

2　実施機関は、実施機関以外のものに個人情報を提供する場合において、必要があると認めるときは、提供を受けるものに対し、当該個人情報の使用目的若しくは使用方法の制限その他必要な制限を付し、又はその適切な取扱いについて必要な措置を講ずることを求めなければならない。

茨城（利用及び提供の制限）

第十条

3　実施機関は、個人情報を提供する場合において、必要があると認めるときは、提供を受ける者に対し、提供に係る個人情報について、その使用目的若しくは使用方法の制限その他必要な制限を付し、又は安全確保の措置を講ずることを求めるものとする。

埼玉（提供先に対する措置要求等）

第九条　実施機関は、個人情報を実施機関以外のものに提供する場合において、必要があると認めるときは、提供を受けるものに対し、当該個人情報の使用目的若しくは使用方法の制限その他必要な制限を付し、又はその適正な取扱いについて必要な措置を講ずるよう求めなければならない。

千葉（実施機関以外のものに対する提供の制限）

第十一条　実施機関は、個人情報を実施機関以外のものに提供する場合において必要があると認めるときは、提供を受けるものに対し、当該個人情報について、その使用目的若しくは使用方法の制限その他必要な制限を付し、又は安全確保の措置を講ずることを求めるものとする。

東京（個人情報の外部提供の制限）

第十一条　実施機関は、個人情報の実施機関以外のものへの提供（以下「外部提供」という。）をする場合は、外部提供を受けるものに対し、個人情報の使用目的若しくは使用方法の制限その他の必要な制限を付し、又はその適切な取扱いについて必要な措置を講ずることを求めなければならない。

新潟（提供先に対する措置の要求）

第十一条　実施機関は、実施機関以外のものに個人情報を提供する場合において、必要があると認めるときは、提供を受けるものに対して、当該個人情報の使用目的若しくは使用方法の制限その他必要な制限を付し、又は安全確保の措置を講ずることを求めなければならない。

岐阜（提供先に対する措置の要求）

第八条　実施機関は、個人情報を実施機関以外のものに提供する場合にお

いて必要があると認めるときは、提供を受けるものに対し、当該個人情報の使用目的若しくは使用方法の制限その他の必要な制限を課し、又はその適正な取扱いについて必要な措置を講ずることを求めなければならない。

愛知（提供先に対する措置要求）
第九条 実施機関は、他の実施機関以外のものに対して個人情報を提供する場合において、必要があると認めるときは、提供を受けるものに対し、提供に係る個人情報の使用目的若しくは使用方法の制限その他必要な制限を付し、又はその適切な取扱いについて必要な措置を講ずることを求めなければならない。

滋賀（利用及び提供の制限）
第六条
2　実施機関は、個人情報を実施機関以外のものに提供する場合において、必要があると認めるときは、提供を受けるものに対し、当該個人情報について、その使用目的もしくは使用方法の制限その他必要な制限を付し、または安全確保の措置を講ずることを求めなければならない。

京都（提供先に対する措置要求）
第七条　実施機関は、実施機関以外のものに対して個人情報を提供する場合において、必要があると認めるときは、提供を受けるものに対し、当該個人情報の使用目的、使用方法等に係る制限を付し、又はその適切な取扱いを確保するための措置を講じることを求めなければならない。

兵庫（提供先に対する措置の要求）
第九条　実施機関は、個人情報を実施機関以外のものに提供する場合において必要があると認めるときは、提供を受けるものに対し、当該個人情報の使用目的若しくは使用方法の制限その他の必要な制限を付し、又はその適正な取扱いについて必要な措置を講ずることを求めなければならない。

広島（利用及び提供の制限）
第八条
3　実施機関は、実施機関以外のものに個人情報を提供する場合において、必要があると認めるときは、提供を受けるものに対し、その個人情報の使用目的、使用方法等の制限を付し、又は適正な管理のために必要な措置を講ずるよう求めなければならない。

香川（実施機関以外のものへの提供に係る必要な措置）

第八条　実施機関は、個人情報を実施機関以外のものに提供する場合において必要があると認めるときは、当該個人情報の提供を受けるものに対し、その使用目的若しくは使用方法の制限その他必要な制限を付し、又は安全確保の措置（個人情報の漏えい、滅失及びき損の防止その他の個人情報の適切な管理のために必要な措置をいう。以下同じ。）を講ずることを求めなければならない。

7 (4)　委託に伴う措置

北海道（委託に伴う措置）

第十二条　実施機関は、個人情報取扱事務を委託するときは、当該委託の契約において、個人情報の保護に関して委託者が構ずべき措置を明らかにしなければならない。

青森（委託に伴う措置等）

第十二条

2　実施機関から個人情報取扱事務の委託を受けたものは、当該個人情報取扱事務に係る個人情報の漏えい、滅失及びき損の防止その他の当該個人情報の適切な取扱いのために必要な措置を講ずるよう努めなければならない。

3　実施機関から委託を受けた個人情報取扱事務に従事している者又は従事していた者は、当該個人情報取扱事務に関して知り得た個人情報をみだりに他人に知らせ、又は不当な目的に使用してはならない。

宮城（委託に伴う措置等）

第十三条　実施機関は、個人情報を取り扱う事務を実施機関以外のものに委託するときは、個人情報の保護に関し必要な措置を講じなければならない。

2　実施機関から個人情報を取り扱う事務の委託を受けたものは、個人情報の保護に関し必要な措置を講ずるよう努めなければならない。

3　前項の委託を受けた事務に従事している者又は従事していた者は、当該事務に関して知り得た個人情報をみだりに他人に知らせ、又は不当な目的に使用してはならない。

福島（委託に伴う措置等）

第九条　実施機関は、個人情報を取り扱う事務を実施機関以外のものに委託するときは、個人情報の保護のために必要な措置を講じなければなら

ない。
2 実施機関から個人情報を取り扱う事務の委託を受けたものは、個人情報の適切な取扱いのために必要な措置を講ずるよう努めなければならない。
3 前項の委託を受けた事務に従事している者又は従事していた者は、その事務に関して知り得た個人情報をみだりに他人に知らせ、又は不当な目的に使用してはならない。

茨城（委託に当たっての必要な措置）
第十一条 実施機関は、個人情報の取扱いを伴う事務を実施機関以外の者に委託するときは、個人の権利利益の保護に関し必要な措置を講じなければならない。

茨城（受託者等の義務）
第十二条 実施機関から個人情報の取扱いを伴う事務の委託を受け者は、委託業務を行うに当たっては、安全確保するよう努めなければならない。
2 前項の受託業務に従事している者又は従事していた者は、当該業務に関して知り得た個人情報の内容をみだりに他人に知らせ、又は不当な目的に使用してはならない。

埼玉（受託者に対する措置要求）
第十条 実施機関は、個人情報取扱事務を委託するときは、委託を受ける者に対し、個人情報の適切な管理のために必要な措置を講ずるよう求めなければならない。

千葉（委託に伴う措置等）
第十二条 実施機関は、個人情報を取り扱う事務の委託をするときは、個人情報の保護のために必要な措置を講じなければならない。
2 実施機関から前項の委託を受けたものは、安全確保の措置を講ずるよう努めなければならない。
3 第一項の委託を受けた事務に従事している者又は従事していた者は、その事務に関して知り得た個人情報をみだりに他人に知らせ、又は不当な目的に使用してはならない。

東京（委託に伴う措置）
第八条 実施機関は、個人情報を取り扱う事務を委託しようとするときは、個人情報の保護に関し必要な措置を講じなければならない。

東京（受託者等の責務）
第九条 実施機関から個人情報を取り扱う事務を受託したものは、個人情

報の漏えい、滅失及びき損の防止その他の個人情報の適正な管理のために必要な措置を講ずるよう努めなければならない。
2　前項の受託事務に従事している者又は従事していた者は、その事務に関して知り得た個人情報をみだりに他人に知らせ、又は不当な目的に使用してはならない。

神奈川（取扱い等の委託）
第十三条　実施機関は、個人情報の取扱いを伴う事務又は事業の全部又は一部を実施機関以外の者に委託するときは、当該契約において、個人情報の適切な取扱いについて受託者が講ずべき措置を明らかにしなければならない。

新潟（委託に伴う措置等）
第十二条　実施機関は、実施機関以外のものに個人情報取扱事務の委託をするときは、個人情報の保護のために必要な措置を講じなければならない。
2　実施機関から前項の委託を受けたものは、安全確保の措置を講ずるよう努めなければならない。
3　前項の委託を受けた事務に従事している者又は従事していた者は、その事務に関して知り得た個人情報をみだりに他人に知らせ、又は不当な目的に使用してはならない。

長野（受託者に対する措置要求）
第九条　実施機関は、個人情報の取扱いを実施機関以外の者に委託するときは、受託者に対し、当該個人情報の適切な管理のために必要な措置を講ずるよう求めなければならない。

山梨（委託に伴う措置等）
第十条　実施機関は、個人情報を取り扱う事務を実施機関以外のものに委託しようとするときは、個人情報の保護のために必要な措置を講じなければならない。
2　実施機関から個人情報を取り扱う事務の委託を受けたものは、安全確保の措置を講ずるよう努めなければならない。
3　前項の委託を受けた事務に従事している者又は従事していた者は、その事務に関して知り得た個人情報をみだりに他人に知らせ、又は不当な目的に使用してはならない。

岐阜（委託に伴う措置等）
第十一条　実施機関は、個人情報取扱事務を実施機関以外のものに委託し

ようとするときは、その契約において、委託を受けたものが講ずべき個人情報の保護のために必要な措置を明らかにしなければならない。
2 実施機関から個人情報取扱事務の委託を受けたものは、前項の個人情報の保護ために必要な措置を講じなければならない。
3 前項の委託を受けた事務に従事している者又は従事していた者は、当該事務に関して知ることのできた個人情報をみだりに他人に知らせ、又は不当な目的に使用してはならない。

愛知（委託に伴う措置等）
第二十七条 実施機関は、個人情報を取り扱う事務を委託しようとするときは、個人情報の保護のために必要な措置を講じなければならない。
2 実施機関から個人情報を取り扱う事務の委託を受けたものは、個人情報の安全確保の措置を講ずるよう努めなければならない。
3 前項の委託を受けた事務に従事している者又は従事していた者は、その事務に関して知ることのできた個人情報をみだりに他人に知らせ、又は不当な目的に使用してはならない。

愛知（提供先に対する措置要求）
第九条 実施機関は、他の実施機関以外のものに対して個人情報を提供する場合において、必要があると認めるときは、提供を受けるものに対し、提供に係る個人情報の使用目的若しくは使用方法の制限その他必要な制限を付し、又はその適切な取扱いについて必要な措置を講ずることを求めなければならない。

滋賀（委託に伴う措置等）
第八条 実施機関は、個人情報の取扱いに伴う事務を委託しようとするときは、個人情報の保護に関し必要な措置を講じなければならない。
2 実施機関から個人情報の取扱いを伴う事務の委託を受けたものは、安全確保の措置を講ずるよう努めなければならない。
3 前項の委託を受けた事務に従事している者または従事していた者は、その事務に関して知り得た個人情報をみだりに他人に知らせ、又は不当な目的に使用してはならない。

京都（委託に伴う措置等）
第十条 実施機関は、個人情報の取扱いを伴う事務の全部又は一部を実施機関以外のものに委託しようとするときは、当該委託契約において、委託を受けたものが講じるべき、個人情報の漏えい、き損及び滅失の防止その他の個人情報の適切な管理のために必要な措置を明らかにしなけれ

A　都道府県・個人情報保護条例　　　7　利用及び提供の制限

ばならない。
2　実施機関から個人情報の取扱いを伴う事務の委託を受けたものは、個人情報の安全確保の措置を講じるよう努めなければならない。
3　前項の委託を受けた事務に従事している者又は従事していた者は、その事務に関して知り得た個人情報をみだりに他人に知らせ、又は不当な目的に使用してはならない。

大阪（委託に伴う措置等）

第十条　実施機関は、個人情報取扱事務を実施機関以外のものに委託するときは、個人情報の保護のために必要な措置を講じなければならない。
2　実施機関から個人情報取扱事務の委託を受けたものは、個人情報の適切な取扱いを講ずるよう努めなければならない。
3　前項の委託を受けた事務に従事している者又は従事していた者は、その事務に関して知り得た個人情報をみだりに他人に知らせ、又は不当な目的に使用してはならない。

兵庫（委託に伴う措置等）

第十二条　実施機関は、個人情報取扱事務その他の個人情報を取り扱う事務を実施機関以外のものに委託しようとするときは、その契約において、委託を受けたものが講ずべき安全確保の措置を明らかにしなければならない。
2　実施機関から前項の事務の委託を受けたものは、同項の完全確保の措置を講ずるよう努めなければならない。
3　前項の委託を受けた事務に従事している者又は従事していた者は、当該事務に関して知ることのできた個人情報をみだりに他人に知らせ、又は不当な目的に使用してはならない。

鳥取（委託に伴う措置等）

第十一条　実施機関は、個人情報の取扱いを伴う業務を実施機関以外の者に委託しようとするときは、当該委託契約において、委託を受けた者が講ずるべき個人情報保護のために必要な措置を明らかにしなければならない。
2　実施機関から個人情報の取扱いを伴う業務の委託を受けた者は、個人情報の漏えい、滅失及びき損の防止その他個人情報の適正な管理のために必要な措置を講ずるよう努めなければならない。
3　実施機関から委託された個人情報の取扱いを伴う業務に従事している者又は従事していた者は、その業務に関して知り得た個人情報をみだり

広島（委託に伴う措置等）
第二十一条 実施機関は、個人情報の取扱いを伴う事務を実施機関以外のものに委託しようとするときは、個人情報の保護のために必要な措置を講じなければならない。
2 実施機関から個人情報の取扱いを伴う事務の委託を受けたものは、個人情報の漏えい、滅失及びき損の防止その他の個人情報の適正な管理のために必要な措置を講ずるよう努めなければならない。
3 前項の委託を受けた事務に従事している者又は従事していた者は、その事務に関して知り得た情報をみだりに他人に知らせ、又は不当な目的に使用してはならない。

香川（委託に伴う措置）
第十一条 実施機関は、個人情報取扱事務の全部又は一部を実施機関以外のものに委託しようとするときは、当該委託に係る契約にならない。

福岡（委託に伴う措置の要求）
第七条 実施機関は、個人情報の取扱いを伴う事務を実施機関以外の者に委託しようとするときは、受託者に対し、安全確保の措置を講ずるよう求めなければならない。

沖縄（委託に関する措置等）
第十四条 実施機関は、個人情報取扱事務を実施機関以外のものに委託するときは、個人情報の保護のために必要な措置を構じなければならない。
2 実施機関から個人情報取扱事務の委託を受けたものは、安全確保の措置を講ずるよう努めなければならない。
3 前項の委託を受けた事務に従事している者又は従事していた者は、その事務に関して知り得た個人情報をみだりに他人に知らせ、又は不当な目的に使用してはならない。

8 自己情報の開示

8（1） 自己情報の開示請求

北海道（自己に関する個人情報の開示の請求）
第十四条　何人も、実施機関に対し、その保有する自己に関する個人情報（第六条第三項に規定する事務に係るものを除く。以下同じ。）の開示（当該個人情報が存在しないときにその旨を知らせることを含む。第二十一条を除き、以下同じ。）を請求することができる。
2　未成年者又は禁治産者の法定代理人は、本人に代わって前項の規定による開示の請求（以下「開示請求」という。）をすることができる。

青森（自己情報の開示請求）
第十三条　何人も、実施機関に対し、当該実施機関が管理する公文書又は磁気テープ等に記録されている自己を本人とする個人情報の開示の請求をすることができる。
2　未成年者又は禁治産者の法定代理人は、本人に代わって前項の規定による開示の請求（以下「開示請求」という。）をすることができる。

宮城（開示請求）
第十四条　何人も、実施機関に対し、当該実施機関の個人情報を取り扱う事務（県の職員又は職員であった者に係る人事、給与、福利厚生等に関する事務を除く。）に係る行政文書に記録されている自己を本人とする個人情報の開示の請求（以下「開示請求」という。）をすることができる。
2　未成年者又は禁治産者の法定代理人（以下単に「法定代理人」という。）は、当該未成年又は禁治産者に代わって、開示請求をすることができる。
3　実施機関は、開示請求があったときは、第十七条第一項及び第二項に定めるところにより当該開示請求に係る個人情報を開示しなければならない。

福島（自己情報の開示請求）
第十一条　何人も、実施機関に対し、当該実施機関が保有する自己に関する個人情報であって、他人の正当な利益を害しないで検索し得るもの（第五条第三項第一号の事務に係るものを除く。）の開示の請求（以下「開示請求」という。）をすることができる。
2　未成年者又は禁治産者の法定代理人は、本人に代わって開示請求をす

ることができる。

茨城（個人情報の開示請求）

第十四条 何人も、実施機関に対して、公文書又は磁気テープ等に記録されている自己に関する個人情報(個人の氏名、生年月日その他の記述又は個人別に付された番号、記号その他の符号により、容易に検索し得るものに限る。)について、その開示(個人情報が存在しないときにその旨を知らせることを含む。以下同じ。)を請求することができる。

2　未成年者又は禁治産者の法定代理人は、本人に代わって前項の開示の請求（以下「開示請求」という。）をすることができる。

埼玉（開示請求）

第十二条 何人も、実施機関に対し、公文書に記録された自己の個人情報（前条第二項に規定する事務に係るものを除く。）であって、当該実施機関の権限に属する事務に係るものの開示を請求することができる。

2　未成年者又は禁治産者の法定代理人は、実施機関が定めるところにより、本人に代わって前項の開示の請求（以下「開示請求」という。）をすることができる。

千葉（開示請求）

第十四条 何人も、実施機関に対し、公文書又は磁気テープ等に記録された自己の個人情報（他人の氏名、生年月日その他の記述又は他人の個人別に付された番号、記号その他の符号によらないで本人を検索し得るものに限る。）の開示の請求（以下「開示請求」という。）をすることができる。

2　未成年者又は禁治産者の法定代理人は、本人に代わって開示請求をすることができる。

東京（個人情報の開示を請求できる者）

第十二条 何人も、実施機関に対し、公文書に記録されている自己の個人情報（第五条第二項に規定する事務に係るものを除く。以下同じ。）の開示の請求（以下「開示請求」という。）をすることができる。

2　未成年者又は禁治産者の法定代理人は、本人に代わって開示請求をすることができる。

神奈川（自己情報の開示請求権）

第十五条 何人も、実施機関が保有する自己を本人とする個人情報の開示（個人情報が存在しないときにその旨を知らせることを含む。以下同じ。）を請求することができる。

2　未成年者又は禁治産者の法定代理人は、本人に代わって前項の開示の

A　都道府県・個人情報保護条例　　　8　自己情報の開示

請求（以下「開示の請求」という。）をすることができる。
3　実施機関は、開示の請求があったときは、第十八条第一項及び第二項に規定する方法により当該開示の請求に係る個人情報の開示をしなければならない。

新潟（開示請求）

第十四条　何人も、実施機関に対して、その個人情報取扱事務（県の職員又は職員であった者に関する事務を除く。）に係る公文書又は磁気テープ等に記録されている自己を本人とする個人情報（磁気テープ等に記録されている個人情報にあっては、実施機関において現に使用中のプログラムを用いて検索及び印刷が可能なものに限る。）の開示を請求することができる。
2　未成年者又は禁治産者の法定代理人は、本人に代わって前項の規定による開示の請求（以下「開示請求」という。）をすることができる。

長野（開示の請求）

第十一条　何人も、実施機関に対し、自己の記録情報（氏名、生年月日その他の記述又は個人別に付された番号、記号その他の符号により検索し得るものに限る。）について開示（記録情報が存在しないときにその旨を知らせることを含む。以下同じ。）を請求することができる。
2　未成年者又は禁治産者の法定代理人は、本人に代わって前項の開示の請求（以下「開示請求」という。）をすることができる。

山梨（自己情報の開示請求）

第十三条　何人も、実施機関に対し、行政文書の開示（個人情報が存在しないときにその旨を知らせることを含む。以下同じ。）を請求することができる。
2　未成年者又は禁治産者の法定代理人は、本人に代わって前項の開示の請求（以下「開示請求」という。）をすることができる。
3　実施機関は、開示請求があった場合には、当該開示請求に係る個人情報の開示をしなければならない。

岐阜（開示請求）

第十三条　何人も、実施機関に対し、当該実施機関の個人情報取扱事務（前条第三項第一号に規定する事務を除く。）に係る公文書又は磁気テープ等に記録されている自己の個人情報（磁気テープ等に記録されている個人情報については、印字装置により出力することが可能なものに限る。）の開示の請求（以下「開示請求」という。）をすることができる。
2　未成年者又は禁治産者の法定代理人（以下「代理人」という。）は、本人

に代わって開示請求をすることができる。ただし、本人が反対の意思を表示したときは、この限りでない。

愛知（自己情報の開示請求）

第十三条　何人も、実施機関に対して、その保有する自己に関する個人情報の開示(当該個人情報が存在しないときにその旨を知らせることを含む。以下同じ。）を請求することができる。

2　未成年者又は禁治産者の法定代理人は、本人に代わって前項の開示の請求（以下「開示請求」という。）をすることができる。

滋賀（自己情報の開示請求）

第十一条　何人も、実施機関に対し、自己に関する個人情報の開示の請求（以下「開示請求」という。）をすることができる。ただし、前条第三項に規定する事務に係るものについては、この限りでない。

2　未成年者または禁治産者の法定代理人は、本人に代わって開示請求をすることができる。

京都（開示の請求）

第十二条　何人も、実施機関に対し、公文書（昭和63年10月1日前に作成され、又は取得された物にあっては、保存年数が永年である物に限る。）又は磁気記録媒体等に記録されている自己の個人情報（前条第五項に規定する事務に係る個人情報を除く。第十九条において同じ。）であって、検索し得るものの開示の請求（以下「開示請求」という。）をすることができる。

大阪（開示請求）

第十二条　何人も、実施機関に対し、当該実施機関が現に保有している自己に関する個人情報（第六条第三項第一号及び第二号に規定する事務に係るものを除く。第二十一条第一項、第二十四条第一項及び第二十七条第一項において同じ。）であって、検索し得るものの開示を請求することができる。

2　未成年者又は禁治産者の法定代理人は、本人に代わって、前項の規定による請求（以下「開示請求」という。）をすることができる。

兵庫（開示請求）

第十四条　何人も、実施機関に対し、公文書又は磁気テープ等に記録されている自己の個人情報（前条第三項に規定する事務に係るものを除く。以下第二十九条第四項において同じ。）の開示（当該個人情報が存在しない場合にその旨を知らせることを含む。以下同じ。）の請求（以下「開示請求」という。）をすることができる。

2　未成年者又は禁治産者の法定代理人（以下「代理人」という。）は、本人

A　都道府県・個人情報保護条例　　　　　　8　自己情報の開示

に代わって開示請求をすることができる。ただし、本人が反対の意思を表示したときは、この限りでない。

鳥取（開示請求）

第十二条　何人も、実施機関に対して、当該実施機関の個人情報取扱事務に係る自己の個人情報（第六条第三項各号に掲げる事務に係るものを除く。第二十六条第二項及び第二十七条第一項において同じ。）について開示（個人情報が存在しないときにその旨を知らせることを含む。）の請求をすることができる。

2　前項の請求（以下「開示請求」という。）は、本人が請求することができないやむを得ない理由があると認められる場合には、代理人によってすることができる。

広島（開示請求）

第九条　何人も、実施機関に対し、当該実施機関が保有する個人情報取扱事務（第五条第五項に規定する事務を除く。以下同じ。）に係る自己に関する個人情報について開示（個人情報が存在しないときにその旨を知らせることを含む。以下同じ。）の請求をすることができる。

2　未成年者又は禁治産者の法定代理人は、本人に代わって前項の開示の請求（以下「開示請求」という。）をすることができる。

香川（開示請求）

第十三条　何人も、実施機関に対し、公文書又は磁気テープ等に記録されている自己の個人情報の開示（個人情報が存在しないときにその旨を知らせることを含む。以下同じ。）の請求（以下「開示請求」という。）をすることができる。ただし、前条第三項に規定する個人情報取扱事務に係るものについては、この限りでない。

2　未成年者又は禁治産者の法定代理人（以下「代理人」という。）は、本人に代わって開示請求をすることができる。

福岡（開示の請求）

第十条　何人も、実施機関に対し、当該実施機関が保有する個人情報取扱事務（前条第三項に規定する事務を除く。）に係る自己の個人情報（磁気テープ等に記録されている個人情報にあっては、現に使用しているプログラムを用いて出力できるものに限る。以下この章において同じ。）の開示を請求することができる。

2　未成年者又は禁治産者の法定代理人は、本人に代わって前項の規定による開示の請求（以下「開示請求」という。）をすることができる。

8 自己情報の開示　　I　都道府県・個人情報保護条例・項目別条文集

沖縄（開示の請求）

第十五条　何人も、実施機関に対し、当該実施機関が保有する自己の個人情報（以下「自己情報」という。）の開示を請求することができる。

2　未成年者又は禁治産者の法定代理人は、本人に代わって前項の規定による開示の請求（以下「開示請求」という。）をすることができる。

8 (2)　開示請求手続

北海道（開示請求の手続）

第十五条　開示請求をしようとする者は、実施機関に対して、次の事項を記載した開示請求書を提出しなければならない。
　一　氏名及び住所
　二　開示請求に係る個人情報を特定するために必要な事項
　三　前二号に定めるもののほか、実施機関が定める事項

2　開示請求をしようとする者は、実施機関に対して、自己が当該開示請求に係る個人情報の本人又はその法定代理人であることを証明するために必要な書類で実施機関が定めるものを提出し、又は提示しなければならない。

青森（開示請求の方法）

第十四条　開示請求をしようとする者は、次に掲げる事項を記載した書面を実施機関に提出しなければならない。
　一　氏名及び住所
　二　開示請求に係る個人情報を特定するために必要な事項
　三　その他実施機関が定める事項

2　開示請求をしようとする者は、自己が当該開示請求に係る個人情報の本人又はその法定代理人であることを証明するために必要な書類等で実施機関が定めるものを提出し、又は提示しなければならない。

宮城（開示請求の手続）

第十五条　開示請求をしようとする者は、次に掲げる事項を記載した開示請求書を実施機関に提出しなければならない。
　一　氏名及び住所
　二　開示請求をしようとする個人情報の特定に必要な事項
　三　その他実施機関が定める事項

2　開示請求をしようとする者は、自己が当該開示請求に係る個人情報の本人又はその法定代理人であることを証明するために必要な書類で実施

福島（開示請求の方法）

第十四条　開示請求をしようとする者は、次に掲げる事項を記載した請求書を実施機関に提出しなければならない。
　一　開示請求をしようとする者の氏名及び住所
　二　開示請求をしようとする個人情報を特定するために必要な事項
　三　前二号に定めるもののほか、実施機関が定める事項
２　開示請求をしようとする者は、実施機関に対して、自己が当該開示請求に係る個人情報の本人又はその法定代理人であることを証明するために必要な書類として実施機関が定めるものを提出し、又は提示しなければならない。

茨城（開示請求の手続）

第十六条　第十四条の規定に基づき開示請求をしようとする者は、実施機関に対して、次の各号に掲げる事項を記載した開示請求書を提出しなければならない。
　一　開示請求をする者の氏名及び住所
　二　開示請求に係る個人情報を特定するために必要な事項
　三　その他実施機関の定める事項
２　開示請求をしようとする者は、実施機関に対して、自己が当該開示請求に係る個人情報の本人又はその法定代理人であることを証明するために必要な書類その他の資料として実施機関が定めるものを提出し、又は提示しなければならない。

埼玉（開示請求の方法）

第十五条　第十二条第一項の規定により開示請求をしようとする者は、実施機関に対し、次に掲げる事項を記載した請求書を提出しなければならない。
　一　開示請求をしようとする者の氏名及び住所
　二　開示請求をしようとする個人情報を特定するために必要な事項
　三　その他実施機関が定める事項
２　開示請求をしようとする者は、自己が当該開示請求に係る個人情報の本人又はその法定代理人であることを確認するために必要な書類で実施機関が定めるものを実施機関に提出し、又は提示しなければならない。

千葉（開示請求の手続）

第十六条　開示請求をしようとする者は、次の各号に掲げる事項を記載し

た請求書を実施機関に提出しなければならない。
　一　開示請求をしようとする者の氏名及び住所
　二　法定代理人が開示請求をしようとする場合にあっては、本人の氏名及び住所
　三　開示請求をしようとする個人情報を特定するために必要な事項
　四　その他実施機関の定める事項
2　開示請求をしようとする者は、自己が開示請求に係る個人情報の本人又はその法定代理人であることを証明するために必要な書類として実施機関が定めるものを実施機関に提出し、又は提示しなければならない。

東京（個人情報の開示請求方法）
第十三条　前条の規定に基づき開示請求をしようとする者は、実施機関に対して、次に掲げる事項を記載した開示請求書を提出しなければならない。
　一　開示請求をしようとする者の氏名及び住所
　二　開示請求をしようとする個人情報を特定するために必要な事項
　三　前二号に掲げるもののほか、実施機関が定める事項
2　開示請求をしようとする者は、実施機関に対して、自己が当該開示請求に係る個人情報の本人又はその法定代理人であることを証明するために必要な書類で実施機関が定めるものを提出し、又は提示しなければならない。
3　実施機関は、開示請求書に形式上の不備があると認めるときは、開示請求をした者（以下「開示請求者」という。）に対し、相当の期間を定めて、その補正を求めることができる。この場合において、実施機関は、開示請求者に対し、補正の参考となる情報を提供するよう努めなければならない。

神奈川（開示の請求の手続）
第十六条　開示の請求をしようとする者は、当該開示の請求に係る個人情報を保有している実施機関に対して、次に掲げる事項を記載した請求書を提出しなければならない。
　一　開示の請求をしようとする者の氏名及び住所
　二　開示の請求に係る個人情報の内容
　三　その他実施機関が定める事項
2　開示の請求をしようとする者は、当該開示の請求をしようとする者が当該開示の請求に係る個人情報の本人であることを確認するために必要

な書類で実施機関が定めるものを提出し、又は提示しなければならない。

新潟（開示請求の方法）

第十五条　開示請求をしようとする者は、次の事項を記載した請求書を実施機関に提出しなければならない。

一　開示請求をしようとする者の氏名及び住所

二　法定代理人が開示請求をしようとする場合にあっては、本人の氏名及び住所

三　開示請求をしようとする個人情報を特定するために必要な事項

四　その他実施機関が定める事項

2　開示請求をしようとする者は、自己が当該開示請求に係る個人情報の本人又はその法定代理人であることを証明するために必要な書類で実施機関が定めるものを提出し、又は提示しなければならない。

長野（開示請求の方法）

第十三条　第十一条第一項又は第二項の規定により開示請求をしようとする者は、次に掲げる事項を記載した請求書を実施機関に提出しなければならない。ただし、実施機関があらかじめ定めた記録情報については、口頭により請求することができる。

一　請求者の氏名及び住所

二　個人情報ファイルの名称又は記録情報を特定するために必要な事項

三　記録情報の本人の氏名（第一号に掲げる氏名と異なる場合に限る。）

四　その他実施機関の定める事項

2　前項の場合において、開示請求をしようとする者は、自己が開示請求に係る記録情報の本人又はその法定代理人であることを明らかにするために必要な書類で実施機関が定めるものを提出し、又は提示しなければならない。

山梨（開示請求の方法）

第十五条　開示請求をしようとする者は、次に掲げる事項を記載した請求書を実施機関に提出しなければならない。

一　氏名及び住所

二　開示請求に係る個人情報を特定するために必要な事項

三　前二号に掲げるもののほか、規則で定める事項

2　前項の場合において、開示請求をしようとする者は、実施機関に対して、自己が当該開示請求に係る個人情報の本人又はその法定代理人であることを証明するために必要なものとして規則で定める書類を提出し、

又は提示しなければならない。

岐阜（開示請求の方法）

第十六条　開示請求をしようとする者は、実施機関に対し、次の事項を記載した請求書（以下「開示請求書」という。）を提出しなければならない。
　一　開示請求をしようとする者の氏名及び住所
　二　開示請求をしようとする者が代理人である場合は、本人の氏名及び住所
　三　開示請求に係る個人情報を特定するために必要な事項
　四　前三号に掲げるもののほか、実施機関が定める事項
2　開示請求をしようとする者は、実施機関に対し、自己が当該開示請求に係る個人情報の本人又はその代理人であることを証明するために必要な書類で実施機関が定めるものを提出し、又は提示しなければならない。

愛知（開示請求の手続）

第十四条　開示請求をしようとする者は、次の事項を記載した請求書を実施機関に提出しなければならない。ただし、実施機関があらかじめ定めた個人情報の開示請求については、口頭により行うことができる。
　一　開示請求をしようとする者の氏名及び住所
　二　開示請求に係る個人情報を特定するために必要な事項
　三　その他実施機関の定める事項
2　開示請求をしようとする者は、実施機関に、自己が当該開示請求に係る個人情報の本人又はその法定代理人であることを証明するために必要な書類で実施機関が定めるものを提出し、又は提示しなければならない。

滋賀（開示請求の方法）

第十二条　開示請求をしようとする者は、実施機関に対して、次に掲げる事項を記載した開示請求書を提出しなければならない。
　一　氏名および住所
　二　開示請求をしようとする個人情報を特定するために必要な事項
　三　前二号に掲げるもののほか、実施機関の定める事項
2　開示請求をしようとする者は、実施機関に対して、自己が当該開示請求に係る個人情報の本人またはその法定代理人であることを証明するために必要な書類で実施機関が定めるものを提出し、または提示しなければならない。

京都（開示請求の方法）

第十四条　開示請求をしようとする者は、次に掲げる事項を記載した請求

書を実施機関に提出しなければならない。
　一　開示請求をしようとする者の氏名及び住所
　二　開示請求に係る個人情報の内容
　三　前二号に掲げるもののほか、実施機関が定める事項
2　代理人によって開示請求をしようとするときは、その代理人は、前項に規定する請求書に、同項各号に掲げる事項のほか、その代理人の氏名及び住所を記載しなければならない。
3　開示請求をしようとする者は、実施機関に対して、自己が当該開示請求に係る個人情報の本人であることを証明するため、実施機関が定めるものを提出し、又は提示しなければならない。
4　代理人によって開示請求をしようとするときは、その代理人は、実施機関に対して、代理人の資格及び代理人本人であることを証明するため、実施機関が定めるものを提出し、又は提示しなければならない。

大阪（開示請求の方法）

第十六条　開示請求をしようとする者は、次に掲げる事項を記載した開示請求書を実施機関に提出しなければならない。
　一　氏名及び住所
　二　開示請求に係る個人情報を特定するために必要な事項
　三　前二号に掲げるもののほか、実施機関の定める事項
2　開示請求をしようとする者は、自己が当該開示請求に係る個人情報の本人又はその法定代理人であることを証明するために必要な資料で実施機関の定めるものを実施機関に提出し、又は提示しなければならない。

兵庫（開示請求の方法）

第十五条　開示請求をしようとする者は、次に掲げる事項を記載した請求書（以下「開示請求書」という。）を実施機関に提出しなければならない。
　一　開示請求をしようとする者の氏名及び住所
　二　開示請求をしようとする者が代理人である場合は、本人の氏名及び住所
　三　開示請求に係る個人情報を特定するために必要な事項
　三　前三号に掲げるもののほか、実施機関が定める事項
2　開示請求をしようとする者は、実施機関に対し、自己が当該開示請求に係る個人情報の本人又はその代理人であることを証明するために必要な書類で実施機関が定めるものを提出し、又は提示しなければならない。

8 自己情報の開示　　I　都道府県・個人情報保護条例・項目別条文集

鳥取（開示請求の方法）
第十三条　開示請求をしようとする者は、次に掲げる事項を記載した開示請求書を実施機関に提出しなければならない。
　一　開示請求をしようとする者の氏名及び住所
　二　開示請求に係る個人情報を特定するために必要な事項
　三　代理人によって開示請求をする場合は、その理由
　四　その他規則で定める事項
2　開示請求をしようとする者は、実施機関に、自己が当該開示請求に係る個人情報の本人又はその代理人であることを証明するために必要な書類として規則で定めるものを提出し、又は提示しなければならない。
3　実施機関は、開示請求書に形式上の不備があると認めるときは、開示請求をした者（以下「開示請求者」という。）に対し、相当の期間を定めて、その補正を求めなければならない。この場合において、実施機関は、開示請求者に対し、補正の参考となる情報を提供するよう努めなければならない。
4　実施機関は、前項の補正が正当な理由なく行われないときは、開示請求者に対し、開示請求に係る個人情報を開示しない旨の決定をするものとする。

広島（開示請求の方法）
第十条　開示請求をしようとする者は、次に掲げる事項を記載した開示請求書を実施機関に提出しなければならない。ただし、当該請求書を提出することが困難であると実施機関が認めるときは、この限りでない。
　一　開示請求をしようとする者の氏名及び住所
　二　開示請求をしようとする個人情報を特定するために必要な事項
　三　その他実施機関が定める事項
3　開示請求をしようとする者は、実施機関に、自己が当該開示請求に係る個人情報の本人又はその法定代理人であることを証明するために必要な書類として実施機関が定めるものを提出し、又は提示しなければならない。

香川（開示請求の方法）
第十四条　開示請求をしようとする者は、次に掲げる事項を記載した請求書（以下「開示請求書」という。）を実施機関に提出しなければならない。
　一　開示請求をしようとする者の氏名及び住所
　二　開示請求に係る個人情報を特定するために必要な事項

A 都道府県・個人情報保護条例　　　　8　自己情報の開示

　　三　前二号に掲げるもののほか、実施機関が定める事項
2　開示請求をしようとする者は、関示請求書を提出する際に、自己が当該開示請求に係る個人情報の本人又はその代理人であることを証明するために必要な書類として実施機関が定めるものを実施機関に提出し、又は提示しなければならない。

福岡（開示請求の方法）

第十一条　開示請求をしようとする者は、実施機関に対して、次に掲げる事項を記載した開示請求書を提出しなければならない。
　　一　氏名及び住所
　　二　開示請求をしようとする個人情報を特定するために必要な事項
　　三　その他実施機関が定める事項
2　開示請求をしようとする者は、実施機関に対して、自己が当該開示請求に係る個人情報の本人又はその法定代理人であることを証明するために必要な書類で実施機関が定めるものを提出し、又は提示しなければならない。

沖縄（開示の請求方法）

第十六条　開示の請求をしようとする者は、当該請求に係る個人情報を保有する実施機関に対して、次に掲げる事項を記載した請求書を提出しなければならない。
　　一　氏名及び住所
　　二　開示の請求に係る個人情報を特定するために必要な事項
　　三　その他実施機関が定める事項
2　開示の請求をしようとする者は、自己が当該開示請求に係る本人又はその法定代理人であることを証明するために必要な書類で、実施機関が定めるものを提出し、又は提示しなければならない。

8（3）　開示請求の特例

北海道（口頭による開示請求）

第二十三条　実施機関があらかじめ定めた個人情報については、第十五条第一項の規定にかかわらず、開示請求は、口頭により行うことができる。
2　実施機関は、前項の規定により口頭による開示請求があったときは、第十六条第一項の規定にかかわらず、直ちに当該個人情報の開示をするものとする。この場合において、個人情報の開示は、第二十一条第一項の規定にかかわらず、実施機関が別に定める方法により行うものとする。

8 自己情報の開示　　I　都道府県・個人情報保護条例・項目別条文集

青森（口頭による開示請求等）

第十八条　公文書又は磁気テープ等に記録されている個人情報のうち、開示請求があった場合において直ちに開示することができる個人情報として実施機関が定める個人情報については、第十四条第一項の規定にかかわらず、口頭により開示請求を行うことができる。

2　実施機関は、前項の規定により口頭による開示請求があったときは、前三条の規定にかかわらず、当該実施機関が別に定める方法により、直ちに当該開示請求に係る個人情報を開示しなければならない。

3　第十四条第二項の規定は、前項の規定により個人情報の開示を受ける者について準用する。

宮城（開示請求等の特例）

第十八条　実施機関が別に定める個人情報は、第十五条第一項の規定にかかわらず、口頭により開示請求を行うことができる。

2　実施機関は、前項の規定により口頭による開示請求があったときは、当該実施機関が別に定める方法により直ちに開示しなければならない。

福島（開示請求の特例）

第十七条　実施機関があらかじめ定めた個人情報について本人が開示請求をしようとするときは、第十四条第一項の規定にかかわらず、口頭により行うことができる。

2　前項の規定による開示請求をしようとする者は、実施機関に対して、自己が当該開示請求に係る個人情報の本人であることを証明するために必要な書類として実施機関が定めるものを提示しなければならない。

3　実施機関は、第一項の規定による開示請求があったときは、前二条の規定にかかわらず、実施機関が別に定める方法により直ちに開示するものとする。

茨城（簡易開示手続に関する特則）

第二十一条　開示請求があったときは直ちに開示することをあらかじめ実施機関において決定し、告示した個人情報に係る開示については、第十六条、第十七条第一項及び第三項、第十九条並びに前条の規定にかかわらず、実施機関において定めた簡易の手続によることができる。

埼玉（開示請求及び開示の特例）

第十八条　実施機関があらかじめ定めた個人情報について、本人が開示請求をしようとするときは、第十九条第一項の規定にかかわらず、口頭により行うことができる。

2 　前項の規定による開示請求をしようとする者は、第十五条第二項の規定にかかわらず、実施機関が別に定める書類を提示しなければならない。
3 　実施機関は、第一項の規定による開示請求があったときは、前二条の規定にかかわらず、直ちに本人であることを確認し、実施機関が別に定める方法により、開示するものとする。

千葉（開示請求及び開示の特例）

第二十一条 　実施機関があらかじめ定めた個人情報については、第十六条第一項の規定にかかわらず、開示請求は、口頭により行うことができる。
2 　実施機関は、前項の規定により口頭による開示請求があったときは、当該開示請求に係る個人情報を開示するかどうかの決定をしないで、直ちに開示するものとする。この場合において、開示は、第十九条第二項及び第三項に規定にかかわらず、実施機関が別に定める方法により行うものとする。
3 　第十六条第二項及び第十九条第一項の規定は、第一項の規定による口頭による開示請求について準用する。

神奈川（開示の請求の特例）

第十九条 　実施機関があらかじめ定めた個人情報については、第十六条第一項の規定にかかわらず、開示の請求は、口頭により行うことができる。
2 　実施機関は、前項の規定によりあらかじめ定めた個人情報について開示の請求があったときは、第十七条及び前条第一項の規定にかかわらず、開示又は不開示の決定をしないで、速やかに、同項及び同条第二項に規定する方法により開示をするものとする。

新潟（開示請求等の特例）

第二十一条 　実施機関があらかじめ定めた個人情報について、本人が開示請求をしようとするときは、第十五条第一項の規定にかかわらず、口頭により行うことができる。
2 　前項の規定による開示請求をしようとする者は、第十五条第二項の規定にかかわらず、実施機関に対して、自己が当該開示請求に係る個人情報の本人であることを証明するために必要な書類で実施機関が定めるものを提示しなければならない。
3 　実施機関は、第一項の規定による開示請求があったときは、第十六条から第十八条までの規定にかかわらず、実施機関が別に定める方法により直ちに開示しなければならない。

山梨（開示請求の特例）

第十八条 実施機関があらかじめ定めた個人情報については、第十五条第一項の規定にかかわらず、口頭により開示請求をすることができる。

2 実施機関は、前項の規定により開示請求があったときは、第十六条及び前条第一項の規定にかかわらず、直ちに開示をするものとする。この場合において、開示の方法は、同条第二項の規定にかかわらず、実施機関が別に定めるところによるものとする。

滋賀（開示請求および開示の特例）

第十六条 実施機関があらかじめ定めた個人情報については、第十二条第一項の規定にかかわらず、開示請求は、口頭により行うことができる。

2 前項に規定する口頭による開示請求があった場合における当該個人情報の開示については、第十四条第一項ならびに前条第二項および第二項の規定にかかわらず、実施機関の定める方法によるものとする。

京都（簡易開示の手続）

第十八条 実施機関があらかじめ定めた個人情報については、第十四条第一項及び第二項の規定にかかわらず、口頭により開示請求をすることができる。

2 実施機関は、前項の規定による開示請求があったときは、第十五条の規定にかかわらず、遅滞なく開示するものとする。この場合において、開示の方法は、第十六条第二項及び第三項の規定にかかわらず、実施機関が別に定める方法によるものとする。

3 第十四条第三項及び第四項の規定は、前項の規定により個人情報の開示を受ける者について準用する。

大阪（開示請求等の特例）

第十九条 実施機関があらかじめ定めた個人情報について本人が開示請求をしようとするときは、第十六条第一項の規定にかかわらず、口頭により行うことができる。

2 前項の開示請求をしようとする者は、第十六条第二項の規定にかかわらず、自己が当該開示請求に係る個人情報の本人であることを証明するために必要な資料で実施機関の定めるものを実施機関に提示しなければならない。

3 実施機関は、第一項の開示請求があったときは、第十七条及び前条第一項の規定にかかわらず、直ちに開示するものとする。この場合において、個人情報の開示の方法は、前条第二項及び第二項の規定にかかわら

ず、実施機関が別に定めるところによるものとする。

兵庫（簡易な開示）

第二十条 実施機関があらかじめ定めた個人情報について、本人が開示請求をしようとするときは、第十五条第一項の規定にかかわらず、口頭によりすることができる。

2 　前項の規定により開示請求をしようとする者は、第十五条第二項の規定にかかわらず、実施機関に対し、自己が当該開示請求に係る個人情報の本人であることを証明するために必要な書類で実施機関が定めるものを提示しなければならない。

3 　実施機関は、第一項の規定により開示請求があったときは、第十六条及び前条第一項の規定にかかわらず、直ちに個人情報の開示をしなければならない。この場合において、当該個人情報の開示の方法は、同条第二項及び第三項の規定にかかわらず、実施機関が定める方法によるものとする。

鳥取（開示請求の方法等の特例）

第十九条 実施機関があらかじめ定める個人情報の開示請求は、第十三条第一項の規定にかかわらず、口頭により行うことができる。

2 　実施機関は、前項の規定による開示請求があったときは、第十四条及び第十五条の規定にかかわらず、当該実施機関が別に定めるところにより、直ちに個人情報を開示するものとする。

広島（開示請求の方法）

第十条

2 　実施機関があらかじめ定めた個人情報の開示請求については、前項の規定にかかわらず、口頭により行うことができる。

香川県（開示請求及び開示の特例）

第二十条 実施機関があらかじめ定めた個人情報の開示請求は、第十四条第一項の規定にかかわらず、口頭により行うことができる。

2 　実施機関は、前項の規定により開示請求があったときは、直ちに、当該開示請求をした者に対し、当該開示請求に係る個人情報の開示をしなければならない。この場合において、当該個人情報の開示は、実施機関が定める方法により行うものとする。

福岡（開示請求及び開示の特例）

第十六条 実施機関があらかじめ定めた個人情報については、第十一条第一項の規定にかかわらず、開示請求は、口頭により行うことができる。

8 自己情報の開示　Ⅰ 都道府県・個人情報保護条例・項目別条文集

2　実施機関は、前項の規定により口頭による開示請求があったときは、第十二条第一項の規定による開示をするかどうかの決定を行わず、直ちに開示するものとする。この場合において、開示の方法は実施機関が別に定めるところによるものとし、第十三条第二項及び第三項の規定は、適用しない。

沖縄（開示の請求及び開示の特例）
第二十一条　実施機関があらかじめ定めた個人情報については、第十六条第一項の規定にかかわらず、口頭により開示の請求をすることができる。
2　実施機関は、前項の規定により口頭による開示の請求があったときは、第十七条第一項の規定にかかわらず、直ちに開示するものとする。この場合において、開示の方法は、第十八条第二項から第四項までの規定にかかわらず、実施機関が別に定めるところによるものとする。

8（4）　部分開示

青森（開示しないことができる個人情報）
第十九条
2　実施機関は、開示請求に係る個人情報に前項各号のいずれかに該当する情報とそれ以外の情報とがある場合において、これらの情報を容易に、かつ、開示請求の趣旨が損なわれない程度に分離できるときは、当該各号のいずれかに該当する情報を除いて、開示しなければならない。

宮城（開示請求）
第十四条
5　実施機関は、開示請求に係る個人情報に前項各号のいずれかに該当する個人情報とそれ以外の個人情報とがある場合において、これら部分を容易に、かつ、開示請求の趣旨を損なわない程度に分離できるときは、同項各号のいずれかに該当する個人情報に係る部分を除いて、開示しなければならない。

福島（部分開示）
第十三条　実施機関は、開示の請求に係る個人情報に、前条各号のいずれかに該当することにより開示しないことができる個人情報とそれ以外の個人情報とがある場合において、これらの個人情報を容易に、かつ、開示請求の趣旨が損なわれない程度に分離できるときは、同条の規定にかかわらず、当該開示しないことができる個人情報を除いて開示しなければならない。

A　都道府県・個人情報保護条例　　　　　8　自己情報の開示

埼玉（部分開示）

第十四条　実施機関は、開示請求に係る個人情報が前条第一項各号又は第二項各号に該当する個人情報とそれ以外の個人情報とからなる場合において、これらの個人情報を容易に分離できるときは、同条第一項各号又は第二項各号に該当する個人情報を除いて、開示しなければならない。

千葉（部分開示）

第二十条　実施機関は、開示しようとする個人情報に、第十五条の規定により開示しないことができる個人情報とそれ以外の個人情報とがある場合において、これらの個人情報を容易に、かつ、開示請求の趣旨を損なわない程度に分離できるときは、同条の規定により開示しないことができる個人情報を除いて開示しなければならない。

東京（個人情報の一部開示）

第十七条　実施機関は、開示請求に係る個人情報に、前条各号のいずれかに該当することにより開示しないことができる個人情報（以下「非開示情報」という。）とそれ以外の個人情報とがある場合において、開示請求の趣旨が損なわれることがないと認めるときは、非開示情報を除いて、開示するものとする。

新潟（部分開示）

第二十条　実施機関は、開示請求に係る個人情報が前条各号のいずれかに該当することにより開示しないことができる個人情報とそれ以外の個人情報とからなる場合において、これらの個人情報を容易に、かつ、開示請求の趣旨を損なわない程度に分離できるときは、当該開示しないことができる個人情報を除いて、開示しなければならない。

山梨（開示をしないことができる個人情報）

第十四条

2　実施機関は、開示請求に係る個人情報に、前項各号のいずれかに該当することにより開示をしないことができる個人情報とそれ以外の個人情報とがある場合において、これらの部分を容易に分離することができ、かつ、当該分離により開示請求の趣旨が損なわれることがないと認めるときは、同項の規定にかかわらず、当該開示をしないことができる個人情報に係る部分を除いて、当該開示請求に係る個人情報の開示をするものとする。

岐阜（部分開示）

第十五条　実施機関は、開示請求に係る個人情報に前条の規定により開示

しないことができる情報が含まれている場合において、開示しないことができる情報に係る部分とそれ以外の部分とを容易に分離することができ、かつ、当該分離により請求の趣旨が損なわれることがないと認めるときは、当該開示しないことができる情報に係る部分を除いて、開示しなければならない。

大阪（部分開示）

第十五条　実施機関は、個人情報に次に掲げる個人情報が記録されている部分がある場合において、その部分を容易に、かつ、開示請求の趣旨を損なわない程度に分離できるときは、その部分を除いて、当該個人情報を開示しなければならない。

一　第十三条各号のいずれかに該当する個人情報
二　前条各号のいずれかに該当する個人情報で、当該個人情報が記録されていることによりその記録されている個人情報について個人情報を開示しないこととされるもの

兵庫（部分開示）

第十八条　実施機関は、開示請求に係る個人情報に前条各号のいずれかに該当することにより開示をしないことができる個人情報が含まれている場合において、当該開示をしないことができる個人情報に係る部分とそれ以外の部分を容易に、かつ、開示請求の趣旨を損なわない程度に分離できるときは、当該開示をしないことができる個人情報に係る部分を除いて、開示をしなければならない。

鳥取（部分開示）

第十七条　実施機関は、開示請求に係る個人情報に前条各号に掲げる情報（以下「非開示情報」という。）が含まれている場合において、非開示情報に係る部分とそれ以外の部分とを容易に分離でき、かつ、当該開示請求の趣旨を損なわないと認めるときは、当該非開示情報に係る部分を除いて、当該個人情報を開示しなければならない。

広島（部分開示）

第十四条　実施機関は、開示請求に係る個人情報に、前条各号のいずれかに該当することにより開示しないことができる個人情報とそれ以外の個人情報とがある場合において、これらの個人情報を容易に、かつ、開示請求の趣旨を損なわない程度に分離できるときは、開示しないことができる個人情報を除いて開示するものとする。

A　都道府県・個人情報保護条例　　　　　　　**8　自己情報の開示**

香川（一部開示）
第十七条　実施機関は、開示請求に係る個人情報に前条各号のいずれかに該当することにより開示をしないことができる個人情報が含まれているときは、当該開示をしないことができる個人情報を除いて開示をするものとする。

福岡（開示しないことができる個人情報）
第十五条
2　実施機関は、開示請求に係る個人情報に、前項各号のいずれかに該当することにより開示しないことができる個人情報とそれ以外の個人情報とがある場合において、これらの部分を容易に、かつ、開示請求の趣旨を損なわない程度に分離できるときは、当該開示しないことができる個人情報に係る部分を除いて、開示しなければならない。

沖縄（一部公開）
第二十条　実施機関は、開示の請求に係る個人情報に、前条各号のいずれかに該当することにより開示しないことができる個人情報とそれ以外の個人情報とが併せて記録されている場合において、これらを容易に分離することができ、かつ、当該分離により開示の請求の趣旨が損なわれることがないと認めるときは、開示しないことができる個人情報に係る部分を除いて開示しなければならない。

8 (5)　開示の決定と通知

北海道（開示請求に対する決定）
第十六条　実施機関は、前条第一項の開示請求書を受理したときは、受理した日の翌日から起算して十四日以内に、開示請求に係る個人情報につき次条及び第十八条に定めるところにより審査して、個人情報の開示をするかどうかを決定しなければならない。

2　実施機関は、やむを得ない理由により、前項に規定する期間内に同項の規定による決定をすることができないときは、その期間を延長することができる。この場合において、実施機関は、速やかに期間を延長する理由及び同項の規定による決定をすることができる時期を前条第一項の開示請求書を提出した者（以下「開示請求者」という。）に書面により通知しなければならない。

北海道（開示請求に対する決定の通知）
第十九条　実施機関は、第十六条第一項の規定による決定をしたときは、

速やかに開示請求者に書面により通知しなければならない。この場合において、実施機関は、開示請求に係る個人情報の開示をしないことと決定したときはその理由を、前二条の規定により開示をしないこととされる個人情報を除いて開示請求に係る個人情報の開示をすることと決定したときはその旨及び理由を併せて開示請求者に通知しなければならない。

2　実施機関は、開示請求に係る個人情報の開示をしないことと決定した場合において、当該個人情報の全部又は一部について開示をすることができる期日が明らかであるときは、その期日を前項の書面に付記するものとする。

青森（開示請求についての決定、通知等）

第十五条　実施機関は、開示請求があったときは、開示請求に係る個人情報を開示するかどうかの決定（以下「開示等の決定」という。）をし、開示等の決定の内容を開示請求をした者（以下「開示請求者」という。）に書面により通知しなければならない。

2　前項の規定による通知（以下「開示等の決定通知」という。）は、開示請求のあった日から十五日以内にしなければならない。

3　実施機関は、事務処理上の困難その他正当な理由により前項の期間内に開示等の決定通知をすることができないときは、必要な限度において、当該期間を延長することができる。この場合において、実施機関は、同項の期間内に、当該期間を延長する理由及び開示等の決定通知の期限を開示請求者に書面により通知しなければならない。

4　実施機関は、開示請求に係る個人情報の全部又は一部を開示しない旨の決定をした場合において、当該個人情報の全部又は一部を開示することができる期日が明らかであるときは、当該期日及び開示することができる個人情報の範囲を第一項の書面に記載しなければならない。

5　開示請求者は、第二項の期間内（第三項の規定により開示等の決定通知の期限が通知された場合にあっては、当該期限まで）に開示等の決定通知がないときは、個人情報を開示しない旨の決定があったものとみなすことができる。

6　実施機関は、開示請求に係る個人情報が存在しないときは、遅滞なく、その旨を開示請求者に書面により通知しなければならない。

宮城（開示請求に対する決定等）

第十六条　実施機関は、前条第一項の開示請求書が提出されたときは、当該開示請求書が提出された日から起算して十五日以内に、開示するかど

うかの決定をしなければならない。
2 　実施機関は、前項の決定をしたときは、開示請求者に対し、速やかにその旨を書面により通知しなければならない。
3 　実施機関は、第一項の規定により開示請求に係る個人情報の全部又は一部について開示しない旨の決定をしたときは、その理由（その理由がなくなる期日をあらかじめ明示することができるときは、その理由及び期日）を前項の書面に記載しなければならない。
4 　実施機関は、やむを得ない理由により第一項に規定する期間内に同項の決定をすることができないときは、当該期間延長することができる。この場合において、実施機関は、速やかに延長の期間及び理由を書面により開示請求者に通知しなければならない。
5 　実施機関は、前条第一項の開示請求書の提出があった場合において、開示請求に係る個人情報が存在しないときは、その旨及び存在しない理由を書面により開示請求者に通知しなければならない。

福島（開示請求に対する決定等）

第十五条　実施機関は、前条第一項の請求書を受理したときは、受理した日から起算して十五日以内に、開示請求に係る個人情報を開示するかどうかの決定をしなければならない。
2 　実施機関は、前項の決定をしたときは、速やかに、当該決定の内容を書面により前条第一項の請求書を提出した者（以下「開示請求者」という。）に通知しなければならない。
3 　実施機関は、開示請求に係る個人情報を開示しない旨の決定（第十三条の規定により開示請求に係る個人情報の一部を開示しないこととする場合の開示しない旨の決定を含む）をしたときは、前項の書面にその理由を記載しなければならない。この場合において、当該個人情報の全部又は一部について開示することができるようになる期日が明らかであるときは、当該期日を付記しなければならない。
4 　実施機関は、やむを得ない理由により、第一項に規定する期間内に同項の決定をすることができないときは、必要な限度においてその期間を延長することができる。この場合においては、実施機関は、速やかに、延長の期間及び理由を書面により開示請求者に通知しなければならない。
5 　実施機関は、第一項の請求書の提出があった場合において、開示請求に係る個人情報が存在しないときは、その旨を書面により開示請求者に通知しなければならない。

8 自己情報の開示　　Ⅰ　都道府県・個人情報保護条例・項目別条文集

茨城（開示請求に対する決定及び通知）

第十七条　実施機関は、前条第一項に規定する開示請求書の提出があったときは、開示請求書を受理した日から十五日以内に、開示請求に係る個人情報について開示又は不開示の決定を行わなければならない。

2　実施機関は、前項に規定する期間内に同項に規定する決定を行うことができないことについてやむを得ない理由があるときは、当該決定を延長することができる。この場合において、実施機関は、速やかに、その延長する理由を前条第一項に規定する開示請求書を提出した者（以下「請求者」という。）に書面により通知しなければならない。

3　実施機関は、開示又は不開示の決定を行ったときは、速やかに、当該決定の内容その他必要な事項を請求者に書面により通知しなければならない。

4　実施機関は、不開示の決定をする場合において、不開示の理由がなくなる期日をあらかじめ明示することができるときは、その期日を明らかにしなければならない。

埼玉（開示請求に対する決定等）

第十六条　実施機関は、開示請求があったときは、その開示請求を受けた日から起算して十五日以内に、当該開示請求に係る個人情報を開示をするかどうかを決定しなければならない。

2　実施機関は、事務処理上の困難その他正当な理由により前項に規定する期間内に同項の規定による決定をすることができないときは、その期間を延長することができる。この場合において、実施機関は、速やかに、開示請求をした者（以下「開示請求者」という。）に対し、その延長の理由及び期間を通知しなければならない。

3　実施機関は、第一項の規定による決定をしたときは、速やかに、開示請求者に対し、当該決定の内容を通知しなければならない。この場合において、当該開示請求に係る個人情報の全部又は一部について開示しないことと決定したときは、その旨及び理由（その理由がなくなる時期を明らかにすることができるときは、理由及び時期）を記載した書面により通知しなければならない。

千葉（開示請求に対する決定等）

第十七条　実施機関は、前条第一項に規定する請求書を受理したときは、当該請求書を受理した日から起算して十五日以内に、開示請求に係る個人情報を開示するかどうかの決定をしなければならない。

A　都道府県・個人情報保護条例　　　　　　8　自己情報の開示

2　実施機関は、前項の決定をしたときは、開示請求者に対し、速やかに、書面により当該決定の内容を通知しなければならない。
3　実施機関は、第一項の規定により開示をする旨の決定をしたときは、当該開示をする日時及び場所を前項の書面に記載しなければならない。
4　実施機関は、第一項の規定により開示をしない旨の決定をしたときは、その理由を第二項の書面に記載しなければならない。この場合において、当該理由が消滅する期日をあらかじめ明らかにすることができるときは、その期日を同項の書面に記載しなければならない。
5　実施機関は、やむを得ない理由により第一項に規定する期間内に同項の決定をすることができないときは、同項の規定にかかわらず、当該期間を延長することができる。この場合において、実施機関は、速やかに、書面により当該期間を延長する理由及び当該決定をすることができる期日を開示請求者に通知しなければならない。
6　実施機関は、前条第一項に規定する請求書の提出があった場合において、開示請求に係る個人情報が存在しないときは、その旨を書面により開示請求者に通知しなければならない。

東京（個人情報の開示請求に対する決定）
第十四条　実施機関は、開示請求があった日から十四日以内に、開示請求者に対して、開示請求に係る個人情報の全部若しくは一部を開示する旨の決定（以下「開示決定」という。）又は開示しない旨の決定（第十七条の二の規定により開示請求を拒否するとき及び開示請求に係る個人情報が記録された公文書を保有していないときを含む。）をしなければならない。ただし、前条第三項の規定により補正を求めた場合にあっては、当該補正に要した日数は、当該期間に算入しない。
2　実施機関は、前項の決定（以下「開示決定等」という。）をしたときは、開示請求者に対し、遅滞なく書面によりその旨を通知しなければならない。
3　実施機関は、やむを得ない理由により、第一項に規定する期間内に開示決定等をすることができないときは、開示請求書があった日から六十日を限度としてその期間を延長することができる。この場合において、実施機関は、速やかに延長後の期間及び延長の理由を開示請求者に通知しなければならない。
4　実施機関は、第一項の規定により開示請求に係る個人情報の全部又は一部を開示しないときは、開示請求者に対し、第二項に規定する書面に

よりその理由を示さなければならない。この場合において、当該理由の提示は、開示しないこととする根拠規定及び当該規定を適用する根拠が、当該書面の記載自体から理解され得るものでなければならない。

5 実施機関は、開示決定等をする場合において、当該決定に係る個人情報に当該実施機関以外のものとの間における協議、協力等により作成し、又は取得した個人情報があるときは、あらかじめ、これらのものの意見を聴くことができる。

6 実施機関は、開示請求に係る個人情報に開示請求者以外のものに関する情報が含まれている場合は、開示決定等に先立ち、当該開示請求者以外のものに対し、開示請求に係る個人情報が記録された公文書の表示その他実施機関が定める事項を通知して、意見書を提出する機会を与えることができる。

7 実施機関は、前項の規定により意見書の提出の機会を与えられた開示請求者以外のもの（都、国及び他の地方公共団体を除く。第二十四条から第二十四条の三までにおいて同じ。）が当該個人情報の開示に反対の意思を表示した意見書を提出した場合において、開示決定をするときは、開示決定の日と開示をする日との間に少なくとも二週間を置かなければならない。この場合において、実施機関は、開示決定後直ちに当該意見書（第二十四条及び第二十四条の二において「反対意見書」という。）を提出したものに対し、開示決定をした旨及びその理由並びに開示をする日を書面により通知しなければならない。

神奈川（開示の請求に対する決定等）

第十七条 実施機関は、開示の請求があったときは、当該開示の請求があった日から起算して十五日以内に、当該開示の請求について開示又は不開示の決定をしなければならない。ただし、当該期間内に決定をすることができないことについてやむを得ない理由があるときは、その理由がやんだ後、決定をすることができる。

2 実施機関は、前項の決定をしたときは、その旨を請求者に書面で通知しなければならない。

3 前項の場合において、不開示の決定をしたときは、その理由を併せて通知しなければならない。この場合において、当該理由がなくなる期日をあらかじめ明示することができるときは、その日を明らかにしなければならない。

A　都道府県・個人情報保護条例　　　　　　　**8　自己情報の開示**

新潟（開示請求に対する決定等）

第十六条　実施機関は、開示請求があったときは、当該開示請求があった日から起算して十五日以内に、当該開示請求に係る個人情報を開示するかどうかの決定をしなければならない。

2　実施機関は、前項の決定をしたときは、速やかに、当該決定の内容を開示請求をした者（以下「開示請求者」という。）に書面により通知しなければならない。

3　実施機関は、第一項の規定により個人情報を開示しない旨の決定（第二十条の規定により個人情報の一部を開示する場合の当該開示する旨の決定を含む。）をしたときは、前項の書面にその理由を記載しなければならない。この場合において、当該理由がなくなる期日をあらかじめ明示することができるときは、当該期日を同項の書面に付記しなければならない。

4　実施機関は、やむを得ない理由により、第一項に規定する期間内に同項の決定をすることができないときは、当該期間を延長することができる。この場合において、実施機関は、速やかに、延長する期間及び理由を開示請求者に通知しなければならない。

長野（開示請求に対する決定等）

第十四条　実施機関は、前条第一項の規定による請求書の提出があったときは、当該請求書の提出があった日から起算して十五日以内に請求に係る記録情報について開示をするかどうかを決定し、速やかに請求者に対し、書面により通知しなければならない。

2　前項の場合において、開示請求に係る記録情報の全部又は一部について開示をしないことと決定したときは、その理由（その理由がなくなる期日を明示できるときはその理由及び期日）を併せて通知するものとする。

3　実施機関は、やむを得ない理由により、第一項の期間内に決定することができないときは、同項の規定にかかわらず、当該決定を延期して行うことができる。この場合においては、当該延期の理由及び決定できる時期を請求者に通知しなければならない。

山梨（開示請求に対する決定）

第十六条　実施機関は、前条第一項の規定による請求書の提出があったときは、当該請求書を受理した日から起算して十五日以内に、開示請求に係る個人情報の開示をするかどうかの決定をしなければならない。

2　実施機関は、前項の決定をしたときは、速やかに書面によりその旨を請求者に通知しなければならない。この場合において、開示請求に係る

個人情報の開示をしない旨の決定をしたときは、その理由を付記しなければならない。

3　実施機関は、やむを得ない理由により第一項の期間内に同項の決定をすることができないときは、十五日を限度としてその期間を延長することができる。この場合において、実施機関は、速やかに、書面により延長する理由及び期日を請求者に通知しなければならない。

岐阜（開示請求に対する決定等）

第十七条　実施機関は、開示請求書の提出があったときは、当該開示請求書の提出があった日から起算して十五日以内に、開示請求に係る個人情報の開示をするかどうかの決定をしなければならない。

2　実施機関は、前項の決定をしたときは、速やかに、書面により当該決定の内容を当該開示請求書を提出した者（以下「開示請求書提出者」という。）に通知しなければならない。ただし、当該開示請求書の提出があった日に、開示請求に係る個人情報の開示をする旨の決定をし、当該個人情報を開示するときは、この限りでない。

3　実施機関は、やむを得ない理由により、第一項に規定する期間内に同項の決定をすることができないときは、当該期間を延長することができる。この場合において、実施機関は、速やかに、書面によりその延長する理由及び期間を開示請求書提出者に通知しなければならない。

4　実施機関は、開示請求に係る個人情報の開示をしない旨の決定（第十五条の規定に基づき、開示請求に係る個人情報の一部を開示しないこととする場合の当該開示しない旨の決定を含む。）をしたときは、第二項の書面にその理由を記載しなければならない。この場合において、当該理由がなくなる期日をあらかじめ明示することができるときは、当該書面にその期日を併せて記載しなければならない。

愛知（開示請求に対する決定等）

第十五条　実施機関は、前条第一項に規定する請求書を受理したときは、当該請求書を受理した日から起算して十五日以内に、開示請求に係る個人情報の開示をするかどうかの決定をしなければならない。

2　実施機関は、前項の決定をしたときは、速やかに、書面により当該決定の内容を請求者に通知しなければならない。

3　実施機関は、やむを得ない理由により第一項に規定する期間内に同項の決定をすることができないときは、当該期間を、当該期間の満了する日の翌日から起算して三十日を限度として延長することができる。この

場合において、実施機関は、速やかに、書面によりその延長する理由及び期間を請求者に通知しなければならない。

4　第二項の場合において、実施機関は、開示請求に係る個人情報の全部又は一部について開示をしない旨の決定をしたときは、同項の書面に、当該決定の理由（当該決定の理由がなくなる期日をあらかじめ明示することができるときは、当該決定の理由及び当該期日）を付記しなければならない。

滋賀（開示請求に対する決定および通知）

第十四条　実施機関は、開示請求書を受理したときは、当該開示請求書を受理した日から起算して十五日以内に、当該開示請求に係る個人情報の開示をするかどうかの決定をしなければならない。

2　実施機関は、やむを得ない理由により前項の期間内に同項の決定をすることができないときは、同項の期間を延長することができる。この場合において、実施機関は、速やかに当該延長の期間および理由を開示請求者に通知しなければならない。

3　実施機関は、第一項の決定をしたときは、速やかに当該決定の内容を開示請求者に書面により通知しなければならない。

4　前項の場合において、実施機関は、開示請求に係る個人情報の全部または一部について開示をしない旨の決定をしたときは、その理由を同項の書面に記載しなければならない。この場合において、実施機関は、当該理由が消滅する期日をあらかじめ明示することができるときは、その期日を明らかにしなければならない。

京都（開示請求に対する決定等）

第十五条　実施機関は前条第一項に規定する請求書が実施機関に提出されたときは、当該請求書が提出された日から起算して十五日以内に、当該請求についての決定をしなければならない。

2　実施機関は、前項に規定する決定をしたときは、速やかに、その決定の内容を当該請求書を提出した者（以下「開示請求者」という。）に書面により通知しなければならない。

3　実施機関は、やむを得ない理由により、第一項に規定する期間内に同項に規定する決定をすることができないときは、当該請求書が提出された日から起算して六十日を限度として、その期間を延長することができる。この場合において、実施機関は、速やかに、延長の期間及び理由を開示請求者に書面により通知しなければならない。

4 第一項に規定する期間（前項の規定により期間が延長された場合にあっては、その延長された期間）内に、実施機関が第一項に規定する決定をしないときは、開示請求者は、当該請求に係る個人情報を開示しない旨の決定があったものとみなすことができる。

5 実施機関は、第一項に規定する決定（全部を開示する旨の決定を除く。）の内容を第二項の規定により通知するときは、その決定を理由を付記しなければならない。この場合において、実施機関は、その理由が消滅する期日をあらかじめ明示できるときは、当該書面にその期日を付記しなければならない。

6 実施機関は、第一項に規定する決定をするに当たって、開示請求に係る個人情報に開示請求者及び府以外のものに関する情報が含まれている場合において、必要があると認めるときは、あらかじめ、当該開示請求者及び府以外のものの意見を聴くことができる。

大阪（開示請求に対する決定等）

第十七条　実施機関は、前条第一項に規定する開示請求あったときは、当該開示請求を受理した日（実施機関が、この条例に定められた請求の形式上の要件に適合するものとして受領した日をいう。第二十三条第一項（第二十六条において準用する場合を含む。）において同じ。）から起算して十五日以内に、開示請求に係る個人情報の開示をするかどうかの決定を行わなければならない。

2 実施機関は、前項に規定する期間内に同項に規定する決定を行うことができないことにつき正当な理由があるときは、その期間を十五日を限度として延長することができる。この場合において、実施機関は、速やかに、当該延長の理由等を開示請求者に通知しなければならない。

3 実施機関は、第一項に規定する決定を行ったときは、速やかに、当該決定の内容を開示請求者に通知しなければならない。

4 前項の場合において、実施機関は、個人情報を開示しないことの決定を行った旨の通知をするときは、その決定の理由を付記した書面により、これをしなければならない。この場合において、当該個人情報が、第十五条各号に掲げる個人情報に該当しなくなる期日をあらかじめ明示することができるときは、その期日を当該書面に付記しなければならない。

5 第一項に規定する期間（第二項の規定により当該期間が延長された場合にあっては、当該延長後の期間）内に、実施機関が個人情報を開示するかどうかの決定を行わないときは、開示請求者は、個人情報を開示しないこと

とする処分があったものとみなすことができる。

6　実施機関は、第一項に規定する決定を行う場合において、当該決定に係る個人情報に開示請求者以外のものに関する情報が含まれているときは、あらかじめ、当該開示請求者以外のものの意見を聴くことができる。

兵庫（開示請求に対する決定等）

第十六条　実施機関は、開示請求書の提出があったときは、当該開示請求書が提出された日から起算して十五日以内に、開示請求に係る個人情報の開示をするかどうかの決定（第十八条の規定による決定を含む。）をしなければならない。

2　実施機関は、やむを得ない理由により前項の期間内に同項の決定をすることができないときは、開示請求書が提出された日から起算して六十日を限度として、その期間を延長することができる。この場合において、実施機関は、当該延長の期間及び理由を当該開示請求書を提出した者(以下「開示請求者」という。)に通知しなければならない。

3　前項の規定により第一項の期間が延長された場合において、当該延長に係る期間内に同項の決定がなされないときは、開示請求者は、当該延長に係る期間が経過した日において開示請求に係る個人情報の開示をしない旨の決定があったものとみなすことができる。

4　実施機関は、第一項の決定をしたときは、その内容を開示請求者に通知しなければならない。

5　前項の場合において、実施機関は、開示請求に係る個人情報の開示をしない旨の決定（第十八条の規定による決定を含む。）をしたときは、その理由を明らかにしなければならない。この場合において、時の経過等によって当該理由が消滅することをあらかじめ明示できるときは、その旨を明らかにしなければならない。

6　実施機関は、第一項の決定をするに当たっては、開示請求に係る個人情報に第三者に関する情報が含まれている場合において、必要があると認めるときは、あらかじめ、当該第三者の意見を聴くことができる。

鳥取（開示請求に対する決定等）

第十四条　実施機関は、前条第一項の開示請求書が提出された場合は、開示請求に係る個人情報が存在しないときを除き、当該開示請求書が提出された日から起算して十五日以内に、開示請求に係る個人情報を開示するかどうかの決定をしなければならない。ただし、前条第三項の規定により補正を求めた場合にあっては、当該補正に要した日数は、当該期間

に算入しない。

2　前項の規定にかかわらず、実施機関は、やむを得ない理由があるときは、同項に規定する期間を三十日以内に限り延長することができる。この場合において、実施機関は、速やかに、開示請求者に対して、延長する理由及び期間を書面により通知しなければならない。

3　実施機関は、第一項の決定をしたときは、速やかに、開示請求者に対して、当該決定の内容を書面により通知しなければならない。この場合において、個人情報を開示しない旨の決定(第十七条の規定に基づき、開示請求に係る個人情報の一部を開示しないこととする場合の当該開示しない旨の決定を含む。)をしたときは、当該決定の理由及び当該決定の理由がなくなる期日をあらかじめ明示することができる場合にあっては、当該期日を付記しなければならない。

5　実施機関は、前条第一項の開示請求書が提出された場合において、開示請求に係る個人情報が存在しないときは、第一項に規定する期間内に、開示請求者に対して、当該個人情報が存在しない旨及びその理由を書面により通知しなければならない。

6　第二項の規定は、前項の通知を第一項に規定する期間内にすることができないやむを得ない理由がある場合について準用する。

広島　(開示請求に対する決定等)

第十一条　実施機関は、前条第一項の開示請求があったときは、当該開示請求があった日から起算して十五日以内に、開示請求に係る個人情報を開示するかどうかの決定をしなければならない。

2　実施機関は、やむを得ない理由により前項に規定する期間内に同項の決定をすることができないときは、同項の規定にかかわらず、その期間を延長することができる。この場合において、実施機関は、速やかに、書面によりその延長する理由及び期間を前条第一項の請求書を提出した者（以下「請求者」という。）に通知しなければならない。

3　実施機関は、第一項の決定をしたときは、速やかに、書面により当該決定の内容を請求者に通知しなければならない。ただし、当該決定の内容が開示請求に係る個人情報を開示する旨であって、前条第一項の開示請求があった日に開示するときは、口頭により通知することができる。

4　前項の場合において、実施機関は、開示請求に係る個人情報の全部又は一部について開示しない旨の決定をしたときは、同項の書面に、その理由を付記しなければならない。この場合において、当該理由がなくな

A 都道府県・個人情報保護条例　　　　　8 自己情報の開示

る期日をあらかじめ明らかにすることができるときは、その期日を同項の書面に記載しなければならない。
6 第十条第二項の開示請求については、前各項の規定は適用しない。

香川（開示請求に対する決定等）
第十五条 実施機関は、開示請求書の提出があったときは、当該開示請求書が提出された日から起算して十五日以内に、開示請求に係る個人情報の開示をするかどうかの決定をしなければならない。
2 実施機関は、前項の決定をしたときは、速やかに、開示請求書の提出をした者（以下「開示請求者」という。）に対し、その旨を書面により通知しなければならない。
3 実施機関は、やむを得ない理由により、第一項に規定する期間内に同項の決定をすることができないときは、その期間を延長することができる。この場合において、実施機関は、速やかに、開示請求者に対し、当該延長後の期間の満了日及び当該延長の理由を書面により通知しなければならない。
4 実施機関は、第一項の規定により開示をしない旨の決定をしたときは、第二項の書面にその理由を付記しなければならない。この場合において、当該理由が消滅する期日をあらかじめ明示することができるときは、併せてその期日を付記しなければならない。

福岡（開示請求に対する決定等）
第十二条 実施機関は、前条第一項の開示請求書が到達した日から起算して十五日以内に、開示請求に係る個人情報について開示するかどうかの決定をしなければならない。
2 実施機関は、前項の決定をしたときは、開示請求をした者（以下「開示請求者」という。）に対し、遅滞なく当該決定の内容を書面により通知しなければならない。
3 実施機関は、事務処理上の困難その他正当な理由により第一項に規定する期間内に同項の決定をすることができないときは、その期間を前条第一項の開示請求書が到達した日から起算して三十日を限度として延長することができる。この場合において、実施機関は、直ちに、延長する旨及びその理由を開示請求者に通知しなければならない。

沖縄（開示の請求に対する決定等）
第十七条 実施機関は、前条第一項の請求書を受理した日から起算して十五日以内に、開示の請求に係る個人情報を開示する旨又は開示しない旨

の決定をしなければならない。
2　実施機関は、前項の決定をしたときは、前条第一項の請求書を提出した者（以下「開示請求者」という。）に対し、遅滞なく、書面により提出しなければならない。
3　実施機関は、第一項の規定による開示しない旨の決定（第二十条の規定により、開示の請求に係る個人情報の一部を開示しないこととする場合の当該開示しない旨の決定を含む。）の通知をするときは、前項の規定による書面に開示しない理由を記載しなければならない。この場合において、実施機関は、当該理由がなくなる期日をあらかじめ明示することができるときは、その期日を当該書面に記載しなければならない。
4　実施機関は、やむを得ない理由により、第一項に規定する期間内に同項の決定をすることができないときは、前条第一項の請求書を受理した日から起算して三十日を限度としてその期間を延長することができる。この場合において、実施機関は、遅滞なく、延長の期間及び理由を開示請求者に書面により通知しなければならない。

8（6）　開示の方法

北海道（自己に関する個人情報の開示の実施）
第二十一条　実施機関は、第十六条第一項の規定による開示請求に係る個人情報の開示の決定をしたときは、次の各号に掲げる個人情報の区分に応じ当該各号に定める方法により開示を行うものとする。
　一　文書等に記録されている個人情報　当該文書等の閲覧又は写しの交付
　二　磁気テープ等に記録されている個人情報　当該磁気テープ等から現に使用しているプログラムを用いて印字装置により出力した物の閲覧又は写しの交付
　三　録画テープ又は録音テープに記録されている個人情報　当該録画テープ又は録音テープの視聴
2　個人情報の開示は、個人情報の開示をすることと決定された個人情報（以下「開示する個人情報」という。）を保管している事務所の所在地（以下「開示する個人情報の所在地」という。）において、実施機関が第十九条第一項の規定による通知の際に指定する日時及び場所で行うものとする。
3　実施機関は、開示請求者の住所が開示する個人情報の所在地から遠隔の地にあること等により開示請求者が開示する個人情報の所在地におい

A　都道府県・個人情報保護条例　　　　　　8　自己情報の開示

て開示する個人情報を閲覧することが著しく困難であると認められる場合であって、開示する個人情報が記録されている文書等又は磁気テープ等から印字装置により出力された物の写しを開示する個人情報の所在地以外の地に送付することにより個人情報の開示をすることができるときは、前二項の規定にかかわらず、開示する個人情報の所在地以外の地の実施機関が指定する場所で、当該写しの閲覧又は写しの交付により開示する個人情報の開示をすることができる。

4　実施機関は、文書等に記録されている個人情報の開示をすることにより当該文書等を汚損し、又は破損するおそれがある等当該文書等の保存に支障があると認められるときその他合理的な理由があるときは、当該文書等の写しの閲覧又は写しの交付により開示する個人情報の開示をすることができる。

5　第十五条第二項の規定は、個人情報の開示を受ける者について準用する。

青森（開示の実施）

第十七条　実施機関は、第十五条第一項の規定により個人情報を開示する旨の決定をしたときは、開示請求者に対し、次の各号に掲げる個人情報の区分に応じ、それぞれ当該各号に定める方法により、速やかに当該個人情報を開示しなければならない。

一　公文書に記録されている個人情報　当該個人情報が記録されている公文書の閲覧又は写しの交付

二　磁気テープ等に記録されている個人情報　当該個人情報が記録されている磁気テープ等から印字装置により出力した物の閲覧又は写しの交付

2　前項の規定による個人情報の開示は、その写しを送付する場合を除き、実施機関が開示等の決定通知の際に指定する日時及び場所において行う。

3　実施機関は、第一項の規定により個人情報を開示する場合において、公文書を直接閲覧に供することにより当該公文書が汚損され、又は破損されるおそれがあるとき、公文書又は磁気テープ等から印字装置により出力した物の一部を開示するときその他相当の理由があるときは、当該公文書又は磁気テープ等から印字装置により出力した物に代えて、これらを複写した物を閲覧に供し、又はその写しを交付することができる。

4　第十四条第二項の規定は、第一項の規定により個人情報の開示を受ける者について準用する。

8 自己情報の開示　　Ⅰ　都道府県・個人情報保護条例・項目別条文集

宮城（開示の方法）

第十七条　実施機関は、前条第一項の規定により個人情報を開示する旨の決定をしたときは、開示請求者に対し、文書、図画又は写真については閲覧又は写しの交付により、スライドフィルム又は電磁的記録についてはその種別、情報化の進展状況等を勘案して実施機関が別に定める方法により、速やか当該個人情報を開示しなければならない。

2　閲覧の方法による行政文書の開示にあっては、実施機関は、前項の規定により個人情報を開示する場合に、当該行政文書を汚損し、又は破損するおそれがあると認めるときその他正当な理由があるときは、同項の規定にかかわらず、その写しにより、これを行うことができる。

3　第十五条第二項の規定は、第一項の規定により個人情報の開示を受ける者について準用する。

福島（開示の実施）

第十六条　実施機関は、前条第一項の規定により個人情報を開示する旨の決定をしたときは、速やかに、開示請求者に対して当該個人情報を開示しなければならない。

2　個人情報の開示は、次の各号に掲げるものの区分に応じ、当該各号に定める方法により行うものとする。

　一　公文書に記録されている個人情報　当該公文書の当該個人情報に係る部分の閲覧又は写しの交付（マイクロフィルムの写しの交付を除く。）

　二　磁気テープ等に記録されている個人情報　当該磁気テープ等の当該個人情報に係る部分を印字装置により出力した物の閲覧又は写しの交付

　三　録画テープ又は録音テープに記録されている個人情報　当該録画テープ又は録音テープの当該個人情報に係る部分を再生装置により再生したものの視聴

　四　その他の物に記録されている個人情報　前三号により規定する方法に準ずる方法

3　実施機関は、前項第一号に規定する方法により開示する場合において、開示請求に係る公文書を開示をすることにより当該公文書が汚損し、又は破損するおそれがあるときその他相当の理由があるときは、当該公文書の開示に代えて、当該公文書を複写した物の閲覧又は写しの交付により開示することができる。

4　第十四条第二項の規定は、個人情報の開示を受ける者について準用す

A　都道府県・個人情報保護条例　　　　　8　自己情報の開示

る。

茨城（開示の実施）

第十九条　実施機関は、開示の決定を行ったときは、速やかに、請求者に対して、当該開示の決定に係る個人情報を開示しなければならない。ただし、当該個人情報が前条第二項の規定に基づき開示の決定の内容を通知しなければならない第三者に関するものであるときは、同項に規定する通知をした日から十日をした経過するまでは、この限りでない。

2　第十六条第二項の規定は、前項の規定により開示を受ける者について準用する。

茨城（開示の方法）

第二十条　開示は、次の各号に掲げる開示請求に係る個人情報の区分に応じ、それぞれ当該各号に定める方法により行うものとする。

一　開示請求に係る個人情報が公文書に記録されているとき。当該公文書の閲覧又は写しの交付

二　開示請求に係る個人情報が磁気テープ等に記録されているとき。当該個人情報を印字装置により出力した物の閲覧又は写しの交付

三　開示請求に係る個人情報が存在しないとき。書面によりその旨を知らせること。

2　前項第一号に該当する場合において、当該公文書が汚損され、又は破損されるおそれがあるときその他相当な理由のあるときは、当該公文書の写しにより行うことができる。

埼玉（開示の実施及び方法）

第十七条　実施機関は、前条第一項の規定により開示することと決定したときは、速やかに、開示請求者に対し、当該個人情報を開示しなければならない。

2　前条第三項の規定による通知により開示することとされた個人情報の開示を受けようとする者は、自己が当該個人情報の本人又はその法定代理人であることを確認するために必要な書類で実施機関が定めるものを実施機関に提出し、又は提示しなければならない。

3　個人情報の開示の方法は、公文書の閲覧、写しの交付又は視聴とし、開示請求者の求める方法によるものとする。

4　実施機関は、開示請求者が公文書の写しの交付又は視聴を求めた場合において、写しを交付し、又は視聴をさせることが困難であるときは、他の開示の方法により開示することができる。

5　実施機関は、公文書の保管のため必要があるとき、その他相当の理由があるときは、その写しにより閲覧又は視聴をさせることができる。
6　公文書の閲覧又は視聴は、実施機関の定めるところに従い、行わなければならない。

千葉（開示の実施）

第十九条　個人情報の開示をする旨の決定の通知を受けた者は、当該個人情報の開示を受ける場合には、自己が当該個人情報の本人又はその法定代理人であることを証明するために必要な書類として実施機関が定めるものを実施機関に提出し、又は提示しなければならない。
2　個人情報の開示は、次の各号に掲げる場合に応じ、それぞれ当該各号に定める方法により行うものとする。
一　個人情報が公文書に記録されている場合　当該公文書の当該個人情報に係る部分の閲覧又は写しの交付
二　個人情報が磁気テープ等に記録されている場合　当該磁気テープ等から印字装置を用いて出力した書類の当該個人情報に係る部分の閲覧又は写しの交付
3　実施機関は、前条第一号に規定する方法により個人情報を開示しようとする場合において、当該公文書が汚損され、又は破損されるおそれがあるときその他相当の理由があるときは、同号の規定にかかわらず、当該公文書の写しを当該個人情報に係る部分の閲覧又はその写しの交付により開示することができる。

東京（個人情報の開示の方法）

第15条　個人情報の開示は、実施機関が前条第二項の規定による通知書により指定する日時及び場所において行う。この場合において、開示請求者は、実施機関に対し、自己が当該開示請求に係る個人情報の本人又はその法定代理人であることを証明するために必要な書類で実施機関が定めるものを提出し、又は提示しなければならない。
2　個人情報の開示は、個人情報が記録された公文書の当該個人情報に係る部分につき、文書、図画又は写真にあっては閲覧又は写しの交付により、フィルムにあっては視聴又は写しの交付（マイクロフィルムに限る。）により、磁気テープ、磁気ディスク等にあっては視聴、閲覧、写しの交付等（ビデオテープ及び録音テープにあっては視聴に限る。）でその種別、情報化の進展状況等を勘案して東京都規則又は実施機関（知事を除く。）の規則その他の規程で定める方法により行う。

3 実施機関は、開示請求に係る個人情報が記録された公文書を直接開示することにより、当該個人情報が記録された公文書の保存に支障が生ずるおそれがあると認めるとき、その他合理的な理由があるときは、当該個人情報が記録された公文書の写しにより開示することができる。

神奈川（開示の方法）

第十八条 実施機関は、前条第一項の規定により開示の決定をしたときは、速やかに、次の各号に掲げる個人情報の区分ごとに、当該各号に定める方法により開示をするものとする。ただし、個人情報が存在しないときにあっては、前条第二項の書面でその旨を併せて通知するものとする。
　一　公文書に記録されている個人情報　当該公文書の閲覧又は写しの交付
　二　磁気テープ等に記録されている個人情報　当該磁気テープ等に記録されている個人情報を現に使用しているプログラム（電子計算機を機能させて一つの結果を得ることができるようにこれに対する指令を組み合わせたものをいう。）を用いて印字装置により出力した物の閲覧又は写しの交付
　三　録画テープ又は録音テープに記録されている個人情報　当該録画テープ又は録音テープの視聴
　四　その他の物に記録されている個人情報　前三号に規定する方法に準じた方法
2 実施機関は、公文書に記録されている個人情報の開示をする場合であって、前項第一号に規定する方法によると、当該公文書を汚損し、又は破損するおそれがあると認めるときその他相当の理由があるときは、同号の規定にかかわらず、当該公文書を複写したものの閲覧又は写しの交付により開示をすることができる。
3 個人情報の開示を受ける者は、当該開示を受ける者が当該開示に係る個人情報の本人であることを確認するために必要な書類で実施機関が定めるものを提示しなければならない。

新潟（開示の実施及び方法）

第十八条 実施機関は、第十六条第一項の規定により個人情報を開示する旨の決定をしたときは、速やかに、開示請求者に対して、当該個人情報を開示しなければならない。
2 実施機関は、前項の規定により個人情報を開示する場合には、開示を受ける者が当該個人情報の本人又はその法定代理人であることの確認を

実施機関が定める手続により行うものとする。
3　個人情報の開示は、次の各号に掲げる個人情報の区分に応じ、当該各号に定める方法により行うものとする。
　一　公文書に記録されている個人情報　当該公文書の当該個人情報に係る部分の閲覧又は写しの交付
　二　磁気テープ等に記録されている個人情報　当該磁気テープ等に記録されている当該個人情報を印字装置により出力した物の閲覧又は写しの交付
4　実施機関は、前項第一号に掲げる個人情報を同号に定める方法により開示する場合において、当該公文書を汚損し、又は破損するおそれがあると認めるときその他相当の理由があるときは、同号の規定にかかわらず、当該公文書を複写した物の当該個人情報に係る部分を閲覧に供し、又はその写しを交付することができる。

長野（開示の実施方法）

第十五条　実施機関は、前条第一項の規定により開示をすることと決定したとき又は第十三条第一項ただし書の場合における請求があったときは、速やかに当該決定又は請求に係る記録情報について開示をしなければならない。
2　記録情報の開示は、次の各号に掲げる場合に応じ、当該各号に定める方法により行うものとする。ただし、請求者が求めるときは、当該各号に定める以外の方法により行うことができる。
　一　記録情報が公文書に記録されている場合　当該公文書の閲覧又は写しの交付
　二　記録情報が磁気テープ、磁気ディスク等に記録されている場合　印字装置を用いて磁気テープ、磁気ディスク等の内容を理解可能な形で出力した書類の閲覧又は写しの交付
　三　記録情報が存在しない場合　当該記録情報が存在しない旨を記載した書面の交付

山梨（開示の実施）

第十七条　実施機関は、前条第一項の規定により開示をする旨の決定をしたときは、速やかに、請求者に対し、当該決定に係る個人情報の開示をしなければならない。
2　個人情報の開示は、当該個人情報が記録されている行政文書が文書又は図画である場合にあっては、当該文書又は図画の閲覧又は写しの交付

A 都道府県・個人情報保護条例 　　　　　8 自己情報の開示

により、当該個人情報が記録されている行政文書が電磁的記録(電子的方式、磁気的方式その他人の知覚によっては認識することができない方式で作られた記録をいう。以下この項において同じ。)である場合にあっては、当該電磁的記録の種別、情報化の進展状況等を勘案して規則で定める方法により行う。ただし、文書又は図画の閲覧の方法による個人情報の開示にあっては、実施機関は、当該文書又は図画の保存に支障を生ずるおそれがあると認めるときその他正当な理由があるときは、その写しにより、これを行うことができる。

3　第十五条第二項の規定は、前項各号に規定する方法により個人情報の開示を受ける者について準用する。

岐阜　(開示の実施)

第十八条　実施機関は、前条第一項の規定により個人情報の開示をする旨の決定(第十五条の規定に基づき、開示請求に係る個人情報の一部を開示することとする場合の当該開示する旨の決定を含む。)をしたときは、速やかに、開示請求書提出者に対し、当該決定に係る個人情報の開示をしなければならない。この場合において、当該開示請求書提出者は、実施機関に対し、自己が当該個人情報の本人又はその代理人であることを証明するために必要な書類で実施機関が定めるものを提出し、又は提示しなければならない。

2　個人情報の開示は、実施機関が指定する日時及び場所において、次の各号に掲げる個人情報の区分に応じ、当該各号に定める方法により行う。

一　公文書に記録されている個人情報　当該公文書の当該個人情報に係る部分の閲覧又は写しの交付

二　磁気テープ等に記録されている個人情報　当該磁気テープ等の当該個人情報に係る部分を印字装置により出力した物の閲覧又は写しの交付

3　実施機関は、前項第一号の方法による個人情報の開示をすることにより当該個人情報が記録されている公文書が汚損し、又は破損されるおそれがあるとき、第十五条の規定により個人情報の開示をするとき、その他相当の理由があるときは、当該個人情報が記録された物の写しを閲覧に供し、又はその写しを交付することができる。

愛知　(開示の実施)

第十六条　実施機関は、前条第一項の規定に基づき個人情報の開示(当該個人情報が存在しないときにその旨を知らせる場合を除く。)をする旨の決定を

したとき、又は第十四条第一項ただし書に規定する個人情報に係る開示請求があったときは、速やかに、請求者に対し当該個人情報の開示をしなければならない。この場合において、請求者は、実施機関に、自己が当該開示請求に係る個人情報の本人又はその法定代理人であることを証明するために必要な書類で実施機関が定めるものを提出し、又は提示しなければならない。

2 　個人情報の開示は、次の各号に掲げるものの区分に応じ、当該各号に定める方法により行うものとする。
　一 　文書、図画、写真又はスライド（これらを撮影したマイクロフィルムを含む。以下「文書等」という。）に記録されている個人情報　当該文書等の閲覧又は写しの交付（第十四条第一項ただし書に規定する個人情報にあっては、当該文書等の閲覧に限る。）
　二 　電子計算機処理に使用される磁気テープ、磁気ディスクその他これらに準ずる方法により一定の事項を確実に記録しておくことができる物（以下「磁気テープ等」という。）に記録されている個人情報　当該磁気テープ等に記録されている個人情報を現に使用しているプログラムを用いて印字装置により出力した物の閲覧又は写しの交付
　三 　録音テープ又は録画テープに記録されている個人情報　当該録音テープ又は録画テープに記録されている個人情報を再生装置により再生したものの視聴
　四 　その他の物に記録されている個人情報　前三号に規定する方法に準じた方法
3 　実施機関は、前項第一号の方法による個人情報の開示をする場合において、当該方法によると文書等が汚損され、又は破損されるおそれのあるときその他相当な理由があるときは、同号の規定にかかわらず、当該文書等の写しを閲覧に供し、又はその写しを交付することができる。

滋賀（開示の実施方法）

第十五条 　実施機関は、前条第一項の規定により開示をする旨の決定をしたときは、速やかに開示請求者に対して当該決定に係る個人情報の開示をしなければならない。この場合において、開示請求者は、実施機関に対して、自己が当該開示請求に係る個人情報の本人またはその法定代理人であることを証明するために必要な書類で実施機関が定めるものを提出し、または提示しなければならない。

2 　個人情報の開示は、次の各号に掲げる個人情報の区分に応じ、それぞ

A　都道府県・個人情報保護条例　　　　　8　自己情報の開示

れ当該各号に定める方法により行うものとする。
　一　公文書に記録されている個人情報　当該公文書の当該個人情報に係る部分の閲覧または写しの交付
　二　磁気テープ等に記録されている個人情報　当該磁気テープ等から印字装置を用いて出力したものの当該個人情報に係る部分の閲覧または写しの交付
3　実施機関は、前条第一号に定める方法により開示をする場合において、公文書が汚損し、または破損するおそれのあるとき、その他相当の理由があるときは、同号の規定にかかわらず、当該公文書を複写したものを閲覧に供し、またはその写しを交付することができる。

京都（開示の方法）

第十六条　実施機関は、前条第一項の規定により開示する旨の決定（一部を開示する旨の決定を含む。）をしたときは、速やかに、開示請求者に対し、当該決定に係る個人情報の開示をしなければならない。
2　個人情報の開示は、次の各号に掲げるものの区分に応じ、当該各号に定める方法により行う。
　一　公文書に記録されている個人情報　公文書の閲覧又は写しの交付
　二　磁気記録媒体等に記録されている個人情報　次に掲げる当該個人情報が記録されている物の区分に応じ、当該区分に定める方法
　　ア　録音テープ及び録画テープ　再生したものの視聴又は写しの交付
　　イ　磁気テープ及び磁気ディスク（アに規定する物を除く。）　出力された物の閲覧又は写しの交付
　　ウ　その他の物　ア又はイに規定する方法に準じた方法
3　実施機関は、前項の個人情報の開示の方法により当該個人情報が記録されている物が汚損し、又は破損するおそれがあるとき、一部を開示するときその他相当の理由があるときは、前項の規定にかかわらず、当該個人情報が記録された物の写しを閲覧若しくは視聴に供し、又はその写しを交付することにより開示するができる。
4　第十四条第三項及び第四項の規定は、前二項の規定により個人情報の開示を受ける者について準用する。

大阪（開示の実施）

第十八条　実施機関は、前条第一項の規定により個人情報を開示することの決定を行ったときは、速やかに、開示請求者に対し当該個人情報を開示しなければならない。

8　自己情報の開示　　Ⅰ　都道府県・個人情報保護条例・項目別条文集

2　個人情報の開示は、次の各号に掲げる個人情報の区分に応じ、それぞれ当該各号に定める方法により行うものとする。
　一　公文書に記録されている個人情報　当該公文書の当該個人情報に係る部分の閲覧又は写しの交付
　二　磁気テープ等に記録されている個人情報　当該磁気テープ等の当該個人情報に係る部分を印字装置により出力した物の閲覧又は写しの交付
　三　録音テープ又はび録画テープに記録されている個人情報　当該録音テープ又は録画テープの当該個人情報に係る部分を再生装置により再生したものの視聴
　四　その他の物に記録されている個人情報　前三号に規定する方法に準ずる方法
3　実施機関は、前項各号に規定する方法により個人情報を開示する場合において、開示請求に係る公文書等を開示することにより当該公文書等が汚損され、又は破損されるおそれがあるとき、第十五条の規定により個人情報を開示するときその他相当の理由があるときは、当該公文書等を複写し、若しくは複製した物を閲覧させ、その写しを交付し、又は視聴させることができる。
4　個人情報の開示は、実施機関が前条第三項の規定による通知の際に指定する日時及び場所において行うものとする。
5　第十六条第二項の規定は、個人情報の開示を受ける者について準用する。

兵庫（開示の実施）
第十九条　実施機関は、第十六条第一項の規定により個人情報の開示をする旨の決定（前条の規定による決定を含む。）をしたときは、速やかに、開示請求者に対し、当該決定に係る個人情報の開示をしなければならない。この場合において、開示請求者は、実施機関に対し、自己が当該個人情報の本人又はその代理人であることを証明するために必要な書類で実施機関が定めるものを提出し、又は提示しなければならない。ただし、当該個人情報が存在しない旨を知らせる場合にあっては、この限りでない。
2　個人情報の開示は、次の各号に掲げる個人情報の区分に応じ、当該各号に定める方法により行う。ただし、当該個人情報が存在しない旨を知らせる場合にあっては、第十六条第四項の規定による通知により行うものとする。

A　都道府県・個人情報保護条例　　　　　　8　自己情報の開示

　一　公文書に記録されている個人情報　当該公文書の当該個人情報に係る部分の閲覧又は写しの交付
　二　映像又は音を記録した磁気テープ等に記録されている個人情報　当該磁気テープ等の当該個人情報に係る部分を再生装置により再生したものの視聴又は当該部分の写しの交付
　三　電子計算機処理に使用され一定の事項を確実に記録しておくことができる磁気テープ等（前号に規定する磁気テープ等を除く。）に記録されている個人情報　当該磁気テープ等の当該個人情報に係る部分を印字装置により出力した物の閲覧又は写しの交付
　四　前二号に規定する磁気テープ等以外の磁気テープ等に記録されている個人情報　前二号に規定する方法に準じた方法
3　実施機関は、前項本文の方法による個人情報の開示をすることにより当該個人情報が記録されている物を汚損し、又は破損するおそれがあるとき、前条の規定により個人情報の開示をするときその他相当の理由があるときは、同項本文の規定にかかわらず、当該個人情報が記録された物の写しを閲覧若しくは視聴に供し、又はその写しを交付することにより個人情報の開示をすることができる。

鳥取（開示の方法）
第十五条　実施機関は、個人情報を開示する旨の決定をしたときは、速やかに、開示請求者に対して、当該個人情報を閲示しなければならない。
2　個人情報の開示は、実施機関が指定する日時及び場所において、次の各号に掲げる個人情報の区分に応じ、当該各号に定める方法により行うものとする。
　一　文書、図画、写真又はスライド（以下「文書等」という。）に記録されている個人情報　当該文書等の当該個人情報に係る部分の閲覧又は写しの交付
　二　磁気テープ、磁気ディスクその他これらに準ずる方法により一定の事項を確実に記録しておくことができる物であって電子計算機による処理を行うもの（以下「磁気テープ等」という。）に記録されている個人情報　当該磁気テープ等の当該個人情報に係る部分を印字装置により出力した物の閲覧又は写しの交付
　三　録音テープ又は録画テープに記録されている個人情報　当該録音テープ又は録画テープの当該個人情報に係る部分を再生装置により再生したものの視聴

四　その他の物に記録されている個人情報　前三号に規定する方法に準じた方法
3　実施機関は、公文書等を開示することにより、当該公文書等の保存に支障を生ずるおそれがあると認めるときその他相当の理由があるときは、これに代えて、当該公文書等の写しにより開示を行うことができる。
4　第十三条第二項の規定は、個人情報の開示を受ける者について準用する。
　　写しの作成及び送付に要する費用を負担しなければならない。

広島（開示の実施方法）
第十二条　実施機関は、前条第一項の規定により開示する旨の決定(第十四条の規定により開示請求に係る個人情報の一部を開示する旨の決定を含む。)をしたときは、速やかに、請求者に対して、当該決定に係る個人情報について開示しなければならない。
2　個人情報の開示は、実施機関が指定する期日及び場所において、次の各号に掲げる個人情報の区分に応じ、当該各号に定める方法により行うものとする。
　一　公文書に記録されている個人情報　当該公文書の当該個人情報に係る部分の閲覧又は写しの交付
　二　磁気テープ等に記録されている個人情報　当該個人情報が記録された磁気テープ等から印字装置を用いて出力した物の当該個人情報に係る部分の閲覧又は写しの交付
3　実施機関は、前条第一号に規定する方法により個人情報を開示しようとする場合において、当該公文書が汚損し、又は破損するおそれがあると認めるとき、第十四条の規定による個人情報の開示をするとき、その他相当の理由があるときは、同号の規定にかかわらず、当該公文書を複写したものの閲覧又は写しの交付により開示することができる。
4　実施機関は、第十条第二項の開示請求があったときは、前二項の規定にかかわらず、実施機関が別に定める方法により直ちに開示するものとする。
5　第十条第三項の規定は、個人情報の開示を受ける者について準用する。

香川（開示の実施）
第十八条　実施機関は、第十五条第一項の規定により個人情報の開示をする旨の決定をしたときは、速やかに、開示請求者に対し、当該決定に係る個人情報の開示をしなければならない。

A　都道府県・個人情報保護条例　　　　　**8**　　自己情報の開示

2　前項の開示は、次の各号に掲げる個人情報の区分に応じ、当該各号に定める方法により行う。ただし、当該個人情報が存在しない旨を知らせる場合にあっては、第十五条第二項の規定による通知により行うものとする。
　一　公文書に記録されている個人情報　当該公文書の当該個人情報に係る部分の閲覧又は写しの交付
　二　電子計算機による処理に使用される磁気テープ等に記録されている個人情報　当該個人情報が記録された磁気テープ等から印字装置を用いて出力した物の当該個人情報に係る部分の閲覧又は写しの交付
　三　映像又は音を記録した磁気テープ等に記録されている個人情報　当該磁気テープ等の当該個人情報に係る部分の視聴
3　前項第一号に掲げる個人情報の開示は、当該個人情報が記録されている公文書が汚損し、又は破損するおそれがあるときその他相当の理由があるときは、同号の規定にかかわらず、当該公文書の当該個人情報に係る部分の写しの閲覧又はその写しの交付により行うことができる。
4　第十四条第二項の規定は、第一項の規定により開示を受ける者について準用する。

　福岡（開示の方法）
第十三条　実施機関は、前条第一項の規定により開示することと決定したときは、速やかに当該決定に係る個人情報について開示しなければならない。
2　個人情報の開示は、次の各号に掲げるものの区分に応じ、当該各号に定める方法により行うものとする。
　一　公文書に記録されている個人情報　個人情報が記録された公文書の当該個人情報に係る部分の閲覧若しくは視聴取又は写し（文書、図画及び写真の写しに限る。）の交付
　二　磁気テープ等に記録されている個人情報　個人情報が記録された磁気テープ等から印字装置を用いて出力したものの当該個人情報に係る部分の閲覧又は写しの交付
3　実施機関は、前条第一号に規定する方法により開示をする場合において、公文書の保管のため必要があるとき、その他相当の理由があると認めるときは、当該公文書を複写したものにより開示することができる。
4　第十一条第二項の規定は、個人情報の開示を受ける者について準用する。

8　自己情報の開示　　Ⅰ　都道府県・個人情報保護条例・項目別条文集

沖縄（開示の方法）
第十八条　実施機関は、前条第一項の規定により開示する旨の決定をしたときは、遅滞なく、開示請求者に対し、当該決定に係る個人情報を開示しなければならない。
2　個人情報示は、次の各号に掲げる区分に応じ、当該各号に定める方法により行うものとする。
　一　文書、図画、写真その他これらに類する物（以下「文書等」という。）に記録されている個人情報　当該文書等の当該個人情報に係る部分の閲覧又は写しの交付
　二　電子計算機処理に使用される磁気テープ、磁気ディスクその他これらに準ずる方法により一定の事項を確実に記録しておくことができる物（以下「磁気テープ等」という。）に記録されている個人情報　当該磁気テープ等から現に使用しているプログラムを用いて印字装置により出力した物の当該個人情報に係る部分の閲覧又は写しの交付
　三　録音テープ、録画テープ又はフィルム（以下「録音テープ等」という。）に記録している個人情報　当該録音テープ等から再生装置により再生されたものの当該個人情報に係る部分の視聴
　四　その他の物に記録されている個人情報　前三号に規定する方法に準じた方法
3　実施機関は、前項第一号に規定する方法により開示をする場合において、文書等を直接開示することにより、当該文書等の保存に支障が生ずるおそれがあると認めれるとき、その他合理的な理由があるときは、当該文書等の写しにより開示することができる。
4　個人情報の開示は、第十七条第二項の規定による通知により実施機関が指定する日時及び場所において行うものとする。
5　第十六条第二項の規定は、個人情報の開示を受ける者について準用する。

8 (7)　第三者の意見聴取

北海道（第三者の意見聴取等）
第二十条　実施機関は、第十六条第一項の規定による決定をするに際して、開示請求に係る個人情報に開示請求者以外のものに関する情報が含まれている場合であって必要があると認めるときは、当該開示請求者以外のものの意見を聴くものとする。

A　都道府県・個人情報保護条例　　　　　　8　自己情報の開示

2　実施機関は、前項の規定により開示請求者以外のものの意見を聴いた場合において、個人情報の開示をすることと決定したときは、速やかにその旨を当該開示請求者以外のものに通知するものとする。

青森（第三者の意見聴取等）

第十六条　実施機関は、開示請求に係る個人情報が第三者（開示請求者及び県以外のものをいう。以下同じ。）に関する情報である場合において、開示等の決定を適正に行うため必要があると認めるときは、あらかじめ、当該第三者の意見を聴くものとする。

2　実施機関は、前項の規定により第三者の意見を聴いたときは、開示等の決定の内容を当該第三者に通知しなければならない。

福島（開示請求に対する決定等）

第十五条

6　実施機関は、第一項の決定をする場合において、当該決定に係る個人情報に第三者（開示請求者及び県以外のものをいう。以下同じ。）に関する情報が含まれているときは、あらかじめ、当該第三者の意見を聴くことができる。

茨城（第三者の意見聴取等）

第十八条　実施機関は、開示請求に係る個人情報が第三者に関するものである場合において、開示又は不開示の決定を適正に行うため必要があると認めるときは、当該第三者の意見又は説明を聴くことができる。

2　実施機関は、開示の決定を行った場合において、当該開示の決定に係る個人情報が第三者に関するものであるときは、その決定の内容を当該第三者に通知しなければならない。ただし、当該開示決定に係る個人情報が、これを開示することにより当該第三者の利益を害するおそれが明らかにないと認められるものであるときは、この限りでない。

埼玉（開示請求に対する決定等）

第十六条

4　実施機関は、第一項の規定による決定をする場合において、当該決定に係る個人情報に開示請求者以外の者の個人情報又は当該実施機関以外のものとの間における協議、協力等により作成し、若しくは入手した個人情報が含まれているときは、あらかじめ、これらのものの意見を聴くことができる。

千葉（第三者の意見の聴取等）

第十八条　実施機関は、開示しようとする個人情報に第三者（開示請求者及

び県以外のものをいう。以下この条において同じ。)に関する情報が含まれているときは、あらかじめ、当該第三者の意見を聴くことができる。
2 実施機関は、前項の規定により第三者の意見を聴いた場合において当該個人情報を開示するときは、あらかじめ、その旨を当該第三者に通知しなければならない。

新潟（第三者の意見の聴取等）
第十七条 実施機関は、前条第一項の決定をする場合において、当該決定に係る個人情報に開示請求者及び県以外のもの（以下この条において「第三者」という。）に関する情報が含まれているときは、あらかじめ、当該第三者の意見を聴くことができる。
2 実施機関は、前項の規定により第三者の意見を聴いた場合において、当該個人情報を開示する旨の決定をしたときは、速やかに、その旨を当該第三者に通知するものとする。

長野（請求者以外のものに対する通知）
第十六条 実施機関は、開示請求の対象となった記録情報に含まれる請求者以外のものに関する情報について開示をしようとする場合において、必要があると認めるときは、当該請求者以外のものに対し、あらかじめ、通知するものとする。

岐阜（開示請求に対する決定等）
第十七条
5 実施機関は、第一項の決定をするに当たって、開示請求に係る個人情報に開示請求者以外のものに関する情報が含まれている場合には、第十四条の規定により、当該情報を開示しなければならないことが明らかなとき、及び当該情報を開示しないことができることが明らかなときを除き、あらかじめ当該開示請求者以外のものの意見を聴かなければならない。ただし、開示請求者以外のものの所在が不明なときその他意見を聴くことが困難なときは、この限りでない。
6 実施機関は、第一項の規定により開示請求者以外のものに関する情報が含まれている個人情報を開示する旨の決定（第十五条の規定に基づき、開示請求に係る個人情報の一部を開示することとする場合の当該開示する旨の決定を含む。）をした場合には、当該個人情報の開示をする日の十五日前までに、当該決定の内容（当該開示請求者以外のものに関する部分に限る。）を当該開示請求者以外のものに通知しなければならない。ただし、開示請求者以外のものの所在が不明なときその他通知をすることが困難なと

A　都道府県・個人情報保護条例　　　　　　**8　自己情報の開示**

きは、この限りでない。
　愛知（開示請求に対する決定等）
第十五条
5　実施機関は、第一項の決定をする場合において、当該決定に係る個人情報に、請求者以外のものに関する情報が含まれているときは、あらかじめ、当該請求者以外のものの意見を聴くことができる。
　京都（開示請求に対する決定等）
第十五条
6　実施機関は、第一項に規定する決定をするに当たって、開示請求に係る個人情報に開示請求者及び府以外のものに関する情報が含まれている場合において、必要があると認めるときは、あらかじめ、当該開示請求者及び府以外のものの意見を聴くことができる。
　大阪（開示請求に対する決定等）
第十七条
6　実施機関は、第一項に規定する決定を行う場合において、当該決定に係る個人情報に開示請求者以外のものに関する情報が含まれているときは、あらかじめ、当該開示請求者以外のものの意見を聴くことができる。
　鳥取（開示請求に対する決定等）
第十四条
4　実施機関は、第一項の決定をする場合において、当該決定に係る個人情報に本人以外のものに関する情報が含まれているときは、あらかじめ当該本人以外のものの意見を聴くことができる。
　広島（開示請求に対する決定等）
第十一条
5　実施機関は、第一項の決定をする場合において、当該決定に係る個人情報に、請求者以外のものに関する情報が記録されているときは、あらかじめ、当該請求者以外のものの意見を聴くことができる。
　香川（開示請求に対する決定等）
第十五条
5　実施機関は、第一項の決定をする場合において、開示請求に係る個人情報に開示請求者以外のものに関する情報が含まれているときは、あらかじめ、当該開示請求者以外のものの意見を聴くことができる。
　沖縄（開示の請求に対する決定等）
第十七条

5 実施機関は、第一項の決定をする場合において、当該決定に係る個人情報に開示請求者以外のものに関する情報が含まれているときは、あらかじめ、これらのものの意見を聴くことができる。

6 実施機関は、前項の規定により開示請求者以外のものの意見を聴いた場合において、当該個人情報を開示する旨の決定をしたときは、遅滞なく、その旨をこれらのものに通知するものとする。

8 (8) 開示の費用

北海道（費用の負担）
第二十二条　前条第一項、第三項又は第四項の規定により写しの交付を受ける者は、当該写しの交付に要する費用を負担しなければならない。

青森（費用負担）
第二十条　開示請求をして公文書又は磁気テープ等から印字装置により出力した物（これらを複写した物を含む。）の写しの交付を受ける者は、当該写しの作成及び送付に要する費用を負担しなければならない。

宮城（費用負担）
第十九条　第十七条第一項又は第二項に規定する写しの交付を受ける者は、当該写しの交付に要する費用を負担しなければならない。

福島（費用負担）
第十八条　第十六条第二項又は第三項の規定により写しの交付を受ける者は、当該写しの作成及び送付に要する費用を負担しなければならない。

茨城（費用の負担）
第二十七条　第二十条第一項第一号又は第二号の規定により写しの交付を受ける者は、規則で定めるところにより、当該写しの交付に要する費用を負担しなければならない。

埼玉（写しの交付の費用負担）
第十九条　公文書の写しの交付の方法により個人情報の開示を受ける者は、当該写しの交付に要する費用を負担しなければならない。

東京（手数料）
第二十二条　第十五条及び前条第一項の規定により個人情報の開示を写しの交付の方法により行うときは、別表に定めるところにより開示手数料を徴収する。

2 実施機関が個人情報の開示をするため、第十四条第二項に規定する書面により開示をする日時及び場所を指定したにもかかわらず、開示請求

A　都道府県・個人情報保護条例　　　　　　**8　自己情報の開示**

　者が当該開示に応じない場合において、実施機関が再度、当初指定した日から十四日以上の期間を置いた開示をする日時及び場所を指定し、当該開示に応ずるよう催告しても、開示請求者が正当な理由なくこれに応じないときは、開示をしたものとみなす。この場合において、開示請求者が個人情報の開示を写しの交付の方法により行うことを求めていたときには、別表に定める開示手数料を徴収する。
3　既納の開示手数料は、還付しない。ただし、知事及び公営企業管理者は、特別の理由があると認めるときは、その全部又は一部を還付することができる。

別表（第二十二条関係）
　　◇一部改正（平成11年条例六号）

公文書の種類		開示手数料の金額	徴収時期
文書、図画及び写真		写し（単色刷り）一枚につき　二十円	写しの交付のとき。
		写し（多色刷り）一枚につき　百円	写しの交付のとき。
マイクロフィルム		印刷物として出力したもの一枚につき　二十円	写しの交付のとき。
磁気テープ、磁気ディスク等（ビデオテープ及び録音テープを除く。以下同じ。）	フロッピーディスク	複写したフロッピーディスク　一枚につき　百円	写しの交付のとき。
		印刷物として出力したもの一枚につき　二十円	写しの交付のとき
	その他	印刷物として出力したもの一枚につき　二十円	写しの交付のとき

備考
　一　用紙の両面に印刷された文書、図画等については、片面を一枚として算定する。
　二　公文書の写し(マイクロフィルム及び磁気テープ、磁気ディスク等の場合においては印刷物として出力したもの)を交付する場合は、原則として日本工業規格A列三番までの用紙を用いるものとするが、これを超える規格の用紙を用いたときの写しの枚数は、日本工業規格A列三番による用紙を用いた場合の枚数に換算して算定する。
　三　磁気テープ、磁気ディスク等の写しの交付において、この表に掲げる金額によりがたい場合には、東京都規則で定めるところにより開示手数料を徴収する。

8　自己情報の開示　　Ⅰ　都道府県・個人情報保護条例・項目別条文集

4　知事及び公営企業管理者は、特別の理由があると認めるときは、開示手数料を減額し、又は免除することができる。
　　神奈川（費用負担）
第二十条　第十八条第一項及び第二項に規定する方法のうち写しの交付に要する費用は、請求者の負担とする。
　　新潟（費用負担）
第二十二条　第十八条第三項又は第四項の規定により写しの交付を受ける者は、当該写しの作成及び送付に要する費用を負担しなければならない。
　　長野（費用の負担）
第十七条　第十五条第二項に規定する方法のうち写しの交付に要する費用は、請求者の負担とする。
　　山梨（費用負担）
第十九条　第十七条第二項に規定する方法のうち写しの交付により開示を受ける者は、当該写しの交付に要する費用を負担しなければならない。
　　岐阜（費用の負担）
第十九条　前条第二項又は第三項に規定する写しの交付を受ける者は、当該写しの交付に要する費用を負担しなければならない。
　　愛知（費用の負担）
第十七条　前条第二項又は第三項に規定する方法のうち写しの交付を受ける者は、当該写しの作成及び送付に要する費用を負担しなければならない。
　　滋賀（費用の負担）
第十七条　第十五条第二項または第三項の写しの交付を受ける者は、当該写しの交付に要する費用を負担しなければならない。
　　京都（費用負担）
第十七条　前条第二項又は第三項の規定により公文書等の写しの交付を受ける者は、当該写しの作成及び送付に要する要する費用を負担しなければならない。
　　大阪（費用負担）
第二十条　開示請求をして、第十八条第二項又は第三項の規定により写しの交付を受ける者は、当該写しの作成及び送付に要する費用を負担しなければならない。
　　兵庫（費用の負担）
第二十五条　第十九条第二項又は第三項に規定する写しの交付を受ける者

A　都道府県・個人情報保護条例　　　　　　8　自己情報の開示

は、当該写しの作成及び送付に要する費用を負担しなければならない。
　鳥取（費用負担）
第二十条　この条例の規定により文書等又は磁気テープ等に記録されている個人情報を印字装置により出力した物の写しの交付を受ける者は、当該写しの作成及び送付に要する費用を負担しなければならない。
　広島（費用負担）
第十五条　第十二条第二項又は第三項に規定する方法により写しの交付を受ける者は、当該写しの交付に要する費用を負担しなければならない。
　香川（費用の負担）
第十九条　前条第二項又は第三項の規定により写しの交付を受ける者は、当該写しの作成及び交付に要する費用を負担しなければならない。
　福岡（費用の負担）
第十四条　前条第二項に規定する写しの交付を受ける者は、当該写しの交付に要する費用を負担しなければならない。
　沖縄（費用負担）
第二十二条　第十八条第二項又は第三項の規定により写しの交付を受ける者は、当該写しの作成及び送付に要する費用を負担しなければならない。

9 非開示個人情報

9（1） 非開示個人情報全条項

北海道（開示をしてはならない個人情報）
第十七条　実施機関は、開示請求に係る個人情報について、法令等の規定により明らかに開示をすることができないとされているときは、当該個人情報の全部又は一部の開示をしてはならない。

北海道（開示をしないことができる個人情報）
第十八条　実施機関は、開示請求に係る個人情報が、次の各号のいずれかに該当するときは、当該個人情報の全部又は一部の開示をしないことができる。
　一　開示請求者以外の個人に関する個人情報を含む場合であって、開示をすることにより、当該個人の正当な利益を侵すおそれがあると認められるとき。
　二　法人等に関して記録された情報を含む場合であって、開示をすることにより、当該法人等の競争上若しくは事業運営上の地位又は社会的な地位が不当に損なわれると認められるとき。
　三　開示をすることにより、人の生命、身体、財産又は社会的な地位の保護、犯罪の予防、犯罪の捜査その他の公共の安全と秩序の維持に支障が生ずるおそれがあると認められるとき。
　四　道と国若しくは地方公共団体その他の公共団体（以下「国等」という。）との間における協議により、又は国等からの依頼により、実施機関が作成し、又は取得した個人情報であって、開示をすることが当該協議又は依頼の条件又は趣旨に反し、国等との協力関係が著しく損なわれることにより、当該協議又は依頼に係る事務又は事業の適正な執行に支障が生ずると認められるとき。
　五　道又は国等の事務又は事業に係る意思形成過程において、道の機関内部若しくは道の機関相互間又は道の機関と国等の機関との間における審議、協議、調査研究等に関し、実施機関が作成し、又は取得した個人情報であって、開示をすることにより、当該事務又は事業に係る意思形成に著しい支障が生ずると認められるとき。
　六　監査、検査、調査、取締り、争訟その他の道又は国等の事務又は事

A　都道府県・個人情報保護条例　　　　　9　非開示個人情報

業に関する個人情報であって、開示をすることにより、当該事務若しくは事業の目的を失わせ、又は当該事務若しくは事業の公正若しくは円滑な執行を著しく困難にするおそれがあるとき。
　七　診療、指導、相談、選考その他の個人に対する評価又は判断を伴う事務に関する個人情報であって、開示をすることにより、当該事務の適正な執行に著しい支障を生ずるおそれがあると認められるとき。

青森（開示しないことができる個人情報）
第十九条　実施機関は、開示請求に係る個人情報が次の各号のいずれかに該当する情報であるときは、当該個人情報を開示しないことができる。
　一　法令又は他の条例の規定により開示することができない情報
　二　実施機関が法律上従う義務を有する国の機関の指示により開示することができない情報
　三　開示請求者以外の個人に関する情報（開示請求者以外の事業を営む個人の当該事業に関する情報を除く。）であって、開示することにより、当該開示請求者以外の個人の正当な利益が侵害されるおそれのあるもの
　四　法人その他の団体（県及び国、他の地方公共団体その他公共団体（以下「国等」という。）を除く。）に関する情報又は開示請求者以外の事業を営む個人の当該事業に関する情報であって、開示することにより、当該団体又は当該個人の競争上又は事業運営上の正当な利益が侵害されるおそれのあるもの
　五　選考、診療、指導、相談その他の個人に対する評価又は判断を伴う事務に関する情報であって、開示することにより、当該事務若しくは将来の同種の事務の実施の目的が損なわれ、又はこれらの事務の公正若しくは円滑な執行に著しい支障が生ずるおそれのあるもの
　六　開示することにより、犯罪の予防又は捜査、人の生命、身体、財産等の保護その他公共の安全と秩序の維持に支障が生ずるおそれのある情報
　七　国等の機関からの協議、協力等に基づいて実施機関が作成し、又は取得した情報であって、開示することにより、国等との協力関係が著しく損なわれるおそれのあるもの
　八　県又は国等の事務に係る意思形成過程において行われる県の機関内部若しくは県の機関相互又は県の機関と国等の機関との間における審議、検討、調査、研究等に関する情報であって、開示することにより、当該事務又は将来の同種の事務に係る意思形成に著しい支障が生ずる

216

9 非開示個人情報　　Ⅰ　都道府県・個人情報保護条例・項目別条文集

　　　おそれのあるもの
　九　県の機関又は国等の機関が行う検査、監査、取締り、徴税、争訟、交渉、渉外その他の事務に関する情報であって、開示することにより、当該事務若しくは将来の同種の事務の実施の目的が損なわれ、又はこれらの事務の公正若しくは円滑な執行に著しい支障が生ずるおそれのあるもの
2　実施機関は、開示請求に係る個人情報に前項各号のいずれかに該当する情報とそれ以外の情報とがある場合において、これらの情報を容易に、かつ、開示請求の趣旨が損なわれない程度に分離できるときは、当該各号のいずれかに該当する情報を除いて、開示しなければならない。

宮城　（開示請求）

第十四条

4　実施機関は、前項の規定にかかわらず、開示請求に係る個人情報が次の各号のいずれかに該当するときは、当該個人情報を開示しないことができる。
　一　法令の定めるところにより開示することができないとされているとき。
　二　個人の指導、評価、選考、判定、診断等に関する情報であって、開示することにより、当該指導、評価、選考、判定、診断等の事務事業若しくは将来の同種の事務事業の目的が達成できなくなり、又はこれらの事務事業の公正若しくは円滑な執行に支障が生ずるおそれのあるとき。
　三　開示請求をした者（以外「開示請求者」という。）以外の個人の個人に関する情報が含まれているとき。ただし、当該開示請求者以外の個人の権利利益を侵害するおそれのないときを除く。
　四　法人等に関する情報又は個人が営む事業に関する情報が含まれている場合であって、開示することにより、当該法人等又は当該個人の競争上の地位その他正当な利益を損なうおそれのあるとき。
　五　国、他の地方公共団体その他公共団体（以下「国等」という。）の機関又は実施機関以外の県の機関からの協議、依頼等に基づいて作成され、又は取得された情報であって、開示することにより、国等の機関又は実施機関以外の県の機関との協力関係又は信頼関係が損なわれるおそれのあるとき。
　六　開示することにより、犯罪の予防、犯罪の捜査、個人の生命、身体

又は財産の保護その他の公共の安全及び秩序の維持に支障が生ずるおそれのあるとき。
　七　県又は国等の事務事業に係る意思形成過程において行われる県の機関内部若しくは県の機関相互又は県の機関と国等の機関との間における審議、検討、調査、研究等に関する情報であって、開示することにより、当該事務事業又は将来の同種の事務事業に係る意思形成に支障が生ずるおそれのあるとき。
　八　県の機関又は国等の機関が行う検査、監査、取締り、争訟、交渉、渉外、入札その他の事務事業に関する情報であって、当該事務事業の性質上、開示することにより、当該事務事業若しくは将来の同種の事務事業の目的が達成できなくなり、又はこれらの事務事業の公正若しくは円滑な執行に支障が生ずるおそれのあるとき。

福島（開示しないことができる個人情報）
第十二条　実施機関は、開示請求に係る個人情報が次の各号のいずれかに該当するものであるときは、当該個人情報を開示しないことができる。
　一　法令等の規定により本人に開示することができないとされている個人情報
　二　開示請求をした者以外の個人に関する個人情報を含む個人情報であって、開示することにより、当該個人の正当な利益を害すると認められるもの
　三　法人等に関する情報を含む個人情報であって、開示することにより、当該法人等の競争上の地位その他の正当な利益を害すると認められるもの
　四　指導、選考、診断その他の個人に対する評価又は判断を伴う事務事業に関する個人情報であって、開示することにより、当該事務事業の適正な執行に著しい支障が生ずるおそれのあるもの
　五　開示することにより、人の生命、身体、財産等の保護、犯罪の予防又は捜査その他の公共の安全と秩序の維持に支障が生ずるおそれのある個人情報
　六　県の機関と国、他の地方公共団体その他の公共団体又はこれらに類する公共的団体（以下「国等」という。）の機関との間における協議、依頼等に係る事務事業に関する個人情報であって、開示することにより、国等との協力関係又は信頼関係を損なうおそれのあるもの
　七　県の機関又は国等の機関が行う事務事業に係る意思形成過程におけ

9 非開示個人情報　　Ⅰ　都道府県・個人情報保護条例・項目別条文集

る審議、検討、調査、研究等に関する個人情報であって、開示することにより、当該事務事業又は将来の同種の事務事業に係る意思形成に著しい支障が生ずるおそれのあるもの
八　県の機関が行う検査、監査、争訟、交渉その他の事務事業に関する個人情報であって、開示することにより、当該事務事業若しくは将来の同種の事務事業の実施の目的が損なわれ、又はこれらの事務事業の公正若しくは円滑な実施に著しい支障が生ずるおそれのあるもの

茨城（開示しないことができる個人情報）
第十五条　実施機関は、開示請求に係る個人情報が次の各号のいずれかに該当すると認めるときは、当該個人情報の全部又は一部について開示しないことができる。
一　法令又は条例の規定により、開示することができないと認められる情報
二　個人に関する情報（事業を営む個人の当該事業に関する情報を除く。）であって、開示することにより、個人の正当な利益を害すると認められるもの
三　法人その他の団体（国及び地方公共団体を除く。以下この号において「法人等」という。）に関する情報又は事業を営む個人の当該事業に関する情報であって、開示することにより、当該法人等又は当該事業を営む個人の正当な利益を損なうと認められるもの
四　個人の診療、診断、評価、判定、選考、相談、指導等の業務に関する情報であって、開示することにより、当該業務の適正な遂行に支障を及ぼすおそれのあるもの
五　開示することにより、犯罪の予防、捜査その他公共の安全と秩序の維持に支障を及ぼすおそれのある情報
六　国等の機関との間の協力、依頼、協議等に基づき実施機関が作成し、又は取得した情報であって、開示することにより、国等との協力関係又は信頼関係を損なうおそれのあるもの
七　県又は国等の機関が行う事務事業に係る意思形成過程において作成し、又は取得した情報であって、開示することにより、県又は国等の事務事業に係る適正な意思形成に支障を及ぼすおそれのあるもの
八　検査、取締り、徴税、争訟及び交渉その他県又は国等の機関が行う事務事業の実施に関する情報であって、開示することにより、県又は国等の事務事業の実施の目的を損ない、又は事務事業の適正な遂行に

A　都道府県・個人情報保護条例　　　　　9　非開示個人情報

支障を及ぼすおそれのあるもの
埼玉（開示しないことができる個人情報等）
第十三条　実施機関は、開示請求に係る個人情報が次の各号のいずれかに該当するものであるときは、当該個人情報を開示しないことができる。
　一　開示することにより個人の生命、身体、財産その他の利益を侵害するおそれのあるもの
　二　法人等に関する情報又は個人に関する事業情報を含む個人情報であって、開示することにより、当該法人等又は当該個人に著しい不利益を与えることが明らかであると認められるもの
　三　診療、指導、相談、選考、試験その他の個人に対する評価又は判断に関する事務事業に係る個人情報であって、開示することにより、当該事務事業の適正な執行を著しく困難にするおそれのあるもの
　四　調査、検査、交渉その他の事務事業に係る個人情報であって、開示することにより、当該事務事業の実施の目的が損なわれ、又はその適正な執行を著しく困難にするおそれのあるもの
　五　事務事業の執行過程において作成し、又は入手した個人情報であって、開示することにより、当該事務事業の執行に係る公正な意思決定に著しい支障を生じ、又はその適正な執行を著しく困難にすることが明らかであるもの
　六　犯罪の捜査、争訟、行政上の義務違反の取締りその他公共の安全の確保及び秩序維持に関する事務に係る個人情報であって、開示することにより、当該事務の適正な執行を著しく困難にすることが明らかであるもの
　七　国等との間における協議、協力等により作成し、又は入手した個人情報であって、開示することにより、国等との協力関係又は信頼関係を著しく損なうと認められるもの
2　実施機関は、開示請求に係る個人情報が次の各号のいずれかに該当するものであるときは、当該個人情報を開示しないものとする。
　一　法令等の規定により明らかに開示することができないとされているもの
　二　主務大臣等から、法令の規定に基づき、開示しないように指示があったもの
千葉（開示しないことができる個人情報）
第十五条　実施機関は、開示請求に係る個人情報が次の各号のいずれかに

9 非開示個人情報　　Ⅰ　都道府県・個人情報保護条例・項目別条文集

該当するときは、当該個人情報を開示しないことができる。
一　法令等の定めるところにより、開示することができないとき。
二　当該個人情報に開示請求者(次条第一項に規定する請求書を提出した者をいう。以下同じ。)以外の個人の個人情報(事業を営む個人の当該事業に関する情報を除く。)が含まれるとき。ただし、当該開示請求者以外の個人の権利利益を侵害するおそれがないときを除く。
三　当該個人情報に法人等に関する情報又は開示請求者以外の事業を営む個人の当該事業に関する情報が含まれる場合であって、開示することにより、当該法人等又は当該事業を営む個人の競争上若しくは事業運営上の地位に不利益を与え、又は社会的信用を損なうと認められるとき。
四　指導、相談、選考、試験、診療その他の個人に対する評価又は判断を伴う事務事業に関する個人情報であり、開示することにより、当該事務事業又は将来の同種の事務事業の適正な執行に著しい支障が生ずると認められるとき。
五　開示することにより、人の生命、身体、財産及び社会的な地位の保護、犯罪の予防、犯罪の捜査その他の公共の安全と秩序の維持に支障が生ずるおそれがあるとき。
六　国、他の地方公共団体又はその他の公共団体(以下「国等」という。)からの協議、依頼等に基づいて実施機関が作成し、又は取得した個人情報であり、開示することにより、国等との協力関係又は信頼関係を損なわれると認められるとき。
七　県又は国等の事務事業に係る意思形成過程において行われる審議、協議、調査研究等に関し、実施機関が作成し、又は取得した個人情報であり、開示することにより、当該事務事業又は将来の同種の事務事業に係る意思形成に著しい支障が生ずると認められるとき。
八　交渉、取締り、立入検査、監査、争訟等に係る事務事業に関する個人情報であり、当該事務事業の性質上、開示することにより、実施機関と関係者との信頼関係が損なわれると認められるとき、当該事務事業若しくは将来の同種の事務事業の実施の目的が失われるおそれがあるとき、又は当該事務事業若しくは将来の同種の事務事業の公正若しくは円滑な執行に著しい支障が生ずると認められるとき。

東京　(開示しないことができる個人情報)
第十六条　実施機関は、開示請求に係る個人情報が次の各号のいずれかに

A　都道府県・個人情報保護条例　　　　　9　非開示個人情報

該当するときは、当該個人情報を開示しないことができる。
一　法令等の定めるところにより本人に開示することができないと認められるとき。
二　個人の評価、診断、判断、選考、指導、相談等に関する個人情報であって、開示することにより、事務の適正な執行に支障が生ずるおそれがあるとき。
三　捜査、取締り、調査、争訟等に関する個人情報であって、開示することにより、事務の適正な執行に支障が生ずるおそれがあるとき。
四　開示することにより、第三者の権利利益を侵害するおそれがあるとき。
五　国、地方公共団体又は他の実施機関等との間における協議、協力等により作成し、又は取得した個人情報であって、開示することによりこれらのものとの協力関係又は信頼関係が損なわれると認められるとき。

東京（個人情報の存否に関する情報）
第十七条の二　開示請求に対し、当該開示請求に係る個人情報が存在しているか否かを答えるだけで、非開示情報を開示することとなるときは、実施機関は、当該個人情報の存否を明らかにしないで、当該開示請求を拒否することができる。

神奈川（自己情報の開示請求権）
第十五条
4　実施機関は、前項の規定にかかわらず、開示の請求に係る個人情報について開示をすることが次の各号のいずれかに該当するときは、当該個人情報の全部又は一部の開示をしないことができる。
一　開示の請求の対象となった個人情報に開示の請求をした者（以下「請求者」という。）以外の個人に関する個人情報が含まれる場合であって、請求者に開示をすることにより、当該個人の正当な利益を侵すことになると認められるとき。
二　開示の請求の対象となった個人情報に法人等に関して記録された情報又は個人が営む事業に関して記録された情報が含まれる場合であって、請求者に開示をすることにより、当該法人等又は当該個人が有する競争上の正当な利益を侵すことになると認められるとき。
三　開示の請求の対象となった個人情報が個人の指導、診断、評価、選考等に関する情報であって、請求者に開示をすることにより、当該指

導、診断、評価、選考等に著しい支障が生ずるおそれがあるとき。
四　開示の請求の対象となった個人情報が国又は他の地方公共団体の機関からの協議又は依頼に基づいて作成し、又は取得したものであって、請求者に開示をすることにより、国又は他の地方公共団体との協力関係が著しく害するおそれがあるとき。
五　開示の請求の対象となった個人情報が県の機関内部若しくは機関相互又は県の機関と国若しくは他の地方公共団体の機関との間における審議、検討、調査研究等に関するものであって、請求者に開示をすることにより、当該審議、検討、調査研究等に著しい支障が生ずるおそれがあるとき。
六　開示の請求の対象となった個人情報が県の機関又は国若しくは他の地方公共団体の機関が行う取締り、調査、交渉、争訟その他の事務又は事業に関するものであって、請求者に開示をすることにより、当該事務又は事業の目的を失わせ、又は円滑な実施を著しく困難にするおそれがあるとき。
七　犯罪の予防、犯罪の捜査、個人の生命、身体及び財産の保護その他公共の安全の確保のため、請求者に開示をしないことが必要と認められるとき。
八　法令の定めるところにより明らかに本人に開示をすることができないとされているとき。

新潟（開示しないことができる個人情報）
第十九条　実施機関は、開示請求に係る個人情報が次の各号のいずれかに該当するものであるときは、当該個人情報を開示しないことができる。
一　法令等の規定により本人に開示することができないとされている個人情報又は主務大臣等の指示により本人に開示してはならないとされている個人情報
二　開示請求者以外の個人に関する個人情報が含まれている個人情報であって、開示することにより、当該個人の正当な利益を損なうおそれのあるもの
三　法人等に関する情報又は事業を営む個人の当該事業に関する情報が含まれる個人情報あって、開示することにより、当該法人等又は当該個人の競争上の地位その他正当な利益を損なうおそれのあるもの
四　指導、相談、選考、試験、診療その他の個人に対する評価又は判断を伴う事務事業に関する個人情報であって、開示することにより、当

A　都道府県・個人情報保護条例　　　　　9　非開示個人情報

　該事務事業又は将来の同種の事務事業の適正な執行に支障が生ずるおそれのあるもの
五　国又は他の地方公共団体（以下「国等」という。）の機関からの協議、依頼等に基づいて作成し、又は取得した個人情報であって、開示することにより、国等との協力関係又は信頼関係が損なわれると認められるもの
六　県の機関又は国等の機関が行う事務事業に係る意思形成過程において、県の機関内部若しくは機関相互間又は県の機関と国等の機関との間における審議、検討、調査研究等に関し、実施機関が作成し、又は取得した個人情報であって、開示することにより、当該事務事業又は将来の同種の事務事業に係る意思形成に支障が生ずると認められるもの
七　県の機関又は国等の機関が行う検査、監査、争訟、交渉等の事務事業に関する個人情報であって、当該事務事業の性質上、開示することにより、当該事務事業若しくは将来の同種の事務事業の実施の目的を失わせ、又は当該事務事業若しくは将来の同種の事務事業の公正若しくは円滑な実施を困難にするおそれのあるもの
八　開示することにより、個人の生命、身体及び財産の保護、犯罪の予防、犯罪の捜査、行政上の義務違反の取締りその他公共の安全と秩序の維持に支障が生ずるおそれのある個人情報

長野（開示を拒むことができる記録情報）
第十二条　実施機関は、開示請求の対象となった記録情報が次の各号のいずれかに該当するものであるときは、当該記録情報の全部又は一部について開示を拒むことができる。
一　法令の定めるところにより明らかに開示をすることができない記録情報
二　開示をすることにより、請求者以外の個人に不利益を与えると認められる記録情報
三　開示をすることにより、法人その他の団体（国及び地方公共団体を除く。）に不利益を与えることが明らかであると認められる記録情報。ただし、記録情報の本人の権利利益を保護するために開示をすることが必要と認められる記録情報を除く。
四　診療、指導、選考、試験その他評価又は判断に関する記録情報であって、開示をしないことが適当と認められるもの

9 非開示個人情報　　Ⅰ　都道府県・個人情報保護条例・項目別条文集

　五　国又は他の地方公共団体（以下「国等」という。）からの協議又は依頼に基づいて作成し、又は取得した記録情報であって、開示をすることにより国等との協力関係を著しく害するおそれのあるもの
　六　県の内部若しくは県と国等との間における審議、調査、検討等に関する記録情報又は県若しくは国等が行う検査、監査、取締り等の実施計画、争訟若しくは交渉の方針その他の事務若しくは事業に関する記録情報であって、開示をすることにより当該審議等又は当該事務若しくは事業の公正かつ円滑な実施に著しい支障を生ずるおそれのあるもの
　七　犯罪の捜査、犯罪の予防その他公共の安全の確保に関する記録情報であって、開示をしないことが必要と認められるもの

山梨（開示をしないことができる個人情報）
第十四条　実施機関は、開示請求に係る個人情報が次の各号のいずれかに該当するものであるときは、前条第三項の規定にかかわらず、当該開示請求に係る個人情報の開示をしないことができる。
　一　開示請求をした者（以下「請求者」という。）以外の個人に関する個人情報を含む個人情報であって、請求者に開示をすることにより、当該個人の正当な利益が損なわれると認められるもの
　二　法人等に関する情報又は事業を営む個人の当該事業に関する情報を含む個人情報であって、請求者に開示をすることにより、当該法人等又は当該個人の競争上の地位その他社会的な地位が損なわれると認められるもの
　三　個人の指導、評価、診断、選考等に関する個人情報であって、請求者に開示をすることにより、当該指導、評価、診断、選考等に著しい支障を及ぼすおそれのあるもの
　四　国又は他の地方公共団体（以下「国等」という。）の機関からの協議、依頼等に基づいて作成し、又は取得した個人情報であって、請求者に開示をすることにより、国等との協力関係を著しく害するおそれのあるもの
　五　県の機関内部若しくは機関相互又は県の機関と国等の機関との間における審議、検討、調査研究等に関する個人情報であって、請求者に開示をすることにより、当該審議、検討、調査研究等又は将来の同種の審議、検討、調査研究等に著しい支障を及ぼすおそれのあるもの
　六　県の機関又は国等の機関が行う取締り、検査、監査、争訟、交渉そ

A　都道府県・個人情報保護条例　　　9　非開示個人情報

の他の事務に関する個人情報であって、請求者に開示をすることにより、当該事務若しくは将来の同種の事務の実施の目的を失わせ、又はその円滑な実施を著しく困難にするおそれのあるもの

七　請求者に開示をすることにより、犯罪の予防、犯罪の捜査、個人の生命、身体又は財産の保護その他公共の安全と秩序の維持に支障を及ぼすおそれのある個人情報

八　法令の規定により、本人に開示をすることができないものとされている個人情報

九　法律又はこれに基づく政令の規定により知事その他の執行機関の権限に属する国の事務に関する個人情報であって、主務大臣等から本人に開示をしてはならない旨の指示があるもの

岐阜（開示しないことができる個人情報）

第十四条　実施機関は、次の各号のいずれかに該当する個人情報については、当該個人情報の開示をしないことができる。

一　前条の規定により開示を請求をした者（代理人等による請求の場合は、本人。以下「開示請求者」という。）以外の者の個人情報を含む情報であって、開示することにより、当該開示請求者以外の者の正当な利益が損なわれると認められるもの

二　法令等の定めるところにより、開示することができないと認められる情報

三　法人等に関する情報又は事業を営む個人の当該事業に関する情報を含む情報であって、開示することにより、当該法人等又は当該事業を営む個人の競争上の地位その他正当な利益を損なわれると認められるもの（公益上開示することが必要であると認められるものを除く。）

四　開示することにより、人の生命、身体、財産等の保護、犯罪の予防、犯罪の捜査その他の公共の安全と秩序の維持に支障が生ずるおそれのある情報

五　個人の評価、診断、選考、指導、相談等（以下「個人の評価等」という。）に関する情報であって、開示することにより、当該個人の評価等又は将来の同種の個人の評価等に著しい支障が生ずるおそれのあるもの

六　法律又はこれに基づく政令の規定により知事その他の執行機関の権限に属する国の事務に関して、主務大臣等から開示してはならない旨の明示の指示がある情報

七　監査、検査、取締り等の計画及び実施要領、争訟又は交渉の方針その他県又は国、地方公共団体その他公共団体（以下「国等」という。）の事務事業に関する情報であって、開示することにより、当該事務事業若しくは将来の同種の事務事業の目的が損なわれ、又はこれらの事務事業の公正かつ円滑な執行に著しい支障が生ずるおそれのあるもの

八　県と国等との間における協議、協力等により実施機関が作成し、又は取得した情報であって、開示することにより、県と国等との協力関係又は信頼関係が損なわれると認められるもの

九　県又は国等の事務事業に係る意思形成過程において、県の機関内部若しくは機関相互間又は県と国等との間における審議、協議、調査、試験研究等に関し、実施機関が作成し、又は取得した情報であって、開示することにより、当該事務事業又は将来の同種の事務事業に係る意思形成に著しい支障が生ずると認められるもの

愛知（自己情報の開示請求）

第十三条

3　実施機関は、開示請求に係る個人情報が次の各号のいずれかに該当するときは、当該個人情報の全部又は一部について開示をしないことができる。

一　法令又は条例の定めるところにより、本人に開示をすることができないと認められる情報

二　開示請求をした者（以下「請求者」という。）以外の個人に関する個人情報（事業を営む個人の当該事業に関するものを除く。）を含む情報であって、請求者に開示をすることにより、当該個人の正当な利益を損なうと認められるもの

三　法人等（国及び地方公共団体を除く。）に関する情報又は請求者以外の個人で事業を営むものの当該事業に関する情報を含む情報であって、請求者に開示をすることにより、当該法人等又は当該個人の競争上の地位その他の正当な利益を損なうと認められるもの

四　個人の評価、診断、選考、指導、相談等に関する情報であって、請求者に開示をすることにより、当該評価、診断、選考、指導、相談等の事務事業の適切な執行に著しい支障を生ずるおそれのあるもの

五　県と国、他の地方公共団体その他公共団体又はこれらに類する公共的団体（以下「国等」という。）との間における協議、依頼、協力等により実施機関が作成し、又は取得した情報であって、請求者に開示をす

A 都道府県・個人情報保護条例　　9　非開示個人情報

ることにより、県と国等との協力関係又は信頼関係が著しく損なわれると認められるもの

六　請求者に開示をすることにより、人の生命、身体、財産等の保護、犯罪の予防又は捜査その他の公共の安全と秩序の維持に支障を生ずるおそれのある情報

七　県又は国等の事務事業に係る意思決定の過程における審議、検討、調査、試験研究等に関する情報であって、請求者に開示をすることにより、当該事務事業に係る意思決定に著しい支障を生ずるとおそれのあるもの

八　監査、検査、調査、取締り、争訟、交渉その他の県又は国等の事務事業に関する情報であって、請求者に開示をすることにより、当該事務事業の目的が損なわれ、又は当該事務事業の公正かつ円滑な執行に著しい支障を生ずるおそれのあるもの

滋賀（開示をしない個人情報）

第十三条　実施機関は、開示請求に係る個人情報の全部または一部が次の各号のいずれかに該当するものであるときは、当該個人情報(開示をしない部分とそれ以外の部分とが容易に、かつ、開示請求の趣旨を損なわない程度に分離できるものであるときは、当該開示をしない部分に限る。)の開示をしないものとする。

一　開示請求をした者（以下「開示請求者」という。）以外の個人に関する情報が含まれている場合であって、開示をすることにより、当該個人の正当な利益を害するおそれのあるもの

二　法人等に関して記録された情報または個人が営む事業に関して記録された情報が含まれる場合であって、開示をすることにより、当該法人等または当該個人の競争上の地位その他の正当な利益を害するおそれのあるもの

三　個人の評価、診断、判定、選考、指導等の事務に関する情報であって、開示をすることにより、当該事務の適正な執行に著しい支障が生ずるおそれのあるもの

四　開示をすることにより、個人の生命、身体、財産等の保護、犯罪の予防または捜査その他公共の安全と秩序の維持に支障が生ずるおそれのあるもの

五　法令等の規定により明らかに開示をすることができないもの

六　法律またはこれに基づく政令により知事その他の執行機関の権限に

属する国、他の地方公共団体その他公共団体（以下「国等」という。）の事務に関する情報であって、主務大臣等から開示をしてはならない旨の明示の指示のあるもの
七　県の機関内部もしくは機関相互間または県の機関と国等の機関との間における審議、協議、検討、調査研究等に関する情報であって、開示をすることにより、当該または同種の審議、協議、検討、調査研究等に著しい支障が生ずるおそれのあるもの
八　県の機関または国等の機関が行う検査、取締り、争訟、交渉等に関する事務の情報であって、開示をすることにより、当該もしくは同種の事務の実施目的を失わせ、またはこれらの事務の適正な実施を著しく困難にするおそれのあるもの
九　国等の機関または当該実施機関以外の県の機関からの協議、依頼等に基づいて実施機関が作成し、または取得した情報であって、開示をすることにより、これらのものとの協力関係または信頼関係を著しく損なうおそれのあるもの

京都（開示をしないことができる個人情報）
第十三条　実施機関は、開示請求に係る個人情報が次の各号のいずれかに該当するときは、当該個人情報の全部又は一部を開示しないことができる。
一　開示請求をした者以外の者に関する個人情報（個人が営む事業に関するものを除く。）であって、通常他人に知られたくないと望むことが正当であると認められるものを含む個人情報
二　開示することにより、個人の生命、身体、財産等の保護又は犯罪の予防、犯罪の捜査その他の公共の安全と秩序の維持に支障が生じると認められる個人情報
三　法人（国、地方公共団体その他これらに類する団体を除く。）その他の団体（以下「法人等」という。）に関する情報又は開示請求をした者以外の個人が営む事業に関する情報を含む個人情報であって、これを開示することにより、当該法人等又は当該個人の競争上の地位その他正当な利益を害すると認められるもの（個人の生命、身体若しくは健康に危害を及ぼすおそれのある事業活動又は人の財産若しくは生活に対して重大な影響を及ぼす違法若しくは著しく不当な事業活動に関するものを除く。）
四　法令等に基づき開示することができないとされている個人情報
五　個人の評価、指導、診断、判定、選考等の事務事業に関する個人情

報であって、これを開示することにより、当該若しくは同種の事務事業の目的が達成できなくなり、又はこれらの事務事業の公正かつ適切な執行に著しい支障が生じるおそれのあるもの
六　府若しくは国、他の地方公共団体その他これらに類する団体（以下「国等」という。）が行う審議、検討、調査研究その他の意思形成の過程における個人情報であって、これを開示することにより、当該若しくは同種の意思形成を公正かつ適切に行うことに著しい支障が生じるおそれのあるもの又は府若しくは国等が行う取締り、監督、立入検査、交渉、渉外、争訟、許認可その他の事務事業に関する個人情報であって、これを開示することにより、当該若しくは同種の事務事業の目的が達成できなくなり、若しくはこれらの事務事業の公正かつ適切な執行に著しい支障が生じるおそれのあるもの
七　府が国等と協力して行う事務又は府が国等からの依頼、協議等を受けた事務に関して作成し、又は取得した個人情報であって、これを開示することにより、国等との協力関係又は信頼関係を著しく害すると認められるもの

大阪（開示してはならない個人情報）

第十三条　実施機関は、開示請求に係る個人情報が、次の各号のいずれかに該当するものであるときは、当該個人情報を開示してはならない。
一　開示請求をした者（以下「開示請求者」という。）以外の者に関する個人情報であって、一般に他人に知られたくないと望むことが正当であると認められるもの
二　法令又は条例の規定により、開示することができない個人情報
三　法律又はこれに基づく政令の規定により知事その他の執行機関の権限に属する国及び地方公共団体その他の公共団体（以下「国等」という。）の事務に関して、主務大臣等から開示してはならない旨の明示の指示がある個人情報

大阪（開示しないことができる個人情報）

第十四条　実施機関は、開示請求に係る個人情報が、次の各号のいずれかに該当するものであるときは、当該個人情報を開示しないことができる。
一　法人（国等を除く。）その他の団体（以下「法人等」という。）に関する情報又は事業を営む個人の当該事業に関する情報を含む個人情報であって、開示することにより、当該法人等又は当該個人の競争上の地位その他正当な利益を害すると認められるもの（人の生命、身体若しく

は健康に対し危害を及ぼすおそれのある事業活動又は人の財産若しくは生活に対し重大な影響を及ぼす違法な若しくは著しく不当な事業活動に関する情報を除く。)

二　府の機関が国等の機関と協力して行う事務又は府の機関が国等の機関から依頼、協議等を受けた事務に関する個人情報であって、開示することにより、国等との協力関係又は信頼関係を著しく損なうおそれのあるもの

三　府の機関又は国等の機関が行う調査研究、企画、調整等に関する個人情報であって、開示することにより、当該又は同種の調査研究、企画、調整等を公正かつ適切に行うことに著しい支障を及ぼすおそれのあるもの

四　府の機関又は国等の機関が行う取締り、監督、立入検査、許可、認可、試験、入札、交渉、渉外、争訟等の事務に関する個人情報であって、開示することにより、当該若しくは同種の事務の目的が達成できなくなり、又はこれらの事務の公正かつ適切な執行に著しい支障を及ぼすおそれのあるもの

五　個人の指導、診断、判定、評価等の事務に関する個人情報であって、開示することにより、当該若しくは同種の事務の目的が達成できなくなり、又はこれらの事務の公正かつ適切な執行に著しい支障を及ぼすおそれのあるもの

六　開示することにより、個人の生命、身体、財産等の保護、犯罪の予防又は捜査その他の公共の安全と秩序の維持に支障を及ぼすと認められる個人情報

兵庫（開示をしないことができる個人情報）

第十七条　実施機関は、開示請求に係る個人情報が次の各号のいずれかに該当するときは、当該個人情報の開示をしないことができる。

一　開示請求者（当該開示請求者が代理人の場合は、本人をいう。）以外の者の個人情報（事業を営む個人の当該事業に関するものを除く。）を含む情報であって、開示をすることにより、当該開示請求者以外の者の正当な利益を害すると認められるもの

二　法人等に関する情報又は事業を営む個人の当該事業に関する情報を含む情報であって、開示をすることにより、当該法人等又は当該個人の正当な利益を害すると認められるもの（人の生命、身体若しくは健康に危害を及ぼすおそれのある事業活動又は人の財産若しくは生活に重大な影

A　都道府県・個人情報保護条例　　　　　　　9　非開示個人情報

響を及ぼす違法若しくは著しく不当な事業活動に関する情報を除く。）
三　個人の評価、診断、判断、選考、指導、相談等（以下「個人の評価等」という。）に関する情報であって、開示をすることにより、当該個人の評価等又は将来の同種の個人の評価等に著しい支障が生ずると認められるもの
四　開示をすることにより、人の生命、身体、財産等の保護又は犯罪の予防、犯罪の捜査その他の公共の安全と秩序の維持に支障が生ずると認められる情報
五　法令等の規定により、開示することができない情報
六　法律又はこれに基づく政令により知事その他の執行機関の権限に属する国、他の地方公共団体その他公共団体（以下「国等」という。）の事務に関して、主務大臣等から開示をしてはならない旨の明示の指示のある情報
七　県と国等又は特殊法人（法律により直接に設立された法人又は特別の法律により特別の設立行為をもって設立すべきものとされた法人をいう。以下同じ。）との間の協議、依頼等に基づく事務事業に関する情報であって、開示をすることにより、県と国等又は特殊法人との協力関係又は信頼関係が損なわれると認められるもの
八　実施機関が行う事務事業に係る審議、調査、研究等に関する情報であって、開示をすることにより、当該事務事業又は将来の同種の事務事業の公正な意思形成に著しい支障が生ずると認められるもの
九　実施機関が行う取締り、監査、検査、許可、認可、入札、争訟、交渉、渉外等の事務事業に関する情報であって、開示をすることにより当該事務事業の執行の目的を失わせるおそれのあるもの及び開示をすることにより当該事務事業又は将来の同種の事務事業の公正又は円滑な執行に著しい支障が生ずると認められるもの

鳥取（開示義務）

第十六条　実施機関は、開示請求に係る個人情報に次の各号に掲げる情報のいずれかが含まれている場合を除き、当該個人情報を開示しなければならない。
一　法令の規定により開示することができないとされている情報及び法律又はこれに基づく政令の規定により知事その他の執行機関の権限に属する国、他の地方公共団体、その他公共団体（以下「国等」という。）の事務に関する情報であって、主務大臣等から開示してはならない旨

9 非開示個人情報　　I　都道府県・個人情報保護条例・項目別条文集

の明示の指示があるもの
二　本人以外の者の個人情報（個人が営む事業に関する情報を除く。）であって、開示することにより、当該個人の正当な利益を害するおそれがあるもの
三　法人その他の団体に関する情報又は本人以外の個人が営む事業に関する情報であって、開示することにより、当該法人その他の団体又は個人の競争上又は事業運営上の地位その他正当な利益を害すると認められるもの
四　個人の評価、診断、選考、指導、相談等（以下「個人の評価等」という。）に関する情報であって、開示することにより、当該個人の評価等又は将来の個人の評価等に著しい支障を生ずるおそれがあるもの
五　開示することにより、人の生命、身体、財産、地位又は生活の保護、犯罪の予防又は捜査その他の公共の安全と秩序の維持に支障を生ずるおそれがある情報
六　県と国等との間における協議、依頼等に基づき、実施機関が作成し、又は取得した情報であって、開示することにより、国等との信頼関係又は協力関係が著しく損なわれると認められるもの
七　県又は国等の事務事業に係る意思形成過程において、県の機関内部若しくは機関相互間又は県と国等との間における審議、検討、調査研究等に関して、実施機関が作成し、又は取得した情報であって、開示することにより、当該事務事業又は将来の同種の事務事業に係る意思形成に支障を生ずると認められるもの
八　県又は国等が行う監査、検査、取締り、許可、認可、徴税、渉外、争訟、交渉、入札、試験、人事その他の事務事業に関する情報であって、開示することにより、当該事務事業の実施の目的が損なわれるもの、特定のものに不当な利益若しくは不利益が生ずるおそれがあるもの、関係当事者間の信頼関係が損なわれるもの又は当該事務事業若しくは将来の同種の事務事業の公正若しくは円滑な執行に著しい支障を生ずるおそれがあるもの

鳥取（任意開示）

第十八条　実施機関は、開示請求に係る個人情報に非開示情報が含まれている場合であっても、本人の権利利益を保護するため特に必要があると認めるときは、開示請求者に対し、当該個人情報を開示することができる。

A　都道府県・個人情報保護条例　　　　　9　非開示個人情報

広島（開示しないことができる個人情報）
第十三条　実施機関は、開示請求に係る個人情報が次の各号のいずれかに該当するときは、当該個人情報の全部又は一部について開示をしないことができる。
一　法令等の定めるところにより、本人に開示することができないと認められるとき。
二　請求者以外の個人に関する情報（事業を営む個人の当該事業に関する情報を除く。）を含む個人情報であって、請求者に開示することにより、当該個人の正当な利益を害するおそれがあると認められるとき。
三　法人等に関する情報又は請求者以外の個人で事業を営む者の当該事業に関する情報を含む個人情報であって、請求者に開示することにより、当該法人等又は当該個人の競争上の地位その他正当な利益を害するおそれがあると認められるとき。
四　個人の評価、診断、選考、指導、相談等に関する情報であって、請求者に開示することにより、当該評価、診断、選考、指導、相談等の事務事業の適切な執行に支障が生ずるおそれがあると認められるとき。
五　請求者に開示することにより、個人の生命、身体、財産等の保護、犯罪の予防又は捜査その他の公共の安全と秩序の維持に支障が生ずるおそれがあると認められるとき。
六　国、他の地方公共団体その他の公共団体（以下「国等」という。）からの協議、依頼等に基づいて実施機関が作成し、又は取得した個人情報であって、請求者に開示することにより、国等との協力関係又は信頼関係が著しく損なわれると認められるとき。
七　県又は国等の事務事業に係る意思形成過程において、県の機関内部若しくは機関相互間又は県の機関と国等の機関との間における審議、検討、調査研究等に関し、実施機関が作成し、又は取得した個人情報であって、請求者に開示することにより、当該事務事業又は将来における同種の事務事業に係る意思形成に著しい支障が生ずるおそれがあると認められるとき。
八　県の機関又は国等の機関が行う取締り、監督、検査、許可、交渉、渉外、争訟その他の同種の事務事業に関する個人情報であって、請求者に開示することにより、当該事務事業の実施の目的が損なわれ、又はその円滑な執行に著しい支障が生ずるおそれがあると認められるとき。

9 非開示個人情報　　Ⅰ　都道府県・個人情報保護条例・項目別条文集

香川（開示をしないことができる個人情報）

第十六条　実施機関は、個人情報が次の各号のいずれかに該当するときは、当該個人情報の開示をしないことができる。

一　開示請求者以外の個人に関する情報（事業を営む個人の当該事業に関するものを除く。）を含む個人情報であって、開示をすることにより、当該個人の正当な利益を害するおそれがあると認められるもの

二　法人等に関する情報又は事業を営む個人の当該事業に関する情報を含む個人情報であって、開示をすることにより、当該法人等又は当該事業を営む個人の正当な利益を害するおそれがあると認められるもの

三　法令等の規定により、本人に開示をすることができない個人情報

四　開示をすることにより、個人の生命、身体、財産等の保護、犯罪の予防又は犯罪の捜査その他の公共の安全と秩序の維持に支障を及ぼすおそれがあると認められる個人情報

五　個人の評価、診断、選考、相談等の事務に関する個人情報であって、開示をすることにより、当該事務又は将来の同種の事務の適正な執行に著しい支障を及ぼすおそれがあると認められるもの

六　県の機関又は国若しくは他の地方公共団体その他の公共団体（以下「国等」という。）の機関が行う監査、検査、交渉、争訟等の事務に関する個人情報であって、開示をすることにより、当該事務又は将来の同種の事務の目的の達成に著しい支障を及ぼすおそれがあると認められるもの

七　県の機関内部若しくは機関相互間又は県の機関と国等の機関との間における審議、検討、調査研究等の事務に関する個人情報であって、開示をすることにより、当該事務の執行に著しい支障を及ぼすおそれがあると認められるもの

八　国等の機関からの協議、依頼等に基づいて作成し、又は取得した個人情報であって、開示をすることにより、国等との協力関係又は信頼関係を著しく損なうおそれがあると認められるもの

福岡（開示しないことができる個人情報）

第十五条　実施機関は、開示請求に係る個人情報が次の各号のいずれかに該当するものであるときは、当該個人情報を開示しないことができる。

一　開示請求の対象となった個人情報に開示請求者以外の個人に関する情報が含まれる場合であって、開示することにより、当該個人の正当な利益を害するおそれがあると認められるもの

A　都道府県・個人情報保護条例　　　　　9　非開示個人情報

二　開示請求の対象となった個人情報に法人等に関して記録された情報又は個人が営む事業に関して記録された情報が含まれる場合であって、開示することにより、当該法人等又は当該個人の競争上の地位その他の正当な利益を害するおそれがあると認められるもの

三　診療、指導、相談、選考その他の個人の評価又は判断を伴う事務に関する個人情報であって、開示することにより、当該事務の適正な執行に支障を生ずるおそれがあると認められるもの

四　県の機関内部若しくは機関相互間又は県の機関と国、他の地方公共団体その他公共団体（以下「国等」という。）の機関との間における審議、検討、調査研究等に関する個人情報であって、開示することにより、当該又は同種の審議、検討、調査研究等に著しい支障を生ずるおそれがあると認められるもの

五　県の機関と国等の機関との間における指示、依頼、協議等により作成し、又は取得した個人情報であって、開示することにより、国等との信頼関係又は協力関係を著しく損なうおそれがあると認められるもの

六　県の機関又は国等の機関が行う取締り、監督、検査、許可、交渉、渉外、争訟その他の事務事業に関する個人情報であって、開示することにより、当該事務事業の実施の目的が失われ、又はその円滑な執行に著しい支障を生ずるおそれがあると認められるもの

七　開示することにより、個人の生命、身体、自由、財産等の保護、犯罪の予防、犯罪の捜査その他公共の安全と秩序の維持に支障を生ずるおそれがあると認められるもの

八　法令の定めるところにより本人に開示することができないと認められるもの

　沖縄（開示しないことができる個人情報）

第十九条　実施機関は、開示の請求に係る個人情報が次の各号のいずれかに該当するものであるときは、当該個人情報を開示しないことができる。

一　法令等の定めるところにより、本人に開示することができないと認められるもの

二　開示の請求の対象となった個人情報に開示請求者以外の個人に関する個人情報が含まれる場合であって、開示することにより、当該個人の正当な利益を害するおそれがあると認められるもの

三　開示の請求の対象となった個人情報に法人等に関する情報が含まれ

9 非開示個人情報　　Ⅰ　都道府県・個人情報保護条例・項目別条文集

　　る場合であって、開示することにより、当該法人等の競争上又は事業運営上の地位その他正当な利益を害すると認められるもの
四　開示することにより、人の生命、身体又は財産等の保護、犯罪の予防、犯罪の捜査その他公共の安全と秩序の維持に支障が生ずるおそれがあると認められるもの
五　診療、指導、相談、選考その他の個人の評価又は判断を伴う事務に関する個人情報であって、開示することにより、当該事務又は将来の同種の事務の適正な執行に著しい支障が生ずるおそれがあると認められるもの
六　国又は他の地方公共団体その他公共団体（以下「国等」という。）との間における協議、依頼、協力、委任等に基づいて作成し、又は取得した情報であって、開示することにより、国等との協力関係又は信頼関係が著しく損なわれると認められるもの
七　県又は国等の事務に係る意思形成過程において、県の機関内部若しくは機関相互間又は県と国等との間における審議、協議、調査、試験研究等に関し、実施機関が作成し、又は取得した個人情報であって、開示することにより、当該事務又は将来の同種の事務に係る意思形成に著しい支障が生ずると認められるもの
八　取締り、監督、立入検査、許可、認可、交渉、渉外、争訟その他の県又は国等の機関が行う事務に関する個人情報であって、開示することにより、当該事務の目的が損なわれ、又は当該事務若しくは将来の同種の事務の公正又は円滑な執行に著しい支障が生ずると認められるもの

9 (2)　項目別非開示個人情報

(一)　法令秘情報

北海道（開示をしてはならない個人情報）
第十七条　実施機関は、開示請求に係る個人情報について、法令等の規定により明らかに開示をすることができないとされているときは、当該個人情報の全部又は一部の開示をしてはならない。

青森（開示しないことができる個人情報）
第十九条　実施機関は、開示請求に係る個人情報が次の各号のいずれかに該当する情報であるときは、当該個人情報を開示しないことができる。

A　都道府県・個人情報保護条例　　　　　9　非開示個人情報

一　法令又は他の条例の規定により開示することができない情報
二　実施機関が法律上従う義務を有する国の機関の指示により開示することができない情報

宮城（開示請求）
第十四条
4　実施機関は、前項の規定にかかわらず、開示請求に係る個人情報が次の各号のいずれかに該当するときは、当該個人情報を開示しないことができる。
一　法令の定めるところにより開示することができないとされているとき。

福島（開示しないことができる個人情報）
第十二条　実施機関は、開示請求に係る個人情報が次の各号のいずれかに該当するものであるときは、当該個人情報を開示しないことができる。
一　法令等の規定により本人に開示することができないとされている個人情報

茨城（開示しないことができる個人情報）
第十五条　実施機関は、開示請求に係る個人情報が次の各号のいずれかに該当すると認めるときは、当該個人情報の全部又は一部について開示しないことができる。
一　法令又は条例の規定により、開示することができないと認められる情報

埼玉（開示しないことができる個人情報等）
第十三条
2　実施機関は、開示請求に係る個人情報が次の各号のいずれかに該当するものであるときは、当該個人情報を開示しないものとする。
一　法令等の規定により明らかに開示することができないとされているもの
二　主務大臣等から、法令の規定に基づき、開示しないように指示があったもの

千葉（開示しないことができる個人情報）
第十五条　実施機関は、開示請求に係る個人情報が次の各号のいずれかに該当するときは、当該個人情報を開示しないことができる。
一　法令等の定めるところにより、開示することができないとき。

238

9 非開示個人情報　　Ⅰ　都道府県・個人情報保護条例・項目別条文集

東京（開示しないことができる個人情報）
第十六条　実施機関は、開示請求に係る個人情報が次の各号のいずれかに該当するときは、当該個人情報を開示しないことができる。
　一　法令等の定めるところにより本人に開示することができないと認められるとき。

神奈川（自己情報の開示請求権）
第十五条
4　実施機関は、前項の規定にかかわらず、開示の請求に係る個人情報について開示をすることが次の各号のいずれかに該当するときは、当該個人情報の全部又は一部の開示をしないことができる。
　八　法令の定めるところにより明らかに本人に開示をすることができないとされているとき。

新潟（開示しないことができる個人情報）
第十九条　実施機関は、開示請求に係る個人情報が次の各号のいずれかに該当するものであるときは、当該個人情報を開示しないことができる。
　一　法令等の規定により本人に開示することができないとされている個人情報又は主務大臣等の指示により本人に開示してはならないとされている個人情報

長野（開示を拒むことができる記録情報）
第十二条　実施機関は、開示請求の対象となった記録情報が次の各号のいずれかに該当するものであるときは、当該記録情報の全部又は一部について開示を拒むことができる。
　一　法令の定めるところにより明らかに開示をすることができない記録情報

山梨（開示をしないことができる個人情報）
第十四条　実施機関は、開示請求に係る個人情報が次の各号のいずれかに該当するものであるときは、前条第三項の規定にかかわらず、当該開示請求に係る個人情報の開示をしないことができる。
　八　法令の規定により、本人に開示をすることができないものとされている個人情報
　九　法律又はこれに基づく政令の規定により知事その他の執行機関の権限に属する国の事務に関する個人情報であって、主務大臣等から本人に開示をしてはならない旨の指示があるもの

岐阜（開示しないことができる個人情報）
第十四条 実施機関は、次の各号のいずれかに該当する個人情報については、当該個人情報の開示をしないことができる。
　二　法令等の定めるところにより、開示することができないと認められる情報
　六　法律又はこれに基づく政令の規定により知事その他の執行機関の権限に属する国の事務に関して、主務大臣等から開示してはならない旨の明示の指示がある情報

愛知（自己情報の開示請求）
第十三条
3　実施機関は、開示請求に係る個人情報が次の各号のいずれかに該当するときは、当該個人情報の全部又は一部について開示をしないことができる。
　一　法令又は条例の定めるところにより、本人に開示をすることができないと認められる情報

滋賀（開示をしない個人情報）
第十三条　実施機関は、開示請求に係る個人情報の全部または一部が次の各号のいずれかに該当するものであるときは、当該個人情報(開示をしない部分とそれ以外の部分とが容易に、かつ、開示請求の趣旨を損なわない程度に分離できるものであるときは、当該開示をしない部分に限る。)の開示をしないものとする。
　五　法令等の規定により明らかに開示をすることができないもの
　六　法律またはこれに基づく政令により知事その他の執行機関の権限に属する国、他の地方公共団体その他公共団体（以下「国等」という。）の事務に関する情報であって、主務大臣等から開示をしてはならない旨の明示の指示のあるもの

京都（開示をしないことができる個人情報）
第十三条　実施機関は、開示請求に係る個人情報が次の各号のいずれかに該当するときは、当該個人情報の全部又は一部を開示しないことができる。
　四　法令等に基づき開示することができないとされている個人情報

大阪（開示してはならない個人情報）
第十三条　実施機関は、開示請求に係る個人情報が、次の各号のいずれかに該当するものであるときは、当該個人情報を開示してはならない。

9 非開示個人情報　　I　都道府県・個人情報保護条例・項目別条文集

　二　法令又は条例の規定により、開示することができない個人情報
　三　法律又はこれに基づく政令の規定により知事その他の執行機関の権限に属する国及び地方公共団体その他の公共団体（以下「国等」という。）の事務に関して、主務大臣等から開示してはならない旨の明示の指示がある個人情報

兵庫（開示をしないことができる個人情報）

第十七条　実施機関は、開示請求に係る個人情報が次の各号のいずれかに該当するときは、当該個人情報の開示をしないことができる。
　五　法令等の規定により、開示することができない情報
　六　法律又はこれに基づく政令により知事その他の執行機関の権限に属する国、他の地方公共団体その他公共団体（以下「国等」という。）の事務に関して、主務大臣等から開示をしてはならない旨の明示の指示のある情報

鳥取（開示義務）

第十六条　実施機関は、開示請求に係る個人情報に次の各号に掲げる情報のいずれかが含まれている場合を除き、当該個人情報を開示しなければならない。
　一　法令の規定により開示することができないとされている情報及び法律又はこれに基づく政令の規定により知事その他の執行機関の権限に属する国、他の地方公共団体、その他公共団体（以下「国等」という。）の事務に関する情報であって、主務大臣等から開示してはならない旨の明示の指示があるもの

鳥取（任意開示）

第十八条　実施機関は、開示請求に係る個人情報に非開示情報が含まれている場合であっても、本人の権利利益を保護するため特に必要があると認めるときは、開示請求者に対し、当該個人情報を開示することができる。

広島（開示しないことができる個人情報）

第十三条　実施機関は、開示請求に係る個人情報が次の各号のいずれかに該当するときは、当該個人情報の全部又は一部について開示をしないことができる。
　一　法令等の定めるところにより、本人に開示することができないと認められるとき。

A　都道府県・個人情報保護条例　　　　**9　非開示個人情報**

香川（開示をしないことができる個人情報）

第十六条　実施機関は、個人情報が次の各号のいずれかに該当するときは、当該個人情報の開示をしないことができる。

　三　法令等の規定により、本人に開示をすることができない個人情報

福岡（開示しないことができる個人情報）

第十五条　実施機関は、開示請求に係る個人情報が次の各号のいずれかに該当するものであるときは、当該個人情報を開示しないことができる。

　八　法令の定めるところにより本人に開示することができないと認められるもの

沖縄（開示しないことができる個人情報）

第十九条　実施機関は、開示の請求に係る個人情報が次の各号のいずれかに該当するものであるときは、当該個人情報を開示しないことができる。

　一　法令等の定めるところにより、本人に開示することができないと認められるもの

　　（二）　個人情報

北海道（開示をしないことができる個人情報）

第十八条　実施機関は、開示請求に係る個人情報が、次の各号のいずれかに該当するときは、当該個人情報の全部又は一部の開示をしないことができる。

　一　開示請求者以外の個人に関する個人情報を含む場合であって、開示をすることにより、当該個人の正当な利益を侵すおそれがあると認められるとき。

青森（開示しないことができる個人情報）

第十九条　実施機関は、開示請求に係る個人情報が次の各号のいずれかに該当する情報であるときは、当該個人情報を開示しないことができる。

　三　開示請求者以外の個人に関する情報（開示請求者以外の事業を営む個人の当該事業に関する情報を除く。）であって、開示することにより、当該開示請求者以外の個人の正当な利益が侵害されるおそれのあるもの

宮城（開示請求）

第十四条

4　実施機関は、前項の規定にかかわらず、開示請求に係る個人情報が次の各号のいずれかに該当するときは、当該個人情報を開示しないことができる。

242

9　非開示個人情報　　Ⅰ　都道府県・個人情報保護条例・項目別条文集

　三　開示請求をした者（以外「開示請求者」という。）以外の個人の個人に関する情報が含まれているとき。ただし、当該開示請求者以外の個人の権利利益を侵害するおそれのないときを除く。

福島（開示しないことができる個人情報）

第十二条　実施機関は、開示請求に係る個人情報が次の各号のいずれかに該当するものであるときは、当該個人情報を開示しないことができる。
　二　開示請求をした者以外の個人に関する個人情報を含む個人情報であって、開示することにより、当該個人の正当な利益を害すると認められるもの

茨城（開示しないことができる個人情報）

第十五条　実施機関は、開示請求に係る個人情報が次の各号のいずれかに該当すると認めるときは、当該個人情報の全部又は一部について開示しないことができる。
　二　個人に関する情報（事業を営む個人の当該事業に関する情報を除く。）であって、開示することにより、個人の正当な利益を害すると認められるもの

埼玉（開示しないことができる個人情報等）

第十三条　実施機関は、開示請求に係る個人情報が次の各号のいずれかに該当するものであるときは、当該個人情報を開示しないことができる。
　四　調査、検査、交渉その他の事務事業に係る個人情報であって、開示することにより、当該事務事業の実施の目的が損なわれ、又はその適正な執行を著しく困難にするおそれのあるもの

千葉（開示しないことができる個人情報）

第十五条　実施機関は、開示請求に係る個人情報が次の各号のいずれかに該当するときは、当該個人情報を開示しないことができる。
　二　当該個人情報に開示請求者（次条第一項に規定する請求書を提出した者をいう。以下同じ。）以外の個人の個人情報（事業を営む個人の当該事業に関する情報を除く。）が含まれるとき。ただし、当該開示請求者以外の個人の権利利益を侵害するおそれがないときを除く。

神奈川（自己情報の開示請求権）

第十五条

4　実施機関は、前項の規定にかかわらず、開示の請求に係る個人情報について開示をすることが次の各号のいずれかに該当するときは、当該個人情報の全部又は一部の開示をしないことができる。

A　都道府県・個人情報保護条例　　　　　　9　非開示個人情報

　一　開示の請求の対象となった個人情報に開示の請求をした者（以下「請求者」という。）以外の個人に関する個人情報が含まれる場合であって、請求者に開示をすることにより、当該個人の正当な利益を侵すことになると認められるとき。

新潟（開示しないことができる個人情報）

第十九条　実施機関は、開示請求に係る個人情報が次の各号のいずれかに該当するものであるときは、当該個人情報を開示しないことができる。

　二　開示請求者以外の個人に関する個人情報が含まれている個人情報であって、開示することにより、当該個人の正当な利益を損なうおそれのあるもの

長野（開示を拒むことができる記録情報）

第十二条　実施機関は、開示請求の対象となった記録情報が次の各号のいずれかに該当するものであるときは、当該記録情報の全部又は一部について開示を拒むことができる。

　　二　開示をすることにより、請求者以外の個人に不利益を与えると認められる記録情報

山梨（開示をしないことができる個人情報）

第十四条　実施機関は、開示請求に係る個人情報が次の各号のいずれかに該当するものであるときは、前条第三項の規定にかかわらず、当該開示請求に係る個人情報の開示をしないことができる。

　一　開示請求をした者（以下「請求者」という。）以外の個人に関する個人情報を含む個人情報であって、請求者に開示をすることにより、当該個人の正当な利益が損なわれると認められるもの

岐阜（開示しないことができる個人情報）

十四条　実施機関は、次の各号のいずれかに該当する個人情報については、当該個人情報の開示をしないことができる。

　一　前条の規定により開示を請求をした者（代理人等による請求の場合は、本人。以下「開示請求者」という。）以外の者の個人情報を含む情報であって、開示することにより、当該開示請求者以外の者の正当な利益が損なわれると認められるもの

愛知（自己情報の開示請求）

第十三条

3　実施機関は、開示請求に係る個人情報が次の各号のいずれかに該当するときは、当該個人情報の全部又は一部について開示をしないことがで

244

9　非開示個人情報　　I　都道府県・個人情報保護条例・項目別条文集

きる。
二　開示請求をした者（以下「請求者」という。）以外の個人に関する個人情報（事業を営む個人の当該事業に関するものを除く。）を含む情報であって、請求者に開示をすることにより、当該個人の正当な利益を損なうと認められるもの

滋賀（開示をしない個人情報）

第十三条　実施機関は、開示請求に係る個人情報の全部または一部が次の各号のいずれかに該当するものであるときは、当該個人情報（開示をしない部分とそれ以外の部分とが容易に、かつ、開示請求の趣旨を損なわない程度に分離できるものであるときは、当該開示をしない部分に限る。）の開示をしないものとする。
一　開示請求をした者（以下「開示請求者」という。）以外の個人に関する情報が含まれている場合であって、開示をすることにより、当該個人の正当な利益を害するおそれのあるもの

京都（開示をしないことができる個人情報）

第十三条　実施機関は、開示請求に係る個人情報が次の各号のいずれかに該当するときは、当該個人情報の全部又は一部を開示しないことができる。
一　開示請求をした者以外の者に関する個人情報（個人が営む事業に関するものを除く。）であって、通常他人に知られたくないと望むことが正当であると認められるものを含む個人情報

大阪（開示してはならない個人情報）

第十三条　実施機関は、開示請求に係る個人情報が、次の各号のいずれかに該当するものであるときは、当該個人情報を開示してはならない。
一　開示請求をした者（以下「開示請求者」という。）以外の者に関する個人情報であって、一般に他人に知られたくないと望むことが正当であると認められるもの

兵庫（開示をしないことができる個人情報）

第十七条　実施機関は、開示請求に係る個人情報が次の各号のいずれかに該当するときは、当該個人情報の開示をしないことができる。
一　開示請求者（当該開示請求者が代理人の場合は、本人をいう。）以外の者の個人情報（事業を営む個人の当該事業に関するものを除く。）を含む情報であって、開示をすることにより、当該開示請求者以外の者の正当な利益を害すると認められるもの

A　都道府県・個人情報保護条例　　　　　　9　非開示個人情報

鳥取（開示義務）
第十六条　実施機関は、開示請求に係る個人情報に次の各号に掲げる情報のいずれかが含まれている場合を除き、当該個人情報を開示しなければならない。
　二　本人以外の者の個人情報（個人が営む事業に関する情報を除く。）であって、開示することにより、当該個人の正当な利益を害するおそれがあるもの

鳥取（任意開示）
第十八条　実施機関は、開示請求に係る個人情報に非開示情報が含まれている場合であっても、本人の権利利益を保護するため特に必要があると認めるときは、開示請求者に対し、当該個人情報を開示することができる。

広島（開示しないことができる個人情報）
第十三条　実施機関は、開示請求に係る個人情報が次の各号のいずれかに該当するときは、当該個人情報の全部又は一部について開示をしないことができる。
　二　請求者以外の個人に関する情報（事業を営む個人の当該事業に関する情報を除く。）を含む個人情報であって、請求者に開示することにより、当該個人の正当な利益を害するおそれがあると認められるとき。

香川（開示をしないことができる個人情報）
第十六条　実施機関は、個人情報が次の各号のいずれかに該当するときは、当該個人情報の開示をしないことができる。
　一　開示請求者以外の個人に関する情報（事業を営む個人の当該事業に関するものを除く。）を含む個人情報であって、開示をすることにより、当該個人の正当な利益を害するおそれがあると認められるもの

福岡（開示しないことができる個人情報）
第十五条　実施機関は、開示請求に係る個人情報が次の各号のいずれかに該当するものであるときは、当該個人情報を開示しないことができる。
　一　開示請求の対象となった個人情報に開示請求者以外の個人に関する情報が含まれる場合であって、開示することにより、当該個人の正当な利益を害するおそれがあると認められるもの

沖縄（開示しないことができる個人情報）
第十九条　実施機関は、開示の請求に係る個人情報が次の各号のいずれかに該当するものであるときは、当該個人情報を開示しないことができる。

二　開示の請求の対象となった個人情報に開示請求者以外の個人に関する個人情報が含まれる場合であって、開示することにより、当該個人の正当な利益を害するおそれがあると認められるもの

　　⑶　**事業活動情報**

北海道（開示をしないことができる個人情報）
第十八条　実施機関は、開示請求に係る個人情報が、次の各号のいずれかに該当するときは、当該個人情報の全部又は一部の開示をしないことができる。
　二　法人等に関して記録された情報を含む場合であって、開示をすることにより、当該法人等の競争上若しくは事業運営上の地位又は社会的な地位が不当に損なわれると認められるとき。

青森（開示しないことができる個人情報）
第十九条　実施機関は、開示請求に係る個人情報が次の各号のいずれかに該当する情報であるときは、当該個人情報を開示しないことができる。
　四　法人その他の団体（県及び国、他の地方公共団体その他公共団体（以下「国等」という。）を除く。）に関する情報又は開示請求者以外の事業を営む個人の当該事業に関する情報であって、開示することにより、当該団体又は当該個人の競争上又は事業運営上の正当な利益が侵害されるおそれのあるもの

宮城（開示請求）
第十四条
４　実施機関は、前項の規定にかかわらず、開示請求に係る個人情報が次の各号のいずれかに該当するときは、当該個人情報を開示しないことができる。
　四　法人等に関する情報又は個人が営む事業に関する情報が含まれている場合であって、開示することにより、当該法人等又は当該個人の競争上の地位その他正当な利益を損なうおそれのあるとき。

福島（開示しないことができる個人情報）
第十二条　実施機関は、開示請求に係る個人情報が次の各号のいずれかに該当するものであるときは、当該個人情報を開示しないことができる。
　三　法人等に関する情報を含む個人情報であって、開示することにより、当該法人等の競争上の地位その他の正当な利益を害すると認められるもの

A　都道府県・個人情報保護条例　　　　　9　非開示個人情報

茨城（開示しないことができる個人情報）

第十五条　実施機関は、開示請求に係る個人情報が次の各号のいずれかに該当すると認めるときは、当該個人情報の全部又は一部について開示しないことができる。

三　法人その他の団体(国及び地方公共団体を除く。以下この号において「法人等」という。)に関する情報又は事業を営む個人の当該事業に関する情報であって、開示することにより、当該法人等又は当該事業を営む個人の正当な利益を損なうと認められるもの

埼玉（開示しないことができる個人情報等）

第十三条　実施機関は、開示請求に係る個人情報が次の各号のいずれかに該当するものであるときは、当該個人情報を開示しないことができる。

二　法人等に関する情報又は個人に関する事業情報を含む個人情報であって、開示することにより、当該法人等又は当該個人に著しい不利益を与えることが明らかであると認められるもの

千葉（開示しないことができる個人情報）

第十五条　実施機関は、開示請求に係る個人情報が次の各号のいずれかに該当するときは、当該個人情報を開示しないことができる。

三　当該個人情報に法人等に関する情報又は開示請求者以外の事業を営む個人の当該事業に関する情報が含まれる場合であって、開示することにより、当該法人等又は当該事業を営む個人の競争上若しくは事業運営上の地位に不利益を与え、又は社会的信用を損なうと認められるとき。

神奈川（自己情報の開示請求権）

第十五条

4　実施機関は、前項の規定にかかわらず、開示の請求に係る個人情報について開示をすることが次の各号のいずれかに該当するときは、当該個人情報の全部又は一部の開示をしないことができる。

二　開示の請求の対象となった個人情報に法人等に関して記録された情報又は個人が営む事業に関して記録された情報が含まれる場合であって、請求者に開示をすることにより、当該法人等又は当該個人が有する競争上の正当な利益を侵すことになると認められるとき。

新潟（開示しないことができる個人情報）

第十九条　実施機関は、開示請求に係る個人情報が次の各号のいずれかに該当するものであるときは、当該個人情報を開示しないことができる。

三 法人等に関する情報又は事業を営む個人の当該事業に関する情報が含まれる個人情報あって、開示することにより、当該法人等又は当該個人の競争上の地位その他正当な利益を損なうおそれのあるもの

長野（開示を拒むことができる記録情報）

第十二条 実施機関は、開示請求の対象となった記録情報が次の各号のいずれかに該当するものであるときは、当該記録情報の全部又は一部について開示を拒むことができる。

三 開示をすることにより、法人その他の団体（国及び地方公共団体を除く。）に不利益を与えることが明らかであると認められる記録情報。ただし、記録情報の本人の権利利益を保護するために開示をすることが必要と認められる記録情報を除く。

山梨（開示をしないことができる個人情報）

第十四条 実施機関は、開示請求に係る個人情報が次の各号のいずれかに該当するものであるときは、前条第三項の規定にかかわらず、当該開示請求に係る個人情報の開示をしないことができる。

二 法人等に関する情報又は事業を営む個人の当該事業に関する情報を含む個人情報であって、請求者に開示をすることにより、当該法人等又は当該個人の競争上の地位その他社会的な地位が損なわれると認められるもの

岐阜（開示しないことができる個人情報）

第十四条 実施機関は、次の各号のいずれかに該当する個人情報については、当該個人情報の開示をしないことができる。

三 法人等に関する情報又は事業を営む個人の当該事業に関する情報を含む情報であって、開示することにより、当該法人等又は当該事業を営む個人の競争上の地位その他正当な利益を損なわれると認められるもの（公益上開示することが必要であると認められるものを除く。）

愛知（自己情報の開示請求）

第十三条

3 実施機関は、開示請求に係る個人情報が次の各号のいずれかに該当するときは、当該個人情報の全部又は一部について開示をしないことができる。

三 法人等（国及び地方公共団体を除く。）に関する情報又は請求者以外の個人で事業を営むものの当該事業に関する情報を含む情報であって、請求者に開示をすることにより、当該法人等又は当該個人の競争上の

地位その他の正当な利益を損なうと認められるもの

滋賀（開示をしない個人情報）

第十三条　実施機関は、開示請求に係る個人情報の全部または一部が次の各号のいずれかに該当するものであるときは、当該個人情報(開示をしない部分とそれ以外の部分とが容易に、かつ、開示請求の趣旨を損なわない程度に分離できるものであるときは、当該開示をしない部分に限る。)の開示をしないものとする。

　二　法人等に関して記録された情報または個人が営む事業に関して記録された情報が含まれる場合であって、開示をすることにより、当該法人等または当該個人の競争上の地位その他の正当な利益を害するおそれのあるもの

京都（開示をしないことができる個人情報）

第十三条　実施機関は、開示請求に係る個人情報が次の各号のいずれかに該当するときは、当該個人情報の全部又は一部を開示しないことができる。

　三　法人（国、地方公共団体その他これらに類する団体を除く。）その他の団体（以下「法人等」という。）に関する情報又は開示請求をした者以外の個人が営む事業に関する情報を含む個人情報であって、これを開示することにより、当該法人等又は当該個人の競争上の地位その他正当な利益を害すると認められるもの(個人の生命、身体若しくは健康に危害を及ぼすおそれのある事業活動又は人の財産若しくは生活に対して重大な影響を及ぼす違法若しくは著しく不当な事業活動に関するものを除く。)

大阪（開示しないことができる個人情報）

第十四条　実施機関は、開示請求に係る個人情報が、次の各号のいずれかに該当するものであるときは、当該個人情報を開示しないことができる。

　一　法人（国等を除く。）その他の団体（以下「法人等」という。）に関する情報又は事業を営む個人の当該事業に関する情報を含む個人情報であって、開示することにより、当該法人等又は当該個人の競争上の地位その他正当な利益を害すると認められるもの（人の生命、身体若しくは健康に対し危害を及ぼすおそれのある事業活動又は人の財産若しくは生活に対し重大な影響を及ぼす違法な若しくは著しく不当な事業活動に関する情報を除く。）

兵庫（開示をしないことができる個人情報）

第十七条　実施機関は、開示請求に係る個人情報が次の各号のいずれかに

9 非開示個人情報　　I　都道府県・個人情報保護条例・項目別条文集

該当するときは、当該個人情報の開示をしないことができる。
二　法人等に関する情報又は事業を営む個人の当該事業に関する情報を含む情報であって、開示をすることにより、当該法人等又は当該個人の正当な利益を害すると認められるもの（人の生命、身体若しくは健康に危害を及ぼすおそれのある事業活動又は人の財産若しくは生活に重大な影響を及ぼす違法若しくは著しく不当な事業活動に関する情報を除く。）

鳥取（開示義務）

第十六条　実施機関は、開示請求に係る個人情報に次の各号に掲げる情報のいずれかが含まれている場合を除き、当該個人情報を開示しなければならない。
三　法人その他の団体に関する情報又は本人以外の個人が営む事業に関する情報であって、開示することにより、当該法人その他の団体又は個人の競争上又は事業運営上の地位その他正当な利益を害すると認められるもの

鳥取（任意開示）

第十八条　実施機関は、開示請求に係る個人情報に非開示情報が含まれている場合であっても、本人の権利利益を保護するため特に必要があると認めるときは、開示請求者に対し、当該個人情報を開示することができる。

広島（開示しないことができる個人情報）

第十三条　実施機関は、開示請求に係る個人情報が次の各号のいずれかに該当するときは、当該個人情報の全部又は一部について開示をしないことができる。
三　法人等に関する情報又は請求者以外の個人で事業を営む者の当該事業に関する情報を含む個人情報であって、請求者に開示することにより、当該法人等又は当該個人の競争上の地位その他正当な利益を害するおそれがあると認められるとき。

香川（開示をしないことができる個人情報）

第十六条　実施機関は、個人情報が次の各号のいずれかに該当するときは、当該個人情報の開示をしないことができる。
二　法人等に関する情報又は事業を営む個人の当該事業に関する情報を含む個人情報であって、開示をすることにより、当該法人等又は当該事業を営む個人の正当な利益を害するおそれがあると認められるもの

A 都道府県・個人情報保護条例　　9　非開示個人情報

福岡（開示しないことができる個人情報）

第十五条　実施機関は、開示請求に係る個人情報が次の各号のいずれかに該当するものであるときは、当該個人情報を開示しないことができる。

　二　開示請求の対象となった個人情報に法人等に関して記録された情報又は個人が営む事業に関して記録された情報が含まれる場合であって、開示することにより、当該法人等又は当該個人の競争上の地位その他の正当な利益を害するおそれがあると認められるもの

沖縄（開示しないことができる個人情報）

第十九条　実施機関は、開示の請求に係る個人情報が次の各号のいずれかに該当するものであるときは、当該個人情報を開示しないことができる。

　三　開示の請求の対象となった個人情報に法人等に関する情報が含まれる場合であって、開示することにより、当該法人等の競争上又は事業運営上の地位その他正当な利益を害すると認められるもの

㈣　犯罪防止・捜査等情報

北海道（開示をしないことができる個人情報）

第十八条　実施機関は、開示請求に係る個人情報が、次の各号のいずれかに該当するときは、当該個人情報の全部又は一部の開示をしないことができる。

　三　開示をすることにより、人の生命、身体、財産又は社会的な地位の保護、犯罪の予防、犯罪の捜査その他の公共の安全と秩序の維持に支障が生ずるおそれがあると認められるとき。

青森（開示しないことができる個人情報）

第十九条　実施機関は、開示請求に係る個人情報が次の各号のいずれかに該当する情報であるときは、当該個人情報を開示しないことができる。

　六　開示することにより、犯罪の予防又は捜査、人の生命、身体、財産等の保護その他公共の安全と秩序の維持に支障が生ずるおそれのある情報

宮城（開示請求）

第十四条

4　実施機関は、前項の規定にかかわらず、開示請求に係る個人情報が次の各号のいずれかに該当するときは、当該個人情報を開示しないことができる。

　六　開示することにより、犯罪の予防、犯罪の捜査、個人の生命、身体

又は財産の保護その他の公共の安全及び秩序の維持に支障が生ずるおそれのあるとき。

福島（開示しないことができる個人情報）

第十二条　実施機関は、開示請求に係る個人情報が次の各号のいずれかに該当するものであるときは、当該個人情報を開示しないことができる。

　五　開示することにより、人の生命、身体、財産等の保護、犯罪の予防又は捜査その他の公共の安全と秩序の維持に支障が生ずるおそれのある個人情報

茨城（開示しないことができる個人情報）

第十五条　実施機関は、開示請求に係る個人情報が次の各号のいずれかに該当すると認めるときは、当該個人情報の全部又は一部について開示しないことができる。

　五　開示することにより、犯罪の予防、捜査その他公共の安全と秩序の維持に支障を及ぼすおそれのある情報

埼玉（開示しないことができる個人情報等）

第十三条　実施機関は、開示請求に係る個人情報が次の各号のいずれかに該当するものであるときは、当該個人情報を開示しないことができる。

　一　開示することにより個人の生命、身体、財産その他の利益を侵害するおそれのあるもの

　六　犯罪の捜査、争訟、行政上の義務違反の取締りその他公共の安全の確保及び秩序維持に関する事務に係る個人情報であって、開示することにより、当該事務の適正な執行を著しく困難にすることが明らかであるもの

千葉（開示しないことができる個人情報）

第十五条　実施機関は、開示請求に係る個人情報が次の各号のいずれかに該当するときは、当該個人情報を開示しないことができる。

　五　開示することにより、人の生命、身体、財産及び社会的な地位の保護、犯罪の予防、犯罪の捜査その他の公共の安全と秩序の維持に支障が生ずるおそれがあるとき。

東京（開示しないことができる個人情報）

第十六条　実施機関は、開示請求に係る個人情報が次の各号のいずれかに該当するときは、当該個人情報を開示しないことができる。

　二　捜査、取締り、調査、争訟等に関する個人情報であって、開示することにより、事務の適正な執行に支障が生ずるおそれがあるとき。

A　都道府県・個人情報保護条例　　　　　　9　非開示個人情報

神奈川（自己情報の開示請求権）
第十五条
4　実施機関は、前項の規定にかかわらず、開示の請求に係る個人情報について開示をすることが次の各号のいずれかに該当するときは、当該個人情報の全部又は一部の開示をしないことができる。
　七　犯罪の予防、犯罪の捜査、個人の生命、身体及び財産の保護その他公共の安全の確保のため、請求者に開示をしないことが必要と認められるとき。

新潟（開示しないことができる個人情報）
第十九条　実施機関は、開示請求に係る個人情報が次の各号のいずれかに該当するものであるときは、当該個人情報を開示しないことができる。
　八　開示することにより、個人の生命、身体及び財産の保護、犯罪の予防、犯罪の捜査、行政上の義務違反の取締りその他公共の安全と秩序の維持に支障が生ずるおそれのある個人情報

長野（開示を拒むことができる記録情報）
第十二条　実施機関は、開示請求の対象となった記録情報が次の各号のいずれかに該当するものであるときは、当該記録情報の全部又は一部について開示を拒むことができる。
　七　犯罪の捜査、犯罪の予防その他公共の安全の確保に関する記録情報であって、開示をしないことが必要と認められるもの

山梨（開示をしないことができる個人情報）
第十四条　実施機関は、開示請求に係る個人情報が次の各号のいずれかに該当するものであるときは、前条第三項の規定にかかわらず、当該開示請求に係る個人情報の開示をしないことができる。
　七　請求者に開示をすることにより、犯罪の予防、犯罪の捜査、個人の生命、身体又は財産の保護その他公共の安全と秩序の維持に支障を及ぼすおそれのある個人情報

岐阜（開示しないことができる個人情報）
第十四条　実施機関は、次の各号のいずれかに該当する個人情報については、当該個人情報の開示をしないことができる。
　四　開示することにより、人の生命、身体、財産等の保護、犯罪の予防、犯罪の捜査その他の公共の安全と秩序の維持に支障が生ずるおそれのある情報

9 非開示個人情報　　Ⅰ　都道府県・個人情報保護条例・項目別条文集

愛知（自己情報の開示請求）
第十三条
3　実施機関は、開示請求に係る個人情報が次の各号のいずれかに該当するときは、当該個人情報の全部又は一部について開示をしないことができる。
　六　請求者に開示をすることにより、人の生命、身体、財産等の保護、犯罪の予防又は捜査その他の公共の安全と秩序の維持に支障を生ずるおそれのある情報

滋賀（開示をしない個人情報）
第十三条　実施機関は、開示請求に係る個人情報の全部または一部が次の各号のいずれかに該当するものであるときは、当該個人情報（開示をしない部分とそれ以外の部分とが容易に、かつ、開示請求の趣旨を損なわない程度に分離できるものであるときは、当該開示をしない部分に限る。）の開示をしないものとする。
　四　開示をすることにより、個人の生命、身体、財産等の保護、犯罪の予防または捜査その他公共の安全と秩序の維持に支障が生ずるおそれのあるもの

京都（開示をしないことができる個人情報）
第十三条　実施機関は、開示請求に係る個人情報が次の各号のいずれかに該当するときは、当該個人情報の全部又は一部を開示しないことができる。
　二　開示することにより、個人の生命、身体、財産等の保護又は犯罪の予防、犯罪の捜査その他の公共の安全と秩序の維持に支障が生じると認められる個人情報

大阪（開示しないことができる個人情報）
第十四条　実施機関は、開示請求に係る個人情報が、次の各号のいずれかに該当するものであるときは、当該個人情報を開示しないことができる。
　六　開示することにより、個人の生命、身体、財産等の保護、犯罪の予防又は捜査その他の公共の安全と秩序の維持に支障を及ぼすと認められる個人情報

兵庫（開示をしないことができる個人情報）
第十七条　実施機関は、開示請求に係る個人情報が次の各号のいずれかに該当するときは、当該個人情報の開示をしないことができる。
　四　開示をすることにより、人の生命、身体、財産等の保護又は犯罪の

予防、犯罪の捜査その他の公共の安全と秩序の維持に支障が生ずると認められる情報

鳥取（開示義務）

第十六条　実施機関は、開示請求に係る個人情報に次の各号に掲げる情報のいずれかが含まれている場合を除き、当該個人情報を開示しなければならない。

　五　開示することにより、人の生命、身体、財産、地位又は生活の保護、犯罪の予防又は捜査その他の公共の安全と秩序の維持に支障を生ずるおそれがある情報

鳥取（任意開示）

第十八条　実施機関は、開示請求に係る個人情報に非開示情報が含まれている場合であっても、本人の権利利益を保護するため特に必要があると認めるときは、開示請求者に対し、当該個人情報を開示することができる。

広島（開示しないことができる個人情報）

第十三条　実施機関は、開示請求に係る個人情報が次の各号のいずれかに該当するときは、当該個人情報の全部又は一部について開示をしないことができる。

　五　請求者に開示することにより、個人の生命、身体、財産等の保護、犯罪の予防又は捜査その他の公共の安全と秩序の維持に支障が生ずるおそれがあると認められるとき。

香川（開示をしないことができる個人情報）

第十六条　実施機関は、個人情報が次の各号のいずれかに該当するときは、当該個人情報の開示をしないことができる。

　四　開示をすることにより、個人の生命、身体、財産等の保護、犯罪の予防又は犯罪の捜査その他の公共の安全と秩序の維持に支障を及ぼすおそれがあると認められる個人情報

福岡（開示しないことができる個人情報）

第十五条　実施機関は、開示請求に係る個人情報が次の各号のいずれかに該当するものであるときは、当該個人情報を開示しないことができる。

　七　開示することにより、個人の生命、身体、自由、財産等の保護、犯罪の予防、犯罪の捜査その他公共の安全と秩序の維持に支障を生ずるおそれがあると認められるもの

9 非開示個人情報　　Ⅰ　都道府県・個人情報保護条例・項目別条文集

沖縄（開示しないことができる個人情報）
第十九条　実施機関は、開示の請求に係る個人情報が次の各号のいずれかに該当するものであるときは、当該個人情報を開示しないことができる。
　四　開示することにより、人の生命、身体又は財産等の保護、犯罪の予防、犯罪の捜査その他公共の安全と秩序の維持に支障が生ずるおそれがあると認められるもの

　(五)　**国等関係情報**

北海道（開示をしないことができる個人情報）
第十八条　実施機関は、開示請求に係る個人情報が、次の各号のいずれかに該当するときは、当該個人情報の全部又は一部の開示をしないことができる。
　四　道と国若しくは地方公共団体その他の公共団体（以下「国等」という。）との間における協議により、又は国等からの依頼により、実施機関が作成し、又は取得した個人情報であって、開示をすることが当該協議又は依頼の条件又は趣旨に反し、国等との協力関係が著しく損なわれることにより、当該協議又は依頼に係る事務又は事業の適正な執行に支障が生ずると認められるとき。

青森（開示しないことができる個人情報）
第十九条　実施機関は、開示請求に係る個人情報が次の各号のいずれかに該当する情報であるときは、当該個人情報を開示しないことができる。
　七　国等の機関からの協議、協力等に基づいて実施機関が作成し、又は取得した情報であって、開示することにより、国等との協力関係が著しく損なわれるおそれのあるもの

宮城（開示請求）
第十四条
4　実施機関は、前項の規定にかかわらず、開示請求に係る個人情報が次の各号のいずれかに該当するときは、当該個人情報を開示しないことができる。
　五　国、他の地方公共団体その他公共団体（以下「国等」という。）の機関又は実施機関以外の県の機関からの協議、依頼等に基づいて作成され、又は取得された情報であって、開示することにより、国等の機関又は実施機関以外の県の機関との協力関係又は信頼関係が損なわれるおそれのあるとき。

A　都道府県・個人情報保護条例　　　　　9　非開示個人情報

福島（開示しないことができる個人情報）
第十二条　実施機関は、開示請求に係る個人情報が次の各号のいずれかに該当するものであるときは、当該個人情報を開示しないことができる。
　六　県の機関と国若、他の地方公共団体その他の公共団体又はこれらに類する公共的団体（以下「国等」という。）の機関との間における協議、依頼等に係る事務事業に関する個人情報であって、開示することにより、国等との協力関係又は信頼関係を損なうおそれのあるもの

茨城（開示しないことができる個人情報）
第十五条　実施機関は、開示請求に係る個人情報が次の各号のいずれかに該当すると認めるときは、当該個人情報の全部又は一部について開示しないことができる。
　六　国等の機関との間の協力、依頼、協議等に基づき実施機関が作成し、又は取得した情報であって、開示することにより、国等との協力関係又は信頼関係を損なうおそれのあるもの

埼玉（開示しないことができる個人情報等）
第十三条　実施機関は、開示請求に係る個人情報が次の各号のいずれかに該当するものであるときは、当該個人情報を開示しないことができる。
　七　国等との間における協議、協力等により作成し、又は入手した個人情報であって、開示することにより、国等との協力関係又は信頼関係を著しく損なうと認められるもの

千葉（開示しないことができる個人情報）
第十五条　実施機関は、開示請求に係る個人情報が次の各号のいずれかに該当するときは、当該個人情報を開示しないことができる。
　六　国、他の地方公共団体又はその他の公共団体（以下「国等」という。）からの協議、依頼等に基づいて実施機関が作成し、又は取得した個人情報であり、開示することにより、国等との協力関係又は信頼関係を損なわれると認められるとき。

東京（開示しないことができる個人情報）
第十六条　実施機関は、開示請求に係る個人情報が次の各号のいずれかに該当するときは、当該個人情報を開示しないことができる。
　五　国、地方公共団体又は他の実施機関等との間における協議、協力等により作成し、又は取得した個人情報であって、開示することによりこれらのものとの協力関係又は信頼関係が損なわれると認められるとき。

9 非開示個人情報　　Ⅰ　都道府県・個人情報保護条例・項目別条文集

神奈川（自己情報の開示請求権）
第十五条
4　実施機関は、前項の規定にかかわらず、開示の請求に係る個人情報について開示をすることが次の各号のいずれかに該当するときは、当該個人情報の全部又は一部の開示をしないことができる。
　四　開示の請求の対象となった個人情報が国又は他の地方公共団体の機関からの協議又は依頼に基づいて作成し、又は取得したものであって、請求者に開示をすることにより、国又は他の地方公共団体との協力関係が著しく害するおそれがあるとき。

新潟（開示しないことができる個人情報）
第十九条　実施機関は、開示請求に係る個人情報が次の各号のいずれかに該当するものであるときは、当該個人情報を開示しないことができる。
　五　国又は他の地方公共団体（以下「国等」という。）の機関からの協議、依頼等に基づいて作成し、又は取得した個人情報であって、開示することにより、国等との協力関係又は信頼関係が損なわれると認められるもの

長野（開示を拒むことができる記録情報）
第十二条　実施機関は、開示請求の対象となった記録情報が次の各号のいずれかに該当するものであるときは、当該記録情報の全部又は一部について開示を拒むことができる。
　五　国又は他の地方公共団体（以下「国等」という。）からの協議又は依頼に基づいて作成し、又は取得した記録情報であって、開示をすることにより国等との協力関係を著しく害するおそれのあるもの

山梨（開示をしないことができる個人情報）
第十四条　実施機関は、開示請求に係る個人情報が次の各号のいずれかに該当するものであるときは、前条第三項の規定にかかわらず、当該開示請求に係る個人情報の開示をしないことができる。
　四　国又は他の地方公共団体（以下「国等」という。）の機関からの協議、依頼等に基づいて作成し、又は取得した個人情報であって、請求者に開示をすることにより、国等との協力関係を著しく害するおそれのあるもの

岐阜（開示しないことができる個人情報）
第十四条　実施機関は、次の各号のいずれかに該当する個人情報については、当該個人情報の開示をしないことができる。

A　都道府県・個人情報保護条例　　　　　　9　非開示個人情報

　　八　県と国等との間における協議、協力等により実施機関が作成し、又は取得した情報であって、開示することにより、県と国等との協力関係又は信頼関係が損なわれると認められるもの

愛知（自己情報の開示請求）

第十三条

3　実施機関は、開示請求に係る個人情報が次の各号のいずれかに該当するときは、当該個人情報の全部又は一部について開示をしないことができる。

　　五　県と国、他の地方公共団体その他公共団体又はこれらに類する公共的団体（以下「国等」という。）との間における協議、依頼、協力等により実施機関が作成し、又は取得した情報であって、請求者に開示をすることにより、県と国等との協力関係又は信頼関係が著しく損なわれると認められるもの

滋賀（開示をしない個人情報）

第十三条　実施機関は、開示請求に係る個人情報の全部または一部が次の各号のいずれかに該当するものであるときは、当該個人情報（開示をしない部分とそれ以外の部分とが容易に、かつ、開示請求の趣旨を損なわない程度に分離できるものであるときは、当該開示をしない部分に限る。）の開示をしないものとする。

　　九　国等の機関または当該実施機関以外の県の機関からの協議、依頼等に基づいて実施機関が作成し、または取得した情報であって、開示をすることにより、これらのものとの協力関係または信頼関係を著しく損なうおそれのあるもの

京都（開示をしないことができる個人情報）

第十三条　実施機関は、開示請求に係る個人情報が次の各号のいずれかに該当するときは、当該個人情報の全部又は一部を開示しないことができる。

　　七　府が国等と協力して行う事務又は府が国等からの依頼、協議等を受けた事務に関して作成し、又は取得した個人情報であって、これを開示することにより、国等との協力関係又は信頼関係を著しく害すると認められるもの

大阪（開示しないことができる個人情報）

第十四条　実施機関は、開示請求に係る個人情報が、次の各号のいずれかに該当するものであるときは、当該個人情報を開示しないことができる。

二　府の機関が国等の機関と協力して行う事務又は府の機関が国等の機関から依頼、協議等を受けた事務に関する個人情報であって、開示することにより、国等との協力関係又は信頼関係を著しく損なうおそれのあるもの

兵庫（開示をしないことができる個人情報）

第十七条　実施機関は、開示請求に係る個人情報が次の各号のいずれかに該当するときは、当該個人情報の開示をしないことができる。

七　県と国等又は特殊法人（法律により直接に設立された法人又は特別の法律により特別の設立行為をもって設立すべきものとされた法人をいう。以下同じ。）との間の協議、依頼等に基づく事務事業に関する情報であって、開示をすることにより、県と国等又は特殊法人との協力関係又は信頼関係が損なわれると認められるもの

鳥取（開示義務）

第十六条　実施機関は、開示請求に係る個人情報に次の各号に掲げる情報のいずれかが含まれている場合を除き、当該個人情報を開示しなければならない。

六　県と国等との間における協議、依頼等に基づき、実施機関が作成し、又は取得した情報であって、開示することにより、国等との信頼関係又は協力関係が著しく損なわれると認められるもの

鳥取（任意開示）

第十八条　実施機関は、開示請求に係る個人情報に非開示情報が含まれている場合であっても、本人の権利利益を保護するため特に必要があると認めるときは、開示請求者に対し、当該個人情報を開示することができる。

広島（開示しないことができる個人情報）

第十三条　実施機関は、開示請求に係る個人情報が次の各号のいずれかに該当するときは、当該個人情報の全部又は一部について開示をしないことができる。

六　国、他の地方公共団体その他の公共団体（以下「国等」という。）からの協議、依頼等に基づいて実施機関が作成し、又は取得した個人情報であって、請求者に開示することにより、国等との協力関係又は信頼関係が著しく損なわれると認められるとき。

香川（開示をしないことができる個人情報）

第十六条　実施機関は、個人情報が次の各号のいずれかに該当するときは、

A 都道府県・個人情報保護条例　　　9 非開示個人情報

当該個人情報の開示をしないことができる。
　八　国等の機関からの協議、依頼等に基づいて作成し、又は取得した個人情報であって、開示をすることにより、国等との協力関係又は信頼関係を著しく損なうおそれがあると認められるもの

福岡（開示しないことができる個人情報）
第十五条　実施機関は、開示請求に係る個人情報が次の各号のいずれかに該当するものであるときは、当該個人情報を開示しないことができる。
　五　県の機関と国等の機関との間における指示、依頼、協議等により作成し、又は取得した個人情報であって、開示することにより、国等との信頼関係又は協力関係を著しく損なうおそれがあると認められるもの

沖縄（開示しないことができる個人情報）
第十九条　実施機関は、開示の請求に係る個人情報が次の各号のいずれかに該当するものであるときは、当該個人情報を開示しないことができる。
　六　国又は他の地方公共団体その他公共団体（以下「国等」という。）との間における協議、依頼、協力、委任等に基づいて作成し、又は取得した情報であって、開示することにより、国等との協力関係又は信頼関係が著しく損なわれると認められるもの

　　㈥　個人の判断、評価等情報

北海道（開示をしないことができる個人情報）
第十八条　実施機関は、開示請求に係る個人情報が、次の各号のいずれかに該当するときは、当該個人情報の全部又は一部の開示をしないことができる。
　七　診療、指導、相談、選考その他の個人に対する評価又は判断を伴う事務に関する個人情報であって、開示をすることにより、当該事務の適正な執行に著しい支障を生ずるおそれがあると認められるとき。

青森（開示しないことができる個人情報）
第十九条　実施機関は、開示請求に係る個人情報が次の各号のいずれかに該当する情報であるときは、当該個人情報を開示しないことができる。
　五　選考、診療、指導、相談その他の個人に対する評価又は判断を伴う事務に関する情報であって、開示することにより、当該事務若しくは将来の同種の事務の実施の目的が損なわれ、又はこれらの事務の公正若しくは円滑な執行に著しい支障が生ずるおそれのあるもの

9　非開示個人情報　　Ⅰ　都道府県・個人情報保護条例・項目別条文集

宮城（開示請求）
第十四条
4　実施機関は、前項の規定にかかわらず、開示請求に係る個人情報が次の各号のいずれかに該当するときは、当該個人情報を開示しないことができる。
　二　個人の指導、評価、選考、判定、診断等に関する情報であって、開示することにより、当該指導、評価、選考、判定、診断等の事務事業若しくは将来の同種の事務事業の目的が達成できなくなり、又はこれらの事務事業の公正若しくは円滑な執行に支障が生ずるおそれのあるとき。

福島（開示しないことができる個人情報）
第十二条　実施機関は、開示請求に係る個人情報が次の各号のいずれかに該当するものであるときは、当該個人情報を開示しないことができる。
　四　指導、選考、診断その他の個人に対する評価又は判断を伴う事務事業に関する個人情報であって、開示することにより、当該事務事業の適正な執行に著しい支障が生ずるおそれのあるもの

茨城（開示しないことができる個人情報）
第十五条　実施機関は、開示請求に係る個人情報が次の各号のいずれかに該当すると認めるときは、当該個人情報の全部又は一部について開示しないことができる。
　四　個人の診療、診断、評価、判定、選考、相談、指導等の業務に関する情報であって、開示することにより、当該業務の適正な遂行に支障を及ぼすおそれのあるもの

埼玉（開示しないことができる個人情報等）
第十三条　実施機関は、開示請求に係る個人情報が次の各号のいずれかに該当するものであるときは、当該個人情報を開示しないことができる。
　三　診療、指導、相談、選考、試験その他の個人に対する評価又は判断に関する事務事業に係る個人情報であって、開示することにより、当該事務事業の適正な執行を著しく困難にするおそれのあるもの

千葉（開示しないことができる個人情報）
第十五条　実施機関は、開示請求に係る個人情報が次の各号のいずれかに該当するときは、当該個人情報を開示しないことができる。
　四　指導、相談、選考、試験、診療その他の個人に対する評価又は判断を伴う事務事業に関する個人情報であり、開示することにより、当該

A　都道府県・個人情報保護条例　　　　**9　非開示個人情報**

　　事務事業又は将来の同種の事務事業の適正な執行に著しい支障が生ずると認められるとき。

東京（開示しないことができる個人情報）
第十六条　実施機関は、開示請求に係る個人情報が次の各号のいずれかに該当するときは、当該個人情報を開示しないことができる。
　二　個人の評価、診断、判断、選考、指導、相談等に関する個人情報であって、開示することにより、事務の適正な執行に支障が生ずるおそれがあるとき。

神奈川（自己情報の開示請求権）
第十五条
4　実施機関は、前項の規定にかかわらず、開示の請求に係る個人情報について開示をすることが次の各号のいずれかに該当するときは、当該個人情報の全部又は一部の開示をしないことができる。
　三　開示の請求の対象となった個人情報が個人の指導、診断、評価、選考等に関する情報であって、請求者に開示をすることにより、当該指導、診断、評価、選考等に著しい支障が生ずるおそれがあるとき。

新潟（開示しないことができる個人情報）
第十九条　実施機関は、開示請求に係る個人情報が次の各号のいずれかに該当するものであるときは、当該個人情報を開示しないことができる。
　四　指導、相談、選考、試験、診療その他の個人に対する評価又は判断を伴う事務事業に関する個人情報であって、開示することにより、当該事務事業又は将来の同種の事務事業の適正な執行に支障が生ずるおそれのあるもの

長野（開示を拒むことができる記録情報）
第十二条　実施機関は、開示請求の対象となった記録情報が次の各号のいずれかに該当するものであるときは、当該記録情報の全部又は一部について開示を拒むことができる。
　四　診療、指導、選考、試験その他評価又は判断に関する記録情報であって、開示をしないことが適当と認められるもの

山梨（開示をしないことができる個人情報）
第十四条　実施機関は、開示請求に係る個人情報が次の各号のいずれかに該当するものであるときは、前条第三項の規定にかかわらず、当該開示請求に係る個人情報の開示をしないことができる。
　三　個人の指導、評価、診断、選考等に関する個人情報であって、請求

者に開示をすることにより、当該指導、評価、診断、選考等に著しい支障を及ぼすおそれのあるもの

岐阜（開示しないことができる個人情報）

第十四条 実施機関は、次の各号のいずれかに該当する個人情報については、当該個人情報の開示をしないことができる。

　五　個人の評価、診断、選考、指導、相談等（以下「個人の評価等」という。）に関する情報であって、開示することにより、当該個人の評価等又は将来の同種の個人の評価等に著しい支障が生ずるおそれのあるもの

愛知（自己情報の開示請求）

第十三条

3　実施機関は、開示請求に係る個人情報が次の各号のいずれかに該当するときは、当該個人情報の全部又は一部について開示をしないことができる。

　四　個人の評価、診断、選考、指導、相談等に関する情報であって、請求者に開示をすることにより、当該評価、診断、選考、指導、相談等の事務事業の適切な執行に著しい支障を生ずるおそれのあるもの

滋賀（開示をしない個人情報）

第十三条　実施機関は、開示請求に係る個人情報の全部または一部が次の各号のいずれかに該当するものであるときは、当該個人情報(開示をしない部分とそれ以外の部分とが容易に、かつ、開示請求の趣旨を損なわない程度に分離できるものであるときは、当該開示をしない部分に限る。)の開示をしないものとする。

　三　個人の評価、診断、判定、選考、指導等の事務に関する情報であって、開示をすることにより、当該事務の適正な執行に著しい支障が生ずるおそれのあるもの

京都（開示をしないことができる個人情報）

第十三条　実施機関は、開示請求に係る個人情報が次の各号のいずれかに該当するときは、当該個人情報の全部又は一部を開示しないことができる。

　五　個人の評価、指導、診断、判定、選考等の事務事業に関する個人情報であって、これを開示することにより、当該若しくは同種の事務事業の目的が達成できなくなり、又はこれらの事務事業の公正かつ適切な執行に著しい支障が生じるおそれのあるもの

A　都道府県・個人情報保護条例　　　　　9　非開示個人情報

大阪（開示しないことができる個人情報）

第十四条　実施機関は、開示請求に係る個人情報が、次の各号のいずれかに該当するものであるときは、当該個人情報を開示しないことができる。

　五　個人の指導、診断、判定、評価等の事務に関する個人情報であって、開示することにより、当該若しくは同種の事務の目的が達成できなくなり、又はこれらの事務の公正かつ適切な執行に著しい支障を及ぼすおそれのあるもの

兵庫（開示をしないことができる個人情報）

第十七条　実施機関は、開示請求に係る個人情報が次の各号のいずれかに該当するときは、当該個人情報の開示をしないことができる。

　三　個人の評価、診断、判断、選考、指導、相談等（以下「個人の評価等」という。）に関する情報であって、開示をすることにより、当該個人の評価等又は将来の同種の個人の評価等に著しい支障が生ずると認められるもの

鳥取（開示義務）

第十六条　実施機関は、開示請求に係る個人情報に次の各号に掲げる情報のいずれかが含まれている場合を除き、当該個人情報を開示しなければならない。

　四　個人の評価、診断、選考、指導、相談等（以下「個人の評価等」という。）に関する情報であって、開示することにより、当該個人の評価等又は将来の個人の評価等に著しい支障を生ずるおそれがあるもの

鳥取（任意開示）

第十八条　実施機関は、開示請求に係る個人情報に非開示情報が含まれている場合であっても、本人の権利利益を保護するため特に必要があると認めるときは、開示請求者に対し、当該個人情報を開示することができる。

広島（開示しないことができる個人情報）

第十三条　実施機関は、開示請求に係る個人情報が次の各号のいずれかに該当するときは、当該個人情報の全部又は一部について開示をしないことができる。

　四　個人の評価、診断、選考、指導、相談等に関する情報であって、請求者に開示することにより、当該評価、診断、選考、指導、相談等の事務事業の適切な執行に支障が生ずるおそれがあると認められるとき。

9 非開示個人情報　　I　都道府県・個人情報保護条例・項目別条文集

香川（開示をしないことができる個人情報）
第十六条　実施機関は、個人情報が次の各号のいずれかに該当するときは、当該個人情報の開示をしないことができる。
　五　個人の評価、診断、選考、相談等の事務に関する個人情報であって、開示をすることにより、当該事務又は将来の同種の事務の適正な執行に著しい支障を及ぼすおそれがあると認められるもの

福岡（開示しないことができる個人情報）
第十五条　実施機関は、開示請求に係る個人情報が次の各号のいずれかに該当するものであるときは、当該個人情報を開示しないことができる。
　三　診療、指導、相談、選考その他の個人の評価又は判断を伴う事務に関する個人情報であって、開示することにより、当該事務の適正な執行に支障を生ずるおそれがあると認められるもの

沖縄（開示しないことができる個人情報）
第十九条　実施機関は、開示の請求に係る個人情報が次の各号のいずれかに該当するものであるときは、当該個人情報を開示しないことができる。
　五　診療、指導、相談、選考その他の個人の評価又は判断を伴う事務に関する個人情報であって、開示することにより、当該事務又は将来の同種の事務の適正な執行に著しい支障が生ずるおそれがあると認められるもの

(七)　機関内・機関間情報

北海道（開示をしないことができる個人情報）
第十八条　実施機関は、開示請求に係る個人情報が、次の各号のいずれかに該当するときは、当該個人情報の全部又は一部の開示をしないことができる。
　五　道又は国等の事務又は事業に係る意思形成過程において、道の機関内部若しくは道の機関相互間又は道の機関と国等の機関との間における審議、協議、調査研究等に関し、実施機関が作成し、又は取得した個人情報であって、開示をすることにより、当該事務又は事業に係る意思形成に著しい支障が生ずると明らかに認められるとき。

青森（開示しないことができる個人情報）
第十九条　実施機関は、開示請求に係る個人情報が次の各号のいずれかに該当する情報であるときは、当該個人情報を開示しないことができる。
　八　県又は国等の事務に係る意思形成過程において行われる県の機関内

A 都道府県・個人情報保護条例　　　　　　9　非開示個人情報

部若しくは県の機関相互又は県の機関と国等の機関との間における審議、検討、調査、研究等に関する情報であって、開示することにより、当該事務又は将来の同種の事務に係る意思形成に著しい支障が生ずるおそれのあるもの

宮城（開示請求）

第十四条

4　実施機関は、前項の規定にかかわらず、開示請求に係る個人情報が次の各号のいずれかに該当するときは、当該個人情報を開示しないことができる。

　七　県又は国等の事務事業に係る意思形成過程において行われる県の機関内部若しくは県の機関相互又は県の機関と国等の機関との間における審議、検討、調査、研究等に関する情報であって、開示することにより、当該事務事業又は将来の同種の事務事業に係る意思形成に支障が生ずるおそれのあるとき。

福島（開示しないことができる個人情報）

第十二条　実施機関は、開示請求に係る個人情報が次の各号のいずれかに該当するものであるときは、当該個人情報を開示しないことができる。

　七　県の機関又は国等の機関が行う事務事業に係る意思形成過程における審議、検討、調査、研究等に関する個人情報であって、開示することにより、当該事務事業又は将来の同種の事務事業に係る意思形成に著しい支障が生ずるおそれのあるもの

茨城（開示しないことができる個人情報）

第十五条　実施機関は、開示請求に係る個人情報が次の各号のいずれかに該当すると認めるときは、当該個人情報の全部又は一部について開示しないことができる。

　七　県又は国等の機関が行う事務事業に係る意思形成過程において作成し、又は取得した情報であって、開示することにより、県又は国等の事務事業に係る適正な意思形成に支障を及ぼすおそれのあるもの

埼玉（開示しないことができる個人情報等）

第十三条　実施機関は、開示請求に係る個人情報が次の各号のいずれかに該当するものであるときは、当該個人情報を開示しないことができる。

　五　事務事業の執行過程において作成し、又は入手した個人情報であって、開示することにより、当該事務事業の執行に係る公正な意思決定に著しい支障を生じ、又はその適正な執行を著しく困難にすることが

9 非開示個人情報　　Ⅰ　都道府県・個人情報保護条例・項目別条文集

明らかであるもの

千葉（開示しないことができる個人情報）

第十五条　実施機関は、開示請求に係る個人情報が次の各号のいずれかに該当するときは、当該個人情報を開示しないことができる。
　七　県又は国等の事務事業に係る意思形成過程において行われる審議、協議、調査研究等に関し、実施機関が作成し、又は取得した個人情報であり、開示することにより、当該事務事業又は将来の同種の事務事業に係る意思形成に著しい支障が生ずると認められるとき。

神奈川（自己情報の開示請求権）

第十五条
4　実施機関は、前項の規定にかかわらず、開示の請求に係る個人情報について開示をすることが次の各号のいずれかに該当するときは、当該個人情報の全部又は一部の開示をしないことができる。
　五　開示の請求の対象となった個人情報が県の機関内部若しくは機関相互又は県の機関と国若しくは他の地方公共団体の機関との間における審議、検討、調査研究等に関するものであって、請求者に開示をすることにより、当該審議、検討、調査研究等に著しい支障が生ずるおそれがあるとき。

新潟（開示しないことができる個人情報）

第十九条　実施機関は、開示請求に係る個人情報が次の各号のいずれかに該当するものであるときは、当該個人情報を開示しないことができる。
　六　県の機関又は国等の機関が行う事務事業に係る意思形成過程において、県の機関内部若しくは機関相互間又は県の機関と国等の機関との間における審議、検討、調査研究等に関し、実施機関が作成し、又は取得した個人情報であって、開示することにより、当該事務事業又は将来の同種の事務事業に係る意思形成に支障が生ずると認められるもの

山梨（開示をしないことができる個人情報）

第十四条　実施機関は、開示請求に係る個人情報が次の各号のいずれかに該当するものであるときは、前条第三項の規定にかかわらず、当該開示請求に係る個人情報の開示をしないことができる。
　五　県の機関内部若しくは機関相互又は県の機関と国等の機関との間における審議、検討、調査研究等に関する個人情報であって、請求者に開示をすることにより、当該審議、検討、調査研究等又は将来の同種

A　都道府県・個人情報保護条例　　　　9　非開示個人情報

の審議、検討、調査研究等に著しい支障を及ぼすおそれのあるもの

岐阜（開示しないことができる個人情報）

第十四条　実施機関は、次の各号のいずれかに該当する個人情報については、当該個人情報の開示をしないことができる。

　九　県又は国等の事務事業に係る意思形成過程において、県の機関内部若しくは機関相互間又は県と国等との間における審議、協議、調査、試験研究等に関し、実施機関が作成し、又は取得した情報であって、開示することにより、当該事務事業又は将来の同種の事務事業に係る意思形成に著しい支障が生ずると認められるもの

愛知（自己情報の開示請求）

第十三条

3　実施機関は、開示請求に係る個人情報が次の各号のいずれかに該当するときは、当該個人情報の全部又は一部について開示をしないことができる。

　七　県又は国等の事務事業に係る意思決定の過程における審議、検討、調査、試験研究等に関する情報であって、請求者に開示をすることにより、当該事務事業に係る意思決定に著しい支障を生ずるとおそれのあるもの

滋賀（開示をしない個人情報）

第十三条　実施機関は、開示請求に係る個人情報の全部または一部が次の各号のいずれかに該当するものであるときは、当該個人情報(開示をしない部分とそれ以外の部分とが容易に、かつ、開示請求の趣旨を損なわない程度に分離できるものであるときは、当該開示をしない部分に限る。)の開示をしないものとする。

　七　県の機関内部もしくは機関相互間または県の機関と国等の機関との間における審議、協議、検討、調査研究等に関する情報であって、開示をすることにより、当該または同種の審議、協議、検討、調査研究等に著しい支障が生ずるおそれのあるもの

京都（開示をしないことができる個人情報）

第十三条　実施機関は、開示請求に係る個人情報が次の各号のいずれかに該当するときは、当該個人情報の全部又は一部を開示しないことができる。

　六　府若しくは国、他の地方公共団体その他これらに類する団体（以下「国等」という。)が行う審議、検討、調査研究その他の意思形成の過程

9 非開示個人情報　　Ⅰ　都道府県・個人情報保護条例・項目別条文集

における個人情報であって、これを開示をすることにより、当該若しくは同種の意思形成を公正かつ適切に行うことに著しい支障が生じるおそれのあるもの又は府若しくは国等が行う取締り、監督、立入検査、交渉、渉外、争訟、許認可その他の事務事業に関する個人情報であって、これを開示することにより、当該若しくは同種の事務事業の目的が達成できなくなり、若しくはこれらの事務事業の公正かつ適切な執行に著しい支障が生じるおそれのあるもの

大阪（開示しないことができる個人情報）
第十四条　実施機関は、開示請求に係る個人情報が、次の各号のいずれかに該当するものであるときは、当該個人情報を開示しないことができる。
　三　府の機関又は国等の機関が行う調査研究、企画、調整等に関する個人情報であって、開示することにより、当該又は同種の調査研究、企画、調整等を公正かつ適切に行うことに著しい支障を及ぼすおそれのあるもの

兵庫（開示をしないことができる個人情報）
第十七条　実施機関は、開示請求に係る個人情報が次の各号のいずれかに該当するときは、当該個人情報の開示をしないことができる。
　八　実施機関が行う事務事業に係る審議、調査、研究等に関する情報であって、開示をすることにより、当該事務事業又は将来の同種の事務事業の公正な意思形成に著しい支障が生ずると認められるもの

鳥取（開示義務）
第十六条　実施機関は、開示請求に係る個人情報に次の各号に掲げる情報のいずれかが含まれている場合を除き、当該個人情報を開示しなければならない。
　七　県又は国等の事務事業に係る意思形成過程において、県の機関内部若しくは機関相互間又は県と国等との間における審議、検討、調査研究等に関して、実施機関が作成し、又は取得した情報であって、開示することにより、当該事務事業又は将来の同種の事務事業に係る意思形成に支障を生ずると認められるもの

鳥取（任意開示）
第十八条　実施機関は、開示請求に係る個人情報に非開示情報が含まれている場合であっても、本人の権利利益を保護するため特に必要があると認めるときは、開示請求者に対し、当該個人情報を開示することができる。

A　都道府県・個人情報保護条例　　　　　**9　非開示個人情報**

広島（開示しないことができる個人情報）
第十三条　実施機関は、開示請求に係る個人情報が次の各号のいずれかに該当するときは、当該個人情報の全部又は一部について開示をしないことができる。
　七　県又は国等の事務事業に係る意思形成過程において、県の機関内部若しくは機関相互間又は県の機関と国等の機関との間における審議、検討、調査研究等に関し、実施機関が作成し、又は取得した個人情報であって、請求者に開示することにより、当該事務事業又は将来における同種の事務事業に係る意思形成に著しい支障が生ずるおそれがあると認められるとき。

香川（開示をしないことができる個人情報）
第十六条　実施機関は、個人情報が次の各号のいずれかに該当するときは、当該個人情報の開示をしないことができる。
　七　県の機関内部若しくは機関相互間又は県の機関と国等の機関との間における審議、検討、調査研究等の事務に関する個人情報であって、開示をすることにより、当該事務の執行に著しい支障を及ぼすおそれがあると認められるもの

福岡（開示しないことができる個人情報）
第十五条　実施機関は、開示請求に係る個人情報が次の各号のいずれかに該当するものであるときは、当該個人情報を開示しないことができる。
　四　県の機関内部若しくは機関相互間又は県の機関と国、他の地方公共団体その他公共団体（以下「国等」という。）の機関との間における審議、検討、調査研究等に関する個人情報であって、開示することにより、当該又は同種の審議、検討、調査研究等に著しい支障を生ずるおそれがあると認められるもの

沖縄（開示しないことができる個人情報）
第十九条　実施機関は、開示の請求に係る個人情報が次の各号のいずれかに該当するものであるときは、当該個人情報を開示しないことができる。
　七　県又は国等の事務に係る意思形成過程において、県の機関内部若しくは機関相互間又は県と国等との間における審議、協議、調査、試験研究等に関し、実施機関が作成し、又は取得した個人情報であって、開示することにより、当該事務又は将来の同種の事務に係る意思形成に著しい支障が生ずると認められるもの

(八) 行政運営情報

北海道（開示をしないことができる個人情報）

第十八条　実施機関は、開示請求に係る個人情報が、次の各号のいずれかに該当するときは、当該個人情報の全部又は一部の開示をしないことができる。

六　監査、検査、調査、取締り、争訟その他の道又は国等の事務又は事業に関する個人情報であって、開示をすることにより、当該事務若しくは事業の目的を失わせ、又は当該事務若しくは事業の公正若しくは円滑な執行を著しく困難にするおそれがあるとき。

青森（開示しないことができる個人情報）

第十九条　実施機関は、開示請求に係る個人情報が次の各号のいずれかに該当する情報であるときは、当該個人情報を開示しないことができる。

九　県の機関又は国等の機関が行う検査、監査、取締り、徴税、争訟、交渉、渉外その他の事務に関する情報であって、開示することにより、当該事務若しくは将来の同種の事務の実施の目的が損なわれ、又はこれらの事務の公正若しくは円滑な執行に著しい支障が生ずるおそれのあるもの

宮城（開示請求）

第十四条

4　実施機関は、前項の規定にかかわらず、開示請求に係る個人情報が次の各号のいずれかに該当するときは、当該個人情報を開示しないことができる。

八　県の機関又は国等の機関が行う検査、監査、取締り、争訟、交渉、渉外、入札その他の事務事業に関する情報であって、当該事務事業の性質上、開示することにより、当該事務事業若しくは将来の同種の事務事業の目的が達成できなくなり、又はこれらの事務事業の公正若しくは円滑な執行に支障が生ずるおそれのあるとき。

福島（開示しないことができる個人情報）

第十二条　実施機関は、開示請求に係る個人情報が次の各号のいずれかに該当するものであるときは、当該個人情報を開示しないことができる。

八　県の機関が行う検査、監査、争訟、交渉その他の事務事業に関する個人情報であって、開示することにより、当該事務事業若しくは将来の同種の事務事業の実施の目的が損なわれ、又はこれらの事務事業の

A　都道府県・個人情報保護条例　　　　　9　非開示個人情報

　公正若しくは円滑な実施に著しい支障が生ずるおそれのあるもの
　茨城（開示しないことができる個人情報）
第十五条　実施機関は、開示請求に係る個人情報が次の各号のいずれかに該当すると認めるときは、当該個人情報の全部又は一部について開示しないことができる。
　八　検査、取締り、徴税、争訟及び交渉その他県又は国等の機関が行う事務事業の実施に関する情報であって、開示することにより、県又は国等の事務事業の実施の目的を損ない、又は事務事業の適正な遂行に支障を及ぼすおそれのあるもの
　千葉（開示しないことができる個人情報）
第十五条　実施機関は、開示請求に係る個人情報が次の各号のいずれかに該当するときは、当該個人情報を開示しないことができる。
　八　交渉、取締り、立入検査、監査、争訟等に係る事務事業に関する個人情報であり、当該事務事業の性質上、開示することにより、実施機関と関係者との信頼関係が損なわれると認められるとき、当該事務事業若しくは将来の同種の事務事業の実施の目的が失われるおそれがあるとき、又は当該事務事業若しくは将来の同種の事務事業の公正若しくは円滑な執行に著しい支障が生ずると認められるとき。
　神奈川（自己情報の開示請求権）
第十五条
4　実施機関は、前項の規定にかかわらず、開示の請求に係る個人情報について開示をすることが次の各号のいずれかに該当するときは、当該個人情報の全部又は一部の開示をしないことができる。
　六　開示の請求の対象となった個人情報が県の機関又は国若しくは他の地方公共団体の機関が行う取締り、調査、交渉、争訟その他の事務又は事業に関するものであって、請求者に開示をすることにより、当該事務又は事業の目的を失わせ、又は円滑な実施を著しく困難にするおそれがあるとき。
　新潟（開示しないことができる個人情報）
第十九条　実施機関は、開示請求に係る個人情報が次の各号のいずれかに該当するものであるときは、当該個人情報を開示しないことができる。
　七　県の機関又は国等の機関が行う検査、監査、争訟等の事務事業に関する個人情報であって、当該事務事業の性質上、開示することにより、当該事務事業若しくは将来の同種の事務事業の実施の目的を

9 非開示個人情報　　Ⅰ　都道府県・個人情報保護条例・項目別条文集

失わせ、又は当該事務事業若しくは将来の同種の事務事業の公正若しくは円滑な実施を困難にするおそれのあるもの

長野（開示を拒むことができる記録情報）

第十二条　実施機関は、開示請求の対象となった記録情報が次の各号のいずれかに該当するものであるときは、当該記録情報の全部又は一部について開示を拒むことができる。

六　県の内部若しくは県と国等との間における審議、調査、検討等に関する記録情報又は県若しくは国等が行う検査、監査、取締り等の実施計画、争訟若しくは交渉の方針その他の事務若しくは事業に関する記録情報であって、開示をすることにより当該審議等又は当該事務若しくは事業の公正かつ円滑な実施に著しい支障を生ずるおそれのあるもの

山梨（開示をしないことができる個人情報）

第十四条　実施機関は、開示請求に係る個人情報が次の各号のいずれかに該当するものであるときは、前条第三項の規定にかかわらず、当該開示請求に係る個人情報の開示をしないことができる。

六　県の機関又は国等の機関が行う取締り、検査、監査、争訟、交渉その他の事務に関する個人情報であって、請求者に開示をすることにより、当該事務若しくは将来の同種の事務の実施の目的を失わせ、又はその円滑な実施を著しく困難にするおそれのあるもの

岐阜（開示しないことができる個人情報）

第十四条　実施機関は、次の各号のいずれかに該当する個人情報については、当該個人情報の開示をしないことができる。

七　監査、検査、取締り等の計画及び実施要領、争訟又は交渉の方針その他県又は国、地方公共団体その他公共団体（以下「国等」という。）の事務事業に関する情報であって、開示することにより、当該事務事業若しくは将来の同種の事務事業の目的が損なわれ、又はこれらの事務事業の公正かつ円滑な執行に著しい支障が生ずるおそれのあるもの

愛知（自己情報の開示請求）

第十三条

3　実施機関は、開示請求に係る個人情報が次の各号のいずれかに該当するときは、当該個人情報の全部又は一部について開示をしないことができる。

八　監査、検査、調査、取締り、争訟、交渉その他の県又は国等の事務

事業に関する情報であって、請求者に開示をすることにより、当該事務事業の目的が損なわれ、又は当該事務事業の公正かつ円滑な執行に著しい支障を生ずるおそれのあるもの

滋賀（開示をしない個人情報）

第十三条　実施機関は、開示請求に係る個人情報の全部または一部が次の各号のいずれかに該当するものであるときは、当該個人情報（開示をしない部分とそれ以外の部分とが容易に、かつ、開示請求の趣旨を損なわない程度に分離できるものであるときは、当該開示をしない部分に限る。）の開示をしないものとする。

　八　県の機関または国等の機関が行う検査、取締り、争訟、交渉等に関する事務の情報であって、開示をすることにより、当該もしくは同種の事務の実施目的を失わせ、またはこれらの事務の適正な実施を著しく困難にするおそれのあるもの

京都（開示をしないことができる個人情報）

第十三条　実施機関は、開示請求に係る個人情報が次の各号のいずれかに該当するときは、当該個人情報の全部又は一部を開示しないことができる。

　六　府若しくは国、他の地方公共団体その他これらに類する団体（以下「国等」という。）が行う審議、検討、調査研究その他の意思形成の過程における個人情報であって、これを開示することにより、当該若しくは同種の意思形成を公正かつ適切に行うことに著しい支障が生じるおそれのあるもの又は府若しくは国等が行う取締り、監督、立入検査、交渉、渉外、争訟、許認可その他の事務事業に関する個人情報であって、これを開示することにより、当該若しくは同種の事務事業の目的が達成できなくなり、若しくはこれらの事務事業の公正かつ適切な執行に著しい支障が生じるおそれのあるもの

大阪（開示しないことができる個人情報）

第十四条　実施機関は、開示請求に係る個人情報が、次の各号のいずれかに該当するものであるときは、当該個人情報を開示しないことができる。

　四　府の機関又は国等の機関が行う取締り、監督、立入検査、許可、認可、試験、入札、交渉、渉外、争訟等の事務に関する個人情報であって、開示することにより、当該若しくは同種の事務の目的が達成できなくなり、又はこれらの事務の公正かつ適切な執行に著しい支障を及ぼすおそれのあるもの

9 非開示個人情報　　Ⅰ　都道府県・個人情報保護条例・項目別条文集

兵庫（開示をしないことができる個人情報）
第十七条　実施機関は、開示請求に係る個人情報が次の各号のいずれかに該当するときは、当該個人情報の開示をしないことができる。
　九　実施機関が行う取締り、監査、検査、許可、認可、入札、争訟、交渉、渉外等の事務事業に関する情報であって、開示をすることにより当該事務事業の執行の目的を失わせるおそれのあるもの及び開示をすることにより当該事務事業又は将来の同種の事務事業の公正又は円滑な執行に著しい支障が生ずると認められるもの

鳥取（開示義務）
第十六条　実施機関は、開示請求に係る個人情報に次の各号に掲げる情報のいずれかが含まれている場合を除き、当該個人情報を開示しなければならない。
　八　県又は国等が行う監査、検査、取締り、許可、認可、徴税、渉外、争訟、交渉、入札、試験、人事その他の事務事業に関する情報であって、開示することにより、当該事務事業の実施の目的が損なわれるもの、特定のものに不当な利益若しくは不利益が生ずるおそれがあるもの、関係当事者間の信頼関係が損なわれるもの又は当該事務事業若しくは将来の同種の事務事業の公正若しくは円滑な執行に著しい支障を生ずるおそれがあるもの

鳥取（任意開示）
第十八条　実施機関は、開示請求に係る個人情報に非開示情報が含まれている場合であっても、本人の権利利益を保護するため特に必要があると認めるときは、開示請求者に対し、当該個人情報を開示することができる。

広島（開示しないことができる個人情報）
第十三条　実施機関は、開示請求に係る個人情報が次の各号のいずれかに該当するときは、当該個人情報の全部又は一部について開示をしないことができる。
　八　県の機関又は国等の機関が行う取締り、監督、検査、許可、交渉、渉外、争訟その他の同種の事務事業に関する個人情報であって、請求者に開示することにより、当該事務事業の実施の目的が損なわれ、又はその円滑な執行に著しい支障が生ずるおそれがあると認められるとき。

香川（開示をしないことができる個人情報）

第十六条　実施機関は、個人情報が次の各号のいずれかに該当するときは、当該個人情報の開示をしないことができる。

　六　県の機関又は国若しくは他の地方公共団体その他の公共団体（以下「国等」という。）の機関が行う監査、検査、交渉、争訟等の事務に関する個人情報であって、開示をすることにより、当該事務又は将来の同種の事務の目的の達成に著しい支障を及ぼすおそれがあると認められるもの

福岡（開示しないことができる個人情報）

第十五条　実施機関は、開示請求に係る個人情報が次の各号のいずれかに該当するものであるときは、当該個人情報を開示しないことができる。

　六　県の機関又は国等の機関が行う取締り、監督、検査、許可、交渉、渉外、争訟その他の事務事業に関する個人情報であって、開示することにより、当該事務事業の実施の目的が失われ、又はその円滑な執行に著しい支障を生ずるおそれがあると認められるもの

沖縄（開示しないことができる個人情報）

第十九条　実施機関は、開示の請求に係る個人情報が次の各号のいずれかに該当するものであるときは、当該個人情報を開示しないことができる。

　八　取締り、監督、立入検査、許可、認可、交渉、渉外、争訟その他の県又は国等の機関が行う事務に関する個人情報であって、開示することにより、当該事務の目的が損なわれ、又は当該事務若しくは将来の同種の事務の公正又は円滑な執行に著しい支障が生ずると認められるもの

　(九)　存否情報

東京（個人情報の存否に関する情報）

第十七条の二　開示請求に対し、当該開示請求に係る個人情報が存在しているか否かを答えるだけで、非開示情報を開示することとなるときは、実施機関は、当該個人情報の存否を明らかにしないで、当該開示請求を拒否することができる。

　(十)　その他の情報

東京（開示しないことができる個人情報）

第十六条　実施機関は、開示請求に係る個人情報が次の各号のいずれかに

該当するときは、当該個人情報を開示しないことができる。
四　開示することにより、第三者の権利利益を侵害するおそれがあるとき。

10　自己情報の訂正

10（1）　自己情報の訂正

北海道（自己に関する個人情報の訂正の請求）
第二十四条　何人も、第二十一条第一項の規定により開示を受けた自己に関する個人情報に係る事実に誤りがあると認めるときは、実施機関に対し、その訂正（追加及び削除を含む。以下同じ。）を請求することができる。
2　第十四条第二項の規定は、前項の規定による訂正の請求（以下「訂正請求」という。）について準用する。

青森（訂正等の請求）
第二十一条　何人も、第十七条第一項又は第十八条第二項の規定により実施機関から開示を受けた自己を本人とする個人情報について事実に誤りがあると認めるときは、当該実施機関に対し、その訂正、追加又は削除（以下「訂正等」という。）の請求をすることができる。
2　第十三条第二項の規定は、前項の規定による訂正等の請求（以下「訂正等の請求」という。）について準用する。

宮城（訂正請求）
第二十条　何人も、開示を受けた自己に関する個人情報が事実と合致していないと認めるときは、実施機関に対し、その訂正の請求（以下「訂正請求」という。）をすることができる。
2　第十四条第二項の規定は、訂正請求について準用する。

福島（自己情報の訂正請求）
第十九条　何人も、第十六第一項又は第十七条第三項の規定により開示を受けた自己に関する個人情報に事実の誤りがあると認めるときは、実施機関に対し、その訂正の請求（以下「訂正請求」という。）をすることができる。
2　第十一条第二項の規定は、訂正請求について準用する。

茨城（個人情報の訂正請求）
第二十二条　何人も、この条例の規定により開示を受けた自己に関する個人情報について事実の誤りがあると認めるときは、実施機関に対して、その訂正を請求することができる。

2　第十四条第二項の規定は、前項の訂正の請求（以下「訂正請求」という。）について準用する。

埼玉（訂正等の請求）

第二十条　第十七条第一項又は第十八条第三項の規定により開示を受けた自己の個人情報に事実の誤りがあると認める者は、実施機関に対し、その訂正、追加又は削除（以下「訂正等」という。）を請求することができる。

2　第十二条第二項の規定は、訂正等の請求について準用する。

千葉（訂正請求）

第二十二条　何人も、第十七条第一項の決定により開示を受けた自己の個人情報に事実の誤りがあると認める者は、実施機関に対し、その訂正の請求（以下「訂正請求」という。）をすることができる。

2　第十四条第二項の規定は、訂正請求について準用する。

東京（個人情報の訂正を請求できる者）

第十八条　何人も、第十四条第一項の規定による開示の決定を受けた自己の個人情報に事実の誤りがあると認めるときは、実施機関に対し、その訂正の請求（以下「訂正請求」という。）をすることができる。

2　第十二条第二項の規定は、訂正請求について準用する。

神奈川（自己情報の訂正請求権）

第二十一条　何人も、実施機関が保有する自己を本人とする個人情報について事実に誤りがあると認めるときは、その訂正（削除を含む。以下同じ。）を請求することができる。

2　第十五条第二項の規定は、前項の訂正の請求（以下「訂正請求」という。）について準用する。

新潟（訂正請求）

第二十三条　第十八条第一項又は第二十一条第三項の規定により開示を受けた者は、自己に関する個人情報に事実の誤りがあると認めるときは、実施機関に対して、その訂正（追加及び削除を含む。以下同じ。）を請求することができる。

2　法定代理人が第十八条第一項の規定により開示を受けた場合にあっては、本人は、前項の規定による訂正の請求（以下「訂正請求」という。）をすることができる。

3　第十四条第二項の規定は、訂正請求について準用する。

A　都道府県・個人情報保護条例　　　　　　**10　自己情報の訂正**

長野（訂正の請求）

第十八条　第十五条第一項の決定による開示を受けた者は、開示を受けた記録情報が事実に合致していないときは、実施機関に対し、当該記録情報の訂正（追加及び削除を含む。以下同じ。）を請求することができる。

山梨（自己情報の訂正請求）

第二十条　第十七条第一項又は第十八条第二項の規定により開示を受けた自己の個人情報に事実の誤りがあると認める者は、実施機関に対し、その訂正を請求することができる。

2　第十三条第二項の規定は、前項の訂正の請求（以下「訂正請求」という。）に準用する。

岐阜（訂正請求）

第二十条　第十八条第一項の規定により開示を受けた自己の個人情報について事実に誤りがあると認める者は、実施機関に対し、その訂正（追加及び削除を含む。以下同じ。）の請求（以下「訂正請求」という。）をすることができる。

2　第十三条第二項本文の規定は、訂正請求について準用する。

愛知（自己情報の訂正請求）

第十八条　開示を受けた自己に関する個人情報に事実の誤りがあると認める者は、実施機関に対して、その訂正を請求することができる。

2　第十三条第二項の規定は、前項の訂正の請求（以下「訂正請求」という。）について準用する。

滋賀（自己情報の訂正請求）

第十八条　第十四条第一項の決定により開示を受けた自己の個人情報に事実に関する誤りがあると認める者は、実施機関に対し、その訂正（削除を含む。以下同じ。）の請求（以下「訂正請求」という。）をすることができる。

2　第十一条第二項の規定は、訂正請求について準用する。

京都（訂正の請求）

第十九条　何人も、公文書又は磁気記録媒体等に記録されている自己の個人情報について、事実に誤りがあると認めるときは、その訂正（削除を含む。以下同じ。）の請求（以下「訂正請求」という。）をすることができる。

大阪（訂正請求）

第二十一条　何人も、実施機関に対し、当該実施機関が現に保有している自己に関する個人情報について、事実に関する誤りがあると認めるとき

10　自己情報の訂正

は、その訂正（追加及び削除を含む。以下同じ。）を請求することができる。
2　実施機関は、前項の規定による請求（以下「訂正請求」という。）があったときは、訂正につき法令又は条例に特別の定めがあるとき、実施機関に訂正の権限がないときその他訂正しないことにつき正当な理由があるときを除き、当該誤りを訂正しなければならない。
3　第十二条第二項の規定は、訂正請求について準用する。

兵庫（訂正請求）
第二十一条　第十九条第一項又は前条第三項の規定により開示を受けた自己の個人情報に事実の誤りがあると認める者は、実施機関に対し、その訂正（追加及び削除を含む。以下同じ。）の請求（以下「訂正請求」という。）をすることができる。
2　第十四条第二項本文の規定は、訂正請求について準用する。

鳥取（訂正請求）
第二十一条　何人も、第十五条第一項又は第十九条第二項の規定により開示を受けた自己の個人情報に事実の誤りがあると認めるときは、実施機関に対して、その訂正（追加及び抹消を含む。以下同じ。）の請求をすることができる。
2　前項の請求（以下「訂正請求」という。）は、本人が請求することができないやむを得ない理由があると認められる場合には、代理人によってすることができる。

広島（訂正請求）
第十六条　何人も、第十二条第一項の規定による開示を受けた自己に関する個人情報に事実の誤りがあると認めるときは、実施機関に対して、その訂正（追加及び削除を含む。以下同じ。）の請求をすることができる。
2　第九条第二項の規定は、前項の訂正の請求（以下「訂正請求」という。）について準用する。

香川（訂正請求）
第二十一条　第十八条第一項又は前条第二項の規定により開示を受けた自己の個人情報に事実の誤りがあると認める者は、実施機関に対し、当該個人情報の訂正の請求（以下「訂正請求」という。）をすることができる。
2　第十三条第二項の規定は、訂正請求について準用する。

福岡（訂正の請求）
第十七条　何人も、第十三条第一項の規定により開示を受けた自己の個人

情報に事実に関する誤りがあると認めるときは、実施機関に対し、その訂正（追加及び削除を含む。以下同じ。）を請求することができる。
2　第十条第二項の規定は、前項の訂正の請求（以下「訂正請求」という。）について準用する。

沖縄（訂正の請求）
第二十三条　何人も、第十八条第一項の規定により開示を受けた自己情報について、事実に関する誤りがあると認めるときは、実施機関に対し、その訂正（追加及び削除を含む。以下同じ。）を請求することができる。
2　第十五条第二項の規定は、前項の規定による訂正の請求（以下「訂正請求」という。）について準用する。

10（2）　自己情報の訂正手続

北海道（訂正請求の手続）
第二十五条　訂正請求をしようとする者は、実施機関に対して、次の事項を記載した訂正請求書を提出しなければならない。
　一　氏名及び住所
　二　訂正を求める箇所
　三　訂正を求める内容
　四　前三号に定めるもののほか、実施機関が定める事項
2　訂正請求をしようとする者は、実施機関に対して、当該訂正を求める内容が事実に合致することを証明する書類等を提出し、又は提示しなければならない。
3　第十五条第二項の規定は、訂正請求について準用する。

青森（訂正等の請求の方法）
第二十二条　訂正等の請求をしようとする者は、次に掲げる事項を記載した書面を実施機関に提出しなければならない。
　一　氏名及び住所
　二　訂正等の請求に係る個人情報を特定するために必要な事項
　三　訂正等を求める箇所及び内容
　四　その他実施機関が定める事項
2　訂正等の請求をしようとする者は、訂正等を求める内容が事実に合致することを証明する書類等を実施機関に提出し、又は提示しなければならない。
3　第十四条第二項の規定は、訂正等の請求をしようとする者について準

10 自己情報の訂正　　Ｉ　都道府県・個人情報保護条例・項目別条文集

用する。

宮城（訂正請求の手続）

第二十一条　訂正請求をしようとする者は、次に掲げる事項を記載した訂正請求書を実施機関に提出しなければならない。
　一　氏名及び住所
　二　訂正請求をしようとする個人情報の特定に必要な事項
　三　訂正を求める内容
　四　その他実施機関が定める事項
2　訂正請求をしようとする者は、当該訂正を求める内容が事実と合致することを証明する書類等を実施機関に提出し、又は提示しなければならない。
3　第十五条第二項の規定は、前条第一項の規定により訂正請求をしようとする者について準用する。

福島（訂正請求の方法）

第二十条　訂正請求をしようとする者は、次に掲げる事項を記載した請求書を実施機関に提出しなければならない。
　一　訂正請求をしようとする者の氏名及び住所
　二　訂正請求をしようとする個人情報を特定するために必要な事項
　三　訂正を求める内容
　四　前三号に定めるもののほか、実施機関が定める事項
2　訂正請求をしようとする者は、訂正を求める内容が事実に合致することを証明する資料を提出し、又は提示しなければならない。
3　第十四条第二項の規定は、訂正請求について準用する。

茨城（訂正請求の手続）

第二十三条　訂正請求をしようとする者は、実施機関に対して、次の各号に掲げる事項を記載した訂正請求書を提出しなければならない。
　一　訂正請求をする者の氏名及び住所
　二　訂正請求に係る個人情報を特定するために必要な事項
　三　訂正を求める内容
　四　その他実施機関の定める事項
2　訂正請求をしようとする者は、実施機関に対して、訂正を求める内容が事実に合致することを証明する書類その他の資料を提出し、又は提示しなければならない。
3　第十六条第二項の規定は、訂正請求をしようとする者について準用す

285

A　都道府県・個人情報保護条例　　　　　　10　自己情報の訂正

る。

埼玉（訂正等の請求の方法）

第二十二条　第二十条第一項の規定により訂正等の請求をしようとする者は、当該訂正等の請求に係る個人情報を保有している実施機関に対し、次に掲げる事項を記載した請求書に当該訂正等を求める内容が事実に合致することを証明する資料を添えて提出しなければならない。

　一　訂正等の請求をしようとする者の氏名及び住所
　二　訂正等の請求をしようとする個人情報を特定するために必要な事項
　三　訂正等を求める箇所及び内容
　四　その他実施機関が定める事項

2　第十五条第二項の規定は、訂正等の請求の方法について準用する。

千葉（訂正請求の手続）

第二十三条　訂正請求をしようとする者は、次の各号に掲げる事項を記載した請求書を実施機関に提出しなければならない。

　一　訂正請求をしようとする者の氏名及び住所
　二　法定代理人が訂正請求をしようとする場合にあっては、本人の氏名及び住所
　三　訂正請求をしようとする個人情報を特定するために必要な事項
　四　訂正を求める内容
　五　その他実施機関の定める事項

2　訂正請求をしようとする者は、訂正を求める内容が事実に合致することを明らかにする書類等を実施機関に提出し、又は提示しなければならない。

3　第十六条第二項の規定は、訂正請求について準用する。

東京（個人情報の訂正請求方法）

第十九条　前条の規定に基づき訂正請求をしようとする者は、実施機関に対して、次に掲げる事項を記載した訂正請求書を提出しなければならない。

　一　訂正請求をしようとする者の氏名及び住所
　二　訂正請求をしようとする個人情報を特定するために必要な事項
　三　訂正を求める内容
　四　前三号に掲げるもののほか、実施機関が定める事項

2　訂正請求をしようとする者は、当該訂正を求める内容が事実に合致することを証明する書類等を提出し、又は提示しなければならない。

3　第十三条第二項及び第三項の規定は、訂正請求について準用する。

神奈川（訂正の請求の手続）

第二十二条　訂正の請求をしようとする者は、当該訂正の請求に係る個人情報を保有している実施機関に対して、次に掲げる事項を記載した請求書を提出しなければならない。
　一　訂正の請求をしようとする者の氏名及び住所
　二　訂正の請求に係る個人情報の内容
　三　訂正を求める箇所及び訂正の内容
　四　その他実施機関が定める事項
2　訂正の請求をしようとする者は、当該訂正の内容が事実に合致することを証明する書類を提出し、又は提示しなければならない。
3　第十六条第二項の規定は、訂正の請求について準用する。

新潟（訂正請求の方法）

第二十四条　訂正請求をしようとする者は、次の事項を記載した請求書を実施機関に提出しなければならない。
　一　訂正請求をしようとする者の氏名及び住所
　二　法定代理人が訂正請求をしようとする場合にあっては、本人の氏名及び住所
　三　訂正請求をしようとする個人情報を特定するために必要な事項
　四　訂正を求める内容
　五　その他実施機関が定める事項
2　訂正請求をしようとする者は、訂正を求める内容が事実に合致することを証明する書類等を実施機関に提出し、又は提示しなければならない。
3　第十五条第二項の規定は、訂正請求をしようとする者について準用する。

長野（訂正請求の方法）

第十九条　前条第一項の規定により訂正請求をしようとする者は、次に掲げる事項を記載した請求書に請求する訂正の内容が事実に合致していることを明らかにする資料を添えて実施機関に提出しなければならない。
　一　請求者の氏名及び住所
　二　訂正を請求する箇所及び請求する訂正の内容
　三　その他実施機関の定める事項
2　前項の場合において、訂正請求をしようとする者は、第十四条第一項の規定による通知書を提示しなければならない。

山梨（訂正請求の方法）

第二十一条 訂正請求をしようとする者は、次に掲げる事項を記載した請求書を実施機関に提出しなければならない。
　一　氏名及び住所
　二　訂正請求に係る個人情報を特定するために必要な事項
　三　請求する訂正の内容
　四　前三号に掲げるもののほか、規則で定める事項
2　前項の場合において、訂正請求をしようとする者は、請求する訂正の内容が事実に合致することを証明する書類を提出し、又は提示しなければならない。
3　第十五条第二項の規定は、訂正請求について準用する。

岐阜（訂正請求の方法）

第二十一条 訂正請求をしようとする者は、実施機関に対し、次の事項を記載した請求書（以下「訂正請求書」という。）を提出しなければならない。
　一　訂正請求をしようとする者の氏名及び住所
　二　訂正請求をしようとする者が代理人である場合は、本人の氏名及び住所
　三　訂正請求に係る個人情報を特定するために必要な事項
　四　訂正を求める内容
　五　前各号に掲げるもののほか、実施機関が定める事項
2　訂正請求をしようとする者は、実施機関に対し、訂正を求める内容が事実に合致することを証するものを提出し、又は提示しなければならない。
3　第十六条第二項の規定は、訂正請求について準用する。

愛知（訂正請求の手続）

第十九条 訂正請求をしようとする者は、次の事項を記載した請求書を実施機関に提出しなければならない。
　一　訂正請求をしようとする者の氏名及び住所
　二　訂正請求に係る個人情報を特定するために必要な事項
　三　訂正を求める内容
　四　その他実施機関の定める事項
2　訂正請求をしようとする者は、訂正を求める内容が事実に合致することを証明する書類等を提出し、又は提示しなければならない。

3　第十四条第二項の規定は、訂正請求について準用する。

滋賀（訂正請求の方法）

第十九条　訂正請求をしようとする者は、実施機関に対して、次に掲げる事項を記載した訂正請求書を提出しなければならない。
　一　氏名及び住所
　二　訂正請求をしようとする個人情報を特定するために必要な事項
　三　訂正を求める内容
　四　前三号に掲げるもののほか、実施機関の定める事項
2　訂正請求をしようとする者は、当該訂正を求める内容が事実に合致することを証明する書類等を提出し、または提示しなければならない。
3　第十二条第二項の規定は、訂正請求について準用する。

京都（訂正請求の方法）

第二十条　訂正請求をしようとする者は、次に掲げる事項を記載した請求書を実施機関に提出しなければならない。
　一　訂正請求をしようとする者の氏名及び住所
　二　訂正を求める箇所及び訂正の内容
　三　前二号に掲げるもののほか、実施機関が定める事項
2　訂正請求をしようとする者は、実施機関に対して、訂正の内容が事実に合致することを証するものを提出し、又は提示しなければならない。
3　第十四条第二項から第四項までの規定は、訂正請求をしようとする者について準用する。

大阪（訂正請求の方法）

第二十二条　訂正請求をしようとする者は、次に掲げる事項を記載した訂正請求書を実施機関に提出しなければならない。
　一　氏名及び住所
　二　訂正請求に係る個人情報を特定するために必要な事項
　三　訂正を求める内容
　三　前三号に掲げるもののほか、実施機関の定める事項
2　訂正請求をしようとする者は、訂正を求める内容が事実に合致することを証明する資料を実施機関に提出し、又は提示しなければならない。
3　第十六条第二項の規定は、訂正請求をしようとする者について準用する。

兵庫（訂正請求の方法）

第二十二条　訂正請求をしようとする者は、次に掲げる事項を記載した請

A　都道府県・個人情報保護条例　　　　　　10　自己情報の訂正

求書（以下「訂正請求書」という。）を実施機関に提出しなければならない。
一　訂正請求をしようとする者の氏名及び住所
二　訂正請求をしようとする者が代理人である場合は、本人の氏名及び住所
三　訂正請求に係る個人情報を特定するために必要な事項
四　訂正を求める内容
五　前各号に掲げるもののほか、実施機関が定める事項
2　訂正請求をしようとする者は、実施機関に対し、訂正を求める内容が事実に合致することを証するものを提出し、又は提示しなければならない。
3　第十五条第二項の規定は、訂正請求について準用する。

鳥取（訂正請求の方法）

第二十二条　訂正請求をしようとする者は、次に掲げる事項を記載した訂正請求書を実施機関に提出しなければならない。
一　訂正請求をしようとする者の氏名及び住所
二　訂正請求に係る個人情報を特定するために必要な事項
三　訂正請求の内容
四　代理人によって訂正請求をする場合は、その理由
五　その他規則で定める事項
2　訂正請求をしようとする者は、実施機関に、自己が当該訂正請求に係る個人情報の本人又はその代理人であることを証明するために必要な書類として規則で定めるもの及び当該訂正請求の内容が事実に合致することを証明する資料を提出し、又は提示しなければならない。
3　第十三条第三項及び第四項の規定は、訂正請求書に形式上の不備があると認める場合について準用する。

広島（訂正請求の方法）

第十七条　訂正請求をしようとする者は、次の各号に掲げる事項を記載した訂正請求書を実施機関に提出しなければならない。ただし、当該請求書を提出することが困難であると実施機関が認めるときは、この限りでない。
一　訂正請求をしようとする者の氏名及び住所
二　訂正請求をしようとする個人情報を特定するために必要な事項
三　訂正を求める内容

四　その他実施機関が定める事項
2　訂正請求をしようとする者は、当該訂正を求める内容が事実に合致することを証明する資料を提出し、又は提示しなければならない。
3　第十条第三項の規定は、訂正請求について準用する。

香川（訂正請求の方法）

第二十二条　訂正請求をしようとする者は、次に掲げる事項を記載した請求書（以下「訂正請求書」という。）を実施機関に提出しなければならない。
　　一　訂正請求をしようとする者の氏名及び住所
　　二　訂正請求に係る個人情報を特定するために必要な事項
　　三　訂正を求める内容
　　四　前二号に掲げるもののほか、実施機関が定める事項
2　訂正請求をしようとする者は、実施機関に対し、訂正を求める内容が事実に合致することを証明する資料を提出し、又は提示しなければならない。
3　第十四条第二項の規定は、訂正請求をしようとする者について準用する。

福岡（訂正請求の方法）

第十八条　訂正請求をしようとする者は、実施機関に対して、次に掲げる事項を記載した訂正請求書を提出しなければならない。
　　一　氏名及び住所
　　二　訂正を求める箇所
　　三　訂正を求める内容
　　四　その他実施機関が定める事項
2　訂正請求をしようとする者は、当該訂正を求める内容が事実に合致することを証明する資料を提出し、又は提示しなければならない。
3　第十一条第二項の規定は、訂正請求について準用する。

沖縄（訂正の請求方法）

第二十四条　訂正の請求をしようとする者は、実施機関に対して、次に掲げる事項を記載した請求書を提出しなければならない。
　　一　氏名及び住所
　　二　訂正を求める箇所
　　三　訂正を求める内容
　　四　その他実施機関が定める事項

A 都道府県・個人情報保護条例　　　　10 自己情報の訂正

2 訂正の請求をしようとする者は、当該訂正を求める内容が事実に合致することを証明する資料を提出し、又は提示しなければならない。
3 第十六条第二項の規定は、訂正の請求について準用する。

10 (3) 自己情報の訂正決定

北海道（訂正請求に対する決定）
第二十六条　実施機関は、前条第一項の訂正請求書を受理したときは、受理した日の翌日から起算して三十日以内に、訂正請求に係る個人情報に関する必要な調査を行い、個人情報の訂正をするかどうかを決定しなければならない。
2 第十六条第二項の規定は、訂正請求について準用する。

北海道（訂正請求に対する決定の通知）
第二十七条　実施機関は、前条第一項の規定による決定をしたときは、速やかに第二十五条第一項の訂正請求書を提出した者（以下「訂正請求書」という。）に書面により通知しなければならない。この場合において、実施機関は、訂正請求に係る個人情報の訂正をしないことと決定したときはその理由を、訂正をしないこととされる個人情報を除いて訂正請求に係る個人情報の訂正をすることと決定したときはその旨及び理由を併せて訂正請求者に通知しなければならない。
2 実施機関は、訂正請求に係る個人情報の訂正をすることと決定したときは、当該訂正請求に係る個人情報の全部又は一部の訂正をした上、前項の規定による通知をしなければならない。

青森（訂正等の請求についての決定、通知等）
第二十三条　実施機関は、訂正等の請求があったときは、必要な調査を行い、訂正等の請求に係る個人情報の訂正等をするかどうかの決定（以下「訂正等の決定」という。）をし、訂正等の決定の内容を訂正等の請求をした者に書面により通知しなければならない。
2 前項の規定による通知は、訂正等の請求のあった日から三十日以内にしなければならない。
3 実施機関は、第一項の規定により訂正等をする旨の決定をしたときは、遅滞なく訂正等の請求に係る個人情報の訂正等をするとともに、その旨を訂正等の請求をした者に書面により通知しなければならない。
4 第十五条第三項の規定は第一項の規定による通知について、同条第五項の規定は訂正等の決定について準用する。

10　自己情報の訂正　　　Ⅰ　都道府県・個人情報保護条例・項目別条文集

宮城（訂正請求に対する決定等）

第二十二条　実施機関は、前条第一項の訂正請求書が提出されたときは、当該訂正請求書が提出された日から起算して三十日以内に、必要な調査を行い、訂正請求に係る個人情報を訂正するかどうかの決定をしなければならない。

2　実施機関は、前項の規定により訂正する旨の決定をしたときは、速やかに、訂正請求に係る個人情報を訂正した上で、訂正請求をした者（以下「訂正請求者」という。）に対しその内容及び理由を書面により通知しなければならない。

3　実施機関は、第一項の規定により訂正しない旨の決定をしたときは、訂正請求者に対し、速やかにその理由を書面により通知しなければならない。

4　第十六条第四項の規定は、訂正請求に対する決定について準用する。

福島（訂正請求に対する決定等）

第二十一条　実施機関は、前条第一項の請求書を受理したときは、受理した日から起算して三十日以内に、必要な調査を行い、訂正請求に係る個人情報を訂正するかどうかの決定をしなければならない。

2　実施機関は、前項の決定をしたときは、速やかに、当該決定の内容を書面により前条第一項の請求書を提出した者に通知しなければならない。

3　実施機関は、第一項の規定により訂正する旨の決定をしたときは、訂正請求に係る個人情報を訂正した上、その旨を前項の書面に記載しなければならない。

4　実施機関は、第一項の規定により訂正しない旨の決定をしたときは、その旨及び理由を第二項の書面に記載しなければならない。

5　第十五条第四項の規定は、訂正請求に対する決定について準用する。

茨城（訂正請求に対する決定及び通知）

第二十四条　実施機関は、前条第一項に規定する訂正請求書の提出があったときは、遅滞なく、訂正請求に係る個人情報の内容について、保有事務の目的の達成に必要な範囲内において調査を行い、当該訂正請求書を受理した日から三十日以内に、訂正又は不訂正の決定を行わなければならない。

2　第十七条第二項及び第三項並びに第十八条の規定は、訂正又は不訂正の決定について準用する。

A　都道府県・個人情報保護条例　　　　　　10　自己情報の訂正

茨城（訂正の実施）
第二十五条　実施機関は、訂正の決定を行ったときは、速やかに、当該決定に基づき、必要な訂正を行わなければならない。

埼玉（訂正等の請求に対する決定等）
第二十三条　実施機関は、訂正等の請求があったときは、必要な調査を行い、その訂正等の請求を受けた日から起算して三十日以内に、当該訂正等の請求に係る個人情報の訂正等をするかどうかを決定しなければならない。
2　実施機関は、前項の規定により訂正等をすることと決定したときは、速やかに訂正等をした上、訂正等の請求をした者に対し、その内容を書面により通知しなければならない。
3　実施機関は、第一項の規定により個人情報の全部又は一部について訂正等をしないことと決定したときは、速やかに、訂正等の請求をした者に対し、その旨及び理由を記載した書面により通知しなければならない。
4　第十六条第二項の規定は、訂正等の請求に対する決定について準用する。

埼玉（訂正等をしないことができる個人情報）
第二十一条　実施機関は、訂正等の請求に係る個人情報について、訂正等の権限がないとき、その他訂正等をしないことについて相当な理由があるときは、当該個人情報の全部又は一部について訂正等をしないことができる。

千葉（訂正請求に対する決定等）
第二十四条　実施機関は、前条第一項に規定する請求書を受理したときは、当該請求書を受理した日から起算して三十日以内に、必要な調査を行い、訂正請求に係る個人情報を訂正するかどうかの決定をしなければならない。
2　実施機関は、前項の決定をしたときは、前条第一項に規定する請求書を提出した者に対し、速やかに、書面により当該決定の内容を通知しなければならない。
3　実施機関は、第一項の規定により訂正をする旨の決定をしたときは、速やかに、訂正請求に係る個人情報について適切と認める方法により訂正をした上、当該訂正の内容を前項の書面に記載しなければならない。
4　実施機関は、第一項の規定により訂正をしない旨の決定をしたときは、その理由を第二項の書面に記載しなければならない。

294

5　第十七条第五項の規定は、訂正請求に対する決定について準用する。

東京（個人情報の訂正請求に対する決定）

第二十条　実施機関は、訂正請求があった日から三十日以内に、必要な調査を行い、訂正請求をした者（以下「訂正請求者」という。）に対して、訂正請求に係る個人情報を訂正する旨又は訂正しない旨の決定をしなければならない。ただし、前条第三項において準用する第十三条第三項の規定により補正を求めた場合にあっては、当該補正に要した日数は、当該期間に算入しない。

2　実施機関は、前項の規定による訂正する旨の決定をしたときは、当該訂正請求に係る個人情報を訂正した上、訂正請求者に対し、遅滞なく書面によりその旨を通知しなければならない。

3　実施機関は、第一項の規定による訂正しない旨の決定をしたときは、訂正請求者に対し、遅滞なく書面によりその旨を通知しなければならない。

4　実施機関は、第一項の規定による訂正しない旨の決定をする場合は、前項の規定による通知書にその理由を付記しなければならない。

5　第十四条第三項及び第五項の規定は、訂正請求に対する決定について準用する。

神奈川（訂正の請求に対する決定等）

第二十三条　実施機関は、訂正の請求があったときは、当該訂正の請求があった日から起算して三十日以内に、必要な調査を行い、訂正をする旨又はしない旨の決定をしなければならない。ただし、当該期間内に決定をすることができないことについてやむを得ない理由があるときは、その理由がやんだ後、決定をすることができる。

2　実施機関は、前項の規定により訂正をする旨の決定をしたときは、当該訂正の請求に係る個人情報の訂正をした上、当該訂正の請求をした者に訂正の内容並びに訂正の理由を書面で通知しなければならない。

3　実施機関は、第一項の規定により訂正をしない旨の決定をしたときは、当該訂正の請求をした者にその旨及びその理由を書面で通知しなければならない。

神奈川（開示の請求及び訂正の請求者の適用除外）

第二十五条

2　第二十一条から前条までの規定は、他の法令により、個人情報の訂正の手続が定められているときにおける個人情報の訂正については、適用

A　都道府県・個人情報保護条例　　　　　　　10　自己情報の訂正

しない。

新潟（訂正請求に対する決定等）

第二十五条　実施機関は、訂正請求があったときは、必要な調査を行い、当該訂正請求があった日から起算して三十日以内に、当該訂正請求に係る個人情報の訂正をするかどうかの決定（個人情報の一部の訂正をする旨の決定を含む。）をしなければならない。

2　実施機関は、前項の決定をしたときは、速やかに、当該決定の内容（個人情報の全部又は一部の訂正をする場合にあっては、当該訂正の内容を含む。）を訂正請求をした者に書面により通知しなければならない。

3　実施機関は、第一項の規定により個人情報の全部又は一部の訂正をする旨の決定をしたときは、速やかにも、当該決定に係る個人情報の訂正をしなければならない。

4　実施機関は、第一項の規定により個人情報の訂正をしない旨の決定（個人情報の一部の訂正をする旨の決定を含む。）をしたときは、第二項の書面にその理由を記載しなければならない。

5　第十六条第四項の規定は、第一項の決定について準用する。

長野（訂正の請求）

第十八条

2　実施機関は、前項の規定による訂正の請求（以下「訂正請求」という。）があったときは、必要な調査を行い、開示に係る記録情報が事実に合致していないと認めたときは、当該記録情報の訂正をしなければならない。

3　実施機関は、訂正請求に係る記録情報が次の各号のいずれかに該当するものであるときは、当該記録情報の全部又は一部について訂正を拒むことができる。

一　法令の定めるところにより明らかに訂正をすることができない記録情報

二　実施機関に訂正する権限がない記録情報

三　その他訂正をしないことについて相当な理由がある記録情報

長野（訂正請求に対する決定等）

第二十条　実施機関は、前条第一項の規定による請求書の提出があったときは、当該請求書の提出があった日から起算して三十日以内に請求に係る記録情報について訂正をするかどうかを決定し、速やかに当該決定の内容及び理由を請求者に対し、書面により通知しなければならない。

2　実施機関は、やむを得ない理由により、前項の期間内に決定すること

ができないときは、同項の規定にかかわらず、当該決定を延期して行うことができる。この場合においては、当該延期の理由及び決定できる時期を請求者に通知しなければならない。
3 実施機関は、第一項の場合において、訂正をすることと決定したときは、速やかに当該記録情報の訂正をしなければならない。

山梨（訂正請求に対する決定）

第二十二条 実施機関は、前条第一項の規定による請求書の提出があったときは、当該請求書を受理した日から起算して三十日以内に、訂正請求に係る個人情報の訂正をするかどうかの決定をしなければならない。
2 実施機関は、前項の規定により訂正をする旨の決定をしたときは、速やかに、訂正請求に係る個人情報の訂正をした上、書面によりその内容を訂正請求をした者に通知しなりればならない。
3 実施機関は、やむを得ない理由により第一項の期間内に同項の決定をすることができないときは、三十日を限度としてその期間を延長することができる。この場合において、実施機関は、速やかに、書面により延長する理由及び期間を訂正請求をした者に通知しなければならない。

岐阜（訂正請求に対する決定等）

第二十二条 実施機関は、訂正請求書の提出があったときは、必要な調査を行い、当該訂正請求書が提出された日から起算して三十日以内に、訂正請求に係る個人情報の全部又は一部の訂正をするかどうかの決定をしなければならない。
2 第十七条第二項本文、第三項及び第四項前段の規定は、訂正請求に対する決定について準用する。

岐阜（訂正の実施）

第二十三条 実施機関は、前条第一項の規定により個人情報の全部又は一部の訂正をする旨の決定をしたときは、速やかに、当該決定に係る個人情報の訂正をしなければならない。

愛知（訂正請求に対する決定等）

第二十条 実施機関は、前条第一項に規定する請求書を受理したときは、当該請求書を受理した日から起算して三十日以内に、必要な調査を行い、訂正請求に係る個人情報の訂正をするかどうかの決定をしなければならない。
2 実施機関は、前項の規定による訂正をする旨の決定をしたときは、速やかに、訂正請求に係る個人情報の訂正をした上、書面により、その旨

A　都道府県・個人情報保護条例　　　　10　自己情報の訂正

を当該訂正請求をした者に通知しなければならない。
3　実施機関は、第一項の規定による訂正をしない旨の決定をしたときは、速やかに、書面により、その旨を当該訂正請求をした者に通知しなければならない。この場合において、実施機関は、当該書面に決定の理由を付記しなければならない。
4　第十五条第三項の規定は、訂正請求に対する決定について準用

滋賀（訂正請求に対する決定および通知）

第二十条　実施機関は、訂正請求書を受理したときは、当該訂正請求書を受理した日から起算して三十日以内に、当該訂正請求に係る個人情報の訂正をするかどうかの決定をしなければならない。
2　実施機関は、やむを得ない理由により前項の期間内に同項の決定をすることができないときは、同項の期間を延長することができる。この場合において、実施機関は、速やかに当該延長の期間および理由を訂正請求をした者（以下「訂正請求者」という。）に通知しなければならない。
3　実施機関は、第一項の決定をしたときは、速やかに当該決定の内容を訂正請求者に書面により通知しなければならない。
4　前項の場合において、実施機関は、訂正請求に係る個人情報の訂正をする旨の決定をしたときは、当該個人情報を訂正の上、その内容を同項の書面に記載しなければならない。
5　第三項の場合において、実施機関は、訂正請求に係る個人情報の全部または一部について訂正をしない旨の決定をしたときは、その理由を同項の書面に記載しなければならない。

京都（訂正請求に対する決定等）

第二十一条　実施機関は、前条第一項に規定する請求書が実施機関に提出されたときは、当該請求書が提出された日から起算して三十日以内に、当該請求についての決定をしなければならない。
2　実施機関は、前項に規定する決定をしたときは、速やかに、その決定の内容を当該請求書を提出した者（以下「訂正請求者」という。）に書面により通知しなければならない。
3　実施機関は、第一項の規定により訂正する旨の決定（一部を訂正する旨の決定を含む。）をしたときは、遅滞なく、当該請求に係る個人情報を訂正しなければならない。
4　実施機関は、やむを得ない理由により、第一項に規定する期間内に同項に規定する決定をすることができないときは、その期間を延長するこ

とができる。この場合において、実施機関は、速やかに、延長の期間及び理由を訂正請求者に書面により通知しなければならない。

5　第一項に規定する期間（前項の規定により期間が延長された場合にあっては、その延長された期間）内に、実施機関が第一項に規定する決定をしないときは、訂正請求者は、当該請求に係る個人情報を訂正しない旨の決定があったものとみなすことができる。

6　実施機関は、第一項に規定する決定（全部を訂正する旨の決定を除く。）の内容を第二項の規定により通知するときは、その決定の理由を付記しなければならない。

大阪（訂正請求に対する決定等）

第二十三条　実施機関は、前条第一項に規定する訂正請求があったときは、必要な調査を行い、当該訂正請求を受理した日から起算して三十日以内に、訂正請求に係る個人情報の訂正をするかどうかの決定を行わなければならない。

2　実施機関は、前項に規定する期間内に同項に規定する決定を行うことができないことにつき正当な理由があるときは、その期間を六十日を限度として延長することができる。この場合において、実施機関は、速やかに、当該延長の理由等を同項に規定する請求をした者（以下「訂正請求者」という。）に通知しなければならない。

3　実施機関は、第一項の規定により訂正する旨の決定を行ったときは、速やかに、当該訂正請求に係る個人情報を訂正した上で、当該決定の内容を書面により、訂正請求者に通知しなければならない。

4　実施機関は、第一項の規定により訂正しない旨の決定を行ったときは、速やかに、当該決定の理由を書面により、訂正請求者に通知しなければならない。

5　第十七条第五項の規定は、訂正請求に対する決定について準用する。

兵庫（訂正請求に対する決定等）

第二十三条　実施機関は、訂正請求書の提出があったときは、必要な調査を行い、当該訂正請求書が提出された日から起算して三十日以内に、訂正請求に係る個人情報の全部又は一部の訂正をするかどうかの決定をしなければならない。

2　第十六条第二項から第四項まで及び第五項前段の規定は、訂正請求に対する決定について準用する。

A　都道府県・個人情報保護条例　　　　　10　自己情報の訂正

兵庫（訂正の実施）

第二十四条　実施機関は、前条第一項の規定により個人情報の全部又は一部の訂正をする旨の決定をしたときは、速やかに、当該決定に係る個人情報を訂正しなければならない。

鳥取（訂正請求に対する決定等）

第二十三条　実施機関は、前条第一項の訂正請求書が提出されたときは、当該訂正請求書が提出された日から起算して三十日以内に、必要な調査を行い、訂正請求に係る個人情報を訂正するかどうかの決定をしなければならない。この場合においては、第十四条第一項ただし書の規定を準用する。

2　前項の規定にかかわらず、実施機関は、やむを得ない理由があるときは、同項に規定する期間を三十日以内に限り延長することができる。この場合において、実施機関は、速やかに、訂正請求書を提出した者(以下「訂正請求者」という。)に対して、延長する理由及び期間を書面により通知しなければならない。

3　実施機関は、第一項の決定をしたときは、速やかに、訂正請求者に対して、当該決定の内容を書面により通知しなければならない。この場合において、個人情報を訂正しない旨の決定をしたときは、当該決定の理由を付記しなければならない。

4　実施機関は、個人情報を訂正する旨の決定をしたときは、速やかに、訂正請求に係る個人情報を訂正しなければならない。

鳥取（訂正しない個人情報）

第二十四条　実施機関は、訂正請求に係る個人情報が次の各号のいずれかに該当するときは、当該個人情報を訂正しない。

一　法令の規定により訂正することができないとされている情報
二　実施機関に訂正する権限がない情報
三　その他訂正しないことに正当な理由がある情報

広島（訂正請求に対する決定等）

第十八条　実施機関は、前条第一項の訂正請求があったときは、当該訂正請求のあった日から起算して三十日以内に、必要な調査を行い、訂正請求に係る個人情報を訂正するかどうかの決定をしなければならない。

2　実施機関は、前項の場合において訂正する旨の決定をしたときは、速やかに、訂正請求に係る個人情報を訂正した上で、訂正請求をした者(以下「訂正請求者」という。)に対し、その旨を書面により通知しなければな

らない。
3　実施機関は、第一項の場合において訂正しない旨の決定をしたときは、訂正請求者に対し、速やかに、その旨及びその理由を書面により通知しなければならない。
4　第十一条第二項の規定は、訂正請求に対する決定について準用する。

香川（訂正請求に対する決定等）
第二十三条　実施機関は、訂正請求書の提出があったときは、必要な調査を行い、当該訂正請求書が提出された日から起算して三十日以内に、訂正請求に係る個人情報の訂正をするかどうかの決定をしなければならない。
2　第十五条第二項、第三項及び第四項前段の規定は、訂正請求に対する決定について準用する。

香川（訂正の実施）
第二十四条　実施機関は、前条第一項の規定により個人情報の訂正をする旨の決定をしたときは、速やかに、当該決定に係る個人情報の訂正をしなければならない。

福岡（訂正請求に対する決定等）
第十九条　実施機関は、前条第一項の訂正請求書が到達した日から起算して三十日以内に、訂正請求に係る個人情報を訂正するかどうかの決定をしなければならない。
2　実施機関は、前項の場合において訂正する旨の決定をしたときは、当該訂正請求に係る個人情報を訂正した上、訂正請求をした者（以下「訂正請求者」という。）に対し、遅滞なくその旨を書面により通知しなければならない。
3　実施機関は、第一項の場合において訂正しない旨の決定をしたときは、訂正請求者に対し、遅滞なくその旨及びその理由を書面により通知しなければならない。
4　実施機関は、事務処理上の困難その他正当な理由により第一項に規定する期間内に同項の決定をすることができないときは、同項の規定にかかわらず、その期間を延長することができる。この場合において、実施機関は、直ちに、延長する理由及び延長する期間を訂正請求者に通知しなければならない。
5　実施機関は、第一項の決定がなされるまでの間、訂正請求に係る個人情報の利用及び提供を停止するよう努めなければならない。

| A　都道府県・個人情報保護条例 | 10　自己情報の訂正 |

沖縄（訂正の請求に対する決定等）

第二十五条　実施機関は、前条第一項の請求書を受理した日から起算して三十日以内に、必要な調査を行い、訂正の請求に係る個人情報を訂正する旨又は訂正しない旨の決定をしなければならない。

2　実施機関は、前項の規定により訂正する旨の決定をしたときは、当該訂正の請求に係る個人情報を訂正した上、訂正の請求をした者（以下「訂正請求者」という。）に対し、遅滞なく、訂正の内容を書面により通知しなければならない。

3　実施機関は、第一項の規定により訂正をしない旨の決定をしたときは、訂正請求者に対し、遅滞なく、その旨及びその理由を書面により通知しなければならない。

4　実施機関は、やむを得ない理由により、第一項に規定する期間内に同項の決定をすることができないときは、同項の規定にかかわらず、前条第一項の請求書を受理した日から起算して六十日を限度としてその期間を延長することができる。この場合において、実施機関は、遅滞なく、当該延長の期間及び理由を訂正請求者に書面により通知しなければならない。

5　実施機関は、第一項の決定がなされるまでの間、訂正の請求に係る個人情報の利用及び提供を停止するよう努めなければならない。

11 自己情報の取扱是正

11（1） 取扱是正の申出

北海道（自己に関する個人情報の取扱いの是正の申出）
第二十八条 何人も、実施機関が行う自己に関する個人情報の取扱いがこの条例の規定に違反していると認めるときは、実施機関に対し、当該個人情報の取扱いの是正を申し出ることができる。
2 　第十四条第二項の規定は、前項の規定による是正の申出（以下「是正の申出」という。）について準用する。

青森（是正の申出）
第二十六条 何人も、実施機関における自己を本人とする個人情報の取扱いが不適正であると認めるときは、当該実施機関に対し、その取扱いの是正の申出をすることができる。

宮城（是正申出）
第二十三条 何人も、実施機関の自己に関する個人情報の取扱いが不適正であると認めるときは、当該実施機関に対しその取扱いの是正の申出（以下「是正申出」という。）をすることができる。

福島（自己情報の取扱いの是正の申出）
第二十三条 何人も、自己に関する個人情報について、第六条から第八条まで又は第九条第一項規定に違反した取扱いを受けていると認めるときは、実施機関に対し、その取扱いの是正の申出（以下「是正の申出」という。）をすることができる。

千葉（是正の申出）
第二十六条 何人も、自己の個人情報について第八条、第十条又は第十一条の規定に違反した取扱いを受けていると認めるときは、実施機関に対し、当該自己の個人情報についてその取扱いの是正の申出（以下「是正の申出」という。）をすることができる。
2 　第十四条第二項の規定は、是正の申出について準用する。

神奈川（自己情報の取扱いの是正の申出）
第二十六条 何人も、実施機関が行う自己を本人とする個人情報の取扱いが不適正であると認めるときは、当該個人情報の取扱いの是正（事実の誤りの訂正を除く。以下この条において同じ。）を申し出ることができる。

A　都道府県・個人情報保護条例　　　　　　**11　自己情報の取扱是正**

　2　第十五条第二項の規定は、前項の是正の申出（以下この条において「是正の申出」という）について準用する。

新潟（是正の申出）

第二十七条　何人も、実施機関の自己に関する個人情報の取扱い（県の職員又は職員であった者に関する事務に係るものを除く。）が第七条から第十二条第一項までの規定に違反していると認めるときは、当該実施機関に対して、その取扱いの是正を申し出ることができる。

　2　第十四条第二項の規定は、前項の規定による是正の申出（以下「是正の申出」という。）について準用する。

山梨（是正の申出）

第二十四条　何人も、実施機関が行う自己の個人情報の取扱いが第六条から第十条までの規定に違反していると認めるときは、実施機関に対し、当該個人情報の取扱いの是正（事実の誤りの訂正を除く。）を申し出ることができる。

岐阜（是正の申出）

第二十五条　何人も、実施機関が行う自己の個人情報の取扱いがこの条例の規定に違反していると認めるときは、当該実施機関に対し、当該個人情報の取扱いの是正の申出（以下「是正の申出」という。）をすることができる。

愛知（自己情報の取扱いの是正の申出）

第二十五条　何人も、実施機関が自己に関する個人情報を不適正に取り扱っていると認めるときは、実施機関に対して、その取扱いの是正を申し出ることができる。

京都（是正の申出）

第二十三条　何人も、実施機関が自己の個人情報を不適正に取り扱っていると認めるときは、実施機関に対して、当該個人情報の取扱いの是正の申出（以下「是正の申出」という。）をすることができる。

大阪（是正の申出）

第二十七条　何人も、実施機関に対し、当該実施機関が現に保有している自己に関する個人情報の取扱いが、この条例の規定に違反して不適正であると認めるときは、その取扱いの是正を申し出ることができる。

　2　第十二条第二項の規定は、前項の規定による申出（以下「是正の申出」という。）について準用する。

11 自己情報の取扱是正　Ⅰ　都道府県・個人情報保護条例・項目別条文集

兵庫（是正の申出）
第二十七条　何人も、実施機関が自己の個人情報を第六条から第九条までのいずれかの規定に違反して取り扱っていると認めるときは、当該実施機関に対し、当該個人情報の取扱いの是正の申出（以下「是正の申出」という。）をすることができる。

鳥取（是正の申出）
第二十七条　何人も、実施機関による自己の個人情報の取扱いが不適正であると認めるときは、当該実施機関に対して、当該個人情報の取扱いを是正すべき旨の申出をすることができる。
2　前項の申出（以下「是正の申出」という。）は、本人が申し出ることができないやむを得ない理由があると認められる場合には、代理人によってすることができる。

香川（是正の申出）
第二十六条　何人も、実施機関が自己の個人情報を第六条から第八条まで及び第十一条の規定のいずれかに違反して取り扱っていると認めるときは、実施機関に対し、当該個人情報の取扱いの是正の申出（以下「是正の申出」という。）をすることができる。
2　第十三条第二項の規定は、是正の申出について準用する。

福岡（是正の申出）
第二十一条　何人も、自己の個人情報に関し、第三条又は第五条の規定に違反した取扱いが行われていると認めるときは、実施機関に対し、その取扱いの是正の申出（以下「是正の申出」という。）をすることができる。

沖縄（是正の申出）
第三十条　何人も、実施機関が行う自己情報の取扱いが、不適正であると認めるときは、当該実施機関に対し、その取扱いの是正（事実の誤りの訂正及び収集の制限違反による削除を除く。以下同じ。）の申出（以下「是正の申出」という。）をすることができる。

11 (2)　取扱是正申出の手続

北海道（是正の申出の手続）
第二十九条　是正の申出をしようとする者は、実施機関に対して、次の事項を記載した是正申出書を提出しなければならない。
一　氏名及び住所
二　是正の申出に係る個人情報を特定するために必要な事項

A　都道府県・個人情報保護条例　　　11　自己情報の取扱是正

　　三　是正を求める内容
　　四　前三号に定めるもののほか、実施機関が定める事項
　2　第十五条第二項の規定は、是正の申出について準用する。

青森（是正の申出）
第二十六条
　2　前項の規定による個人情報の取扱いの是正の申出（以下「是正の申出」という。）をしようとする者は、次に掲げる事項を記載した書面を実施機関に提出しなければならない。
　　一　氏名及び住所
　　二　是正の申出に係る個人情報を特定するために必要な事項
　　三　是正を求める個人情報の取扱い及び内容
　　四　その他実施機関が定める事項

宮城（是正申出）
第二十三条
　2　是正申出をしようとする者は、次に掲げる事項を記載した是正申出書を実施機関に提出しなければならない。
　　一　氏名及び住所
　　二　是正を求める内容
　　三　その他実施機関が定める事項
　3　第十四条第二項の規定は是正申出について、第十五条第二項の規定は第一項の規定により是正申出をしようとする者について準用する。

福島（自己情報の取扱いの是正の申出）
第二十三条
　2　是正の申出をしようとする者は、次に掲げる事項を記載した申出書を実施機関に提出しなければならない。
　　一　是正の申出をしようとする者の氏名及び住所
　　二　是正の申出をしようとする個人情報を特定するために必要な事項
　　三　是正を求める内容
　　四　前三号に掲げるもののほか、実施機関が定める事項

千葉（是正の申出）
第二十六条
　3　是正の申出をしようとする者は、次の各号に掲げる事項を記載した申出書を実施機関に提出しなければならない。
　　一　是正の申出をしようとする者の氏名及び住所

11 自己情報の取扱是正　　I　都道府県・個人情報保護条例・項目別条文集

　二　法定代理人が是正の申出をしようとする場合にあっては、本人の氏名及び住所
　三　是正の申出をしようとする個人情報を特定するために必要な事項
　四　是正の申出の内容及び理由
　五　その他実施機関の定める事項
4　第十六条第二項の規定は、是正の申出について準用する。

神奈川（自己情報の取扱いの是正の申出）

第二十六条
3　是正の申出をしようとする者（以下この条において「申出者」という。）は、当該是正の申出に係る個人情報の取扱いを行っている実施機関に対して、次に掲げる事項を記載した申出書を提出しなければならない。
　一　申出者の氏名及び住所
　二　不適正であると認める個人情報の取扱い
　三　求める是正の内容
　四　その他実施機関が定める事項
4　第十六条第二項の規定は、是正の申出について準用する。

新潟（是正の申出の方法）

第二十八条　是正の申出をしようとする者は、次の事項を記載した書面を実施機関に提出しなければならない。
　一　是正の申出をしようとする者の氏名及び住所
　二　法定代理人が是正の申出をしようとする場合にあっては、本人の氏名及び住所
　三　是正の申出に係る個人情報を特定するために必要な事項
　四　是正を求める内容
　五　その他実施機関が定める事項
2　第十五条第二項の規定は、是正の申出をしようとする者について準用する。

山梨（是正の申出）

第二十四条　2　前項の是正の申出（以下「是正の申出」という。）をしようとする者は、次に掲げる事項を記載した申出書を実施機関に提出しなければならない。
　一　氏名及び住所
　二　是止を求める内容
　二　前二号に掲げるもののほか、規則で定める事項

A　都道府県・個人情報保護条例　　　11　自己情報の取扱是正

岐阜（是正の申出）

第二十五条
2　是正の申出をしようとする者は、実施機関に対し、次の事項を記載した申出書（以下「是正申出書」という。）を提出しなければならない。
　一　是正の申出をしようとする者の氏名及び住所
　二　是正の申出をしようとする者が代理人である場合は、本人の氏名及び住所
　三　是正の申出に係る個人情報を特定するために必要な事項
　四　是正の申出に係る個人情報の取扱い並びに是正を求める内容及び理由
　五　前各号に掲げるもののほか、実施機関が定める事項

愛知（自己情報の取扱いの是正の申出）

第二十五条
2　前項の申出をしようとする者は、次の事項を記載した申出書を実施機関に提出しなければならない。
　一　是正の申出をしようとする者の氏名及び住所
　二　是正を求める内容
　三　その他実施機関の定める事項

京都（是正の申出）

第二十三条
2　是正の申出をしようとする者は、次に掲げる事項を記載した申出書を実施機関に提出しなければならない。
　一　是正の申出をしようとする者の氏名及び住所
　二　是正を求める個人情報の取扱い及び是正の内容
　三　前二号に掲げるもののほか、実施機関が定める事項

大阪（是正の申出の方法）

第二十八条　是正の申出をしようとする者は、次に掲げる事項を記載した申出書を実施機関に提出しなければならない。
　一　氏名及び住所
　二　是正の申出に係る個人情報を特定するために必要な事項
　三　是正の申出に係る個人情報の取扱いの内容及び是正を求める内容
　四　前三号に掲げるもののほか、実施機関の定める事項
2　第十六条第二項の規定は、是正の申出をしようとする者について準用する。

11 自己情報の取扱是正　　I　都道府県・個人情報保護条例・項目別条文集

兵庫（是正の申出）

第二十七条
2　是正の申出をしようとする者は、次に掲げる事項を記載した申出書（以下「是正申出書」という。）を実施機関に提出しなければならない。
　一　是正の申出をしようとする者の氏名及び住所
　二　是正の申出をしようとする者が代理人である場合は、本人の氏名及び住所
　三　是正の申出に係る個人情報を特定するために必要な事項
　四　是正の申出に係る個人情報の取扱い並びに是正を求める内容及び理由
　五　前各号に掲げるもののほか、実施機関が定める事項

鳥取（是正の申出の方法）

第二十八条　是正の申出をしようとする者は、次に掲げる事項を記載した是正申出書を実施機関に提出しなければならない。
　一　是正の申出をしようとする者の氏名及び住所
　二　是正の申出に係る個人情報を特定するために必要な事項
　三　是正の申出に係る個人情報の取扱い及び是正の内容
　四　代理人によって是正の申出をする場合は、その理由
　五　その他規則で定める事項
2　是正の申出をしようとする者は、実施機関に、自己が当該是正の申出に係る個人情報の本人又はその代理人であることを証明するために必要な書類として規則で定めるものを提出し、又は提示しなければならない。

香川（是正の申出の方法）

第二十七条　是正の申出をしようとする者は、次に掲げる事項を記載した申出書（以下「是正申出書」という。）を実施機関に提出しなければならない。
　一　是正の申出をしようとする者の氏名及び住所
　二　是正の申出に係る個人情報の取扱い及び是正を求める内容
　三　前二号に掲げるもののほか、実施機関が定める事項
2　第十四条第二項の規定は、是正の申出をしようとする者について準用する。

福岡（是正の申出）

第二十一条
2　是正の申出をしようとする者は、実施機関に対し、次に掲げる事項を

A　都道府県・個人情報保護条例　　　　　11　自己情報の取扱是正

記載した申出書を提出しなければならない。
一　氏名及び住所
二　是正の申出の対象となる個人情報及びその取扱いの内容
三　是正を求める内容
四　その他実施機関が定める事項

沖縄（是正の申出）
第三十条
2　是正の申出をしようとする者は、実施機関に対し、次に掲げる事項を記載した申出書を提出しなければならない。
一　氏名及び住所
二　是正の申出の対象となる個人情報及びその取扱いの内容
三　是正を求める内容
四　その他実施機関が定める事項

11（3）　是正申出に対する措置

北海道（是正の申出に対する措置）
第三十条　実施機関は、前条第一項の是正申出書を受理したときは、遅滞なく、是正の申出に係る個人情報の取扱いに関する必要な調査を行った上で当該是正の申出に対する処理を行い、その処理の内容を同項の是正申出書を提出した者に書面により通知しなければならない。

青森（是正の申出）
第二十六条
3　実施機関は、是正の申出があったときは、速やかに、必要な調査を行い、是正の申出に対する処理を行うとともに、当該処理の内容を是正の申出をした者に書面により通知しなければならない。
4　実施機関は、是正の申出を適正に処理するため必要があると認めるときは、青森県個人情報保護審査会の意見を聴くものとする。
5　第十三条第二項の規定は是正の申出について、第十四条第二項の規定は是正の申出をしようとする者について準用する。

宮城（是正申出）
第二十三条
4　実施機関は、第二項の是正申出書が提出されたときは、速やかに、必要な調査を行い、審査会の意見を聴いた上で、是正申出をした者(以下「申出者」という。)に対し、是正するかどうかを遅滞なく書面により通知しな

けれ ばならない。ただし、申出者の同意があるときは、実施機関は、審査会の意見を聴かないで処理を行うことができる。
5　実施機関は、前項ただし書の規定により処理した是正申出については、速やかにその処理の内容を審査会に報告しなければならない。

福島（自己情報の取扱いの是正の申出）

第二十三条

3　実施機関は、是正の申出があったときは、遅滞なく、必要な調査を行い、当該是正の申出に対する処理を行った上、その内容を書面により当該是正の申出をした者に通知しなければならない。
4　実施機関は、前項の規定による通知を行った後、速やかに、福島県個人情報保護審査会に是正の申出及び当該通知の内容について報告をしなければならない。
5　第十一条第二項及び第十四条第二項の規定は、是正の申出について準用する。

千葉（是正の申出）

第二十六条

5　実施機関は、第二項に規定する申出書を受理したときは、速やかに、必要な調査を行った上、当該是正の申出に対する処理を行い、当該申出書を提出した者に対し、当該処理の内容（当該是正の申出の趣旨に沿った処理を行わない場合にあっては、その理由を含む。）を書面により提出しなければならない。

神奈川（自己情報の取扱いの是正の申出）

第二十六条

5　実施機関は、是正の申出を受けたときは、遅滞なく、当該是正の申出に係る個人情報の取扱いについて必要な調査を行い、審議会の意見を聴いた上で、当該是正の申出に対する処理を行い、その内容を申出者に書面で通知しなければならない。
6　実施機関は、申出者の同意があるときは、審議会の意見を聴かずに、前項の規定による通知を行うことができる。この場合において、通知を行った後、遅滞なく、審議会に処理の経過を報告しなければならない。
7　実施機関は、第五項の処理の内容が審議会の意見と異なるときは、当該意見を付して、当該是正の申出に係る処理の経過を公表しなければならない。
8　第二十四条第二項の規定は、第五項の規定により実施機関から諮問を

A　都道府県・個人情報保護条例　　　　　　11　自己情報の取扱是正

受けた是正の申出に係る審議会の審議について準用する。この場合において、同条第二項中「審査会」とあるのは「審議会」と、「議に付された」とあるのは「諮問を受けた」と、「不服申立人」とあるのは「申出者」と読み替えるものとする。

新潟（是正の申出に対する措置）

第二十九条　実施機関は、是正の申出があったときは、速やかに、必要な調査を行い、審査会の意見を聴いた上で、当該是正の申出に対する処理を行い、その内容を是正の申出をした者（以下「是正申出者」という。）に書面により通知しなければならない。ただし、是正申出者の同意があるときは、実施機関は、審査会の意見を聴かないで当該是正の申出に対する処理を行うことができる。

山梨（是正の申出）

第二十四条

3　実施機関は、前項の規定による申出書の提出があったときは、遅滞なく、必要な調査を行い、是正の申出に係る個人情報の取扱いについて是正をするかどうかを、書面により是正の申出をした者に通知しなければならない。

4　実施機関は、前項の規定による通知を行った後、速やかに、是正の申出及び当該通知の内容について審議会に報告をしなければならない。この場合において、審議会は、当該報告について意見を述べることができる。

5　第十三条第二項及び第十五条第二項の規定は、是正の申出について準用する。

岐阜（是正の申出）

第二十五条

3　実施機関は、是正申出書の提出があったときは、遅滞なく、必要な調査を行った上で当該是正の申出に対する処理を行い、速やかに、その結果を是正申出書を提出した者に書面により通知しなければならない。

4　実施機関は、前項の場合において、是正の申出の内容を勘案して必要があると認めるときは、岐阜県個人情報保護審査会の意見を聴くことができる。

5　第十三条第二項本文及び第十六条第二項の規定は、是正の申出について準用する。

11 自己情報の取扱是正　Ⅰ　都道府県・個人情報保護条例・項目別条文集

愛知（自己情報の取扱いの是正の申出）
第二十五条
3　実施機関は、前項に規定する申出書を受理したときは、必要な調査を行い、当該調査の結果及び申出に係る個人情報の取扱いを是正するかどうかを、遅滞なく、書面により当該是正の申出をした者に通知しなければならない。
4　実施機関は、前項の規定による通知を行った後、遅滞なく、是正の申出の内容及び処理結果を審議会に報告しなければならない。この場合において、審議会は、是正の申出の処理について意見を述べることができる。

京都（是正の申出）
第二十三条
3　実施機関は、是正の申出があったときは、遅滞なく、必要な調査を行った上、当該是正の申出に対する処理を行い、その内容を書面により当該是正の申出をした者に通知しなければならない。
4　実施機関は、前項の規定による通知を行ったときは、是正の申出の内容及び実施機関が行った処理について審議会に報告しなければならない。この場合において、審議会は、是正の申出の処理について意見を述べることができる。
5　第十四条第二項から第四項までの規定は、是正の申出をしようとする者について準用する。

大阪（是正の申出に対する措置等）
第二十九条　実施機関は、前条第一項に規定する是正の申出があったときは、速やかに、必要な調査を行い、当該是正の申出に対する処理を行い、その内容（当該是正の申出の趣旨に沿った処理を行わない場合にあっては、その理由を含む。）を当該是正の申出をした者に対し、書面により通知しなければならない。
2　実施機関は、前項の場合において、是正の申出の内容を勘案して必要があると認めるときは、審議会の意見を聴くことができる。

兵庫（是正の申出）
第二十七条
3　実施機関は、是正申出書の提出があったときは、遅滞なく、必要な調査を行い、あらかじめ、審議会の意見を聴いて、是正の申出に対する処理を行い、速やかに、その結果を是正申出書を提出した者に通知しなけ

313

A　都道府県・個人情報保護条例　　　　　**11　自己情報の取扱是正**

ればならない。

4　第二項第四号に規定する是正を求める理由が、第六条第三項若しくは第四項、第七条又は第八条の規定に違反して実施機関が個人情報を取り扱っているとする場合において、それぞれ第六条第三項第六号若しくは第四項ただし書、第七条第四号又は第八条第二項の規定により、既に審議会の意見を聴いているときは、前項の規定にかかわらず、審議会の意見を聴くことを要しない。

5　第十四条第二項本文及び第十五条第二項の規定は、是正の申出について準用する。

鳥取（是正の申出に対する措置等）

第二十九条　実施機関は、前条第一項の是正申出書が提出されたときは、速やかに、必要な調査を行った上で、是正の申出に対する処理を行い、当該是正の申出をした者に対して、処理の内容を書面により通知しなければならない。この場合において、是正の申出の趣旨に沿った処理を行わないときは、その理由を付記しなければならない。

香川（是正の申出に対する処理等）

第二十八条　実施機関は、是正申出書の提出があったときは、遅滞なく、必要な調査を行った上、香川県個人情報保護審議会の意見を聴いて、是正の申出に対する処理を行い、当該是正申出書の提出をした者に対し、その内容を書面により通知しなければならない。

福岡（是正の申出）

第二十一条

3　実施機関は、是正の申出があったときは、遅滞なく必要な調査を行い、福岡県個人情報保護審議会の意見を聴いた上で当該是正の申出に対する処理を行い、その結果を当該是正の申出をした者に対し、書面により通知しなければならない。

5　第十条第二項及び第十一条第二項の規定は、是正の申出について準用する。

沖縄（是正の申出）

第三十条

3　実施機関は、前項の申出書を受理したときは、遅滞なく必要な調査を行い、沖縄県個人情報保護審査会の意見を聴いた上で、当該是正の申出に対する処理を行い、その結果を当該是正の申出をした者に対し、書面により通知しなければならない。

11　自己情報の取扱是正　　I　都道府県・個人情報保護条例・項目別条文集

4　第十五条第二項及び第十六条第二項の規定は、是正の申出について準用する。

11（4）　是正の再申出

北海道（是正の再申出）

第三十一条　前条の規定による通知を受けた者は、当該通知に係る処理の内容に不服があるときは、実施機関に対し、是正の再申出(以下「再申出」という。)をすることができる。

2　第十四条第二項、第十五条第二項、第二十九条第一項及び前条の規定は、再申出について準用する。

3　実施機関は、前項の規定により準用される前条の規定により再申出に対する処理を行うときは、あらかじめ北海道個人情報保護審査会の意見を聴かなければならない。

千葉（再申出）

第二十七条　何人も、前条第五項の規定による通知を受けた自己の個人情報に係る処理の内容に不服があるときは、実施機関に対し、再度の是正の申出（以下「再申出」という。）をすることができる。

2　前条第二項から第四項までの規定は、再申出について準用する。

3　実施機関は、前項において準用する前条第三項に規定する申出書（以下「再申出書」という。）を受理した場合は、再申出の趣旨に沿った処理を行おうとする場合を除き、速やかに、審議会に諮問しなければならない。

4　実施機関は、前項の規定による諮問に対する答申を受けたときは、これを尊重して、速やかに、当該再申出に対する処理を行い、再申出書を提出した者（以下「再申出者」という。）に対し、当該処理の内容（当該再申出の趣旨に沿った処理を行わない場合にあっては、その理由を含む。）を書面により通知しなければならない。

5　審議会は、必要があると認めるときは、再申出者、実施機関の職員その他の関係人に対し、その出席を求めて説明若しくは意見を聴き、又は資料の提出を求めることができる。

鳥取（是正の再申出）

第三十条　前条の規定による通知を受けた者は、当該通知の内容に不服があるときは、当該通知のあったことを知った日の翌日から起算して三十日以内に、実施機関に対して、再申出をすることができる。

2　第二十七条第一項及び第二十八条の規定は、前項の再申出（以下「是正

の再申出」という。）について準用する。
3　実施機関は、是正の再申出があったときは、是正の再申出の趣旨に沿った処理を行う場合を除き、速やかに、鳥取県個人情報保護審議会に諮問しなければならない。
4　実施機関は、前項の規定による諮問に対する答申があったときは、これを尊重して、速やかに、当該是正の再申出に対する処理を行い、是正の再申出をした者に対して、処理の内容を書面により通知しなければならない。この場合において、是正の再申出の趣旨に沿った処理を行わないときは、その理由を付記しなければならない。

12　自己情報の削除請求

12（1）　自己情報の削除申出

長野（抹消及び利用・提供中止の申出）
第二十一条　第十五条第一項の規定による開示を受けた者は、開示を受けた記録情報が第六条に違反して収集されたものであるときは、実施機関に対し、当該記録情報の抹消を申し出ることができる。
2　第十五条第一項の規定による開示を受けた者は、開示を受けた記録情報が第八条に違反して利用され、又は提供されようとしているときは、実施機関に対し、当該記録情報の利用又は提供の中止を申し出ることができる。

愛知（自己情報の削除請求）
第二十一条　第十五条第一項の決定（個人情報が存在しないときにその旨を知らせる場合を除く。）を受けた自己に関する個人情報を実施機関が第七条の規定に違反して収集したと認める者は、実施機関に対して、当該個人情報の記録からの削除を請求することができる。
2　第十三条第二項の規定は、前項の削除の請求（以下「削除請求」という。）について準用する。

大阪（削除請求）
第二十四条　何人も、実施機関に対し、当該実施機関が現に保有している自己に関する個人情報について、第七条の規定に違反して収集されたと認めるときは、その削除を請求することができる。
2　第十二条第二項の規定は、前項の規定による請求（以下「削除請求」という。）について準用する。

沖縄（削除の請求）
第二十六条　何人も、第十八条第一項の規定により開示を受けた自己情報が第八条第一項から第三項までの規定に違反して収集されたと認めるときは、実施機関に対し、その削除を請求することができる。
2　第十五条第二項の規定は、前項の規定による削除の請求（以下「削除の請求」という。）について準用する。

12（2） 削除請求の手続

長野（抹消及び利用・提供中止の申出）

第二十一条
3　第一項の抹消の申出又は前項の利用若しくは提供の中止の申出をしようとする者は、次に掲げる事項を記載した申出書を実施機関に提出しなければならない。
　一　申出者の氏名及び住所
　二　申出をする箇所及び理由
　三　その他実施機関の定める事項

愛知（削除請求の手続）

第二十二条　削除請求をしようとする者は、次の事項を記載した請求書を実施機関に提出しなければならない。
　一　削除請求をしようとする者の氏名及び住所
　二　削除請求に係る個人情報を特定するために必要な事項
　三　削除を求める内容及び理由
　四　その他実施機関の定める事項
2　第十四条第二項の規定は、削除請求について準用する。

大阪（削除請求の方法）

第二十五条　削除請求をしようとする者は、次に掲げる事項を記載した削除請求書を実施機関に提出しなければならない。
　一　氏名及び住所
　二　削除請求に係る個人情報を特定するために必要な事項
　三　削除を求める理由
　四　前三号に掲げるもののほか、実施機関の定める事項
2　第十六条第二項の規定は、削除請求をしようとする者について準用する。

沖縄（削除の請求方法）

第二十七条　削除の請求をしようとする者は、実施機関に対して、次に掲げる事項を記載した請求書を提出しなければならない。
　一　氏名及び住所
　二　削除を求める箇所
　三　削除を求める理由
　四　その他実施機関が定める事項

2　第十六条第二項の規定は、削除の請求について準用する。

12（3）　削除の決定等

長野（抹消及び利用・提供中止の申出）
第二十一条
4　実施機関は、前項の規定による申出書の提出があったときは、遅滞なく必要な調査を行い、その結果及び理由を申出者に対し、書面により通知しなければならない。

愛知（削除請求に対する決定等）
第二十三条　第二十条の規定は、削除請求に対する決定について準用する。
大阪（削除請求に対する決定等）
第二十六条　第二十三条の規定は、削除請求に対する決定等について準用する。
沖縄（削除の請求に対する決定等）
第二十八条　第二十五条の規定は、削除の請求に対する決定等について準用する。

13　実施機関への苦情申出

北海道（苦情の申出の処理）
第三十二条　実施機関は、その保有する個人情報の取扱いに関して苦情の申出があったときは、迅速かつ適切に処理するよう努めなければならない。

青森（苦情処理）
第二十七条　実施機関は、当該実施機関における個人情報の取扱いに関する苦情の申出があったときは、適切かつ迅速な処理に努めなければならない。

宮城（苦情の処理）
第二十五条　実施機関は、当該実施機関の個人情報の取扱いについて苦情があったときは、適切かつ迅速な処理に努めるものとする。

福島（苦情の処理）
第二十四条　実施機関は、個人情報の取扱いに関する苦情の申出があったときは、適切に、かつ、速やかにこれを処理するよう努めなければならない。

茨城（苦情その他の申出の処理）
第三十条　実施機関は、個人情報の取扱いに関して苦情その他の申出があったときは、適切かつ迅速な処理に努めなければならない。

埼玉（苦情の申出）
第二十四条　実施機関は、当該実施機関が行う個人情報の取扱いについて苦情の申出があったときは、適切かつ迅速な処理に努めなければならない。

千葉（苦情の処理）
第二十八条　実施機関は、個人情報の取扱いに関する苦情について、適切かつ迅速にこれを処理するよう努めるものとする。

新潟（苦情の処理）
第三十条　実施機関は、当該実施機関が行う個人情報の取扱いに関して苦情の申出があったときは、適切かつ迅速な処理に努めるものとする。

長野（苦情の処理）
第二十六条　実施機関は、実施機関が行う個人情報の取扱いに関する苦情の申出があったときは、適切かつ迅速な処理に努めるものとする。

13　実施機関への苦情申出　Ⅰ　都道府県・個人情報保護条例・項目別条文集

岐阜　（苦情の処理）
第二十六条　実施機関は、当該実施機関が行う個人情報の取扱いに関する苦情の申出があったときは、迅速かつ適切な処理に努めなければならない。

愛知　（苦情の処理）
第二十六条　実施機関は、その保有する個人情報の取扱いに関する苦情の適切かつ迅速な処理に努めるものとする。

滋賀　（苦情の処理）
第二十一条　実施機関は、その保有する個人情報の取扱いに関する苦情について、適切かつ迅速に処理しなければならない。

大阪　（苦情の処理）
第三十一条　実施機関は、現に保有している個人情報の取扱いについて苦情の申出があったときは、適切かつ迅速にこれを処理するよう努めなければならない。

兵庫　（苦情の処理）
第二十八条　実施機関は、当該実施機関が行う個人情報の取扱いに関する苦情の申出があったときは、迅速かつ適切な処理に努めなければならない。

広島　（苦情の処理）
第二十条　実施機関は、当該実施機関が行う個人情報の取扱いに関して苦情の申出があったときは、適切かつ迅速にこれを処理しなければならない。
2　実施機関は、前項の苦情を処理する場合において必要と認めるときは、広島県個人情報保護審議会の意見を聴くことができる。

香川　（苦情の処理）
第二十九条　実施機関は、その行う個人情報の取扱いに関する苦情の申出があったときは、適切かつ迅速な処理に努めなければならない。

福岡　（苦情の処理）
第二十条　実施機関は、当該実施機関が行う個人情報の取扱いに関して苦情の申出があったときは、迅速かつ適切にこれを処理するよう努めなければならない。

沖縄　（苦情の処理）
第二十九条　実施機関は、当該実施機関が行う個人情報の取扱いに関して苦情の申出があったときは、迅速かつ適切に処理するよう努めなければ

A 都道府県・個人情報保護条例　　　**13** 実施機関への苦情申出
ならない。

14　不服申立に関する手続

北海道（不服申立てに関する手続）
第三十三条　実施機関は、第十六条第一項又は第二十六条第一項の規定による決定について、行政不服審査法（昭和37年法律第百六十号）の規定に基づく不服申立てがあったときは、当該不服申立てが不適法なものであるときを除き、北海道個人情報保護審査会に諮問して、当該不服申立てに対する決定又は裁決を行うものとする。

青森（不服申立てがあった場合の手続）
第二十四条　実施機関は、開示等の決定又は訂正等の決定について、行政不服審査法（昭和37年法律第百六十号）の規定に基づく不服申立てがあった場合においては、当該不服申立てが不適法である場合を除き、青森県個人情報保護審査会に諮問しなければならない。
2　実施機関は、前項の規定による諮問に対する答申を尊重して当該不服申立てについての決定又は裁決を行わなければならない。

宮城（不服申立てがあった場合の手続）
第二十四条　実施機関は、第十六条第一項又は第二十二条第一項の決定について行政不服審査法（昭和37年法律第百六十号）の規定に基づく不服申立てがあった場合は、当該不服申立てが不適法である場合を除き、審査会に諮問しなければならない。
2　実施期間は、前項の規定による諮問に対する答申があったときは、その答申を尊重して、当該不服申立てについての決定又は裁決を行わなければならない。

福島（不服申立てがあった場合の手続）
第二十二条　実施機関は、第十五条第一項又は前条第一項の決定について、行政不服審査法（昭和37年法律第百六十号）の規定による不服申立てがあった場合は、当該不服申立てが明らかに不適法であるときを除き、速やかに、福島県個人情報保護審査会に当該不服申立てに対する決定又は裁決について諮問しなければならない。
2　実施機関は、前項の規定による諮問に対する答申を受けたときは、これを尊重して、当該不服申立てに対する決定又は裁決をしなければならない。

A　都道府県・個人情報保護条例　　　　14　不服申立に関する手続

茨城　（不服申立てがあったときの手続）

第二十八条　実施機関は、第十七条第一項又は第二十四条第一項の決定について、行政不服審査法（昭和37年法律第百六十号）の規定に基づく不服申立てがあった場合は、当該不服申立てを却下するときを除き、茨城県個人情報保護審議会（以下「審議会」という。）に諮問し、その意見を尊重して、当該不服申立てについての決定又は裁決を行わなければならない。

千葉　（不服申立てがあった場合の手続等）

第二十五条　実施機関は、第十七条第一項の規定による決定又は前条第一項の規定による決定について、行政不服審査法（昭和37年法律第百六十号）に基づく不服申立てがあった場合は、当該不服申立てを却下する場合並びに当該不服申立てに係る個人情報を開示しない旨の決定を取り消す場合及び訂正しない旨の決定を取り消す場合を除き、速やかに、審議会に諮問しなければならない。

2　実施機関は、前項の規定による諮問に対する答申を受けたときは、これを尊重して、速やかに、当該不服申立てに対する決定又は裁決を行わなければならない。

3　審議会は、必要があると認めるときは、不服申立人、実施機関の職員その他の関係人に対し、その出席を求めて説明若しくは意見を聴き、又は資料の提出を求めることができる。

東京　（不服申立てがあった場合の手続）

第二十四条　開示請求又は訂正請求に対する決定について、行政不服審査法（昭和37年法律第百六十号）の規定に基づく不服申立てがあった場合は、当該不服申立てに係る処分庁又は審査庁は、次に掲げる場合を除き、東京都個人情報保護審査会に諮問して、当該不服申立てについての決定又は裁決を行うものとする。

一　不服申立てが不適法であり、却下する場合

二　開示決定等（開示請求に係る個人情報の全部を開示する旨の決定を除く。以下この号及び第二十四条の三において同じ。）又は第二十条第一項の訂正しない旨の決定を取り消し、又は変更し、当該不服申立てに係る個人情報の全部を開示する場合（当該開示決定等について開示請求者以外のものから反対意見書が提出されているときを除く。）又は訂正する場合

2　前項の処分庁又は審査庁は、東京都個人情報保護審査会に対し、速やかに諮問するよう務めなければならない。

14 不服申立に関する手続　Ⅰ　都道府県・個人情報保護条例・項目別条文集

東京（諮問をした旨の通知）
第二十四条の二　前条の規定により諮問をした処分庁又は審査庁（以下「諮問庁」という。）は、次に掲げるものに対し、諮問をした旨を通知しなければならない。
一　不服申立人及び参加人
二　開示請求者（開示請求者が不服申立人又は参加人である場合を除く。）
三　当該不服申立てに係る開示決定等について反対意見書を提出した開示請求者以外のもの（当該開示請求者以外のものが不服申立人又は参加人である場合を除く。）

東京（開示請求者以外のものからの不服申立てを棄却する場合等における手続）
第二十四条の三　第十四条第七項の規定は、次の各号のいずれかに該当する決定又は採決をする場合について準用する。
一　開示決定に対する開示請求者以外のものからの不服申立てを却下し、又は棄却する決定又は採決
二　不服申立てに係る開示決定等を変更し、当該開示決定等に係る個人情報を開示する旨の決定又は採決（開示請求者以外のものである参加人が当該個人情報の開示に反対の意思を表示している場合に限る。）

新潟（不服申立てがあった場合の手続）
第二十六条　実施機関は、第十六条第一項又は前条第一項の決定について、行政不服審査法（昭和37年法律第百六十号）の規定に基づく不服申立てがあった場合は、当該不服申立てが不適法であるときを除き、審査会に諮問しなければならない。
2　実施機関は、前項の規定による諮問に対する答申があったときは、その答申を尊重して、当該不服申立てについての決定又は裁決をしなければならない。

長野（不服申立て等があった場合の措置）
第二十三条　実施機関は、第十四条第一項又は第二十条第一項の規定による処分に関し行政不服審査法（昭和37年法律第百六十号）の規定に基づく不服申立てがあった場合は、当該不服申立てを却下するときを除き、遅滞なく長野県個人情報保護審査会の審査を経て、当該不服申立てについての決定をしなければならない。
2　実施機関は、前条第一項の規定による再申出があったときは、長野県個人情報保護審査会の審議を経なければならない。

A　都道府県・個人情報保護条例　　　14　不服申立に関する手続

山梨（異議申立てがあった場合の手続）

第二十三条　実施機関は、第十六条第一項又は前条第一項の規定による決定について、行政不服審査法（昭和37年法律第百六十号）の規定に基づく異議申立てがあった場合は、当該異議申立てが不適法であるときを除き、山梨県個人情報保護審査会の議を経て、当該異議申立てについての決定をしなければならない。

岐阜（不服申立てがあった場合の手続）

第二十四条　実施機関は、第十七条第一項又は第二十二条第一項の決定について、行政不服審査法（昭和37年法律第百六十号）の規定に基づく不服申立てがあった場合は、当該不服申立てが不適法であるときを除き、遅滞なく、岐阜県個人情報保護審査法に諮問しなければならない。

2　実施機関は、前項の規定による諮問に対する答申を受けたときは、これを尊重して、速やかに当該不服申立てに対する決定を行うものとする。この場合において、当該決定は、不服申立てのあった日から起算して三月以内に行うよう努めなければならない。

愛知（不服申立てがあった場合の手続）

第二十四条　実施機関は、第十五条第一項又は第二十条第一項（前条において準用する場合を含む。）の決定について、行政不服審査法（昭和37年法律第百六十号）の規定に基づく不服申立てがあったときは、当該不服申立てが不適法であるときを除き、遅滞なく、審議会の審査を経て、当該不服申立てについての決定をしなければならない。

滋賀（不服申立てがあった場合の手続）

第二十二条　実施機関は、第十四条第一項または第二十条第一項の決定について行政不服審査法（昭和37年法律第百六十号）の規定に基づく不服申立てがあった場合は、当該不服申立てを却下するときを除き、速やかに滋賀県個人情報保護審議会に諮問しなければならない。

2　実施機関は、前項の規定による諮問に対する答申を受けたときは、これを尊重して、速やかに当該不服申立てに対する決定または裁決をしなければならない。

京都（不服申立てがあった場合の手続）

第二十二条　実施機関は、第十五条第一項又は前条第一項に規定する決定（第十五条第四項又は前条第五項の規定により決定があったとみなされる場合を含む。）について行政不服審査法（昭和37年法律第百六十号）の規定に基づく不服申立てがあった場合は、当該不服申立てを却下するときを除

き、遅滞なく、審議会に当該不服申立に対する裁決又は決定について諮問しなければならない。
2　実施機関は、第十五条第一項又は前条第一項に規定する決定が次の各号のいずれかの場合におけるものであるときは、前項の規定による諮問はしないものとする。
　一　開示請求又は訂正請求に係る個人情報が公文書（開示請求にあっては、第十二条に規定する公文書）又は磁気記録媒体等に記録されていない場合
　二　請求書に必要な事項が記載されていない場合等開示請求又は訂正請求が第十四条又は第二十条の規定に定める要件に適合しない場合
3　実施機関は、第一項の規定による諮問に対する答申を受けたときは、これを尊重し、速やかに、当該不服申立てに対する裁決又は決定を行わなければならない。

大阪　（異議申立てに関する手続等）
第三十条　実施機関は、第十七条第一項又は第二十三条第一項（第二十六条において準用する場合を含む。）に規定する決定（第十七条第五項（第二十三条第五項（第二十六条において準用する場合を含む。）において準用する場合を含む。）の規定により処分があったものとみなされる場合を除く。）について、行政不服審査法（昭和37年法律第百六十号）第六条に規定する異議申立てがあった場合は、その異議申立てが明らかに不適法であるときを除き、遅滞なく、審議会に当該異議申立に対する決定について諮問しなければならない。
2　審議会は、前項の規定による諮問があった日から起算して六十日以内に答申するよう努めなければならない。
3　審議会は、その担任する事務に係る事案の調査審議を行うため必要があると認めるときは、異議申立人、事業者、実施機関の職員その他当該事案の関係者に対して、出席を求め、その意見を聴き、又は資料の提出を求めることができる。
4　実施機関は、審議会が第一項の規定による諮問に対する答申をしたときは、これを尊重して速やかに、当該異議申立てに対する決定を行わなければならない。
5　実施機関は、異議申立てを受理した日から起算して九十日以内に当該異議申立てに対する決定を行うよう努めなければならない。

A　都道府県・個人情報保護条例　　　14　不服申立に関する手続

兵庫（不服申立てがあった場合の手続）

第二十六条　実施機関は、第十六条第一項又は第二十三条第一項の決定（第十六条第三項（第二十三条第二項において準用する場合を含む。）の規定により決定があったものとみなされる場合を含む。）について、行政不服審査法（昭和37年法律第百六十号）の規定により不服申立てがあった場合は、当該不服申立てを却下するときを除き、あらかじめ、審議会の意見を聴いて、当該不服申立てに対する裁決又は決定をしなければならない。この場合において、実施機関は、審議会の意見を尊重するものとする。

鳥取（不服申立てがあった場合の手続）

第二十五条　実施機関は、第十四条第一項又は第二十三条第一項の決定について行政不服審査法（昭和37年法律第百六十号）の規定に基づく不服申立てがあった場合は、次に掲げる場合を除き、速やかに、鳥取県個人情報保護審議会に諮問しなければならない。

一　不服申立てが不適法であるとき。
二　不服申立てに係る決定の全部を取り消すとき。

2　実施機関は、前項の規定による諮問に対する答申があったときは、これを尊重して、速やかに、当該不服申立てに対する決定をしなければならない。

広島（不服申立てがあった場合の手続）

第十九条　実施機関は、第十一条第一項又は前条第一項の決定について、行政不服審査法（昭和37年法律第百六十号）の規定に基づく不服申立てがあった場合は、次に掲げる場合を除き、速やかに、広島県個人情報保護審査会に諮問しなければならない。

一　不服申立てが明らかに不適法である場合
二　個人情報を開示しない旨の決定（第十四条の規定により個人情報の一部を開示しない旨の決定を含む。）を取り消す場合
三　個人情報を訂正しない旨の決定を取り消す場合

2　実施機関は、前項の規定による諮問に対する答申を受けたときは、これを尊重し、速やかに、当該不服申立てに対する決定又は裁決を行わなければならない。

香川（不服申立てがあった場合の手続）

第二十五条　実施機関は、第十五条第一項又は第二十三条第一項の決定について、行政不服審査法（昭和37年法律第百六十号）の規定により不服申立てがあった場合は、当該不服申立てを却下するときを除き、遅滞なく、

香川県個人情報保護審議会の意見を聴いて、当該不服申立てに対する裁決又は決定をしなければならない。

香川 （不服申立があった場合の手続）

第二十五条　実施機関は、第十五条第一項又は第二十三条第一項の決定について、行政不服審査法（昭和37年法律第百六十号）の規定により不服申立てがあった場合は、当該不服申立てを却下するときを除き、遅滞なく、香川県個人情報保護審議会の意見を聴いて、当該不服申立てに対する裁決又は決定をしなければならない。

福岡 （不服申立てに関する手続）

第二十二条　開示請求又は訂正請求に対する決定について、行政不服審査法（昭和37年法律第百六十号）の規定に基づく不服申立てがあったときは、当該不服申立てに係る処分庁又は審査庁は、当該不服申立てが明らかに不適法であるときを除き、遅滞なく、福岡県個人情報保護審議会の議を経て、当該不服申立てについての決定又は裁決をしなければならない。

沖縄 （不服申立てがあった場合の手続）

第三十一条　実施機関は、第十七条第一項又は第二十五条第一項（第二十八条において準用する場合を含む。）に規定する決定について、行政不服審査法（昭和37年法律第百六十号）の規定に基づく不服申立てがあった場合は、当該不服申立てが不適法であるときを除き、遅滞なく、沖縄県個人情報保護審査会に諮問しなければならない。

2　実施機関は、前項の規定による諮問に対する答申を受けたときは、これを尊重して、遅滞なく、当該不服申立てに対する決定又は裁決を行わなければならない。

15 事業者に対する指導等

15（1） 事業者に対する指導及び助言等

北海道（事業者に対する指導助言）
第三十五条　知事は、事業者が個人情報の保護のために適切な措置を講ずることができるよう、事業者に対し指導助言を行うものとする。

青森県（取扱いの適正化）
第三十二条　知事は、事業者が行う個人情報の取扱いについて個人の権利利益を保護するため必要があると認めるときは、事業者に対し、個人情報の漏えい、滅失及びき損の防止その他の個人情報の適正な取扱いのための措置について必要な助言及び指導を行うことができる。

宮城（指針の作成等）
第二十七条
2　知事は、前項に規定するほか、事業者の個人情報の保護について普及啓発に努めるとともに、必要に応じ、事業者に対し指導及び助言を行うものとする。

福島（事業者に対する指導助言等）
第二十七条　知事は、事業者が個人情報の保護に関し適切な措置を講ずるよう、指導及び助言を行うものとする。

埼玉（意識啓発等）
第二十八条　知事は、事業者に対し、個人情報の適切な保護措置を講ずるよう意識啓発並びに指導及び助言を行うものとする。

千葉（事業者の自主的対応のための指導助言）
第三十条　知事は、事業者が自ら個人情報の適正な取扱いを確保するために必要な措置を講ずるよう指導及び助言を行うものとする。

神奈川（事業者に対する指導助言等）
第二十八条　知事は、事業者が個人情報の保護のための措置を適切に講ずることができるように、指導助言を行う等必要な施策を講じなければならない。
2　知事は、前項の施策を講ずるに当たっては、事業者の自主的な努力を助長することを旨とするものとする。

新潟（事業者に対する指導及び助言等）
第三十二条　知事は、事業者が個人情報の保護に関し適切な措置を講ずるよう、事業者に対して指導及び助言を行うものとする。

長野（指導及び助言）
第二十八条　知事は、事業者が自ら個人情報の保護措置を講ずるために必要な指導及び助言をするものとする。

山梨（事業者に対する指導助言等）
第二十六条　知事は、事業者に対し、個人情報の保護に関し適切な措置を講ずるように、指導又助言を行うものとする。

愛知（事業者の自主的規制の指導助言等）
第三十条　知事は、事業者が個人情報の適切な保護措置を講ずるよう、事業者に対し指導助言を行う等必要な施策を講じなければならない。

滋賀（指導および助言）
第二十五条　知事は、事業者が個人情報の適正な収集、利用、管理等を行うよう、必要な指導および助言を行うものとする。
2　知事は、滋賀県個人情報保護審議会の意見を聴いて、事業者が個人情報を取り扱う際のよりどころとなる指針を作成し、公表するものとする。

京都（事業者に対する指導、助言等）
第二十七条　知事は、事業者が個人情報の適正に取り扱うことができるよう、指導、助言等必要な施策を講じるものとする。

大阪（事業者の自主的措置のための指導及び助言等）
第三十五条　知事は、事業者が自主的に個人情報の保護のための適切な措置を講ずるよう、事業者に対し指導及び助言を行うものとする。

兵庫（指導又は助言）
第三十二条　知事は、事業者に対し、個人情報取扱指針に即して個人情報の適正な取扱いを確保するために必要な指導又は助言を行うものとする。

広島（事業者に対する指導助言等）
第二十四条　知事は、事業者において個人情報の取扱いが適正に行われるよう、指導及び助言を行う等必要な施策を講じなければならない。
2　知事は、広島県個人情報保護審議会の意見を聴いた上で、事業者が個人情報を取り扱う際に準拠すべき指針を作成し、公表するものとする。

香川（助言又は指導）
第三十二条　知事は、事業者に対し、個人情報取扱指針に即して、個人情報の適正な取扱いを確保するために必要な助言又は指導を行うものとす

A　都道府県・個人情報保護条例　　　　　15　事業者に対する指導等

る。
福岡（意識啓発等）
第二十五条　知事は、事業者において個人情報の取扱いが適正に行われるよう、意識啓発並びに指導及び助言を行うものとする。
沖縄（指導及び助言）
第三十三条　知事は、事業者が自主的に個人情報の保護のための適切な措置を講ずることができるように、指導及び助言を行うものとする。

15 (2)　指導指針の作成

北海道（個人情報を取り扱う際に準拠すべき指針）
第三十六条　知事は、北海道個人情報保護審査会の意見を聴いた上で、事業者が個人情報を取り扱う際に準拠すべき指針を作成し、これを公表するものとする。
青森（個人情報取扱指針）
第三十一条　知事は、事業者が個人情報を取り扱う際に準拠すべき指針(以下「個人情報取扱指針」という。)を定めなければならない。
2　知事は、個人情報取扱指針を定めようとするときは、あらかじめ、青森県個人情報保護審査会の意見を聴かなければならない。
3　知事は、個人情報取扱指針を定めたときは、遅滞なく、これを公表しなければならない。
4　前二項の規定は、個人情報取扱指針の変更について準用する。
宮城（指針の作成等）
第二十七条　知事は、事業者が個人情報の保護について自主的に適切な措置を講ずることができるよう、審査会の意見を聴いた上で事業者が個人情報の保護を行うための指針を作成し、公表するものとする。
福島（事業者に対する指導助言等）
第二十七条
2　知事は、福島県個人情報保護審査会の意見を聴いた上で、事業者が個人情報を取り扱う際に準拠すべき指針を作成し、公表することができる。
神奈川（個人情報の取扱いに関する指針）
第二十九条　知事は、審議会の意見を聴いた上で、事業者がその事業活動に伴って行う個人情報を取扱いのよりどころとなる指針を作成し、公表することができる。

15 事業者に対する指導等 Ⅰ 都道府県・個人情報保護条例・項目別条文集

新潟（事業者に対する指導及び助言等）

第三十二条

2 　知事は、審査会の意見を聴いた上で、事業者が個人情報を取り扱う際に準拠すべき指針を作成し、これを公表するものとする。

山梨（事業者に対する指導助言等）

第二十六条

2 　知事は、事業者が個人情報を取り扱う際に準拠すべき指針を作成し、公表することができる。

3 　知事は、前項に規定する指針を定めようとするときは、審議会の意見を聴かなければならない。これを変更し、又は廃止しようとするときも、同様とする。

愛知（事業者の自主的規制の指導助言等）

第三十条

2 　知事は、審議会の意見を聴いた上で、事業者が個人情報を取り扱う際に準拠すべき指針を作成し、公表することができる。

滋賀（指導および助言）

第二十五条

2 　知事は、滋賀県個人情報保護審議会の意見を聴いて、事業者が個人情報を取り扱う際のよりどころとなる指針を作成し、公表するものとする。

京都（事業者に対する指導、助言等）

第二十七条

2 　知事は、審議会の意見を聴いた上で、事業者の個人情報の取扱いに関する指針を作成し、公表するものとする。

大阪（事業者の自主的措置のための指導及び助言等）

第三十五条

2 　知事は、あらかじめ、審議会の意見を聴いた上で、事業者が個人情報を取り扱う際に準拠すべき指針を作成し、かつ、これを公表するものとする。

兵庫（個人情報取扱指針）

第三十条　知事は、審議会の意見を聴いて、事業者の個人情報の適正な取扱いに関する指針（以下「個人情報取扱指針」という。）を作成し、公表するものとする。

2 　個人情報取扱指針に定める事項は、次のとおりとする。

一　個人情報の収集に関する事項

| A 都道府県・個人情報保護条例 | 15 事業者に対する指導等 |

　二　個人情報の利用及び提供に関する事項
　三　個人情報の適正な管理に関する事項
　四　個人情報の開示及び訂正に関する事項
　五　前各号に掲げるもののほか、個人情報の適正な取扱いを確保するために必要な事項

鳥取（指針の作成等）

第三十二条　知事は、あらかじめ鳥取県個人情報保護審議会の意見を聴いて、事業者が個人情報を取り扱う際に準拠すべき指針を作成し、これを公表しなければならない。

2　知事は、事業者に対して、前項の指針を勘案して、必要な指導及び助言を行うことができる。

広島（事業者に対する指導助言等）

第二十四条

2　知事は、広島県個人情報保護審議会の意見を聴いた上で、事業者が個人情報を取り扱う際に準拠すべき指針を作成し、公表するものとする。

香川（個人情報取扱指針の作成及び公表）

第三十一条　知事は、香川県個人情報保護審議会の意見を聴いて、事業者の個人情報の適正な取扱いに関する指針（以下「個人情報取扱指針」という。）を作成し、公表するものとする。

2　個人情報取扱指針に定める事項は、次に掲げるものとする。
　一　個人情報の収集に関する事項
　二　個人情報の利用及び提供に関する事項
　三　個人情報の適正な管理に関する事項
　四　個人情報の開示及び訂正に関する事項
　五　前各号に掲げるもののほか、個人情報の適正な取扱いを確保するために必要な事項

福岡（意識啓発等）

第二十五条

2　知事は、前項の指導及び助言を行うに当たっては、あらかじめ、福岡県個人情報保護審議会の意見を聴いて個人情報の適正な取扱いに関する指導方針を作成し、これに基づいて行わなければならない。

沖縄（指針の作成及び公表）

第三十四条　知事は、沖縄県個人情報保護審査会の意見を聴いた上で、事業者が個人情報を取り扱う際に準拠すべき指針を作成し、公表するもの

15 事業者に対する指導等　Ⅰ　都道府県・個人情報保護条例・項目別条文集

とする。

15（3）　説明又は資料提出要請

北海道（説明又は資料提出の要請）

第三十七条　知事は、事業者が個人情報を不適正に取り扱っている疑いがあると認めるときは、当該事業者に対し、その事実を明らかにするために必要な限度において説明又は資料の提出を求めることができる。

青森（説明又は資料提出の要求）

第三十五条　知事は、事業者が個人情報を不適正に取り扱っている疑いがあると認めるときは、事実を明らかにするために必要な限度において、当該事業者に対し、その個人情報の取扱いに関し説明又は資料の提出を求めることができる。

宮城（説明又は資料の提出の要求）

第二十八条　知事は、事業者の個人情報の取扱いが不適正である疑いがあると認めるときは、事実を明らかするために必要な限度で、当該事業者に対し、説明又は資料の提出を求めることができる。

福島（説明等の要求、勧告及び公表）

第二十八条　知事は、事業者が個人情報を不適正に取り扱っている疑いがあると認めるときは、事実を明らかにするために必要な限度において、当該事業者に対し、説明又は資料の提出を求めることができる。

埼玉（説明等の要求）

第二十九条　知事は、事業者が個人情報を不適正に取り扱っている疑いがあると認めるときは、事実を明らかにするために必要な限度において、当該事業者に対し、説明又は資料の提出を求めることができる。

千葉（説明又は資料の提出の要求）

第三十一条　知事は、事業者が行う個人情報の取扱いが不適正である疑いがあると認めるときは、事実を明らかにするために必要な限度において、当該事業者に対し、説明又は資料の提出を求めることができる。

神奈川（調査及び公表）

第三十六条　知事は、事業者が行う個人情報の取扱いが不適正である疑いがあると認めるときは、事実を明らかにするために必要な限度において、当該事業者に対して、説明又は資料の提出を要請することができる。

新潟（個人情報の不適正な取扱いに対する指導）

第二十二条　知事は、事業者が個人情報を不適正に取り扱っている疑いが

A　都道府県・個人情報保護条例　　　　15　事業者に対する指導等

あると認めるときは、事実を明らかにするために必要な限度において、当該事業者に対して、説明又は資料の提出を求めることができる。

長野（説明又は資料の提出要求）

第二十九条　知事は、事業者が個人情報を不適正に取り扱っている疑いがあると認めるときは、当該事業者に対して、事実を明らかにするために必要な限度において、説明又は資料の提出を求めることができる。

山梨（調査、勧告及び公表）

第三十二条　知事は、事業者が個人情報を不適正に取り扱っている疑いがあると認めるときは、事実を明らかにするために必要な限度において、当該事業者に対し、説明又は資料の提出を要請することができる。

愛知（調査、勧告等）

第三十一条　知事は、事業者が個人情報を不適正に取り扱っている疑いがあると認めるときは、当該事業者に対し、文書若しくは口頭による説明又は必要な資料の提出を求めることができる。

滋賀（説明または資料の提出の要求）

第二十六条　知事は、事業者が個人情報の収集、利用、管理等を不適正に行っている疑いがあると認めるときは、事実を明らかにするために必要な限度において、当該事業者に対し、説明または資料の提出を求めることできる。

京都（説明又は資料提出の要請）

第二十八条　知事は、事業者が個人情報を不適正に取り扱っている疑いがあると認めるときは、当該事業者に対し、事実を明らかするため必要な限度において、説明又は資料の提出を要請することができる。

大阪（説明又は資料の提出の要求）

第三十六条　知事は、事業者が個人情報を不適正に取り扱っている疑いがあると認めるときは、当該事業者に対し、事実を明らかするために必要な限度において、説明又は資料の提出を求めることができる。

兵庫（説明又は資料提出の要求）

第三十三条　知事は、事業者が個人情報を不適正に取り扱っている疑いがあると認めるときは、当該事業者に対し、事実を明らかにするために必要な限度において、説明又は資料の提出を求めることができる。

鳥取（報告及び公表）

第三十三条　知事は、この条例の施行に必要な限度において、事業者に対して、報告又は資料の提出を求めることできる。

2　知事は、事業者が正当な理由なく前項の報告又は資料の提出をしないときは、規則で定めるところにより、その旨を公表することができる。

広島（調査、勧告等）

第二十五条　知事は、事業者が個人情報を不適正に取り扱っている疑いがあると認めるときは、当該事業者に対し、文書若しくは口頭による説明又は資料の提出を求めることができる。

香川（説明又は資料の提出の要求）

第三十三条　知事は、事業者が個人情報を不適正に取り扱っている疑いがあると認めるときは、当該事業者に対し、当該個人情報の取扱いに関する事実を明らかにするために必要な限度において、説明又は資料の提出を求めることができる。

福岡（調査）

第二十七条　知事は、事業者が個人情報を不適正と取り扱っている疑いがあると認めるときは、事実を明らかにするために必要な限度において、当該事業者に対して説明又は資料の提出を求めることができる。

沖縄（説明又は資料提出の要求）

第三十六条　知事は、事業者が個人情報を不適正に取り扱っている疑いがあると認めるときは、事実を明らかにするために必要な限度において、当該事業者に対して、説明又は資料の提出を求めることができる。

15（4）　是正の勧告

北海道（是正の勧告）

第二十八条　知事は、事業者が個人情報を著しく不適正に取り扱っていると認めるときは、北海道個人情報保護審査会の意見を聴いた上で、当該事業者に対し、その取扱いを是正するよう勧告することができる。

青森（不適正な取扱いの是正措置）

第三十三条　知事は、事業者が個人情報を著しく不適正に取り扱っていると認めるときは、当該事業者に対し、書面により、その取扱いを是正するよう勧告することができる。

2　知事は、前項の規定による勧告をしようとするときは、あらかじめ、青森県個人情報保護審査会の意見を聴かなければならない。

宮城（是正勧告）

第二十九条　知事は、事業者の個人情報の取扱いが著しく不適正であると認めるときは、審査会の意見を聴いた上で、当該事業者に対し、その取

A　都道府県・個人情報保護条例　　　　　15　事業者に対する指導等

扱いを是正するよう勧告することができる。
　福島（説明等の要求、勧告及び公表）
第二十八条
2　知事は、事業者が個人情報を著しく不適正に取り扱っていると認めるときは、当該事業者に対し、その取扱いを是正するよう勧告することができる。
　埼玉（是正の勧告）
第三十条　知事は、事業者が個人情報を著しく不適正に取り扱っていると認めるときは、当該事業者に対し、その取扱いを是正するよう勧告することができる。
　千葉（是正の勧告）
第三十二条　知事は、事業者が行う個人情報の取扱いが著しく不適正であると認めるときは、審議会の意見を聴いて、当該事業者に対し、その取扱いを是正するよう勧告することができる。
　神奈川（勧告及び公表）
第三十七条　知事は、事業者が行う個人情報の取扱いが著しく不適正であると認めるときは、審議会の意見を聴いた上で、当該事業者に対して、当該取扱いの是正を勧告することができる。
　新潟（個人情報の不適正な取扱いに対する指導）
第三十三条
2　知事は、事業者が個人情報を著しく不適正に取り扱っていると認めるときは、審査会の意見を聴いた上で、当該事業者に対して、その取扱いを是正するよう勧告することができる。
　長野（是正の勧告）
第三十条　知事は、事業者が個人情報を著しく不適正に取り扱っていると認めるときは、当該事業者に対して、当該取扱いの是正を勧告することができる。
　山梨（調査、勧告及び公表）
第三十二条
2　知事は、事業者が個人情報を著しく不適正に取り扱っていると認めるときは、審議会の意見を聴いた上で、当該事業者に対し、その取扱いを是正するよう勧告することができる。
　愛知（調査、勧告等）
第三十一条

2 　知事は、事業者が個人情報を著しく不適正に取り扱っていると認めるときは、審議会の意見を聴いた上で、当該事業者に対し、その取扱いを是正するよう勧告することができる。

滋賀（是正の勧告）

第二十七条　知事は、事業者が個人情報の収集、利用、管理等を著しく不適正に行っていると認めるときは、滋賀県個人情報保護審議会の意見を聴いて、当該事業者に対し、その取扱いを是正するよう勧告することができる。

京都（勧告）

第二十九条　知事は、事業者が個人情報を著しく不適正に取り扱っていると認めるときは、審議会の意見を聴いた上で、当該事業者に対し、その取扱いを是正するよう勧告することができる。

大阪（勧告）

第三十七条　知事は、事業者が個人情報を著しく不適正に取り扱っていると認めるときは、審議会の意見を聴いた上で、当該事業者に対し、その取扱いを是正するよう勧告することができる。

兵庫（勧告又は公表）

第三十四条　知事は、事業者が前条の規定による説明を正当な理由なく行わず、若しくは虚偽の説明を行い、若しくは同条の規定による資料を正当な理由なく提出せず、若しくは虚偽の資料を提出したとき、又は事業者が個人情報を著しく不適正に取り扱っていると認めるときは、審議会の意見を聴いて、当該事業者に対し、必要な措置をとるべきことを勧告することができる。

鳥取（勧告及び公表）

第三十四条　知事は、事業者による個人情報の取扱いが著しく不適正であると認めるときは、当該事業者に対して、その取扱いを是正するよう勧告することができる。

2 　知事は、前項の規定による勧告を行おうとするときは、あらかじめ鳥取県個人情報保護審議会の意見を聴くとともに、規則で定めるところにより、事業者に弁明の機会を与えなければならない。

広島（調査、勧告等）

第二十五条

2 　知事は、事業者が個人情報を著しく不適正に取り扱っていると認めるときは、広島県個人情報保護審議会の意見を聴いた上で、当該事業者に

香川（勧告）

第三十四条　知事は、事業者が個人情報を著しく不適正に取り扱っていると認めるときは、香川県個人情報保護審議会の意見を聴いて、当該事業者に対し、必要な措置をとるべきことを勧告することができる。

福岡（勧告）

第二十八条　知事は、事業者が個人情報を著しく不適正に取り扱っていると認めるときは、福岡県個人情報保護審議会の意見を聴いて、当該事業者に対し、その取扱いを是正するよう勧告することができる。

沖縄（是正の勧告）

第三十七条　知事は、事業者が個人情報を著しく不適正に取り扱っていると認めるときは、沖縄県個人情報保護審査会の意見を聴いた上で、当該事業者に対して、その取扱いを是正するよう勧告することができる。

15 (5)　事実の公表

北海道（事実の公表）

第三十九条　知事は、事業者が正当な理由なく第三十七条の規定による説明若しくは資料の提出の求めに応じなかったとき又は前条の規定による勧告に従わなかったときは、北海道個人情報保護審査会の意見を聴いた上で、その事実を公表することができる。この場合において、知事は、あらかじめ、当該事業者に対し、弁明の機会を与えなければならない。

青森（公表）

第三十六条　知事は、事業者が次の各号のいずれかに該当するときは、その旨を公表することができる。

　一　正当な理由がなく第三十三条第一項の規定による勧告に従わなかったとき。

　二　正当な理由がなく前条の規定による説明又は資料の提出の要求に応じないとき。

　三　前条の規定による説明又は資料の提出の要求に対して、虚偽の説明をし、又は虚偽の資料を提出したとき。

2　知事は、前項の規定による公表をしようとするときは、あらかじめ、事業者に口頭で意見を述べ、又は意見書を提出する機会を与えなければならない。

3　知事は、第一項の規定による公表をしようとするときは、あらかじめ、

青森県個人情報保護審査会の意見を聴かなければならない。
宮城（公表）
第三十条　知事は、事業者が、第二十八条の説明若しくは資料の提出を正当な理由なしに拒否し、又は前条の是正勧告に従わないときは、その旨を公表することができる。この場合において、知事は、あらかじめ、当該事業者に対し意見陳述の機会を与えるとともに、審査会の意見の聴かなければならない。

福島（説明等の要求、勧告及び公表）
第二十八条
3　知事は、事業者が第一項の規定による求めに正当な理由なく応じなかったとき又は前項の規定による勧告に従わないときは、その旨を公表することができる。
4　知事は、前項の規定により公表しようとするときは、当該事業者に意見陳述の機会を与えた上で、福島県個人情報保護審査会の意見を聴かなければならない。

埼玉（事実の公表）
第三十一条　知事は、事業者が第二十九条の規定による説明若しくは資料の提出を正当な理由なく拒んだとき、又は前条の規定による勧告に従わないときは、規則で定めるところにより、その事実を公表することができる。
2　知事は、前項の規定により公表しようとするときは、事業者に対し、あらかじめ、意見を述べる機会を与えるとともに、救済機関の意見を聴くものとする。

千葉（事実の公表）
第三十三条　知事は、事業者が、第三十一条の規定による説明を正当な理由なく行わず、若しくは虚偽の説明を行い、若しくは同条の規定による資料を正当な理由なく提出せず、若しくは虚偽の資料を提出したとき、又は前条の規定による勧告に従わないときは、その旨を公表することができる。この場合において、知事は、あらかじめ、当該事業者から意見の聴取を行うとともに、審議会の意見を聴かなければならない。

神奈川（調査及び公表）
第三十六条　知事は、事業者が行う個人情報の取扱いが不適正である疑いがあると認めるときは、事実を明らかにするために必要な限度において、当該事業者に対して、説明又は資料の提出を要請することができる。

A　都道府県・個人情報保護条例　　　　15　事業者に対する指導等

2　知事は、事業者が前項の規定による要請を正当な理由なく拒んだときは、その事実を公表することができる。

神奈川（勧告及び公表）

第三十七条　知事は、事業者が行う個人情報の取扱いが著しく不適正であると認めるときは、審議会の意見を聴いた上で、当該事業者に対して、当該取扱いの是正を勧告することができる。

2　知事は、前項の規定による勧告を受けた事業者が、当該勧告に従わないときは、その事実を公表することができる。

神奈川（意見聴取）

第三十八条　知事は、第三十六条第二項又は前条第二項の規定により公表しようとするときは、事業者に意見の聴取をした上で、審議会の意見を聴かなければならない。

新潟（個人情報の不適正な取扱いに対する指導）

第三十三条

3　知事は、第一項の規定により説明又は資料の提出を求められた事業者が正当な理由がなく説明又は資料の提出をしなかったとき又は前項の規定による勧告を受けた事業者が正当な理由がなくその勧告に従わないときは、審査会の意見を聴いた上で、その事実を公表することができる。この場合において、知事は、あらかじめ、当該事業者に対して、意見を述べる機会を与えなければならない。

長野（事実の公表）

第三十一条　知事は、事業者が第二十九条の規定による説明又は資料の提出を正当な理由なく拒んだとき又は前条の規定による勧告に従わないときは、その事実を公表することができる。

2　知事は、前項の規定により公表をしようとするときは、事業者に対して、意見を述べる機会を与えるとともに、長野県個人情報保護審査会の審議を経なければならない。

山梨（調査、勧告及び公表）

第三十二条

3　知事は、事業者が第一項の規定による説明又は資料の提出の要請を正当な理由なく拒んだとき、又は前項の規定による勧告に従わなかったときは、審議会の意見を聴いた上で、その旨を公表することができる。この場合において、知事は、あらかじめ事業者に意見陳述の機会を与えなければならない。

342

愛知（調査、勧告等）

第三十一条

3　知事は、事業者が第一項の規定による求めに正当な理由なく応じなかったとき、又は前項の規定による勧告に従わなかったときは、審議会の意見を聴いた上で、その旨を公表することができる。この場合において、知事は、あらかじめ事業者に意見を述べる機会を与えなければならない。

滋賀（事実の公表）

第二十八条　知事は、事業者が第二十六条の説明もしくは資料の提出を正当な理由なく拒んだとき、または前条の規定による勧告に従わないときは、その事実を公表することができる。

2　知事は、前項の公表をしようとするときは、あらかじめ、事業者に対して意見陳述の機会を与えるとともに、滋賀県個人情報保護審議会の意見を聴かなければならない。

京都（事実の公表）

第三十条　知事は、事業者が、第二十八条の規定による要請に正当な理由なく応じないとき又は前条の規定による勧告に従わないときは、審議会の意見を聴いた上で、その旨を公表することができる。この場合において、審議会は、当該事業者の意見を聴取するものとする。

大阪（事実の公表）

第三十八条　知事は、事業者が第三十六条の規定による要求に正当な理由なく応じないとき又は前条の規定による勧告に従わなかったときは、あらかじめ、審議会の意見を聴いた上で、その事実を公表することができる。

2　知事は、前項の規定による公表をしようとするときは、当該事業者に、あらかじめ、その旨を通知し、その者又はその代理人の出席を求め、釈明及び資料の提出の機会を与えるため、意見の聴取を行わなければならない。

兵庫（勧告又は公表）

第三十四条

2　知事は、事業者が前項の規定による勧告に従わなかったときは、審議会の意見を聴いて、その旨を公表することができる。この場合において、知事は、あらかじめ、当該事業者の意見を聴取する機会を設けるものとする。

鳥取（勧告及び公表）

第三十四条　知事は、事業者による個人情報の取扱いが著しく不適正であると認めるときは、当該事業者に対して、その取扱いを是正するよう勧告することができる。

3　知事は、事業者が第一項の規定による勧告に従わないときは、規則で定めるところにより、その旨を公表することができる。

広島（調査、勧告等）

第二十五条

3　知事は、事業者が第一項の規定による求めに正当な理由なく応じなかったとき、又は前項の規定による勧告に従わなかったときは、広島県個人情報保護審議会の意見を聴いた上で、その旨を公表することができる。この場合において、知事は、あらかじめ事業者に弁明の機会を与えなければならない。

香川（公表）

第三十五条　知事は、事業者が第三十三条の規定による求めに正当な理由なく応じなかったとき、又は前条の規定による勧告に従わなかったときは、香川県個人情報保護審議会の意見を聴いて、その旨を公表することができる。この場合において、知事は、当該事業者に対し、あらかじめ、意見を述べる機会を与えなければならない。

福岡（事実の公表）

第二十九条　知事は、事業者が第二十七条の説明若しくは資料の提出の要請を拒んだとき、又は前条の勧告に従わないときは、その旨を公表することができる。

2　知事は、前項の公表をしようとするときは、事業者に対して意見陳述の機会を与えるとともに、福岡県個人情報保護審議会の意見を聴かなければならない。

沖縄（事実の公表）

第三十八条　知事は、事業者が正当な理由なく第三十六条の規定による説明又は資料提出の要求を拒んだとき、又は前条の規定による勧告に従わないときは、その事実を公表することができる。

2　知事は、前項の規定による公表をしようとするときは、当該事業者に対して意見陳述の機会を与えるとともに、沖縄県個人情報保護審査会の意見を聴かなければならない。

16　事業者に対する苦情の処理

北海道（苦情の申出の処理）
第四十条　知事は、事業者が保有する個人情報の取扱いに関して苦情の申出があったときは、迅速かつ適切に処理するよう努めなければならない。

青森（苦情等の処理）
第三十四条　知事は、事業者が行う個人情報の取扱いに関する苦情の申出又は相談があったときは、適切かつ迅速な処理に努めなければならない。

宮城（苦情相談の処理）
第三十一条　知事は、事業者の個人情報の取扱いについて苦情の相談があったときは、適切かつ迅速な処理に努めるものとする。

福島（苦情処理の相談）
第二十九条　知事は、事業者が行う個人情報の取扱いに関する苦情相談があったときは、適切に、かつ、速やかにこれを処理するよう努めなければならない。

埼玉（苦情相談の処理）
第三十二条　知事は、事業者が行う個人情報の取扱いに関する苦情相談があったときは、適切かつ迅速な処理に努めるものとする。

千葉（苦情相談の処理）
第三十四条　知事は、事業者が行う個人情報の取扱いについて苦情相談があったときは、適切かつ迅速にこれを処理するよう努めるものとする。

東京（苦情の処理）
第二十三条　実施機関は、個人情報の取扱いに関する苦情について、迅速かつ適切に対応しなければならない。

神奈川（苦情相談の処理）
第三十九条　知事は、事業者が行う個人情報の取扱いに関する苦情相談があったときは、迅速かつ適正に処理するものとする。
2　知事は、前項の規定による処理のために必要があると認めるときは、事業者その他の関係者に対して、説明又は資料の提出を要請することができる。

新潟（苦情相談の処理）
第二十四条　知事は、事業者が行う個人情報の取扱いに関して苦情の相談があったときは、適切かつ迅速な処理に努めるものとする。

A　都道府県・個人情報保護条例　　　　　**16　事業者に対する苦情の処理**

長野（苦情相談の処理）

第三十二条　知事は、事業者が行う個人情報の取扱いに関する苦情相談があったときは、適切かつ迅速な処理に努めるものとする。

山梨（苦情相談の処理）

第三十三条　知事は、事業者が行う個人情報の取扱いに関する苦情相談があったときは、適切かつ迅速に処理するよう努めなければならない。

愛知（苦情相談の処理）

第三十三条　知事は、事業者の保有する個人情報の取扱いに関する苦情相談の適切かつ迅速な処理に努めるものとする。

滋賀（苦情相談の処理）

第二十九条　知事は、事業者の行う個人情報の取扱いに関する苦情相談があったときは、適切かつ迅速な処理に努めるものとする。

大阪（苦情相談の処理）

第三十九条　知事は、事業者が行う個人情報の取扱いについて苦情相談があったときは、適切かつ迅速にこれを処理するよう努めなければならない。

兵庫（苦情相談の処理）

第三十五条　知事は、事業者が行う個人情報の取扱いに関する苦情の相談があったときは、速かつ適切な処理に努めるものとする。

鳥取（苦情の処理）

第三十五条　知事は、事業者による個人情報の取扱いに関して苦情の申出があったときは、速やかに、これを処理しなければならない。

広島（苦情相談の処理）

第二十六条　知事は、事業者が行う個人情報の取扱いに関して苦情相談があったときは、適切かつ迅速にこれを処理するよう努めるものとする。

香川（苦情の相談の処理）

第三十六条　知事は、事業者が行う個人情報の取扱いに関する苦情の相談があったときは、適切かつ迅速な処理に努めるものとする。

福岡（苦情相談の処理）

第二十六条　知事は、事業者が行う個人情報の取扱いについて苦情相談があったときは、これを適切に処理するよう努めなければならない。

沖縄（苦情相談の処理）

第三十五条　知事は、事業者が行う個人情報の取扱いについて苦情相談があったときは、迅速かつ適切に処理するよう努めなければならない。

17　審査会（審議会）

北海道（設置）
第四十二条　この条例の規定によりその権限に属させられた事項を行わせるため、知事の附属機関として、北海道個人情報保護審査会（以下「審査会」という。）を置く。
2　審査会は、知事の諮問に応じこの条例の運営に関する事項を調査審議し、又は個人情報保護制度の在り方について知事に意見を述べることができる。

北海道（組織）
第四十三条　審査会の委員は、委員五人以内で組織する。
2　委員は、学識経験を有する者のうちから、知事が任命する。
3　委員の任期は、二年とする。ただし、委員が欠けた場合における補欠の委員の任期は、前任者の残任期間とする。
4　委員は、再任されることができる。

北海道（会長及び副会長）
第四十四条　審査会に会長及び副会長を置く。
2　会長及び副会長は、委員が互選する。
3　会長は、審査会を代表し、会務を総理する。
4　副会長は、会長を補佐し、会長に事故があるときは、その職務を代理する。

北海道（会議）
第四十五条　審査会の会議は、会長が招集する。
2　審査会は、委員の過半数が出席しなければ、会議を開くことができない。
3　会議の議事は、出席した委員の過半数で決し、可否同数のときは、会長の決するところによる。

北海道（不服申立人等からの意見等の聴取等）
第四十六条　審査会は、その権限に属する事項の審議を行うため必要があると認めるときは、不服申立人、実施機関の職員その他関係者から意見若しくは説明を聴き、又は必要な調査をすることができる。

北海道（秘密の保持）
第四十七条　委員は、職務上知り得た秘密を漏らしてはならない。その職

A 都道府県・個人情報保護条例　　　17 審査会（審議会）

を退いた後も同様とする。

北海道（会長への委任）

第四十八条　第四十二条から前条までに定めるもののほか、審査会の運営に関し必要な事項は、会長が審査会に諮って定める。

青森県（設置及び組織）

第三十八条　第二十四条第一項、第二十六条第四項、第三十一条第二項(同条第四項において準用する場合を含む。)、第三十三条第二項及び第三十六条第三項の規定による諮問に応じて審査を行わせるほか、知事の諮問に応じて個人情報の保護制度の運営に関する重要事項を調査審議させるため、青森県個人情報保護審査会（以下「審査会」という。）を置く。

2　審査会は、委員五人以内をもって組織し、その委員は、学識経験を有する者のうちから知事が委嘱する。

3　委員の任期は、二年とする。ただし、補欠の委員の任期は、前任者の残任期間とする。

4　審査会に会長を置き、委員の互選によりこれを定める。

5　会長は、会務を総理し、審査会を代表する。

6　会長に事故があるとき、又は会長が欠けたときは、会長があらかじめ指定する委員がその職務を代理する。

青森県（会議等）

第三十九条　審査会の会議は、会長が招集し、会長がその議長となる。

2　審査会の会議は、委員の半数以上の出席がなければ開くことができない。

3　審査会の議事は、出席した委員の過半数をもって決し、可否同数のときは、議長の決するところによる。

4　審査会は、その権限に属する事項を行うため必要があると認めるときは、不服申立人、是正の申出をした者、実施機関の職員その他関係者に対して意見若しくは説明又は資料の提出を求めることができる。

5　審査会の会議は、非公開とする。ただし、審査会が認めるときは、公開とすることができる。

6　前各項に定めるもののほか、審査会の運営に関し必要な事項は、会長が審査会に諮って定める。

青森県（守秘義務）

第四十条　委員は、職務上知り得た秘密を漏らしてはならない。その職を退いた後も、同様とする。

17 審査会（審議会）　　Ⅰ　都道府県・個人情報保護条例・項目別条文集

宮城（設置等）
第三十二条　この条例によりその権限に属させられた事項を行わせるため、宮城県個人情報保護審査会（以下「審査会」という。）を置く。
2　審査会は、前項に規定するもののほか、個人情報の保護制度の運営に関する重要事項について、実施機関に建議することができる。

宮城（組織）
第三十三条　審査会は、委員五人以内で組織する。
2　委員は、学識経験を有する者のうちから、知事が任命する。

宮城（任期）
第三十四条　委員の任期は、二年とする。ただし、補欠の委員の任期は、前任者の残任期間とする。
2　委員は、再任されることができる。

宮城（会長）
第三十五条　審査会に会長を置き、委員の互選によって定める。
2　会長は、会務を総理し、審査会を代表する。
3　会長に事故があるとき、又は会長が欠けたときは、あらかじめ会長が指名する委員が、その職務を代理する。

宮城（会議）
第三十六条　審査会の会議は、会長が招集し、会長がその議長となる。
2　審査会の会議は、委員の半数以上の出席がなければ開くことができない。
3　審査会の議事は、出席した委員の過半数で決し、可否同数のときは、議長の決するところによる。

宮城（意見等の聴取等）
第三十七条　審査会は、その権限に属する事項の審議を行うため必要があると認めるときは、不服申立人、実施機関の職員その他の関係者に対し、出席を求めて意見若しくは説明を聴き、又は必要な書類の提出を求めることができる。

宮城（秘密の保持）
第三十八条　委員は、職務上知り得た秘密を漏らしてはならない。その職を退いた後も、同様とする。

宮城（委任）
第三十九条　この章に定めるもののほか、審査会の運営に関し必要な事項は、会長が審査会に諮って定める。

349

A　都道府県・個人情報保護条例　　　　　　**17　審査会（審議会）**

福島（設置）

第三十一条　第二十二条第一項、第二十七条第二項及び第二十八条第四項の規定による諮問に応じて審議を行わせるため、知事の附属機関として福島県個人情報保護審査会（以下「審査会」という。）を置く。

2　審査会は、前項の審議を行うほか、第二十三条第四項の規定による報告及び個人情報保護制度の運営に関して実施機関に意見を述べることができる。

3　審査会は、委員五人以内で組織する。

4　審査会の委員（以下「委員」という。）は、学識経験を有する者の中から知事が任命する。

5　委員の任期は、二年とする。ただし、補欠の委員の任期は、前任者の残任期間とする。

6　委員は、再任されることができる。

7　審査会は、第一項の審議のため必要があるときは、不服申立人、実施機関の職員、事業者その他の関係者の出席を求めて意見若しくは説明を聴き、又は必要な調査をすることができる。

8　委員は、職務上知り得た秘密を漏らしてはならない。その職を退いた後も同様とする。

9　前各項に定めるもののほか、審査会の組織及び運営に関し必要な事項は、知事が規則で定める。

茨城（審議会の権限等）

第二十九条　審議会は、事案の審査を行うため必要があると認めるときは、不服申立人、実施機関の職員その他の関係者に対して、意見若しくは説明又は必要な書類の提出を求めることができる。

2　審議会の委員は、職務上知り得た秘密を漏らしてはならない。その職を退いた後も、同様とする。

埼玉（救済機関）

第二十五条　知事は、この条例による個人情報の開示及び訂正等並びに実施機関が行う個人情報の取扱いについての苦情に関し、公正かつ簡易迅速に救済を図るための機関（以下「救済機関」という。）を設けるものとする。

2　救済機関は、個人情報を開示しないこととする決定又は個人情報の訂正等をしないこととする決定について、当該決定を受けた者の救済の申出に基づき、実施機関に対し、是正その他の措置をとるよう勧告するこ

17 審査会(審議会)　　　I　都道府県・個人情報保護条例・項目別条文集

とができるものとする。
3　救済機関は、前条の規定による苦情の申出に対する実施機関の措置について、当該申出をした者の救済の申出に基づき、実施機関に対し、適切な措置をとるよう勧告し、又は意見を述べることができる。
4　実施機関は、前二項の規定による勧告があったときは、当該決定又は措置について、是正その他の措置をとるよう努めなければならない。

千葉（審議会の建議等）

第三十七条　審議会は、この条例の運用に関する事項について調査審議し、知事その他の実施機関に対し、個人情報保護制度の在り方について建議することができる。
2　審議会の委員は、職務上知り得た秘密を漏らしてはならない。その職を退いた後も、同様とする。

東京（東京都個人情報保護審査会）

第二十五条　第二十四条に規定する諮問に応じて審査を行う機関として、東京都個人情報保護審査会（以下「審査会」という。）を置く。
2　審査会は、知事が任命する委員七人以内をもって組織する。
3　委員の任期は二年とし、補欠委員の任期は、前任者の残任期間とする。ただし、再任を妨げない。
4　委員は、職務上知り得た秘密を漏らしてはならない。その職を退いた後も、同様とする。
5　審査会は、第一項に規定する審議を通じて必要があると認めるときは、個人情報保護に関する事項について、実施機関に意見を述べることができる。

東京（部会）

第二十五条の二　審査会は、その指名する委員三人以上をもって構成する部会に、不服申立てに係る事件について審議させることができる。

東京（審査会の調査権限）

第二十五条の三　審査会（前条の規定により部会に審議させる場合にあっては、部会。以下同じ。）は、必要があると認めるときは、諮問庁に対し、不服申立てのあった開示決定等に係る個人情報が記録された公文書の提示を求めることができる。この場合においては、何人も、審査会に対し、その提示された公文書の開示を求めることができない。
2　諮問庁は、審査会から前項の規定による求めがあったときは、これを拒んではならない。

3 　審査会は、必要があると認めるときは、諮問庁に対し、不服申立てのあった開示決定等に係る個人情報の内容を審査会の指定する方法により分類し、又は整理した資料を作成し、審査会に提出するよう求めることができる。

4 　第一項及び前項に定めるもののほか、審査会は、不服申立てに係る事件に関し、不服申立人、参加人又は諮問庁（以下「不服申立人等」という。）に意見書又は資料の提出を求めること、適当と認める者にその知っている事実を陳述させることその他必要な調査をすることができる。

　東京　（意見の陳述等）

第二十五条の四　審査会は、不服申立人等から申出があったときは、当該不服申立人等に、口頭で意見を述べる機会を与え、又は意見書若しくは資料の提出を認めることができる。

2 　審査会は、不服申立人等から意見書又は資料が提出された場合、不服申立人等（当該意見書又は資料を提出したものを除く。）にその旨を通知するよう努めるものとする。

　東京　（提出資料の閲覧等）

第二十五条の五　不服申立人及び参加人は、諮問庁に対し、第二十五条の三第三項及び第四項並びに前条第一項の規定により審査会に提出された意見書又は資料の閲覧又は複写を求めることができる。この場合において、諮問庁は、第三者の利益を害するおそれがあると認めるときその他正当な理由があるときでなければ、その閲覧又は複写を拒むことができない。

2 　諮問庁は、前項の規定による閲覧又は複写について、その日時及び場所を指定することができる。

　東京　（審議手続の非公開）

第二十五条の六　審査会の行う審議の手続は、公開しない。

　東京　（規則への委任）

第二十五条の七　第二十五条から前条までに定めるもののほか、審査会の組織及び運営に関し必要な事項は、東京都規則で定める。

　東京　（東京都情報公開・個人情報保護審議会）

第二十六条　東京都情報公開条例（平成11年東京都条例第五号。以下「情報公開条例」という。）第三十四条第一項に規定する東京都情報公開・個人情報保護審議会は、個人情報制度に関する重要な事項について、実施機関の諮問を受けて審議し、又は実施機関に意見を述べることができる。

17 審査会（審議会）　　I　都道府県・個人情報保護条例・項目別条文集

神奈川（個人情報保護審査会）

第二十四条　実施機関は、第十七条第一項又は前条第一項の決定について、行政不服審査法（昭和37年法律第百六十号）による不服申立てがあった場合は、その不服申立てを不適法であることを理由に却下するときを除き、遅滞なく、神奈川県個人情報保護審査会（以下「審査会」という。）の議を経て、当該不服申立てについての決定を行わなければならない。

2　審査会は、実施機関から議に付された事案の審議を行うため必要があると認めるときは、不服申立人、当該実施機関の職員その他関係者に対して、意見若しくは説明又は必要な書類の提出を求めることができる。

神奈川（審査会及び審議会の委員の守秘義務）

第四十二条　審査会及び審議会の委員は、職務に関して知り得た秘密を漏らしてはならない。その職を退いた後も、同様とする。

新潟（新潟県個人情報保護審査会）

第三十六条　この条例の規定によりその権限に属させられた事項の審議を行わせるため、新潟県個人情報保護審査会（以下「審査会」という。）を置く。

2　審査会は、知事が任命する委員五人以内で組織する。

3　委員の任期は、二年とする。ただし、委員が欠けた場合における補欠の委員の任期は、前任者の残任期間とする。

4　委員は、再任されることができる。

5　審査会は、審議のため必要があると認めるときは、不服申立人、是正申出者、実施機関の職員、事業者その他の関係者の出席を求めて意見若しくは説明を聴き、又はこれらの関係者に対して必要な資料の提出を求めることができる。

6　委員は、職務上知り得た秘密を漏らしてはならない。その職を退いた後も同様とする。

7　前各項に定めるもののほか、審査会の組織及び運営に関して必要な事項は、知事が規則で定める。

長野（個人情報保護審査会）

第三十三条　第二十三条第一項の審査、同条第二項及び第三十一条第二項の審議並びに個人情報の保護に関する事項についての建議を行うため、長野県個人情報保護審査会（以下「審査会」という。）を設置する。

2　審査会は、五人の委員をもって組織する。

3　委員は、学識経験を有する者のうちから知事が委嘱する。

A　都道府県・個人情報保護条例　　　　　17　審査会（審議会）

4　委員の任期は、二年とする。ただし、補欠委員の任期は、前任者の残任期間とする。
5　審査会の委員は、職務上知り得た秘密を漏らしてはならない。その職を退いた後も同様とする。
6　審査会は、審査、審議又は建議を行うため必要があると認めるときは、不服申立人、再申出者、事業者、実施機関の職員その他の関係人に対して、意見若しくは説明又は書類の提出を求めることができる。
7　前各項に定めるもののほか、審査会の組織及び運営に関し必要な事項は、知事が別に定める。

山梨（山梨県個人情報保護審議会）
第三十六条　個人情報の保護に関する重要事項について調査審議するため、知事の附属機関として山梨個人情報保護審議会（以下「審議会」という。）を設置する。
2　審議会は、委員五人以内で組織する。
3　委員は、個人情報の保護に関し学識経験のある者のうちから知事が委嘱する。
4　委員の任期は、二年とし、再任を妨げない。ただし、補欠の委員の任期は、前任者の残任期間とする。
5　審議会に会長を置き、委員の互選によりこれを定める。
6　会長は、会務を総理し、審議会を代表する。
7　会長に事故があるときは、あらかじめその指名する委員が、その職務を代理する。
8　審議会の会議は、会長が招集し、会長が議長となる。
9　会議は、委員の二分の一以上が出席しなければ開くことができない。
10　会議の議事は、出席した委員の過半数で決し、可否同数のときは、議長の決するところによる。
11　審議会の委員は、職務上知り得た秘密を漏らしてはならない。その職を退いた後も同様とする。

山梨（山梨県個人情報保護審査会）
第三十七条　開示請求又は訂正請求の決定に対する異議申立てがあった場合における実施機関の諮問に応じて審査するため、知事の附属機関として山梨県個人情報保護審査会（以下「審査会」という。）を設置する。
2　審査会は、前項の規定による審査のため必要があると認めるときは、異議申立人その他関係者に対し、意見若しくは説明又は書類の提出を求

めることができる。
3　前条第二項から第十一条までの規定は、審査会について準用する。

岐阜（岐阜県個人情報保護審査会）

第二十八条　この条例によりその権限に属させられた事項を行うため、岐阜県個人情報保護審査会（以下「審査会」という。）を置く。
2　審査会は、この条例の運営に関する事項について調査審議し、実施機関に意見を述べることができる。
3　審査会は、委員五人以内で組織する。
4　委員は、学識経験を有する者のうちから知事が任命する。
5　委員の任期は、二年とする。ただし、補欠委員の任期は、前任者の残任期間とする。
6　委員は、再任されることができる。
7　審査会は、その権限に属せさせられた事項を行うため必要があると認めるときは、不服申立人、実施機関の職員その他関係者に対して、出席を求めて意見若しくは説明を聴き、又は資料の提出を求めることができる。
8　委員は、職務上知り得た秘密を漏らしてはならない。その職を退いた後も同様とする。
9　前各項に定めるもののほか、審査会の組織及び運営に関し必要な事項は、知事が規則で定める。

愛知（愛知県個人情報保護審議会）

第三十五条　この条例によりその権限に属させられた事項を行わせるため、愛知県個人情報保護審議会（以下「審議会」という。）を置く。
2　審議会は、この条例の運用に関する事項について調査審議し、実施機関に意見を述べることができる。
3　審議会は、委員七人以内で組織する。
4　委員は、学識経験のある者のうちから知事が任命する。
5　委員の任期は、二年とする。ただし、委員が欠けた場合における補欠の委員の任期は、前任者の残任期間とする。
6　審議会は、その権限に属する事項を行うため必要があると認めるときは、不服申立人、実施機関の職員その他関係者に対して、出席を求め、その説明若しくは意見を聴き、又は資料の提出を求めることができる。
7　委員は、職務上知ることのできた秘密を漏らしてはならない。その職を退いた後も、同様とする。

A　都道府県・個人情報保護条例　　　　17　審査会（審議会）

8　第三項から前項までに定めるもののほか、審議会の組織及び運営に関し必要な事項は、規則で定める。

滋賀（滋賀県個人情報保護審議会）

第三十条　実施機関の諮問に応じて審議を行うため、滋賀県個人情報保護審議会（以下「審議会」という。）を設置する。
2　審議会は、委員七人以内で組織する。
3　委員は、知事が委嘱する。
4　委員の任期は、二年とし、再任されることを妨げない。ただし、委員が欠けた場合における補欠の委員の任期は、前任者の残任期間とする。
5　審議会は、第一項の審議を行うため必要があると認めるときは、不服申立人、実施機関の職員その他関係者に対し、出席を求めて意見もしくは説明を聴き、または必要な資料の提出を求めることができる。
6　委員は、職務上知り得た秘密を漏らしてはならない。その職を退いた後も、同様とする。
7　審議会は、第一項の審議を行うほか、個人情報の保護に関する制度の運営および改善について、実施機関に意見を述べることができる。
8　前各項に定めるもののほか、審議会の組織および運営に関し必要な事項は、規則で定める。

京都（京都府個人情報保護審議会）

第三十二条　この条例によりその権限に属することとされた事項を行わせるため、京都府個人情報保護審議会（以下「審議会」という。）を置く。
2　審議会は、この条例の運営に関する事項について、実施機関に建議することができる。
3　審議会は、委員七人以内で組織する。
4　委員は、学識経験を有する者のうちから知事が任命する。
5　委員の任期は二年とする。ただし、補欠の委員の任期は、前任者の残任期間とする。
6　審議会は、第二十二条第一項の規定による諮問があった日から起算して九十日以内に答申するよう努めなければならない。
7　審議会は、この条例の規定による実施機関からの諮問又は報告に係る審議を行うため必要があるときは、実施機関の職員、不服申立人その他関係者に対して、出席を求め、その意見若しくは説明を聴き、又は資料の提出を求めることができる。
8　審議会の委員は、職務上知り得た秘密を漏らしてはならない。その職

17 審査会（審議会）　　　Ⅰ　都道府県・個人情報保護条例・項目別条文集

を退いた後も、同様とする。
9　前各項に定めるもののほか、審議会の組織および運営に関し必要な事項は、規則で定める。

大阪（審議会の建議等）
第四十二条　審議会は、この条例の運用に関する事項について調査審議し、実施機関に対し、個人情報保護制度の在り方について建議することができる。
2　審議会の委員は、職務上知り得た秘密を漏らしてはならない。その職を退いた後も、同様とする。

兵庫（審議会の権限等）
第三十八条　審議会は、その権限に属する事務を行うため必要があるときは、不服申立人、実施機関の職員その他関係者に対し、出席を求めて意見若しくは説明を聴き、又は資料の提出を求めることができる。
2　審議会の委員は、職務上知ることのできた秘密を漏らしてはならない。その職を退いた後も同様とする。

鳥取（鳥取県個人情報保護審議会）
第三十七条　次に掲げる事務を行わせるため、鳥取県個人情報保護審議会（以下「審議会」という。）を設置する。
　一　第六条第三項第三号、第七条第二項第二号及び第五項、第八条第二項、第三十二条第一項並びに第三十四条第二項の規定により、実施機関に意見を述べること。
　二　第二十五条第一項及び第三十条第三項に規定する諮問に応じて審議すること。
　三　その他この条例の運用に関する重要事項について、実施機関に意見を述べること。
2　審議会は、委員五人以内で組織する。
3　委員は、学識経験を有する者のうちから知事が任命する。
4　委員の任期は、二年とする。ただし、補欠の委員の任期は、前任者の残任期間とする。
5　委員は、再任されることができる。
6　審議会は、必要があると認めるときは、不服申立てをした者、是正の再申出をした者、事業者、実施機関の職員その他の関係者に対して、出席を求めて意見若しくは説明を聴き、又は資料の提出を求めることができる。

A 都道府県・個人情報保護条例　　　17 審査会（審議会）

7　委員又は委員であった者は、職務上知り得た個人情報をみだりに他人に知らせ、又は不当な目的に使用してはならない。
8　前各項に定めるもののほか、審議会の組織及び運営に関し必要な事項は、規則で定める。

広島（個人情報保護審議会）

第二十八条　次に掲げる事務を行わせるため、附属機関として広島県個人情報保護審議会（以下「審議会」という。）を置く。
　一　第五条第五項第二号、第六条第二項ただし書及び第三項第六号、第八条第一項第七号、第二十条第二項、第二十四条第二項並びに第二十五条第二項及び第三項の規定により諮問された事項について調査審議し、意見を述べること。
　二　この条例の運用に関する重要事項について調査審議し、意見を述べること。
2　審議会は、委員五人以内をもって組織する。
3　委員の任期は二年とする。ただし、補欠の委員の任期は、前任者の残任期間とする。
4　委員は、再任を妨げない。
5　審議会は、その権限に属する事務を行うため必要があると認めるときは、苦情の申出をした者、実施機関の職員その他の関係者に対して、出席を求めて意見若しくは説明を聴き、又は必要な書類の提出を求めることができる。
6　審議会の委員又は委員であった者は、職務上知り得た個人情報をみだりに他人に知らせ、又は不当な目的に使用してはならない。
7　前各項に定めるもののほか、審議会の組織及び運営に関し必要な事項は、知事が規則で定める。

広島（個人情報保護審査会）

第二十九条　十九条第一項の規定により諮問された事項について審査を行わせるため、附属機関として広島県個人情報保護審査会（以下「審査会」という。）を置く。
2　前条第二項から第七項までの規定は、審査会について準用する。

香川（香川県個人情報保護審議会）

第三十八条　この条例の規定による諮問に応じて審議を行うため、香川県個人情報保護審議会（以下「審議会」という。）を置く。
2　審議会は、前項の審議を行うほか、個人情報の保護に関する制度の運

営及び改善について、知事又は実施機関に意見を述べることができる。
3 　審議会は、委員五人以内で組織する。
4 　委員は、学識経験のある者のうちから、知事が委嘱する。
5 　委員の任期は、二年とする。ただし、補欠の委員の任期は、前任者の残任期間とする。
6 　委員は、再任されることができる。
7 　審議会は、第一項の審議を行うため必要があると認めるときは、実施機関の職員、不服申立人その他関係者に対し、出席を求めて意見を聴き、又は資料の提出を求めることができる。
8 　委員は、職務上知ることができた秘密を漏らしてはならない。その職を退いた後も、同様とする。
9 　前各項に定めるもののほか、審議会の組織及び運営に関し必要な事項は、規則で定める。

福岡（福岡県個人情報保護審議会）
第三十条　県に福岡県個人情報保護審議会（以下「審議会」という。）を置く。
2 　審議会は次に掲げる事務を行うものとする。
　一　第三条第二項ただし書及び第三項第七号、第五条第四号、第六条、第二十一条第三項、第二十五条第二項、第二十八条並びに前条第二項の規定により意見を求められたものについて調査審議すること。
　二　第二十二条の規定により議に付された事案について審査すること。
　三　個人情報保護制度に関する重要事項について、実施機関の諮問に応じて答申し、及び建議すること。
3 　審議会は、前項に規定する事務を処理するため必要があると認めるときは、不服申立人、実施機関の職員その他の関係者に対して、意見若しくは説明又は書類の提出を求めることができる。
4 　審議会の委員は、職務上知り得た秘密を漏らしてはならない。その職を退いた後も、同様とする。
5 　前三項に定めるもののほか、審議会の組織及び運営に関し必要な事項は、規則で定める。

沖縄（沖縄県個人情報保護審査会・設置及び権限）
第三十九条　この条例の規定に基づく諮問に応じて審議を行わせるため、沖縄県個人情報保護審査会（以下「審査会」という。）を置く。
2 　審査会は、前項に規定する審議のほか、個人情報の保護に関する重要

A 都道府県・個人情報保護条例　　　17　審査会（審議会）

事項について、実施機関の諮問に応じて答申し、又は建議することができる。
3　審査会は、前二項に規定する事務を処理するため必要があると認めるときは、不服申立人、実施機関の職員その他関係者の出席を求めて意見若しくは説明を聴き、又は必要な調査をすることができる。

沖縄（組織等）

第四十条　審査会は、知事が委嘱する委員五人以内で組織する。
2　委員の任期は、二年とする。ただし、再任を妨げない。
3　補欠の委員の任期は、前任者の残任期間とする。
4　審査会の委員は、職務上知り得た秘密を漏らしてはならない。その職を退いた後も、同様とする。
5　前条及び前各項に規定するもののほか、審査会の組織及び運営に関し必要な事項は、知事が規則で定める。

18　国、地方公共団体等との協力

北海道（国又は他の地方公共団体への協力の要請等）
第四十九条　知事は、個人情報の適正な取扱いを確保するため必要があると認めるときは、国若しくは他の地方公共団体に協力を要請し、又は国若しくは他の地方公共団体の協力の要請に応ずるものとする。

青森（国及び他の地方公共団体との協力）
第三十七条　知事は、事業者が行う個人情報の取扱いに関し個人の権利利益を保護するため必要があると認めるときは、国又は他の地方公共団体に協力を求めるものとする。
2　知事は、国又は他の地方公共団体から事業者が行う個人情報の取扱いに関し個人の権利利益を保護することを目的に協力を求められたときは、これに応ずるよう努めるものとする。

宮城（国又は他の地方公共団体との協力）
第四十一条　知事は、個人情報の取扱いに関し、個人の権利利益の保護するため必要があると認めるときは、国若しくは他の地方公共団体に協力を要請し、又は国若しくは他の地方公共団体の協力の要請に応ずるものとする。

福島（国又は他の地方公共団体との協力）
第三十条　知事は、事業者が行う個人情報の取扱いに関し個人の権利利益を保護するために必要があると認めるときは、国若しくは他の地方公共団体に協力を要請し、又は国若しくは他の地方公共団体の協力の要請に応ずるものとする。

埼玉（国及び他の地方公共団体との協力）
第三十四条　知事は、この章の規定に基づく施策を実施するに当たり必要があると認めるときは、国及び他の地方公共団体と協力し、個人情報の保護を図るよう努めるものとする。

千葉（国及び他の地方公共団体との協力）
第三十五条　知事は、事業者が行う個人情報の取扱いに関し、個人の権利利益を保護するために必要があると認めるときは、国及び他の地方公共団体に協力を要請し、又は国及び他の地方公共団体の協力の要請に応ずるものとする。

A　都道府県・個人情報保護条例　　　　　　18　国、地方公共団体等との協力

東京（国及び地方公共団体との協力）
第三十一条　知事は個人に関する情報の保護を図るために必要があると認めるときは、国及び地方公共団体に対して、協力を求めるものとする。

神奈川（他の地方公共団体又は国との協力）
第四十条　知事は、この章の規定に基づく施策を実施するに当たり、個人情報の取扱いに伴う個人の権利利益の侵害を防止するため必要があると認めるときは、他の地方公共団体又は国の機関に対して、協力を求めるものとする。
2　知事は、事業者が行う個人情報の取扱いに係る個人の権利利益の保護を目的として他の地方公共団体又は国が行う施策に協力することを求められたときは、その求めに応ずるものとする。

新潟（国等との協力）
第三十五条　知事は、事業者が行う個人情報の取扱いに関して個人の権利利益を保護するため必要があると認めるときは、国等に協力を要請し、又は国等の協力の要請に応ずるものとする。

山梨（国等との協力）
第三十五条　知事は、事業者の個人情報の取扱いに関し個人の権利利益を保護するために必要があると認めるときは、国等に対し協力を要請し、又は国等の協力の要請に応ずるものとする。

愛知（国又は他の地方公共団体との協力）
第三十四条　知事は、事業者の保有する個人情報の取扱いに関し個人の権利利益を保護するために必要があると認めるときは、国若しくは他の地方公共団体に協力を要請し、又は国若しくは他の地方公共団体の協力の要請に応ずるものとする。

京都（国及び他の地方公共団体との協力）
第三十一条　知事は、事業者の個人情報の取扱いに関し、個人の権利利益の侵害を防止するため必要があると認めるときは、国及び他の地方公共団体に協力を求め、又は国及び他の地方公共団体の協力の求めに応じるものとする。

大阪（国及び他の地方公共団体との協力）
第四十条　知事は、個人の権利利益の保護を図るため必要があると認めるときは、国及び他の地方公共団体に協力を要請し、又は国及び他の地方公共団体の協力の要請に応ずるものとする。

18 国、地方公共団体等との協力

兵庫（国又は他の地方公共団体との協力）
第三十七条 知事は、事業者が行う個人情報の取扱いに関して個人の権利利益の保護を図るため必要があると認めるときは、国若しくは他の地方公共団体に協力を求め、又は国若しくは他の地方公共団体の協力の求めに応ずるものとする。

鳥取（国等との協力）
第三十六条 知事は、事業者による個人情報の取扱いに関して個人の権利利益を保護するために必要があると認めるときは、国等に協力を要請し、又は国等の協力の要請に応ずるものとする。

広島（国及び他の地方公共団体との協力）
第二十七条 知事は、事業者が行う個人情報の取扱いに関し、個人の権利利益を保護するために必要があると認めるときは、国若しくは他の地方公共団体に協力を要請し、又は国若しくは他の地方公共団体の協力の要請に応ずるものとする。

香川（国又は地方公共団体との協力）
第三十七条 知事は、事業者が行う個人情報の取扱いに関し個人の権利利益の保護を図るため必要があると認めるときは、国若しくは他の地方公共団体に協力を求め、又はこれらの協力の求めに応ずるものとする。

福岡（国及び他の地方公共団体への協力の要請）
第三十一条 知事は、個人情報の取扱いに伴う個人の権利利益を保護を図るため必要があると認めるときは、国及び他の地方公共団体に対し、協力を求めるものとする。

沖縄（国及び他の地方公共団体との協力）
第四十一条 知事は、個人情報の保護を図るため必要があると認めるときは、国及び他の地方公共団体に協力を要請し、又は国及び他の地方公共団体の協力の要請に応ずるものとする。

19　制度運営状況の公表

北海道（制度の運用状況の公表）
第五十条　知事は、毎年、各実施機関のこの条例の運用の状況を取りまとめ、これを公表するものとする。

青森（運用状況の公表）
第四十一条　知事は、毎年度、この条例の運用状況を公表しなければならない。

宮城（運用状況の公表）
第四十条　知事は、毎年度、各実施機関におけるこの条例の運用状況を取りまとめ、これを公表しなければならない。

福島（運用状況の公表）
第三十二条　知事は、毎年一回、この条例の運用状況を取りまとめ、公表しなければならない。

茨城（運用状況の公表）
第三十三条　知事は、毎年、各実施機関に係るこの条例の運用状況を取りまとめ、公表するものとする。

埼玉（実施状況の公表）
第三十六条　知事は、毎年度この条例による個人情報の開示等の実施状況を公表するものとする。

千葉（運用状況の公表）
第三十六条　知事は、毎年一回、個人情報保護制度の運用状況を取りまとめ、これを公表するものとする。

東京（運用状況の公表）
第三十二条　知事は、毎年一回各実施機関の個人情報保護制度の運用状況を取りまとめ、公表しなければならない。

神奈川（運用状況の公表）
第四十一条　実施機関は、毎年、この条例の運用の状況について、一般に公表するものとする。この場合において、知事は、第三章の規定の運用の状況を併せて公表するものとする。

新潟（運用状況の公表）
第三十七条　知事は、毎年一回、各実施機関におけるこの条例の運用状況を取りまとめ、これを公表するものとする。

19 制度運営状況の公表　　I　都道府県・個人情報保護条例・項目別条文集

長野（運用状況の公表）
第二十四条　知事は、毎年この条例に基づく開示請求、訂正請求、抹消の申出及び利用若しくは提供の中止の申出に係る運用状況を公表するものとする。

山梨（運用状況の公表）
第三十八条　知事は、毎年一回、この条例の運用状況を公表するものとする。

岐阜（実施状況の公表）
第二十九条　知事は、毎年一回、各実施機関の個人情報の開示等について実施状況を取りまとめ、公表しなければならない。

愛知（運用状況の公表）
第三十六条　知事は、毎年、この条例の運用状況を公表しなければならない。

滋賀（運用状況の公表）
第三十一条　実施機関は、毎年、この条例の運用状況を公表するものとする。

京都（運用状況の公表）
第三十三条　実施機関は、毎年、この条例の運用状況を取りまとめ、公表するものとする。

大阪（運用状況の公表）
第四十一条　知事は、毎年一回、各実施機関に係るこの条例の運用状況を取りまとめ、これを公表しなければならない。

兵庫（運用状況の公表）
第三十九条　知事は、毎年この条例の運用状況を公表するものとする。

鳥取（運用状況の公表）
第三十九条　知事は、毎年、各実施機関におけるこの条例の運用状況を取りまとめ、規則で定めるところにより、公表しなければならない。

広島（運用状況の公表）
第三十条　知事は、毎年一回、この条例の運用の状況を取りまとめ、これを公表するものとする。

香川（施行状況の公表）
第三十九条　知事は、毎年、この条例の施行状況を公表するものとする。

福岡（運用状況の公表）
第二十二条　知事は、毎年一回、この条例の運用の状況について公表しな

| A 都道府県・個人情報保護条例 | 19 制度運営状況の公表 |

ければならない。

沖縄（運用状況の公表）

第四十二条　知事は、毎年一回、各実施機関の制度の運用状況を取りまとめ、公表しなければならない。

20　委　任

北海道（委任）
第五十一条　この条例（第四章を除く。）の施行に関し必要な事項は、実施機関が保有する個人情報の保護については実施機関が、事業者が保有する個人情報の保護については知事が定める。

青森（施行事項）
第四十二条　この条例（第二章の規定を除く。）の施行に関し必要な事項は、規則で定める。

宮城（委任）
第四十二条　この条例の施行に関し必要な事項は、実施機関の取り扱う個人情報の保護については当該実施機関が、事業者が取り扱う個人情報の保護については知事が定める。

福島（委任）
第三十三条　この条例の施行に関し、実施機関が取り扱う個人情報の保護について必要な事項は実施機関が、事業者が取り扱う個人情報の保護について必要な事項は知事が定める。

茨城（委任）
第三十四条　この条例の施行に関し必要な事項は、実施機関が定める。

埼玉（委任）
第三十七条　この条例の施行に関し、実施機関が保有する個人情報の保護について必要な事項は実施機関が、事業者が保有する個人情報の保護について必要な事項は知事が定める。

千葉（委任）
第三十八条　この条例の施行に関し、実施機関が取り扱う個人情報の保護について必要な事項は実施機関が、事業者が取り扱う個人情報の保護について必要な事項は知事が定める。

東京（委任）
第三十三条　この条例の施行に関し必要な事項は、実施機関が定める。

神奈川（委任）
第四十三条　この条例の施行に関し、実施機関が保有する個人情報の保護について必要な事項は実施機関が、事業者が保有する個人情報の保護について必要な事項は知事が定める。

A　都道府県・個人情報保護条例　　　　　　　　**20　委　任**

新潟（委任）
第三十八条　この条例に定めるもののほか、この条例の施行に関し必要な事項は、実施機関が取り扱う個人情報の保護については当該実施機関が、事業者が取り扱う個人情報の保護については知事が定める。

長野（補則）
第三十四条　この条例の施行に関し、実施機関が保有する個人情報の保護について必要な事項は実施機関が、事業者が保有する個人情報の保護について必要な事項は知事が定める。

山梨（委任）
第三十九条　この条例に定めるもののほか、この条例の施行に関し必要な事項は規則で定める。

岐阜（委任）
第三十条　この条例に定めるもののほか、この条例の施行に関し必要な事項は、実施機関が定める。

愛知（委任）
第三十七条　この条例に定めるもののほか、この条例の施行に関し必要な事項は、実施機関が定める。

滋賀（委任）
第三十二条　この条例の施行に関し必要な事項は、実施機関が定める。

京都（委任）
第三十四条　この条例の施行に関し必要な事項は、実施機関が取り扱う個人情報の保護については当該実施機関が、事業者が取り扱う個人情報の保護については知事が定める。

大阪（委任）
第四十三条　この条例の実施に関し必要な事項は、実施機関の取り扱う個人情報の保護については実施機関が、事業者の取り扱う個人情報の保護については知事が定める。

兵庫（補則）
第四十条　この条例の実施に関し必要な事項は、実施機関が取り扱う個人情報の保護については当該実施機関が、事業者が取り扱う個人情報の保護については知事が定める。

鳥取（規則への委任）
第四十条　この条例に定めるもののほか、この条例の施行に関し必要な事項は、規則で定める。

広島（委任）

第三十一条 この条例の施行に関し、実施機関が取り扱う個人情報の保護について必要な事項は実施機関が、事業者が取り扱う個人情報の保護について必要な事項は知事が定める。

香川（委任）

第四十条 この条例に規定するもののほか、この条例の施行に関し必要な事項は、実施機関が取り扱う個人情報の保護に関する事項にあっては実施機関が、事業者が取り扱う個人情報の保護に関する事項にあっては知事が定める。

福岡（委任）

第三十三条 この条例の施行に関し必要な事項は、実施機関が取り扱う個人情報の保護については実施機関が、事業者が取り扱う個人情報の保護については知事が定める。

沖縄（委任）

第四十三条 この条例の施行に関し、実施機関が取り扱う個人情報の保護について必要な事項は実施機関が、事業者が取り扱う個人情報の保護について必要な事項は知事が定める。

21　罰　則

東京（罰則）
第三十四条　第二十五条第四項の規定に違反して秘密を漏らした者は、一年以下の懲役又は三十万円以下の罰金に処する。

[編者紹介]

秋 吉 健 次（あきよし・けんじ）

1930年生まれ。中央大学第一法学部卒業。51年日本新聞協会事務局職員となり、業務部課長、経営部労務担当主管、研究所主任研究員、大阪事務所長、事務局長付部長、90年定年退職。86年マスコミ倫理懇談会全国協議会事務局長代理、同事務局長(以上出向)、同顧問(現職)。97年10月から千葉県市川市公文書公開審査会委員。

最近の編著『情報公開条例集上・中・下』(99年、信山社)共著『青少年条例─自由と規制の争点』(92年、三省堂)、「青少年条例とテレクラ営業規制」(ジュリスト増刊「変革期のメディア」)、「名誉・プライバシー判例の現状」ジュリスト1038号、「マスコミ判例研究1～26」月刊民放97年7月号から2000年5月号まで連載、「三浦和義氏vs. 媒体訴訟一覧」新聞研究98年10月号。

条文比較による
個人情報保護条例集(上)-1
Ａ都道府県・項目別条文集

2000（平成12年）6月30日　第1版第1刷発行

編　者　　秋　吉　健　次
発行者　　今　井　　貴
発行所　　信山社出版株式会社
　　　　　〒113-0033 東京都文京区本郷 6-2-9-102
　　　　　　電　話　03 (3818) 1019
　　　　　　Ｆ Ａ Ｘ　03 (3818) 0344

Printed in Japan

Ⓒ秋吉健次、2000　印刷製本・勝美印刷
ISBN4-7972-1945-9 C3332
1945-012 040 010
NDC分類317.601

発売中

情報公開条例の解釈　平松 毅著　2,900円

条文比較による
情報公開条例集（上） 東京都23区　　　　　　　　8,000円
情報公開条例集（中） 東京都27各市　　　　　　　9,800円
情報公開条例集（下） 政令指定都市・都道府県　12,000円
　　　　　　　　　（上）（中）（下）セット　29,800円

自由人権協会編
情報公開条例の運用と実務（上）〈増補版〉、（下）〈新版〉
　　　―情報公開法案と情報公開条例―
　　　増補版（上）（368頁）本体　5,000円
　　　新　版（下）（536頁）本体　6,000円

阿部泰隆・棟居快行・中川丈久編著予定
実務注釈　情報公開法（仮題）
　　　本体予価　5,000円

条文比較による
個人情報保護条例集(上)-1　　A-1 都道府県（384頁）　5,760円
個人情報保護条例集(上)-2　　A-2 都道府県（432頁）　6,480円
個人情報保護条例集　　　　　B 政令指定都市（384頁）5,760円
個人情報保護条例集　　　　　C 東京23区（544頁）　　8,160円
　　　　　　　　　　　　　　　　　　全4冊セット　26,160円

信山社【憲法】

1999年11月10日

憲法叢説（全3巻）1 憲法と憲法学　2 人権と統治　3 憲政評論
　芦部信喜 著　元東京大学名誉教授　学習院大学教授　各2,816円
社会的法治国の構成　高田 敏 著　大阪大学名誉教授　大阪学院大学教授　14,000円
基本権の理論（著作集1）　田口精一 著　慶應大学名誉教授　清和大学教授　15,534円
法治国原理の展開（著作集2）田口精一 著　慶應大学名誉教授　清和大学教授　14,800円
議院法[明治22年]　大石 眞 編著　京都大学教授　日本立法資料全集　3　40,777円
日本財政制度の比較法史的研究　小嶋和司 著　元東北大学名誉教授　12,000円
憲法社会体系 I　憲法過程論　池田政章 著　立教大学名誉教授　10,000円
憲法社会体系 II　憲法政策論　池田政章 著　立教大学名誉教授　12,000円
憲法社会体系 III　制度・運動・文化　池田政章 著　立教大学名誉教授　13,000円
憲法訴訟要件論　渋谷秀樹 著　明治学院大学法学部教授　12,000円
実効的基本権保障論　笹田栄司 著　金沢大学法学部教授　8,738円
議会特権の憲法的考察　原 一明 著　國學院大学法学部教授　13,200円
日本国憲法制定資料全集（全15巻予定）
　芦部信喜 編集代表　高橋和之・高見勝利・日比野勤 編集
　元東京大学教授　東京大学教授　北海道大学教授　東京大学教授
人権論の新構成　棟居快行 著　成城大学法学部教授　8,800円
憲法学の発想 1　棟居快行 著　成城大学法学部教授　2,000円
障害差別禁止の法理論　小石原尉郎 著　9,709円
皇室典範　芦部信喜・高見勝利 編著　日本立法資料全集　第1巻　36,893円
皇室経済法　芦部信喜・高見勝利 編著　日本立法資料全集　第7巻　45,544円
法典質疑録 上巻（憲法他）法典質疑会 編 [会長・梅謙次郎]　12,039円
続法典質疑録（憲法・行政法他）　法典質疑会 編 [会長・梅謙次郎]　24,272円
明治軍制　藤田嗣雄 著　元上智大学教授　48,000円
欧米の軍制に関する研究　藤田嗣雄 著　元上智大学教授　48,000円
ドイツ憲法集[第2版]　高田 敏・初宿正典 編訳　京都大学法学部教授　3,000円
現代日本の立法過程　谷 勝弘 著　10,000円
東欧革命と宗教　清水 望 著　早稲田大学名誉教授　8,600円
近代日本における国家と宗教　酒井文夫 著　元聖学院大学教授　12,000円
生存権論の史的展開　清野幾久子 著　明治大学法学部教授　続刊
国制史における天皇論　稲田陽一 著　7,282円
続・立憲理論の主要問題　堀内健志 著　弘前大学教授　8,155円
わが国市町村議会の起源　卜野裕久 著　元岡山大学教授　12,980円
憲法裁判権の理論　宇都宮純一 著　愛媛大学教授　10,000円
憲法史の面白さ　大石 眞・高見勝利・長尾龍一 編
　京都大学教授　北海道大学教授　日本大学教授　2,900円
憲法訴訟の手続理論　林屋礼二 著　東北大学名誉教授　3,400円
憲法入門　清水 陸 編　中央大学法学部教授　2,500円
憲法判断回避の理論　高野幹久 著 [英文]　関東学院大学法学部教授　5,000円
アメリカ憲法―その構造と原理　田島 裕 著　筑波大学教授　著作集　1　近刊
英米法判例の法理　田島 裕 著　筑波大学教授　著作集　8　近刊
フランス憲法関係史料選　塙 浩 著　西洋法史研究　60,000円
ドイツの憲法忠誠　山岸喜久治 著　宮城学院女子大学学芸学部教授　8,000円
ドイツの憲法判例　ドイツ憲法判例研究会　栗城壽夫・戸波江二・松森 健 編　4,660円
ドイツの最新憲法判例　ドイツ憲法判例研究会　栗城壽夫・戸波江二・石村 修 編　6,000円
人間・科学技術・環境ドイツ憲法判例研究会　栗城壽夫・戸波江二・青柳幸一 編　12,000円

信山社　ご注文はFAXまたはEメールで
FAX 03-3818-0344　Email order@shinzansha.co.jp
〒113-0033東京都文京区本郷6-2-9-102　TEL 03-3818-1019　ホームページは http://www.shinzansha.co.jp

信山社【行政法】

行政裁量とその統制密度
宮田三郎 著　元専修大学・千葉大学／朝日大学教授　6,000 円

行政法教科書
宮田三郎 著　元専修大学・千葉大学／朝日大学教授　3,600 円

行政法総論
宮田三郎 著　元専修大学・千葉大学／朝日大学教授　4,600 円

行政訴訟法
宮田三郎 著　元専修大学・千葉大学／朝日大学教授　5,500 円

行政手続法
宮田三郎 著　元専修大学・千葉大学／朝日大学教授　4,600 円

行政事件訴訟法（全7巻）
塩野 宏 編著　東京大学名誉教授　成溪大学教授　セット 250,485 円

行政法の実現（著作集3）
田口精一　慶應義塾大学名誉教授　清和大学教授　近刊

租税徴収法（全20巻予定）
加藤一郎・三ヶ月章 監修　東京大学名誉教授
青山善充　塩野宏 編集　佐藤英明　奥 博司 解説　神戸大学教授　西南学院大学法学部助教授

近代日本の行政改革と裁判所
前山亮吉 著　静岡県立大学教授　7,184 円

行政行為の存在構造
菊井康郎 著　上智大学名誉教授　8,200 円

フランス行政法研究
近藤昭三 著　九州大学名誉教授　札幌大学法学部教授　9,515 円

行政法の解釈
阿部泰隆 著　神戸大学法学部教授　9,709 円

政策法学と自治条例
阿部泰隆 著　神戸大学法学部教授　2,200 円

法政策学の試み　第1集
阿部泰隆・根岸 哲 編　神戸大学法学部教授　4,700 円

情報公開条例集
秋吉健次 編　　個人情報保護条例集（全3巻）近刊
　（上）東京都23区　項目別条文集と全文　8,000 円
　（中）東京都27市　項目別条文集と全文　9,800 円
　（下）政令指定都市・都道府県　項目別条文集と全文　12,000 円

情報公開条例の理論と実務
自由人権協会編　内田力蔵著集（全10巻）近刊
上巻〈増補版〉5,000 円　下巻〈新版〉6,000 円

日本をめぐる国際租税環境
明治学院大学立法研究会 編　7,000 円

ドイツ環境行政法と欧州
山田 洋 著　一橋大学法学部教授　5,000 円

中国行政法の生成と展開
張 勇 著　元名古屋大学大学院　8,000 円

土地利用の公共性
奈良次郎・吉牟田薫・田島 裕 編集代表　14,000 円

日韓土地行政法制の比較研究
荒 秀 著　筑波大学名誉教授・獨協大学教授　12,000 円

行政計画の法的統制
見上 崇 著　龍谷大学法学部教授　10,000 円

情報公開条例の解釈
平松 毅 著　関西学院大学法学部教授　2,900 円

行政裁判の理論
田中舘照橘 著　元明治大学法学部教授　15,534 円

詳解アメリカ移民法
川原謙一 著　元法務省入管局長・駒沢大学教授・弁護士　28,000 円

税法講義
山田二郎 著　4,000 円

都市計画法規概説
荒 秀・小高 剛・安本典夫 編　3,600 円

行政過程と行政訴訟
山村恒年 著　7,379 円

地方自治の世界的潮流（上・下）
J.ヨアヒム・ヘッセ 著　木佐茂男 訳　上下：各 7,000 円

スウェーデン行政手続・訴訟法概説
萩原金美 著　4,500 円

独逸行政法（全4巻）
O.マイヤー 著　美濃部達吉 訳　全4巻セット：143,689 円

信山社　ご注文は FAX または Eメールで
FAX 03-3818-0344　Email order@shinzansha.co.jp
〒113-0033 東京都文京区本郷 6-2-9-102　TEL 03-3818-1019　ホームページは http://www.shinzansha.co.jp

ISBN4-88261-660-2
NDC 分類 323.221
660

栗城 壽夫 著
名城大学法学部教授

新刊案内 1997.8

一九世紀ドイツ憲法理論の研究

A5判変型上製箱入　総640頁　　　定価：本体15,000円（税別）

☆今から30数年前に最初の単著『ドイツ初期立憲主義の研究』を公刊したとき、亡くなられた恩師・林和博先生から学位申請の手続きをとってはどうかというお手紙を頂いたのに対して、学位の申請はドイツ憲法理論誌に関する研究を完結してからにしたいという趣旨の返事を差し上げた。当時はドイツ憲法理論史に関する研究の完結はそれほど遠い先のことではないと楽観的に考えていたのであった。その後、30数年の月日が経過してしまったが、19世紀に限ってみてもドイツ憲法理論史の研究を未だに完結するにいたっていない。それにもかかわらず、この時点で論文集を刊行することにしたのは、ひとえに、これまでの研究の成果を一冊の著書にまとめて公刊することによって研究に一応の区切りをつけ、それを完結に向かっての—心を新たにしての—再挑戦のための励みと弾みにしたいと思うようになったからである。

☆本書は様々な時期に発表された論文を集めたものであり、緊密な同質性によって貫かれているわけではない。しかし全編を貫くモチーフは存在する。それは19世紀60年代までのドイツ憲法学とそれ以降のドイツ憲法学とを対比することである。この対比は、私が長い間抱懐してきている基本思想に基づいて行われている。これをテーゼの形式で表現するとすれば次の如くである。

☆第一にドイツにおける憲法学は、通常言われているように、19世紀60年代になって初めて成立したのではなく、既にそれ以前に成立し豊かな展開を示していたと言うことである。第二に、19世紀を大まかに時代区分すれば、その30年代までは自然法的憲法理論が、30年代から60年代までは有機体的憲法理論が、60年代以降は実証主義的憲法理論が、憲法理論の主流の座を占めたと言いうるということである。第三に、国家の法的人格を承認したのは国家法人説と呼ばれている実証主義的憲法理論が最初ではなく、自然法的憲法理論も有機体的憲法理論もそれに先立って国家の法的人格を承認していたのである。実証主義的憲法理論の特色は、自然法的憲法理論や有機体的憲法理論が国民の法的人格を承認し、その結果として国家の法的人格を承認したのに対して、国民の法的人格を否定し、国家の法的人格のみを承認したというところにあるといえる。第四に、国民の法的人格の否定は、国民全体が主体的に国家権力を担うべき論理的必然性を否定するという意味と、国民全体の利益が国家権力に対して課すべき拘束の法的性格を否定するという意味とをもったということである。

[目　次]

- I　序　論　一般ドイツ憲法学について
- II　18世紀から19世紀にかけて　1 ドイツ立憲主義と基本権の理解／2 歴史的現実における基本権／3 18世紀中葉から19世紀中葉にかけての憲法理論の展開／4 フランス革命とドイツの「近代化」
- III　19世紀初頭から中葉にかけて　5 ヴェルッカーのコンセンサス論／6 ロテックの憲法思想／7 ムールハルトの国民主権論／8 19世紀ドイツ国家有機体論における国民思想の機能／9 モールにおける「国民」の思想／10 ドイツ国家目的論史小考
- IV　19世紀中葉から後半にかけて　11 ドイツ型立憲君主制／12 ヘルマン・シュルツェの憲法理論／13 19世紀ドイツにおけるラーバント憲法学の社会的・政治的機能／14 ゲルバーとラーバント／15 イェリネックにおける「国家」と「社会」
- V　補　論　イェリネックの一般国家学について

0667	ドイツの憲法判例	ドイツ憲法判例研究会 編	4,660
1638	ドイツの最新憲法判例	ドイツ憲法判例研究会 編	6,000 円
2096	憲法裁判権の理論	宇都宮純一 著	10,000 円

信山社　〒113-0033　東京都文京区本郷6-2-9-102　TEL 03-3818-1019　FAX 注文制　FAX 03-3818-0344

ISBN4-7972-1632-8 C3332
NDC分類323.001憲法

ドイツ憲法判例研究会編

栗城壽夫 戸波江二 青柳幸一 編集代表

新刊案内2000.1

人間・科学技術・環境
―日独共同研究シンポジウム―

A5判変上製箱入 総608頁　　本体12,000円（税別）

☆「科学技術の発展と人間の尊厳」「科学技術の発展と環境」という二つの基本テーマについての日・独両国の理論的・実践的取組み方が、幾つかの問題分野に分れて報告されている。それぞれの報告においては、第1回シンポジウムの趣旨に即して、それぞれの国における問題の受止め方・取組み方についての情報の提供が行われているだけでなく、情報提供の域を超えて、科学技術の発展が人間につきつけた生命倫理の問題・環境保全の問題についての、人間の尊厳を準拠枠組みとする、堀下げた論究が相当程度行われている。そのためもあって、既に日・独の取組み方・解決の仕方の違いがある程度浮かびあがってきている。

［目　次］

第1部　基調報告　1　法と科学技術／2　日本とドイツの比較憲法
第2部　科学技術の発展と人間の尊厳　1　人間の尊厳と日本国憲法／2　人間の尊厳の原理（基本法第1条1項）と生命倫理／3　科学技術の発展と人間の尊厳／4　日本におけるバイオテクノロジーと法／5　ヨーロッパの視点における人間の尊厳と自然観／6　生命倫理問題および環境問題における国の保護義務／7　環境法典草案（独立専門家委員会草案UGB□KomE）における自己規律について
第3部　科学技術の発展と環境　1　環境保全と日本国憲法／2　環境立憲国家について／3　国家目標としての環境保護／4　日本における環境法政策の発展／5　環境法の手法／6　廃棄物法制・リサイクル法制の改正と残された問題点
第4部　総括報告　1　人間の尊厳と個人の尊重／2　比較憲法における説明モデル

〈著者紹介〉［編者紹介］栗城　壽夫（くりき・ひさお）　名城大学法学部教授／戸波　江二（となみ・こうじ）　早稲田大学法学部教授／青柳　幸一（あおやぎ・こういち）横浜国立大学経営学部教授
〈日本側報告者〉　栗城壽夫（名城大学教授）、塩野　宏（成蹊大学教授）／平松　毅（関西学院大学教授）／戸波江二（早稲田大学教授）／斉藤　誠（名古屋大学助教授）／岩間昭道（千葉大学教授）／松本和彦（大阪大学助教授）／阿部泰隆（神戸大学教授）／青柳幸一（横浜国立大学教授）
〈ドイツ側報告・翻訳者〉　小山　剛（名城大学助教授）／中野雅紀（茨城大学助教授）／押久保倫夫（東亜大学専任講師）／古野豊秋（桐蔭横浜大学教授）／岡田俊幸（兵庫教育大学助教授）／小野寺邦広（埼玉大学講師）／神橋一彦（金沢大学助教授）／山本悦夫（熊本大学教授）／飯田　稔（明海大学助教授）／斉藤　孝（聖徳学院岐阜教育大学助教授）
〈ドイツ関連法令翻訳者〉　川又伸彦（県立長崎シーボルト大学助教授）／藤原静雄（國學院大学教授）／有澤知子（大阪学院大学助教授）／森　保憲（青森中央学院大学専任講師）／嶋崎健太郎（埼玉大学助教授）／畑尻　剛（中央大学教授）／牧野忠則（帝京大学教授）／根森　健（埼玉大学教授）／柏崎敏義（千葉商科大学助教授）
〈ドイツ側報告者〉　ライナ・ヴァール（フライブルク大学教授）／ホルスト・ドライヤー（ヴュルツブルグ大学教授）／ハッソー・ホフマン（ベルリン・フンボルト大学教授）／ゲオルク・ヘルメス（フランクフルト大学教授）／ミヒャエル・クレプファー（ベルリン・フンボルト大学教授）／ルドルフ・シュタインベルク（フランクフルト大学教授）／ディートリッヒ・ムルスヴィーク（フライブルグ大学教授）／エックハルト・レービンダー（フランクフルト大学教授）

信山社　ご注文はFAXまたはEメールで
FAX 03-3818-0344　　Email：order@shinzansha.co.jp
〒113-0033 東京都文京区本郷6-2-9-102　TEL 03-3818-1019
信山社のホームページ　　http://www.shinzansha.co.jp